人民文库 第二辑

现代性论域及其中国话语

张曙光｜著

人民出版社

出 版 前 言

1921 年 9 月,刚刚成立的中国共产党就创办了第一家自己的出版机构——人民出版社。一百年来,在党的领导下,人民出版社大力传播马克思主义及其中国化的最新理论成果,为弘扬真理、繁荣学术、传承文明、普及文化出版了一批又一批影响深远的精品力作,引领着时代思潮与学术方向。

2009 年,在庆祝新中国成立 60 周年之际,我社从历年出版精品中,选取了一百余种图书作为《人民文库》第一辑。文库出版后,广受好评,其中不少图书一印再印。为庆祝中国共产党建党一百周年,反映当代中国学术文化大发展大繁荣的巨大成就,在建社一百周年之际,我社决定推出《人民文库》第二辑。

《人民文库》第二辑继续坚持思想性、学术性、原创性与可读性标准,重点选取 20 世纪 90 年代以来出版的哲学社会科学研究著作,按学科分为马克思主义、哲学、政治、法律、经济、历史、文化七类,陆续出版。

习近平总书记指出:"人民群众多读书,我们的民族精神就会厚重起来、深邃起来。""为人民提供更多优秀精神文化产品,善莫大焉。"这既是对广大读者的殷切期望,也是对出版工作者提出的价值要求。

文化自信是一个国家、一个民族发展中更基本、更深沉、更持久的力量,没有文化的繁荣兴盛,就没有中华民族的伟大复兴。我们要始终坚持"为人民出好书"的宗旨,不断推出更多、更好的精品力作,筑牢中华民族文化自信的根基。

人民出版社

2021 年 1 月 2 日

目　　录

引论:我们能否言说和
如何言说"现代性"

一

"不识庐山真面目,只缘身在此山中。"我们正在大力推进"现代化"(modernization),正在步入"现代社会"(modern society)这个庐山的路上,那么,我们能否看透这其中所蕴含的"现代性"(modernity)的真面目?或者我们所看到的现代性,只是"仰视"到的现代性?它与"俯视"到的现代性相去甚远?

庄子云:夏虫不可语冰。那么,与现代社会相距2000多年的庄子可以语"现代性"吗?似乎更不能。但庄子早就在那个前现代的前现代,讲过这样一番话:"有机械者必有机事,有机事者必有机心,机心存于胸中则纯白不备。纯白不备则神生不定,神生不定者,道之所不载也。"[①]于是,我们居然从庄子那里发现了批判现代性的"后现代"思想!看来,太阳每天都是新的,太阳底下也没有什么新鲜事。

我们也想有庄子的智慧和觉悟。但我们却不想过庄子那样的生活,也很难再持有他那种生活态度。庄子过得什么生活?终身贫穷,宋人曹商形容他"处穷闾阸巷,困窘织屦,槁项黄馘"。但他却不以为意,恬淡无

---

① 《庄子·天地》。

欲,安贫乐道,鄙薄富贵,逍遥于自己的生命—精神之境。而现代社会恰恰是一个金钱引领、物欲横流、利益博弈的社会。市场公平竞争的规则和商品生产与消费之间的相互促进,使参与其中的人多少都能获利,而不至于都成为"零和"博弈。在这种情况下,如果一个四肢健全的人还是穷得一贫如洗,那人们就会怀疑他是个好吃懒做的懒汉。那么,我们是否不需要庄子那样的智慧和觉悟,而需要另一种智慧和觉悟了?

哲学就是"爱智慧"和"求觉悟"。作为人类心智和生活经验的结晶与升华,智慧和觉悟足以透视繁复的人性、变幻的世相,恒久地保持着灵动而又沉潜的旨趣和意蕴。智慧和觉悟可以意会,难以言传,也不等于智者觉者的言述,用庄子的话说,言述是"迹"而非"履"。那么,"履"是什么? 或"智慧"、"觉悟"是什么? 如果勉强言之,可以说,智慧是人的通透的思想、睿智的眼光、审时度势与解决问题的高超能力;觉悟是人的自我意识的开启,是对个人与群体、群体与人类,乃至人类与大自然关系的通达,从"小我"到"大我"乃至"无我"的超越。智慧和觉悟都不是与生俱来的,却植根于人的生命潜能和天性之中,在人的生命活动与心灵中得以开显、发挥和发展。庄子的智慧和觉悟表现为对人性和人生各种悖论的正视和剖析、对自然大道的本源性思考和贯通,对他生活的那个混乱时代的透视和超越,以及对那个时代的权势者及其帮闲的轻蔑。上述他那位老乡很得意地说自己在贫穷方面"短"于庄子,但"一悟万乘之主,而从车百乘"则"长"于庄子时,庄子讥讽道:"秦王有病,召医,破痈溃痤者得车一乘,舐痔者得车五乘,所治愈下,得车愈多。子岂治其痔邪,何得车之多也? 子行矣!"①可见庄子对权势、对向权势者讨宠取赏的不屑态度,而并不表明自己刻意做苦行僧。我们也早就不再相信"越穷越革命"的"理论",历史上虽然不乏"人穷志不穷"的例子,但"人穷志短"的现象似乎更多一些。

在这方面,我们不妨再参照孔子。孔子说自己"饭疏食,饮水,曲肱而枕之,乐亦在其中矣。不义而富且贵,于我如浮云",称赞颜回"一箪

———————————

① 《庄子·列御寇》。

食,一瓢饮,在陋巷,人不堪其忧,回也不改其乐",并谓"君子固穷,小人穷斯滥矣"。① 这与庄子的生活态度是相通的。但孔子不拒绝富贵,并希望富贵。孔子思想的出发点是人之常情,社会理想是百姓安居乐业、富足且有教养,其论世、行事之原则是"仁道"。如他所说:"富与贵,是人之欲也;不以其道得之,不处也。贫与贱,是人之所恶也;不以其道得之,不去也。""邦有道,贫且贱焉,耻也;邦无道,富且贵焉,耻也。"②在孔子看来,希图富贵属于人的基本欲求,无可非议;但能否实现和如何实现这个欲求,却有一个是否合乎"道"的问题,即能否"己欲立而立人,己欲达而达人","修己安人"。孔子的这些思想与中国的世俗性社会贴得更近,更符合这个社会的道德需求,因而也容易成为这个社会共享的观念。进入近代,随着"打倒孔家店"的激进主义流行,"穷富"的观念也发生了颠倒。然而,改革开放表明,中国人"发家致富"的愿望可以一时被压抑,却根除不了,它一旦获得释放,就成为推动市场经济发展的初始动力。

然而,正如马克斯·韦伯所指出的:现代经济的发展并非基于人们发财或致富的欲望,因为从古到今,凡人都有这种欲望;构成资本主义精神的,是"理性"的"计算"、讲"信用"和"节俭",这是由新教伦理关于义务的"天职"观念所提供和转化而来的。③ 中国人同样自古就有世俗的致富欲望,它在传统社会曾经孕育出相当发达的"商品经济",却未能发展出作为资源主要配置方式的"市场经济",除了历朝历代实行"重农抑商"的政策,根本原因,在于深厚的农业文明所重视的政治与伦理的结合,排斥人们之间合理的竞争与法律关系,而统治阶级既享受特权又垄断主要的社会资源。那么,中国人的这种世俗的致富愿望何以能够在当今成为中国经济崛起的重要原因? 显然,这是由于我们借助了世界市场和国际贸易体系。也恰恰由于我们的致富愿望缺乏相应的伦理规范、信用文化与契约精神,才有层出不穷的假冒伪劣、坑蒙拐骗乃至官商勾结、权钱交易。

---

① 《论语·述而》;《论语·雍也》;《论语·卫灵公》。
② 《论语·里仁》;《论语·泰伯》。
③ [德]马克斯·韦伯:《新教伦理与资本主义精神》,于晓、陈维纲等译,生活·读书·新知三联书店1992年版,第32—68页。

我们喜欢重复前人"君子爱财，取之有道"的格言，如今我们要塑造的是拥有现代权利和责任意识的公民，是社会主义核心价值观的落实，那么，把中国人发家致富的愿望提升为更高的追求，"富而好礼"、"见利思义"，特别是将中国传统儒商们奉行的"君子爱财，取之有道"的"道"，转换为现代性的规则制度和职业道德，就显得十分必要和重要了。

看来，我们在今天要吸取先贤的智慧与觉悟，就不能再像过去那样，坚持儒道的分野、分离，而要使之配合、结合，还要给予创造性转化。儒道两家各有所见、各有所长，体现着思想与时代不同向度的关系。道家深刻地认识到"人性"本身特别是"文明"的问题，而主张"道法自然"，"人之道"效法"天之道"；儒家对此也有所见，但更相信人性之向善和文化的教化作用。道家认定人性的矛盾或悖论，凭借仁义道德是无法克服的，文明的负面性也难以在现实中解决，故让人始终对其保持清醒的认识和批判态度。庄子诉诸个体精神的超越，而老子早在庄子之前，就按照长久不衰的天道给出了"知其雄，守其雌"；"知其白，守其辱"；"为而弗恃"、"为而不争"、"功遂身退"的原则。① 儒道都反对人为物役，反对人们陷入名缰利索，但在这方面，道家显然比儒家要彻底得多。而说到社会的分化和冲突，他们都表现得忧心忡忡，老子给出的方案是"绝圣弃智"、"小国寡民"，"使民复结绳而用之"，虽然听起来有倒退之嫌，终极目的与合理性却在于人类的"自治"，并让人心变得纯静朴实；孔子给出的是"克己复礼"，到荀子那里更是把"礼法"放到至高地位，于伦理道德之外，制度建设得到高度重视，更适应中国社会后来发展之需。可见，儒家的"道"（仁爱之道）与老庄的"道"（法自然之道），固然有不小的区别，但既有相通之处，且可以互补。不同的思想与学术之间互斥互补的关系，正是它们的发展之道。

然而，单凭传统的儒道，我们要真正地理解并进入现代性，又批判和超越之，既"入乎其中"又"出乎其外"，也是困难的。就应对近代以来"三千年未有之大变局"而言，包括儒道在内的中国传统文化的作用和意义

---

① 《老子》第二、九、二十八、五十一、八十章。

是颇为复杂的，远见与近视、正面与负面、积极与消极、革新与因循，所在多有，端在于我们自己的选择和创造性转换。就理解和推动中国的现代化而言，传统文化所能给予我们的"正资产"，最突出的大概有以下四点：一是由孔孟阐扬的"仁道"及从中推展和彰显出来的"忧乐天下"、"担当天下"的社会责任意识和情怀，"天下兴亡，匹夫有责"是中国士人历史地形成的优秀传统；二是源于古老《易经》而后来不断得到阐发的"穷、变、通、久"即"变易"、"维新"的哲学思想，经由中国历史上的变法、改革作为权威依据并加以弘扬，在一定程度上成为民族精神；三是在孔子那里得到高度重视并贯彻到后来几乎所有教育活动中的"谦虚"、"学习"与"包容"的态度，"见贤思齐，见不贤而内自省"；四是前面提到的老子的教导，即"道法自然"，"知雄守雌"，"为而弗恃"，"功成身退"，遵循天地自然的动态平衡之道，从根本上和长远处看问题，既为天下人谋福利，又让事业保持可持续发展。显然，近代以来中国向西方学习并推动现代化大业，以上传统都不同程度地发挥了作用，并得到了新的整合。但过去的思想文化也包含着大量的与之相左甚至相反的传统，对其构成严重的干扰和阻碍；尤其是历史上的统治集团出于维护其统治的需要，总要对流传下来的思想文化特别是典籍文献，给予褒贬增删，重新编辑解释，纳入其意识形态的轨道，致使民族文化的精神遭到严重的桎梏甚至阉割。这在客观上要求中国人不仅要借助传统，还要突破和改造传统，为此就必须大力吸取西方现代思想文化，并使之与我们的优秀文化结合起来，实现"综合创新"，以引导和推动中国社会的改造和中国的现代化。事实上，自20世纪初兴起的"新文化"运动以来，中西文化经过长期的碰撞、交流以及浑然杂处的阶段，已经并仍在实现着融合和创新。我们的文化早就亦中亦西、亦新亦旧，既有中国特色，也获得了现代属性。说到底，现代化是中华民族解放与发展自身的现代形式；并且，我们越是能够实现自身的现代化、世界化，我们也就越是能够创造性地转换和发展自己的思想文化，越有能力透视和解决现代性的问题，为人类的文明进步做出贡献。

中国人与西方文化打交道的历史，从事实上印证了这一结论。这里不妨稍做回顾。

中西文化的交流可以上溯到唐代初期，①但持续下来并影响现代中国的，则是天主教在明朝的传教活动。天主教耶稣会士、意大利人利玛窦于明万历年间来华传教，同时传播西方近代自然科学和人文学术，并尽可能地让基督教与儒家的伦理和礼义结合。他与受洗加入天主教的徐光启等人合译的《几何原本》《测量法义》等，弥补了中国几何学的空缺，改变了中国数学发展的方向，开启了近代以来中西文化的交流史。但这在当时，不过是涓涓细流，既不为绝大多数中国人所知，也根本不足以荡涤和挽救明朝的政治腐败和溃败之势。明亡清兴，尚无多少条条框框的康熙，一方面认真学习华夏文化，另一方面积极主动地学习和掌握西方文化。②遗憾的是，他并未在思想上认识到西方文化特别是科技对于国计民生的重大作用及其革命性意义，所以也未考虑在社会上普遍推广，他出于兴趣与赏玩的目的所设立的"如意馆"，与当时法国路易十四执政时的"皇家科学院"和后来不久出现于俄国、瑞典的科学院也不可同日而语。③ 如果把康熙（公元 1654—1722）与差不多处于同一时期的俄国彼得大帝（公元

---

① 景教徒即基督教异教教徒于公元 781 年建立的"大秦景教流行中国碑"，记录了唐初景教在中国流传 146 年的情况，此碑建立后历经六代王朝，景教仍流传不衰。参见王文秀等：《基督教史》，江苏人民出版社 2008 年版，第 20 章"中国早期的基督教"。

② 康熙 15 岁即从传教士学习数学、几何、天文、历法、地理，还有哲学、音乐，有些达到了熟练的掌握。这使得一向被视为"奇技淫巧"的西方科技如仪器、机械、医学、音乐、绘画等纷纷传入中国，在京城一时间出现了西学、西艺盛行的局面。康熙还组织全国优秀的天文数学家，集体编纂了一部中国科技史上具有很高价值的天文数学乐理丛书《律历渊源》；并让传教士率队进行全国地图测验，完成了《皇舆全览图》，这一用科学方法绘制的地图，是亚洲当时所有地图中最为准确的。

③ 引发康熙对西学、西法"自愤而学"的直接原因，是清初的"中西历法之争"。坚持"天圆地方"说的钦天监杨光先联合四位大臣控告传教士汤若望借编造历法之名藏身京师，意在窥伺朝廷机密，且其所制新历法意在诅咒大清只有两百年寿命，致使汤若望、南怀仁等传教士被打入大牢。1669 年，年仅 15 岁的康熙释放了因此下狱的传教士，下令来一次现场测试，由钦天监官员吴明烜和南怀仁一起到午门广场测算正午时间日影的长度。南怀仁测度准确，吴明烜却屡次测算失误。康熙当即将杨光先等人革职，任用南怀仁主持西法治历。值得我们今天省思的是，杨光先谓："宁使中夏无好历法，不可使中夏有西洋人。无好历法，不过如汉家不知合朔之法，日食改在晦日，而犹享四百年之国祚"，而有西洋人，则迟早"挥金收拾我天下人心，如厝火积薪之下，而祸发无日也"。康熙虽然不像杨光先这样看问题，但他对西学的开明除了他不是汉人，主要基于个人兴趣和实用的态度，认为西学可以"补益王化"；他并且与当时的许多学者和官员一样主张西学中源论。

1672—1725)做一比较,更能清楚地发现康熙思想与眼光的局限。我们感叹他未能把中国带上近代化或现代化的道路,致使中国不仅与西方国家而且与俄国拉开了时代距离,然而,这与其说是康熙个人的问题,不如说是皇权专制和传统文化的问题,清朝与明朝一样在意识形态和价值观上推崇宋明理学,并坚持重农抑商的政策。到了雍正、乾隆年间,内部的思想禁锢与对外的海禁闭关政策,都越来越严厉了。

由于长期以天朝自居并习惯于朝贡体系,清王朝对西方国家表现出至高无上的文明优越感。如1793年9月乾隆以天下共主之身份,接见英王乔治三世所派使臣马戛尔尼,官员们认为马戛尔尼理应行三跪九叩之礼。而乾隆给英王的回信中则称:"天朝德威远被,万国来王,种种贵重之物,梯航毕集,无所不有。尔之正使等所亲见。然从不贵奇巧,并无更需尔国制办物件。是尔国王所请派人留京一事,于天朝体制既属不合,而于尔国亦殊觉无益。"①但正是在这一时期,经历了宗教改革与文艺复兴的欧洲,相继展开政治革命和产业革命,大步走向现代资本主义社会。到1840年中英鸦片战争前后,老大的中华帝国与西欧已是实力悬殊。

其实,中西在近代实力的悬殊,马克思和恩格斯在1848年《共产党宣言》中就给予了揭示:资产阶级在它的不到100年的阶级统治中所创造的生产力,比过去一切世代创造的全部生产力还要多,还要大。自然力的征服,机器的采用,化学在工业和农业中的应用,轮船的行驶,铁路的通行,电报的使用等等,过去哪一个世纪料想到在社会劳动力里蕴藏有这样的生产力呢——过去的世纪料想不到,当时的中国人也料想不到。上述这些被称为"夷技"的东西,在中国内地几乎完全看不到,但却让中国人在战场上领教了西洋器物的厉害。而资产阶级之所以能够创造并代表先进的生产力,按照马克思和恩格斯的看法,根本上在于"资产阶级"意味着一整套具有强大动力和优越性的经济和政治关系的确立,它在推动生产快速发展的同时,也推动着社会各方面的变化和革新:

---

① 转引自[法]佩雷菲特:《停滞的帝国——两个世界的撞击》,王国卿等译,生活·读书·新知三联书店1993年版,第331—333页。

生产的不断变革,一切社会状况不停的动荡,永远的不安定和变动,这就是资产阶级时代不同于过去一切时代的地方。一切固定的僵化的关系以及与之相适应的素被尊崇的观念和见解都被消除了,一切新形成的关系等不到固定下来就陈旧了。一切等级的和固定的东西都烟消云散了,一切神圣的东西都被亵渎了。①

这显然是中西之间根本性的差异:一边是半自然也是半封闭的生产与生活方式,是血缘关系和地缘关系结成的乡土社会,和在此基础上建立起来的威力无边的君主专制政体,另一边则是代替了工场手工业的现代大工业、代替了各自为政的封建制度的市场经济和相应的政治制度,是向世界和未来不断拓展的意志与力量。正是这一巨大的反差,逼迫着、催促着近代中国先后出现了洋务运动、戊戌变法、辛亥革命和五四运动,一场比一场深入,一场比一场更具震撼力。中国人也终于认识到,英法等西方国家不是所谓的"蕞尔小邦",中国也不可能再是万邦来朝的"天朝上国",作为处于世界东方的一个古老而落后的大国,中国的救亡和振兴之路只能是全面的现代化之路。

上述《共产党宣言》关于现代资产阶级社会的这一论断,已成为不刊之论,甚至成为当代许多西方学者描述现代性特征时引征的经典性论述。然而,我们对西方的认识似乎注定一波三折,周而复始。在中国大陆过去的社会环境和意识形态语境下,我们对于这段论述,所注意的与其说是现代社会的共性即理性和社会化,不如说是"资产阶级时代"的个性;并且,我们认为,相对于社会主义新时代,资产阶级时代即使还未寿终正寝,也处于濒死的边缘了。结果,资产阶级时代使一切固定的东西都烟消云散、一切神圣的东西都被亵渎了,我们却一度反其道而行之,重新把西方资产阶级所"反对"的那类东西固定化和神圣化。直到改革开放,我们对马克思和恩格斯关于资产阶级时代的这一论述,对现代性和现代社会,才有了新的体认,并相应地注意到西方学者的有关研究。

可见,我们对西方文明和现代社会的认识,在思想认识上经历了一个

---

① 《马克思恩格斯选集》第1卷,人民出版社1995年版,第275页。

由浅入深、由表及里的变化,即从关注某些器械、知识,到重视科学技术的"现代化",再到认识它的基本性质即"现代性"——理性的主体性及其所推动的人的社会化与个体化,越来越深入、全面。这一认识反转来让我们从改革开放前"反现代性的现代化",走向对现代性给予批判性接受并与自身文化相结合的现代化,特别是走出了"现代"与"传统"、"进步"与"保守"、"西方"与"东方",黑白分明、非此即彼、二元对立的思维模式。

近代以来大量的经验教训证明,古人的智慧与传统思想文化中的优秀成分,具有普遍的恒久的价值,对我们今天和未来的生活都有重大的意义,特别是给予我们民族认同感和自信心。但我们却不能只是抱着这些精神财富过日子,因为时代毕竟不同了,中国传统思想文化在原有形态和结论上不能解决和满足现代人的生活和发展之所需,必须借助世界上其他民族的思想文化,给予创造性转化和创新性发展。就理解和推进现代化而言,包括亚当·斯密、康德、黑格尔、马克思、海德格尔、哈耶克、哈贝马斯、罗尔斯等在内的西方思想家和学者提供的思想和智慧,对我们更具有切中现代社会的意义,因为他们更倾向于将人性和文明的矛盾理解为人的自我实现和社会发展的张力,且比中国先贤多了一种现代世界的眼光和一份现代性的批判意识。[①] 但是,西方学者关于现代性的论述却不可能呈现为一种全能的视域,他们既不甚了解东方世界的历史和现实,也没有我们在现代化过程中所遭遇到的坎坷与牺牲,以及所感受的苦涩而复杂的意味。因而,西方思想学术对我们的"直接意义"也是有限的。而这意味着,我们既要从古代、从西方充分地吸取思想和智慧,又要将其结合于我们当下的生活实践经验,从而确立起自身的主体性,并由此形成一种新的智慧,把这个现代世界看得更清楚、明白一些,把我们自己的命运与未来看得更清楚、明白一些,在推动有自身特色的现代社会发展的过程中,表达出我们关于现代性的普遍而又独特的理解和认知。

---

① [德]哈贝马斯:《现代性的哲学话语》,曹卫东译,译林出版社 2008 年版。

二

众所周知，以人的理性主体性为核心的"现代性"（modernity），早就在世界范围内，成为一个主导性、统摄性的概念，或者说一种"普照的光"，一切都在它的照射或影响之下。现代性经过在西方几百年的发展，取得了巨大的成就，表现为个人自由、社会富裕、政治民主、科学发达、国家强盛。在这种情势下，任何民族，只要不想被现代历史所抛弃——用毛泽东的一句曾经很流行的话说叫"开除球籍"，它就必须走现代化的道路，就必须赋有现代性。一个地方贫穷落后、保守封闭，我们会认为那个地方还处于前现代；一个地方发展了、繁荣了，我们会认为现代化在那里得到了顺利地开展；一个地方处于无序和混乱的状态，我们会认为那个地方正经历着社会转型，现代文明尚未确立起来。于是，现代性被理解成普遍的、普世的东西，即对于整个人类来说都是可欲的、可普遍化的生活方式。而在冷战结束之后，西方主导的现代性更是席卷全球。当代世界已经实现"车同轨"，与之相伴的"书同文"、"行同伦"也正在世界各地出现。世界上的条条大路似乎都在通向现代性的"罗马"。

于是，关于现代性的同质化、一元化的理解与表述，成为强势的观念和话语。现代性的同质化、一元化来自理性的普遍性和逻辑的确定性，科学就具备这种性质。然而，如果它因此就要决定现代社会的所有方面，那究竟是现代人的幸还是不幸？这就需要给予分辨了。

本来，任何概念化的语言，都会由于它的概括性和抽象性，使人们认为它就是一个单纯的实体或同类事物的共性。现代性这个词汇同样如此。当我们用"现代性"来指称和解释当代社会的许多现象时，就好像有某种发光体从黑暗中照射出来一样，单纯、明确；并且，这种发光体在历史上早就存在，不过一向被遮蔽着，而到了某一天，它终于大白于天下，照彻世界。这让我想到一种思想现象：当人类有了美感，有了善意时，人们就开始了苏格拉底式的追问：美是什么？善是什么？这种追问所预设的前提就是，这世界上一定存在着可以称之为美、善的本质，或是理念，才有了这些本质或理念的人或事,就成了美人、善人,或美景、善事。同样,当人类走出传统的农业社会,进入一个由蒸汽机、电动机、电影、飞机、高楼等等层出不穷的新奇事物所构成的世界时,那些创造或享用着这些新事物的人们,对这个五颜六色、充满生机的世界感到从未体验过的刺激和兴奋;更重要的是,只要你有能力合法地赚取到足够的金钱,你就能够实现你的愿望,就可以拥有这个世界。当然,这个世界还有很多事情不如人意,但那不是不可克服的问题,如同沃勒斯坦所概括的:社会可以加以改善,变得对每一个人都更好一些。"对于改善社会之可能性的信念成了现代性的坚实基础。"如果说,古老的宗教让人将拯救的希望寄托于来世的话,"现代世界断然属于现世。它所承诺的一切都要在此地和现世生效,或者在此地和不久生效"①。于是,现代社会或现代性也就成了类似美、善的先天的普遍性质或理念,"知识的进步、文明的发展和理性的启蒙影响有助于人们更好、更有效地理解那些恒常遍在的价值观念,这些价值观念在较早的时代同样真实,只是没有被那么清楚地认识到"②。而经由启蒙学者的发现,这个理念就像光芒四射的太阳,终于冲破阴霾照亮大地。

的确,体现着理性力量的现代性,甫一出场即具有普遍化的取向,无可阻挡地磅礴于全世界,深刻地改变并重构了人类的生活方式、行为方式、思维方式和情感方式。如今,通过市场经济和科学技术的全球化,现代性已成为整个人类的共业;而世界各地区几乎是同步的相互依存、相互作用,让人们普遍地体会到加拿大学者麦克卢汉所提出的"地球村"概念的真实不虚,也如贝克所说:"距离之墙已被推倒,陌生者和陌生性逐渐进入一个人生活的视域。"③亲密性与陌生性这两种似乎完全不相干的性质,现在要结合为人类新的生活方式了。

---

① [美]沃勒斯坦:《所知世界的终结——二十一世纪的社会科学》,冯炳昆译,社会科学文献出版社 2003 年版,第 150 页。

② [美]卡林内斯库:《现代性的五副面孔》,顾爱彬等译,商务印书馆 2004 年版,第 38 页。

③ 转引自[英]尼格尔·多德:《社会理论与现代性》,陶传进译,社会科学文献出版社 2002 年版,第 243 页。

　　其实,"现代"本来是一个流动的、模糊的甚至矛盾的语词,一方面,任何一个时代,对于生活在其中的人而言都是现时、现代;另一方面,处于历史和未来之间的现代又必定包含着过去和未来这两个维度,并表现为它们的转化。"现代"就像一个车轮轴或中转站,通过它,未来成为过去,过去转向未来。由此,现代性的基本规定性岂不就是不确定性、流转性?然而,自从人类进入工业化时代,这个时代却将"现代"独占并且体制化了:只有实现工业化的民族才处于现代,才达到了人类的目的地,而没有工业化的民族,即使和他们共时地生活在同一世界上,也是处于"前现代"。工业化何以有这种话语霸权?原来这种霸权不仅来自大机器生产的巨大力量,而且体现了人的理性的主体性和普遍性,经由理性的公开运用,人终于成为自身及其周围世界的主体,成为历史运动的目的。于是,现代被定格于工业化社会。实现现代化,也就是人类按照体现了理性的普遍性和统一性的模式来运行,从而达到效率的最大化、利益和幸福的最大化。不管处于农业社会的民族是否情愿,为了由"弱"变"强",它也不得不努力实现现代化。现代化于是成为时代的权威,时代的强势话语。

　　当中国人把中西关系问题归结为"古"与"今"的时代性差异,认定西方所代表的今即现代是"先进"的同时也是"普遍"的,中国是"落后"的同时也是"特殊"的时候,就决定了我们整个社会的前进方向和基本任务就是学习和追赶西方发达国家。然而,学习什么?如何追赶?西方的现代性不仅表达为五花八门的新奇的名词和学说,诸如自由、平等、博爱、人权、科学、民主、共和、资本主义、社会主义、无政府主义、达尔文主义、意志主义、实用主义、自由竞争、优胜劣汰等等,让中国人的"心灵"感到从未有过的兴奋和困惑,更是表现为坚船利炮、声光化电、鸦片贸易、殖民侵略、廉价商品等实实在在的器物和生存竞争,它们直接作用于中国人的"肉身"并大大地激化了中国社会自身的矛盾,原来表面上统一的中华帝国,到头来成了各种势力较量的舞台。于是,对外回应西方的冲击和挑战,对内争夺地区乃至整个国家的主导权,成为发生在近代中国大地上一场场运动的主题:"洋务运动"、"戊戌变法"、"五四运动"、"国民革命"、"抗日战争"、"解放战争"等等,一场比一场更加广泛和深入地震撼着古老的中国。而伴随其间的,有说了几千年的"子曰诗云",更有先后出现的"洋务话语"、"维新话语"、"启蒙话语"、"革命话语"、"阶级话语"、"民族话语",以及种种的呓语、胡话和失语的状态,还有蹒跚的步履和千万人的流血牺牲,或死于国难,或死于内斗。

因而,很长时间,对于背负着中西古今的十字架、饱受内忧外患的中国人来说,现代性简直是一场梦魇,它虚幻又真实,直观又玄奥,和善又狰狞。现代性的这种两重性不能不让我们对它产生既爱又怕、欲迎又拒的复杂心态,经常地陷入进退两难的局面。列文森依据文化中"价值"与"科学"的双重维度,曾这样分析处于现代化过程中的中国人的两难选择,他说:"正确的科学结论是能够被实验证实的,因此科学最终是不可抗拒的。但是,这种西方近代科学技术——这是西方工业文明的关键所在——对中国传统科学技术的必然取代,却促使中国人在其他方面寻求补偿。在一个一般判断不能被实验证明,但仍然可能进行选择的领域,特殊的中国信仰便呈现了出来。既然基督教(西方被认为是基督教文明)是能被拒绝的,那么,它也就真的被拒绝了。"①列文森以此说明现代中国人特别是知识分子的"困窘":在理性上认同西方的科学技术,在情感上执著于传统儒家的人文主义。但既然科学与价值本来不同,可以二分,这种困窘倒是非实质性的,洋务派的"中体西用"就是一种解决的方式。但问题在于,就人的文化信念而言,能够被证实的信念即知识固然不可抗拒,那些难以被当下的感性经验证实或证伪的信念,即被人们一向推崇的信念,也会因为不能有效地引领人们适应社会的变化而被放弃或改变,只不过人们改变自己的信念并非易事,特别是在列文森所说心理需要补偿的情况下。

这里有一个有趣的例子是卓别林主演的 Modern Times 电影,这部电影反映的是 20 世纪 20 年代末期至 30 年代美国经济危机时工人的命运。1978 年,作为好莱坞的第一部大片在中国上映时,片名译为《摩登时代》,

---

① [美]列文森:《儒教中国及其现代命运》,郑大华等译,中国社会科学出版社 2000 年版,第 105 页。

一半音译,一半意译,堪称佳译。"摩登"最初是佛教用语,后来含义几经转换,至20世纪初演变成时髦、洋气和现代的代名词,在30年代的上海滩流行,隐喻着特别能吸引人的眼球,让人心旌摇动、暗自羡慕的有产者的生活方式。这种摩登的生活方式是工业和市场的造物,是由声光化电、灯红酒绿营造出来的,与小农土里土气、封闭保守的生活判若云泥。但正是从这部电影中,我们看到了工人如同机器人般地挣扎于生产流水线,甚至精神失常,最终加入失业大军,流落街头。这不恰恰说明"摩登"的现代就是可恶的"资产阶级生活方式",它寄生于对工人血汗的压榨,"每个毛孔都滴着血和肮脏的东西"吗? 那么,如何既要工业化的大生产,要"声光化电",又拒绝资产阶级生活方式即"灯红酒绿",从而对资本主义现代性的这种"善、恶"二重性加以选择? 过去我们的考虑是,一方面建立"社会主义的国家所有制和集体所有制",保障工人农民的"主人"地位;同时实行"计划经济",把经济的自发性变为"自觉性",消除贫富两极分化,这一价值上两难的问题不就解决了吗? 于是,借助固有的国家集权的传统,自上而下地进行一元化的管理与计划,便顺理成章地成为传统社会主义国家现代化的政治与经济模式。然而,这种社会主义计划经济的模式,虽然在开始阶段为工业化起到了某种奠基作用,后来很长时间却难以再体现出优越性,甚至严重束缚了社会基层与广大民众的生产自主性与积极性。直到实行改革开放,提出建立"社会主义市场经济"体制。

我们终于认识到,即使属于器物和制度的现代化,对于本来走着自己文化道路的民族来说,也决非只是把手工工具变成机器生产那么简单。何况,现代性是一整套以人的理性主体性、社会个体及其契约关系为本位的生活方式、行为方式、思想观念,是西方民族率先从他们的文化传统中逐步地发展出来的。在现代工业化生产的企业里,固然需要统一的指挥和纪律,但为工业提供原料并消费其产品的市场,却是由无数独立的个人自由选择的场所;并且,只有生产者和交易者属于不同的所有者,而他们的产权又受到法律的保护,他们之间才会有真正公平的竞争和减少单位劳动时间的动力,社会才会充满生机与活力,人的"社会化"和"个体化"这一相反相成的取向才会达到越来越高的程度。而这对于生产生活上分散、政治和意识形态上却一统的农业民族来说,理解起来不容易,实践起来就尤其困难了。只是伴随着无数的外部冲突和无数的内部折腾,原来从统一的意识形态出发实行计划经济的国家,才在遭遇各种严重的政治经济危机之后,不得不改弦更张,建立起市场经济,个人自由平等和社会民主法治的普遍价值也被越来越多的人所肯定。现代性也不再那么光怪陆离、难以捉摸了。"反现代性的现代化"变成理性地肯定现代性的现代化。中国历经集体化、"大跃进"、阶级斗争为纲、直到十年"文化大革命",一个"红彤彤的新世界"未建立起来,却造成社会普遍分裂、经济濒临崩溃,人们——特别是当时的青少年——的精神世界严重地荒漠化,这才痛定思痛,启动改革开放,迅速融入现代世界文明大潮,在各方面都发生了令世界瞩目的变化。

无疑,西方在话语权和观念上长期支配了东方,东方也必须借助对西方的词语和观念的理解与掌握,挣脱历史上陈旧思想观念的束缚,引导并推动社会的现代化变革。金观涛结合中国汉字的原义,详细考察了19世纪中叶以来出现于中国社会的大量的现代词汇及其观念。他认为,几乎所有的中国现代政治观念的形成,都经历了这样的三个阶段。一是19世纪中叶以后的洋务运动时期,其特点是用中国原有的政治文化观念对西方现代观念的意义进行选择性的吸收;如西方现代观念和中国传统观念无意义相重叠之处,即该观念是全新的,则常出现对该观念的排斥。二是从甲午战争后到新文化运动前的20年,中国人以最开放的心态接受西方现代观念,大量中国传统文化中原来没有的现代新观念都是这一阶段传入的。三是新文化运动时期特别是1919年以后,中国人对所有外来观念加以消化、整合和重构,将它们定型为中国当代观念。① 在笔者看来,上述观点显然可以划入费正清提出的"冲击—回应"模式。作为费正清学生的列文森,也从"词汇"到"语言"的变化说明中国社会在西方影响下的深度变迁:"观念融合的结果,新的思想环境的混乱程度,似乎并不取决于脱离实际的抽象思想的性质,而取决于人们在多大程度上使他们生活

---

① 金观涛、刘青峰:《观念史研究》,法律出版社2009年版,第8页。

于其中的社会连同他们自己接受的外国影响。只要一个社会在根本上没有被另一个社会所改变,那么,外国思想就会作为附加的词汇,在国内思想的背景下被利用。但是,当由外国势力的侵入而引起的社会瓦解开始后(这种情况在中国,而不是在西方发生过,而且在中国也只发生在十九世纪和十九世纪之后),外国思想便开始取代本国思想。""而当社会和语言一起发生变化,外国提供的思想作为有价值的东西得到承认时,它们的外国涵义也就在尽可能的范围内被清除掉了。"①这些论述都能获得大量经验的证明,都有相当的道理。西方与中国、现代与传统的对立是显著的,西方和它所代表的现代在这一对立中又总是显示出主导性的力量,因而,中国的社会变革往往要由产生于西方的新话语和新观念领先,这些新话语、新观念进入中国人的头脑的程度,又多半与西方对中国社会的冲击和改变成正比。

这无疑是着眼于西方与东方、现代与传统的对立得出的结论。这个结论基本上否定了东方现代化的内在可能性,似乎东方现代化的过程,就是西方对于东方的取代和消灭的过程;东方与西方的关系成为一场"零和"博弈。这倒应了《红楼梦》中林黛玉所说的那句著名的话:"不是东风压倒西风,就是西风压倒东风。"

然而,这种看法的问题在于,它把西方与东方,都看成了一个单纯的实体。其实,西方包括其现代性自身就是历史性的矛盾运动,而中国历史地形成的社会文化及其内在矛盾也早就酝酿着社会的变革,在西方的影响和作用下,它是能够被激发、引导到现代化的方向上来的。但中国作为具有自身历史传统的东方大国,又不可能完全跟在西方人后面人云亦云、亦步亦趋,这不只是守旧势力的反对和传统的巨大惰性,更由于中国和西方之间既有利益上的矛盾和竞争,也有各具特点和优长之处的思想文化传统,中国人即使一心一意地要实现现代化,也必须维护自己的主权、发展自身的主体性,弘扬本民族优秀的思想文化。否则,就真的会如康有为

---

① [美]列文森:《儒教中国及其现代命运》,郑大华等译,中国社会科学出版社 2000 年版,第 141、142 页。

当年所讥刺的:"彼猖狂而妄行者,睹欧美之富强,而不知其所由也,袭其皮毛,武其步趋,以为吾亦欧美矣。"他旗帜鲜明地批评"全法欧美而尽弃国粹",并分析说,"夫欧美之政俗,自有其道德维持之。此其政俗所以在欧美为成功之效,而在我为败坏之由。同方异效,良有由然"①。应当说,这是颇有道理的,在该激进的事情上激进,该保守的事情上保守,才是人类社会发展特别是社会转型的正道。

众所周知,中国与西方的历史道路本来就有很大的区别,我们用西方的一些词汇指称或形容中国的现象,也未必对应。如"封建主义"一词,用来形容西周分权的"封建亲戚"、"以藩屏周"的社会政治制度,有一定的合理性,而用来指称中国自秦至清的社会,就大相径庭了,因为在这2000多年的历史上,中国历朝历代实行的都是帝王专制的"秦政法"。秦之"废封建,建郡县",仿佛是最大的家族式企业的"公司制"改造,"所有权"仍属于皇帝一家,并且得到极大的强化,"经营权"则由皇帝和遴选出来的官员共同行使。而欧洲中世纪的"封建主义"(feudalism)指的则是通过封地采邑的形式建立起来的国王—领主—佃农(或封君—封臣—佃农)之间的契约性政治经济制度。正是对王权具有约束力的契约关系孕育出了后来欧洲的近代文明。中国传统的王权专制却不具有这种属性。因而,近代以来的西方与中国传统社会的差异,既有属于时代的,也有属于民族的文化的。忽视前者,我们会迷失现代化的前进方向;忽视后者,我们就既找不到可行的路径,也会失掉自信。即使今天中国正在走出延续了数千年的以家庭为单位的自然经济的惯性,我们也依然能够清楚地意识到中国传统文化在中国这块土壤上"顽强"的生命力,这种顽强一方面表现为对现代化的排斥和阻滞,从而造成中国现代化进程的艰难曲折,另一方面,它也在一定条件下表现为顺乎潮流、与时偕行,或兼收并蓄、包容同化。在强势的西方文化的冲击下,中国的思想文化传统总是能够通过新的形式发挥作用和发展转化自身。

---

① 《康有为全集》第10集,中国人民大学出版社2007年版,第129、130页。

三

近代以来,中华民族对西方文化冲击的应对及现代化的开展,显著地表现为语词和话语方面的系统性变化。冯天瑜先生就中国近代以来新词汇、新话语的形成写道:中日两国近代都面对西力东渐的大趋势,都有一个如何应对西方话语霸权的问题。事实证明,关门拒斥既不可能,也无济于事;而弃己以从人,废除自己的语文传统,走拉丁化路线也决非良策。中日两国在异见纷呈的情形下,都选择了在汉字文化框架内因应变通的发展,而改铸汉语古典辞及创制汉字新语以对译西学概念,是两国共同的着力点。① 词汇、语言方面如此,整个社会文化亦然。中国的现代化取向,固然是在西方文化的逼迫与示范的双重作用下展开的,但是,如果中华民族本身没有变革社会的要求,中国人对于西方冲击的"回应",恐怕就成了完全本能的、消极的反应,连被"唤醒"也谈不上。

关于这一问题,美国学者柯文的《在中国发现历史》一书批评"冲击—回应"模式"带有浓厚的西方中心性质,这种性质剥夺了中国历史的自主性,使它最后沦为西方的思想附属物"。认为在中国帝制行将崩溃的"画面中","西方仍然占据重要地位,但对这种地位的理解,要比以前复杂得多,因为我们开始看到和西方打交道的并不是一个惰性十足的、被动的中国,而是一个长期以来自身经历着重要变化的中国,一个充满最基本的矛盾与冲突的中国,这个中国,从自身的情况出发加以观察,决非离奇古怪、充满异国情调的国度,而是由真实的人所组成,他们和任何社会中的人一样,日夜思考的棘手问题是如何在一个严厉、苛刻、往往是不可理解的世界中生存下去"。② 柯文关于"以中国为中心"甚至以中国的

① 冯天瑜:《新语探源——中西日文化互动与近代汉字术语生成》,中华书局 2004 年版,第 617 页;沈国威:《近代中日词汇交流研究——汉字新词的创制、容受与共享》,中华书局 2010 年版。

② [美]柯文:《在中国发现历史》,林同奇译,中华书局 2002 年版,第 167—168、177—178 页。

"区域、省份或是地方为中心"的研究取向,未必能构成一个更具解释力的理论模式,但他重视从中国内部的各领域、各方面寻找具有连续性的变革要求的思路,却颇有道理,并能够矫正单向度的"冲击—回应"模式。

按照沃勒斯坦的研究,西方在16世纪之后成为现代世界体系的"中心",这是一个历史的事实。这个"中心"对于包括中国在内的"边缘"国家形成了强大的影响甚至主导作用,这些国家也的确在很大程度上失掉了传统的自主性。但是,中国的文化毕竟生命尚存,中国人古老的"天下主义"、"和而不同"的理想与现代化也不无关联。显然,在充分地重视西方文化与中国文化、现代性与传统小农社会的异质性的同时,我们还应当努力发现中国走向现代社会的动因、契机与路径,超越在中西古今问题上非此即彼的二元论思维模式。

在20世纪后期,中国在西方主导的现代性之外建立"灭资兴无"、"一大二公"的计划经济社会失败之后,基于生存和发展的强烈要求,又一次参与到由西方人主导的现代化事业和论争中来。时过境迁,有些问题依旧,有些问题或表现形式却发生了很大的变化,激进的革命话语和虚假的政治话语消歇,再次响起的"启蒙话语"很快转变为"改革的话语";而随着市场大潮一起涌来的,是由各种商品广告所主导的"物质的话语"、"欲望的话语",随着现代与传统、激进与保守的二元对立的消解,是崇高与卑鄙、理想与现实乃至善与恶、美与丑、是与非之间界限的日益模糊,似乎只要不犯法,"怎么都行"。互联网的出现,又很快催生了"众声喧哗"的局面,民意得到反映,"意见"却代替了"真理","怎样说"越来越比"说什么"重要。而在这一切动荡浮躁的表象背后,既有金钱与权力、知识与权力的联手和共谋,更有寻求公平正义和建立现代民主法治社会的不屈不挠的努力。

美国学者罗伯特·皮平认为:当代的现代性问题已经采取了一种强烈的政治的形式,甚至是地缘政治学的形式。当代对社会现代化的很多讨论,也同时成就了就"西方化"所进行的剧烈而紧张的论战。有些发展中国家经常懊恼地发现:作为有效的、有区别的管理体制而引进的这些东西,在学校课程中对科学和技术的强调,以及在社会中鼓励个人创新和批判精神,全部都带来了各种出乎预料的前景,经常对曾经占主导地位的宗教或政治意识形态传统的权威性产生各种意味深长的后果。一个现代的社会,至少就西方所理解的而言,本身似乎就具有了一种动力,引进了合理化和生产效率,提高了个人的责任感,但也威胁到了传统和社会的一体化,促进了社会的反常状态、消费主义、异化、不满;甚至会把矫揉造作的文化商业化。① 西方文明对非西方民族特别是中国这样的大国造成的影响,比皮平所说的还要复杂得多。

今天,古老的中国不仅走上了现代化道路,而且迅速地实现了经济上的崛起和社会生活的巨大变化;原来属于西方的许多文明成果,已经成为中国人生活的组成部分,在中国大城市林立的高楼中,你甚至会有恍然置身海外发达地区之感。然而,中国依然是中国,而不是美国、德国、法国或俄罗斯。中国仍然保持着自己的文化特点,这个特点既包括其优点,也包括其缺点。中国当代社会的负面问题,不止是表现在政治、经济和道德领域中的各种腐败问题的层出不穷、利益博弈中潜规则的盛行、贫富悬殊和人的心灵与精神世界的自私和浮躁、人际关系的势利与紧张,更有在城市化导向下广大农村的结构性贫穷、家园感的丧失和许多村落的萧条衰败。这是社会转型期难以避免的代价,还是没有充分地考虑中国国情的独特性所致?是中国儒家主导的文化传统仍然从中作梗,现代化的进程受到阻滞和"扭曲"?还是我们对历史传统、对现代性的理解都过于简单化、一元化了?而就中国未来发展的总体性的方向与可能性而言,则既有"富而好礼"、"见利思义"的取向,也有"财大气粗"、"为富不仁"的现实可能,在国家对外关系的层面上,也表现为中国古人一向分辨的"王霸"之争,是"称霸"还是"称王"?文化传统中的思想因子和习惯本来就不是单面的,在今天尤其突显出一个向哪个方面倾斜或前进的问题。

当我们在推进现代化的过程中遇到各种问题时,现代性在西方也出现大量问题甚至陷入"困境"。这些问题和困境不仅表现为马克斯·韦

---

① [美]罗伯特·皮平:《作为哲学问题的现代主义》,阎嘉译,商务印书馆 2007 年版,第 28—29 页。

伯所忧虑的工具理性的"铁笼",更表现为越来越难以预见和控制的"风险":本来以为能够消除和控制各种偶然性、不确定性的理性与科学,却为现代人类制造出更多的不确定性即人为的"风险"。如吉登斯所说:"我们所面对的最令人不安的威胁是那种'人造风险',它们源于科学与技术的不受限制的推进。科学理应使世界的可预测性增强,但与此同时,科学已造成新的不确定性——其中许多具有全球性,对这些捉摸不定的因素,我们基本上无法用以往的经验来消除。"[1]信奉理性主义和科学主义的现代人,其实并没有得到真正的独立与自由,相反,他们成了自己的欲望和工具理性的奴隶。这可以说是启蒙与蒙昧的辩证法。于是,人们不得不问,究竟什么是"现代性"? 现代性成了一个充满争论和歧义的论域。

由于现代性率先产生于西方,其优越性、局限与问题,都在西方得到较充分展开,在现代性论域中首先响起的自然是西方人的声音,从黑格尔直到当代西方学者,众说纷纭。诸如"现代性在解放人的同时,也造成新的普遍的控制甚至奴役";"现代性是流动的、瞬时性的,瞬时即永恒";"现代性已经失败";"现代性是未完成的谋划";"现代性一开始就走错了方向";"现代性进步不过是把过去的长矛大刀换成了原子弹";"其实没有什么现代性,现代性不过是人的幻象"等等,莫衷一是,甚至大相径庭。让东方人听得瞠目结舌,晕头转向。然而,东方人并非只是西方现代性话语的听众。现代性发生于西方,但目标却是整个世界;当现代性凭借理性的力量"横决天下"时,全世界的人都不能不参与其中。正是在这个参与的过程中,各民族不仅有了自己对现代性的体认,而且有了自己关于现代性的书写和叙事,现代性于是在世界范围内呈现出不同的样式和面相。人们已经为这种现代性起了一个"多元现代性"的称号。

多元现代性之"多元"是否缘自各民族不同的文化? 这种文化是让现代性表现为不同的形式和特点呢,还是能够影响到现代性的根本性质? 多元现代性也仍然是"现代性",那么,现代性能否由于"多元"化而成为

---

① [英]安东尼·吉登斯:《现代性的后果》,田禾译,译林出版社 2000 年版,第 115 页。

全人类都能自由商谈的公共领域并从而走出前述困境？"公共性"是否意味着普遍与特殊或同与异的关系的现代解决方式？对于这些复杂的问题，我们虽然难以给出一个明确的答案，却能够依据实践经验和理论研究，给出如下的陈述和预测：源于西方的理性的现代性，以其普遍性和开放性实现着自身的全球化，而在现代性全球化过程中出现的"世界性"和"地方性"这两种相反相成的取向，已然表明，以理性为其本质的现代性从西方这一同样是有限的地域走向整个世界时，势必引发处于不同自然历史环境的民族及其文化的强烈互动，并唤醒他们的民族主体意识，由此推动各民族"主体间"关系的普遍形成。这意味着，现代性对各民族传统的经济与文化的改造，并不是单向的和纯粹技术性的，而是双向的和涉及社会经济政治文化各方面的，现代性必须适应并结合于各民族生存在其中的自然历史条件。如此一来，现代性的普遍性也就不可能只是抽象的或形式化的东西，而必定获得或被赋予具体的也是差异性的实质内容，这样，"理性"也就不可能完全排斥"非理性"，而必须包容它或与之相互渗透、相互转化。现代人的自由与限定、个体性与社会性，也都不是二元对立，而是相反相成的。黑格尔和马克思都给予肯定的"具体的普遍性"，即超越抽象的形式化的知性普遍性，指的就是将许多异质性因素关联、贯通起来并融合成一个有机整体的理性普遍性，这种作为知性之扬弃的理性普遍性，其实是被给予的、原初的感性具体性的理性重建。因而，现代性的理性普遍性，经由现实的运动并在归根到底的意义上，也不是那种纯形式的、同质化的工具理性，而必定体现出人类多维度多向性发展的价值理性。

在本书中，笔者将多方面地参考中外学者的有关论述，并重点借助马克思的有关思想和论著，阐发我们对现代性及其问题的思考，因为这更能体现我们在现代世界所处的历史方位、现代中国社会的矛盾性和理论与现实之间的张力。此外，黑格尔与海德格尔先后在中国"隆重"登场，其影响经久不息，当然是我们有意识的选择，但其背后也有某种客观的情势在起作用。他们关于现代性的思考，对我们就很有启示意义。确如一位西方学者所言："在黑格尔那里，我们找到了对浪漫主义主观性以及他称作'市民社会'的现代经济共同体的批判。另外,他还提出了一种理性共同体,他称其为'国家'。这也就暗含了对现代性的那些基本范畴的批判。"黑格尔"所谓的精神运动其实也就是我们拥有(having)一个有意义的世界这一运动本身。在从市民社会向国家过渡中就运用了这些中介环节,而且,通过它们还可以说明,那些典型的现代二分法将如何得到克服,并进而达到一种将古代实质性共同体和现代自由的长处融合在一起的生活形式"。"海德格尔在其关于主观性、技术、普遍化强制(das Gestell,'座架')以及本成事件(das Ereignis)等的讨论中研究了现代性问题。这些讨论适当地安置了现代自我性。虽然我们必须栖居于我们之所在,但只要我们理解了我们是如何相关于我们行动于其中的那个可能性领域的授予过程的,我们的生活就将不再表现为那种受操纵的操纵者的活动了,因为后者只是我们这个时代给我们所指派的生活。在这个现代世界中,我们将拥有一种新的生存方式,并获得这个世界的最终改变之希望。"①笔者认为,这两位思想家的现代性思考,既有相近的地方,又各有其特点和重点,可以相互批评,我们无法对他们的观点加以综合,但从这两人那里都能学到一些东西。而从我们中国学者的角度来看,他们的言说语境与我们的语境有很大的不同,我们从他们那里的学习,也应当是带着问题和批判性眼光,并主要是引发我们做出自己的思考。例如,黑格尔所提出的以总体或整体为归宿的"具体的普遍性"这个概念,如果已不能有效地说明当代人类社会的特点,激发出我们关于一种新的人类生活方式的想象力,那我们就不妨以中国思想的"和而不同"的理念来替代具体的普遍性。各不相同、彼此差异的元素而又能相得益彰、共为一体,这种真正和谐社会的建立究竟需要一种什么样的条件和机制? 个体之间、民族之间,乃至人类与自然万物之间应该按照一种什么样的交往原则才能使其个体性和共同生存所要求的整体性都得以维护? 费孝通先生所憧憬的"各美其美,美人之美;美美与共,世界大同",是人类永恒的理想,还是有着现

---

① [美]大卫·库尔珀:《纯粹现代性批判——黑格尔、海德格尔及其以后》,臧佩洪译,商务印书馆 2004 年版,"序言"第 14、15 页。

实可能性的预言？笔者不敢断言。但倘若它是令人向往的,那就让我们一起探讨。

此外,需要说明的是,我所理解的"中国话语",虽然是一个有文化身份标识的概念,却决非一个排他性的、画地为牢的概念。如同中国"教育要面向世界,面向未来,面向现代化"(邓小平),中国的思想、理论与话语也要贯彻"三个面向"的精神,讲出既关乎中国经验与发展,也关乎人类命运与前途的道理。否则,只能是"自说自话",对我们自己也不会有多大启示意义。我们为什么不把上面提到的许多有世界性影响的西方学者的"话语",贴上"西方话语"的标签？就因为他们立足于人类及其前途来思考问题,其思想智慧超越了民族和国界,成为全人类的精神财富,特别是康德、黑格尔和马克思等世界级思想家。尽管这些人的思想也有特定历史文化所给予的印记。同理,中国先秦孔孟老庄等思想家,之所以成为中国"轴心时代"的开创者,为后来2000多年的中国思想文化奠定下基调,提供了基本观念,其思想影响还远播海外,就在于他们不是立足于当时的诸侯"国",而是"天下",他们所揭示出的,是"人"何以挺立于"天地"之间并"可大"、"可久"的道理,且不乏超越的形上的旨趣。所以,本书所要研究的,是当代中国学者何以才能在"现代性论域"发出真正有见地的声音,提出有原创性的理论,既为我们自己特殊的问题,也为人类面对的共同的或相通的问题,揭示其来龙去脉,给出解答的原则、思路乃至方案。

因而,本书名及内容中所用的"中国话语"一词,是一个宽泛的概念,它包含两层意思:一是指白话文运动以来中国人的语言表述,其中包括对西方思想文化大量的译介和阐发,这个译介与阐发体现了中国人自己的需要与选择,又是由现代汉语表达的,所以理应属于"中国话语";二是指中国学者与来自西方的现代性理论及价值立场不同的话语,既体现出中国人的思想智慧,又能够进入国际理论界,与国外学者展开思想与学术的讨论和争鸣,有与人完全平等的话语权。实事求是地讲,我们这方面的能力总体上还比较弱,还需要长时间地强化和提升。对于本书而言,最需要搞清楚的问题,其实不是关于现代性的汉语表达、话语特色与体系问题,而是我们对现代性、现代社会究竟有哪些独到而深刻的认识与理解,足以在解答我们自己问题的同时,也贡献于世界? 这个问题又直接依赖我们已经掌握了哪些中外思想文化资源,对这些资源能否从学术上做出符合时代要求和学术发展要求的批判性整合与创造性转换,从而建构出新的学术理论。显然,这两个问题其实是一个,即为现代性的中国话语明确前提性条件,用哲学的话说,就是要回答中国话语"何以可能"的问题。我们作为中国学者以现代汉语的语言从哲学上探讨"现代性",也正是对这个问题直接或间接的解答。

第 一 章

现代性及其文化

　　现代人类面临的几乎所有问题,都与"现代性"这个概念有了密切的联系。现代性的确是时代的主题词。即使后现代思潮曾经大有摧毁现代并取而代之之势,但它显然还不能构成一个新的时代,倒可以视为现代性本身激进的自我批判。中国正处在现代化的过程中,我们自然更容易认同现代性而非后现代。但任何真正的理论思考,都不能无批判无原则地成为社会思潮的一部分,相反却要给予审视和批判。如果说,只有跳出现代性才能全面地反思现代性,那这种超越现代性的眼光,与其说来自后现代思潮,不如说哲学思想本来就赋有超越当下贯通历史和可能世界的"本领"。哲学思想的这种本领,又生发并蕴含于人类基于生活实践的良知、直觉和觉悟,以及人类文明的演化和开放性循环中。

第一节　现代性及其理性内涵

　　西方有学者认为,"现代性"跨越从哲学到经济学的全部范围,种类繁多,歧义纷呈,想要为它确定一个历史起点是不可能的。自 16 世纪一直到整个 19 世纪,每一个世纪都可以而且曾经被命名为第一个"现代的"世纪。① 而据美国学者卡林内斯库考证,"现代性"一词早在中世纪的基督教中就产生了,并且伴随着"古今之争"。他依据西方历史的三个时代的划分,即古代、中世纪和始于文艺复兴早期的现代,他写道:"由于文艺复兴是自觉的,且把自己视为一个新的历史周期的开始,它完成了在意识形态上与时间的一种革命性结盟。它的整个时间哲学是基于下述信念:历史有一个特定的方向,它所表现的不是一个超验的、先定的模式,而是内在的各种力之间必然的相互作用。人因而是有意识地参与到未来的创作之中:与时代一致(而不是对抗它),在一个无限动态的世界中充当变化的动因,得到了很高的酬报。"②

可以说,出现于西方的"现代性"在基本性质上不是一种而是两种,它们截然不同且处于对立中。一方面,"作为文明史阶段的现代性是科学技术进步、工业革命和资本主义带来的全面经济社会变化的产物"。"它大体上延续了现代观念史早期阶段的那些杰出传统。进步的学说,相信科学技术造福人类的可能性,对时间的关切(可测度的时间,一种可以买卖从而像任何其他商品一样具有可计算价格的时间),对理性的崇拜,在人文主义框架中得到界定的自由理想,还有实用主义和崇拜行动与成功的定向——所有这些都以各种不同程度联系着迈向现代的斗争,并在中产阶级建立的胜利文明中作为核心价值观念保有活力、得到宏扬。"另一方面,与此对立的"另一种现代性"是文化的特别是"作为美学概念的现代性","自其浪漫派的开端即倾向于激进的反资产阶级态度。它厌恶中产阶级的价值标准,并通过极其多样的手段来表达这种厌恶,从反叛、无政府、天启主义直到自我流放。因此,较之它的那些积极抱负(它们往往各不相同),更能表明文化现代性的是它对资产阶级现代性的公开拒斥,以及它强烈的否定激情"。③

---

① [美]劳伦斯·E.卡洪:《现代性的困境》,王志宏译,商务印书馆 2008 年版,第 16 页。

② [美]卡林内斯库:《现代性的五副面孔》,顾爱彬等译,商务印书馆 2004 年版,第 27—28 页。

③ [美]卡林内斯库:《现代性的五副面孔》,顾爱彬等译,商务印书馆 2004 年版,第 47、48 页。

在文艺复兴特别是工业化以来的西方,前者是主流或扮演主角,后者恰恰是由于前者的强势存在及其弊端才显示出自身的意义。这两种对立的现代性也都从西方传到东方,并在东方造成了远甚于西方的两难选择。对东方构成强大压力和威胁的显然是资产阶级的现代性即"理性"的"进步"的现代性,其本质是人的思想和行为的理性化,而理性化力量的强大和普遍性,不仅意味着韦伯所说去除传统社会的神秘和神圣,更意味着它能够带给人们效率的最大化和利益的最大化。而这本身就意味着理性对于非理性、理性的高级阶段对于低级阶段的强势的取代和排斥。东方民族的"实用理性"或"常识理性"也必定招致它的进攻和解构。在这种情势下,东方民族为了独立和振兴,一方面不能不使自己的生产和生活理性化,形成理性的主体性;另一方面,为了抵御理性背后的西方霸权和掠夺式的竞争,东方民族又不能不诉诸自己的实用理性,诉诸自己的情感和意志,并从西方美学的、文化批判的现代性那里,寻找同盟或可资利用的资源。

于是,在中国近代史上,来自西方的"无政府主义"、"意志主义"和其他非理性思潮,都曾经成为我们抗拒和超越资产阶级现代性的选项。但是,问题在于,在西方,这两种现代性如影随形,互斥而互补,共同构成西方现代社会的两个维度;而我们的时代命运是进入现代,如果我们由于中西文化的差异与利益的对立,就试图将浪漫的批判的现代性置于理性的进步的现代性之上,甚至加以取代,那就会凌空蹈虚,在"浪漫"的"激进"的装扮下重演传统的悲喜剧。如果说,如"无政府主义"那样的思潮由于太不切实际而很快就被中国人抛在一边,民主主义成为中华民族自救的法宝,但在新民主主义胜利和新中国建立之后,随着冷战的来临,我们又自觉不自觉地让"社会主义"承载起反对资本和市场的传统道德情感与意志,发动"大跃进"并建立起"一大二公"的经济模式,这却给中华民族带来灾难性后果。这一严重的历史教训从反面推动了中国大陆的改革开放和全面的社会转型,实际上就是重新确立理性的进步的现代性的主导地位。于是,现代化不再止于工业化、城市化和教育的大众化,还被理解为市场经济、民主政治和法治的建立;而作为拥有个人权利与义务的公民,则既是上述这一切社会活动和社会建制的主体,又是它的产物。由此,我们几乎要全面地接受现代社会由理性的普遍性所引导出来的一整套的规定性即"现代性"了。

然而,对于我们中国人来说,"时空的压缩"如此之厉害,我们刚刚进入现代性,又不能不面对现代性的所谓"困境"了。

现代性的困境在西方——并以特殊的形式在东方——表现在个体、社会和自然生态各个层面。其中,个人的原子化与自由至上、人们社会关系的功利化和相互疏离、社会风险度的不断增大、经济发展的不平衡和财富分配的不平等、物种的大量消亡和生态的严重失衡,都是很突出的现代性问题。学者普遍认为,这些问题原则上可以归咎为近代哲学倡导的理性主义及其主客二分的认识论模式,这种模式体现在历史领域就是一种单线的进步主义历史观,即人类历史按照一个"故事主线"(story line)——从低级向高级、从自发到自觉、从必然到自由这样一个总的方向——展开,最后进入人类解放的自由王国。凡是在这个统一进程之内的苦难、牺牲都是必要的代价,而不能被纳入这个统一进程之内的事情则无关紧要。这构成关于人类历史的"宏大叙事"(grand narrative)。这种叙事虽然源自基督教的"神义论"历史观,但却经由文艺复兴、宗教改革而转化为"人义论"的历史观,即人完全能够凭借自己理性的进展变得像上帝一样全知全能,掌控自己的命运。这也就意味着现代性是历史目的的实现。

但是,在西方经过两次毁灭性的世界大战之后,在原来的社会主义阵营出现"斯大林式的专制"和"古拉格群岛"之后,现代性的这一宏大叙事被视为一个已经破灭的神话。[①] 因而,支撑这个神话或者说为这个神话奠基的哲学"形而上学"也变得信誉扫地。哲学形而上学是通过理性思维,从人的变动不居的感性经验中提取的普遍性、必然性和绝对性,也就是超时空的不生不灭的终极的"存在"。这种"永恒在场"的存在是宇宙的本质或本体,是人类社会及其历史的根据和目的,从而也就成为人的安

---

① [英]安东尼·吉登斯:《现代性的后果》,田禾译,译林出版社2000年版,第1—5页。

身立命之本。而经历了现代社会种种灾难的当代人终于发现,这种超验的本质或本体,不过是人们在特定历史条件下想象的产物,是人类试图摆脱自身及其遭遇的有限性、偶然性的迷思和信念,"事实"上是不存在的。因而,人类信靠替代神学的哲学形而上学,到头来发现的却是它的独断、无根和虚幻,最后难免使人堕入"虚无主义"。于是,后现代将矛头对准哲学形而上学,不再承认世界由一个超验的绝对之物来支配。在海德格尔看来,传统的本体论、神学和逻辑学本质上是一个东西,即形而上学。以学科的形式存在的理性化的"哲学"就是形而上学,它已经失去哲学在其原初时的"思"的能力,因而海德格尔要追溯到前苏格拉底的古希腊思想,从原生的前概念的活生生的"诗与思"中,重新寻找欧洲人及其文明的转机乃至人类命运的"大道"。于是,许多西方学者认为应当按照一个全新的理念、全新的原则来改造或取代现代性,这就是所谓后现代(Post-modern)的思考维度。后现代与美学的浪漫的现代性一脉相通,它从审美与文化的角度批判现代性固然有其意义,但由于后现代主义往往言过其实,批判有余建构不足,远没有形成一个明确的建设性的理论,所以,卡林内斯库认为后现代主义不过是现代性的第五副面孔。

我们正在努力推进现代化,那么,我们是否更没有必要理睬后现代思想了?也不是这么简单。由于肯定理性的现代性就一笔勾销浪漫的现代性,则现代性又成了无矛盾的一元化的东西,这既与事实不符,也不利于对现代性的反省与改进。只是把后现代作为一种时髦的思潮去追逐是肤浅的,而把它作为一种现代性的自我批判来看待却是有必要的,否则,我们真的会陷入比西方的理性主义更糟糕的境地,如类似科学主义那样的迷信和盲目性。

这里,我们有必要关注一下哈贝马斯的现代性问题意识。哈贝马斯这样写道:"马克斯·韦伯在其《宗教社会学论集》的著名前言里阐述了他以其整个学术生涯所探讨的'世界史问题',即'为什么科学的、艺术的、政治的或经济的发展没有在欧洲之外也走向西方所特有的这条理性化道路。'在韦伯看来,现代与他所说的西方理性主义之间有着内在联系。这种联系并不是偶然出现的,而是不言而喻的。韦伯把那种解神秘化的过程说成是'合理的',在欧洲导致了宗教世界图景的瓦解,并由此形成了世俗文化。随着现代经验科学、自律艺术和用一系列原理建立起来的道德理论和法律理论的出现,便形成了不同的文化价值领域,从而使我们能够根据理论问题、审美问题或道德—实践问题的各自内在逻辑来完成学习过程。"①

我们知道,哈贝马斯完全不赞同现代性已经破产的后现代论断,认定现代性是尚未完成的谋划。而他之所以做出这一结论,就在于他对理性概念给予了新的阐发,通过对康德的"实践理性"的借鉴和先验性的扬弃,他提出了"交往理性"概念,使理性的含义发生了格式塔式的转换,即从近代以来的认识论框架转换为生活实践论的框架,使理性从工具化、实证化中解放出来,重新获得价值属性,并重启了理性的反思性和批判性。那么,这种理论的努力能否取得了预期的成功?随着当代全球化运动所推动的全球交往的频繁、深入,我们似乎已经朦胧地看到人类和平共处的局面。但是,为了对现代性及其理性的特质获得一种历史的同时也是逻辑的理解,还是让我们回溯到现代性得以生成和奠基的思想文化的谱系和脉络中,透视一下它的文化基因和发展机制,并藉以弄清它的历史合理性及其问题。

第二节　现代性的文化基因与机制

现代性的确发源于特殊的西方文化。直接而言,西方的现代性是从对宗教的批判及其世俗化开始的,现代化的过程是人们凭借理性祛魅的过程;然而,如果没有基督教的历史观和上帝面前人人平等的信仰,现代性就失去了赖以产生的极为重要的文化基因和精神动力。

---

① ［德］哈贝马斯:《现代性的哲学话语》,曹卫东译,译林出版社 2008 年版,第 1、19—20 页。

　　我们知道,西方文化有两大源头:一是希腊理性文化,二是希伯来宗教文化,从一定意义上说,现代性就是这两种文化相摩相荡的产物。被许多人看重的罗马法律文化,处于希腊文化与希伯来文化的过渡点上,并被这两种文化所吸收(如基督教的自然法对于斯多亚派的自然法的吸收)。通过长期的碰撞与磨合,西方的理性文化与信仰文化在很大程度上彼此渗透,扬弃了各自的单面性,但它们并未完全融合成一个东西,在一个大的文化世界中,理性与信仰仍然发挥着颇不相同的社会文化功能——包括政治、经济、道德功能等等。然而,理性与信仰的不同功能恰恰又是互补的。如特洛尔奇就指出,现代文明有两大基本成分:一是被裹在基督信仰与教会传统的形式之中的古希腊罗马文化,它不断以新的冲力在这一传统中发展着,成为一种我们的语言、艺术、制度、伦理学和教育的力量;二是基督教,它历时 1500 年终于彻底改变了日耳曼民族的一切思想与情感。在此过程中,基督教不仅在事实上继承和维护了古希腊罗马的文化遗产,而且还在原则上承认补充的必要性。所以,欧洲历史的所有重要环节,关键便在于重新确定这两个基本成分的相互位置。①

　　美国学者巴雷特则就希腊文化与希伯来文化做了区分。第一,希伯来文化的理想的人是信仰的人,希腊文化理想的人是理性的人。第二,希伯来文化看到的是具体、特定、个体的人。希腊人则发现了一般的、抽象的和没有时间性的本质、形式的理念。柏拉图由此认为,人只有在永恒中生活才是生活。第三,在希腊人中产生了只有哲学家才能踏上的通往智慧之路的超然性理想。"理论"(theory)一词是从希腊语动词 theatai(看)来的,这个动词又是名词 theatre(剧场)的词根。如同剧场里的观众,哲学家或者理论家们也是超然物外的观察者。希伯来文化强调的则是献身性,是人充满热情地投入他终有一死的存在,以及他的子孙、家庭、部落和上帝。第四,对于犹太人来说,永生只能体现于不可知的上帝;对希腊人来说,永生则是人能够通过其智力达到的。第五,希腊人关于人是理性动物的定义,从字面意义上说,就是人是逻辑的动物,其更本原的含义是人

―――――――――――――――

　　① [德]特洛尔奇:《基督教理论与现代》,朱雁冰等译,华夏出版社 2004 年版,第 43 页。

是有语言的动物。因为逻辑(logic)这个词是从动词 legein(说、讲、交谈)来的。人是进行交往、符合逻辑的交谈的动物。在希伯来人看来,智力和逻辑则是蠢人的妄自尊大,生活的终极问题发生于语言达不到而信仰才能达到的深处。第六,希腊人把美和善作为等同的东西或至少是永远一致的东西追求。事实上他们是用一个单名"美的暨善的东西"(the beautiful-and-good)来表达美和善的。希伯来人则深知人类存在的痛苦而又难以驾驭的一面,从而不能轻易地把美与善等同起来。圣经中的人的负罪感就是意识到自己终有大限的那个不完善的一面。① 当然,希腊文化与希伯来文化也有相通之处,但其区分毕竟是明显的,并且正是两者的互斥互补,导致了西方文化的形成和自我推展。中国现代哲学家张东荪也认为,西方的希腊文化和希伯来文化,一个是对于历史的"推",不断地激发人的好奇心、扩张人的权力欲,不断地创新,另一个是对于历史的"挽",传统的延续、善心的呼唤、人际的互助、精神的安顿,其间的张力,带来了西方的进步和社会的相对稳定。② 相对而言,中国的法家与儒家,或儒法与道家之间虽然取向也有差异,也有一定的张力,但它们都是同一自然环境和小农经济的产物,既可以在中国传统社会的朝野之间并行不悖地存在,也可以统一于一个王朝甚至一个人身上,远不如西方的希腊文化与希伯来文化之间的异质性和紧张度。

　　我们首先简要地浏览一下希腊理性文化。

　　古希腊的繁荣是在以氏族和部落为基础的村社发展成为城邦之后。"城邦"(polis)就是"政治的"(political)一词的出处。由于简便的希腊字母的发明使许多人得以识字,而贸易的复兴和商业性质的对外殖民活动则推动了经济的发展,希腊城邦的政治生活也变得极其活跃,希腊人对需要理性的公共事务保持着极高的兴趣——正是基于此,亚里士多德说人是政治的理性的动物。希腊的权力秩序并未像柏拉图所希望的那样构成

---

　　① [美]威廉·巴雷特:《非理性的人——存在主义哲学研究》,杨照明等译,商务印书馆1995年版,第77、78页。

　　② 张耀南编:《知识与文化——张东荪文化论著辑要》,中国广播电视出版社1995年版,第397页。

严格的完全不可逆的等级序列,而体现着一定的民主与平等。雅典的"公民大会"作为最高权力归全体男性公民。甚至每个人在一定的日期,按照他在雅典区域中的位置,都能轮流地发号施令和服从。但雅典民主实际上又相当有限,因为只有占人口四分之一的男性有公民权,妇女、奴隶与外邦人则没有。这本身就说明了希腊文化的历史性和局限性。① 希腊的有限民主政治与希腊城邦的文化与精神特点是紧密联系的:希腊人崇尚自由、公正、勇敢、智慧,热爱大自然和包括自己健康身体在内的一切健美的事物。他们也有"宗教",但没有教会和教义,不是一神教而是多神体系。诸神及其谱系表征着自然力量及其秩序,如卡俄斯表征混沌,该亚表征大地,乌拉诺斯是天空,它生出 12 个泰坦神,其中的克洛诺斯就是宙斯的父亲,宙斯降生之后,使得神界得以大量繁衍。诸神长生不老,远比人有力量和本领,但它们和人一样有着种种感情和弱点,并且,都被不可知的"命运"(destiny)所支配。正因为希腊诸神既表征着大自然,又与人性相通,所以希腊人对诸神有一种平等和自然的意识,虽有敬畏却不顶礼膜拜,圣与俗的对立是极其有限的。正如尼采所称许的:希腊人对待诸神的方式与基督教对待其上帝的方式简直是对立的,因为希腊人并不认为自己是诸神的奴仆,而是与其相通和相似的。希腊学家韦尔南就此写道:在世俗与神圣之间,并不存在那种截然分明的界限。由于神明世界与凡人世界有相当远的距离,所以凡人得以自治,但这个距离又没有大到让人感到自己被压垮或一无所能的地步。"距离与邻近,焦虑与欢乐,从属与自治,屈从与创造——在这些对立的极点之间,所有的中介行为都可以按照不同的时机、情景、个体表现出来。"②这样,希腊城邦的政治、宗教、哲学、文学、法律、造型艺术,还有教育——教育在很大程度上就是由于人们参与政治活动及辩论的需要而受到普遍重视——的相互作用与促进,都得到了发展。苏格拉底对人生的善美的追求集中表达了希腊文化的理

---

① [美]罗伯特·E.勒纳等:《西方文明史》第 1 卷,王觉非等译,中国青年出版社 2003 年版,第 105—111 页。

② [法]让-皮埃尔·韦尔南:《神话与政治之间》,余中先译,生活·读书·新知三联书店 2001 年版,第 194—195、228—232 页。

性精神。可以说,希腊人的文化创造活动是人的生命多方面地分化、展开而又保持着和谐关系的活动。包括马克思在内的许多西方近现代学者所称许的人的能力全面发展的思想,就源自于希腊人的生活方式和理性精神。当然,希腊理性文化说的是雅典,而不是斯巴达。当时的斯巴达还没有走出前城邦的状态。

与古希腊的理性精神具有显著区别的,是命运多舛的希伯来人即犹太人的宗教信仰,在长期动荡不安、灾难重重的遭遇中,犹太人为自己建立了超自然的一神教,绝对的至高无上的上帝,无中生有地创造出天地万物和人类,最后被上帝按照自己的形象创造出来的人类,受着上帝特别的恩宠,在伊甸园中为上帝管理着自然万物。人于是一开始就高于自然万物,处于上帝和自然万物之间,这种先天的等级序列不啻是一种变相的人类中心主义。所以犹太教和后来基督教的上帝,虽然超越了人的认知与理性,却并不超越人的生命意志和愿望。这样,人对上帝的信仰,就不只是对大自然之神秘性和神圣性的信仰,更是出于人自身的生存意志与情感而对自己的创造者与保护者的赞美和崇拜。正是通过信仰上帝,犹太人认定自己一定能够摆脱罪恶,从堕落中获得救渡。

犹太人所遭受的苦难,既有来自自然的灾害,更有其他部族的欺凌、迫害和他们自身的"罪"过与"恶"行。所以,"善"("神圣")、"恶"("凡俗")的对立以及人类终将从罪恶中"获救"的观念,在犹太人的意识中特别强烈,并构成了《圣经》的主旨。从犹太教中裂变出来的基督教奉耶稣为基督,犹太教《旧约》中的上帝还是一个专制的暴君,但到了《新约》中,上帝突显出仁慈的一面。耶稣强烈地要求门徒爱上帝而不是爱家人,甚至说因他的到来,家庭成员将互相反对。这听起来有些怪异,其实这是为了让信徒超出各自的小家庭及其排他性的伦常关系、狭隘自私的价值取向,通过上帝赢得普遍的平等与团结,使所有的犹太人结合为一个大家庭,"凡遵行我天父旨意的人,就是我的弟兄、姐妹和母亲了"①。德国现代自由主义神学家特洛尔奇就曾指出:一切个人仅凭上帝相遇相知,"通

------

① 《圣经·新约》。

过这一超越人性的中介,一切寻常人性中的对立、竞争、自利和自我中心全然消失,变成了秉承上帝意志的互爱关系"。"耶稣的思想体现的是一个由凭借上帝而存在的灵魂建构的超世俗的爱的国度,而非寂静主义的神秘论。""这种爱将使法律、权力和暴力无用武之地,因为建立在个人团契感之上的团结战胜了通常的对立和僵化。它尤其使灵魂从占有和享乐嗜欲中解脱出来,使之知足寡欲、淡泊名利,乐于无条件地互相帮助和互相倾诉心曲。耶稣的教训表明,他深深地感觉到这理想与世界上一切习俗和要求的对立。他认为,要完全实现这理想,只能等到建立起一个新的世界秩序。那时候天父以其圆满的神力建立起上帝国,宣布上帝意志充分实现、胜利统治的时代的到来。在这之前,他的信徒们只能悄悄地集合成为教会,期待着上帝国的来临,尽可能在教会中和世俗社会中实现着上帝意志。"①后来,耶稣虽然被罗马总督钉死在十字架上,他的门徒却不顾罗马帝国的迫害,以更加顽强的献身精神向更多的人传播其教义,并终于在罗马帝国道德越来越堕落的时期获得胜利,使基督教成为罗马国教。来自被压迫者推翻压迫的精神力量最终战胜了帝国的暴力。

在西方,随着基督教的出现产生了这样一种世界和历史观念:世界既然是由一位无限智慧和能力的上帝创造出来的,因而世界上的一切事物和事件,都是这种智慧的表达,是有目的的设计和安排,因而便没有什么是偶然的或非理性的。当然,在心智极其有限的人类看来,它可能是非理性的;但实际上,世界在被上帝以无限的智慧和慈悲创造出来之后,就必定处处都是合理的,因为它是为了亚当和夏娃的子女们能够获得拯救和享有福乐。然而,人类由于其原罪而不断地犯下这样那样的罪过,自堕苦难。上帝之子耶稣为拯救人类以肉身显世,劝人改悔,耶稣虽被钉死在十字架上,却死而复活,并将在世界末日来临之前,亲自为王治理世界1000年。这期间,复活的圣徒将与之共享福乐,魔鬼则被禁闭。1000年期满,一切有魂灵者都将接受最后审判,魔鬼和罪人下地狱永远受罚,无罪之人

---

① [德]特洛尔奇:《基督教理论与现代》,朱雁冰等译,华夏出版社2004年版,第73—74页。

则进入新天新地的人间天国得永生。这就是上帝在创世时开启的时间和神义论的历史。可见,基督教为西方带来了统一的世界历史观,这一世界历史观不仅反映了人的灵与肉的矛盾和人类内部的善恶对立,并使人类历史由于上帝而获得了目的与意义:人类借助上帝向着从罪恶中获救这一理想的终点前进。

西方人早在古希腊时期就注意到人的"历史",但他们当时并不认为历史有什么意义或模式。历史呈现的不过是人类的冲动、弱点、野心造成的不能更改的后果。与此不同,在"基督教的时间图表中,圣经历史的各个转捩点——上帝创造万物、耶稣的生涯与死亡、将来的最后审判,已经设定全部历史时间的框架"①。

如果我们对神学给予人文的社会学的解读,那么,基督教把上帝视为"万能的父",视为"道,真理与生命",把人类历史视为上帝救世的过程,实际上表明了人作为弱小的有缺陷的存在物的这样一种需要和信念:只有通达于作为人和世界的造物主并因而眷顾着人和万物的最高实体也是最高价值,人才能超越自身攀升到完满的永恒的境界。

值得注意的是,基督教神学后来成为主导整个欧洲中世纪的神学,与希腊哲学家柏拉图关于人与世界二重化及其理想国的观念有着很大的关系,深受柏拉图理念论影响的教父思想家奥古斯丁把新柏拉图主义与基督教神学融合在一起,完成了为基督教神学奠基的工作。起先,奥古斯丁接受了坚持柏拉图的二元论的新柏拉图主义,其代表是埃及人柏罗丁(Plotinus)。柏罗丁相信人的灵魂是神圣的,身体与普通的物质世界一道,是恶的无尽的源泉,被肉体囚禁的灵魂必须抵抗恶,直到与身体分离居于自己纯粹的形式中。世界中的一切事物都按等级存在。拥有更多的善的形式的种类,其存在程度就大一些,拥有更少善的形式的种类,其存在程度就小一些。恶是善的缺乏,是存在本身的缺失。"恶"对于基督教具有至关重要的性质:如果上帝知道恶的存在却不能阻止它,那上帝就不

---

① ［美］乔伊斯·阿普尔比等:《历史的真相》,刘北成等译,中央编译出版社 1999 年版,第 44 页。

是全能的;如果能阻止却不这样做,那上帝就不是全善的。当时的人们对于这一问题通常的看法是:恶是人类自由的代价。出于仁慈,上帝想要创造一个无恶的世界;但出于智慧,上帝知道人如果不能自由地过自己的生活,就没有幸福。上帝允许人们自由的生活,这就为恶的行为打开了大门。① 奥古斯丁对善恶问题特别是恶的产生与摆脱问题极感兴趣,由于生活在社会混乱、动荡的时期并遭受了许多的痛苦和丑恶的事情,它更加意识到对上帝虔信的无比重要,奥古斯丁努力地寻求"神义论"(Theodicy)②——试图让上帝的"义"(或正义)给予对"罪"(Sin)"恶"(Evil)容忍的正当化,从而既解释了普遍存在的罪恶现象对人的自由意志与拯救的意义,又维护了上帝的全知全能全善。他首先采取新柏拉图主义关于恶的论述并将其与基督教结合在一起,将人的自由的原因确定为意志,意志是无原因的原因或不受推动的推动者,而意志力的强弱决定了人选择的是幸福还是不幸。但由于强调意志很容易导向意志主义,于是他后来把上帝的恩典放在了第一位。③ 在为捍卫受异教徒攻击的基督教而写就的《上帝之城》中,奥古斯丁以上帝之城与世俗之城的区分以及在人世间的相互纠缠和对立,阐明了他关于人类历史就是圣爱与私欲、神性与魔性、信仰与罪恶在人们的心中、生活中彼此斗争的进程,而这个进程的结局必定是前者对后者的胜利。

奥古斯丁的神学理论是为基督教神学奠基的。在基督教从社会底层艰难地攀登上整个欧洲的"作为上层建筑的意识形态"中心位置的历程中,他的神学起到了很大的作用,这也是文化机制尤其是分化功能发挥的强劲作用,它不仅促成了欧洲文化的宗教化,而且直接为教会和教皇——作为"上帝"在尘世的代表——拥有至高无上的权力提供了合法性基础。

---

① 关于"恶"的另一种解释是,上帝的智慧超乎人的理解,在人看来是恶的东西,其实是对人的考验,根本不是恶。

② "神义论"(Theodicy,又译"神正论"),主要探究全善的上帝与世间普遍存在的罪恶的关系问题,从奥古斯丁时期就开始探讨,但直到1710年,才由德国哲学家莱布尼茨在其《神义论》中正式作为神学术语提出并给出更全面论证,尤其是深化了"信仰"与"理性"的关系问题。参见[德]莱布尼茨:《神义论》,朱雁冰译,生活·读书·新知三联书店2007年版。

③ [美]沙伦·M.凯:《奥古斯丁》,周伟驰译,中华书局2002年版,第12—32页。

后来托马斯·阿奎那利用亚里士多德建立起自己的神学体系,这个体系也结合了新柏拉图主义。

耶稣说:"凯撒的归凯撒,上帝的归上帝。"但在基督教如日中天的中世纪,似乎一切都要归于"上帝"了,然而,有趣的是,这一时期宗教与政治之间即教权与皇权之间不仅长期存在着争斗,而且教权并非总是高于皇权。① 而教会一旦走向腐败,它的权威更要严重丧失。正如黑格尔所说,教会的腐败不是偶然的,而是从教会本身内的"外在性"即世俗权力和对于"感官的东西"的追求中必然发生的。所以,马丁·路德才会进而否认教会的权威,让每一个人都享有从《圣经》中取得教训的权利。② 改革之后的基督教,不仅把信仰从外在的变为内在的,开始直接引导人的现世生活,成为韦伯所说的催化资本主义的精神因素,而且在文艺复兴和启蒙运动的冲击下,为了适应新的社会条件和人们的心理,越来越渗透了理性和世俗的因素,资产阶级也力求使宗教和教会为自己服务。

然而,资本主义经济一旦被启动起来,就获得了自身前进的动力,并将宗教伦理抛到一边。在资本主义现代社会,曾经由基督教给予西方世界的统一信仰变得支离破碎。韦伯这样写道:自从宗教禁欲主义着手重造尘世并树立起它在尘世的理想起,物质产品对人类的生存就获得了一种前所未有的控制力量。今天,大获全胜的资本主义依赖机械的基础,已不再需要宗教的禁欲主义精神了。天职责任的观念,在我们的生活中也像死去的宗教信仰一样,只是幽灵般地徘徊着。在经济获得最高发展的地方,如在美国,财富的追求已经失去了原有的宗教和伦理含义,而趋于和纯粹世俗的情欲相关联,事实上这正是使其常常具有体育竞争之特征

---

① 在11世纪的欧洲,有的教皇把各国国王和皇帝当作自己的下属,令其跟随自己一道在俗界创建神圣的秩序,为了确立教会绝对的权力而革除敢于向其挑战的皇帝的教藉。皇帝并不都愿意臣服,也有敢于另立教皇的。参见[加]马丁·基钦:《剑桥插图德国史》,赵辉、徐芳译,世界知识出版社2005年版,第41—44页。另见[美]罗伯特·E.勒纳等:《西方文明史》第1卷,王觉非等译,中国青年出版社2003年版,第321—324页。
② [德]黑格尔:《历史哲学》,王造时译,上海世纪出版集团2001年版,第341、373、384—413页。

的原因所在。① 总之,现代社会的理性化取向只能使人的生活意义不断丧失。工具理性主导的现代社会也从事着文化方面的工作,它既把传统文化边缘化,又制造着与自己相适应的娱乐性、快餐式的大众文化,但在韦伯看来,这种文化的最后发展阶段,只能是"专家没有灵魂,纵欲者没有心肝"。应当说,韦伯对现代社会的这种看法,在很大程度上是符合实际的。

用前述中国学者张东荪的话说,在西方,理性文化的"推"力有余,而基督教信仰文化的"挽"力已严重不足。我们还可以加上一句话:人的个体性自由有余,而社会整体的良性关联与和谐性不足。尼采以来更是江河日下。这造成了现代性难以摆脱的困境。

第三节　现代性问题与人类文明的悖论

现代性的困境基于现代性的内在矛盾。如果采取后现代的眼光,那么,这一矛盾是现代性所特有的,这就是它的理性主义和主体主义,就是可以追溯到柏拉图那里去的灵肉对立的二元论思维方式。然而,后现代思潮至今还提不出切实可行的替代性方案,并且,莫衷一是的后现代思潮本身也充满矛盾。我们要有效地分析现代性问题,看来就必须找到在整个人类历史时代都始终贯穿着的那种思想,这种思想能够将变化与不变、一般与个别既关联起来而又区分开来。笔者认为,它就蕴含在我们关于人类文明悖论的理解和认识之中。

让我们从汤因比的《历史研究》说起。

一些文明兴起了,一些文明衰落了。这就是历史,这就是几千年的人类文明史。这是汤因比的巨著《历史研究》所展示的人类文明的画卷和

---

① ［德］马克斯·韦伯:《新教伦理与资本主义精神》,于晓、陈维纲等译,生活·读书·新知三联书店 1992 年版,第 142—143 页。

经验。汤因比在这本书中提到的 26 个文明,大都衰落或解体了。只有一个文明即西方文明,他认为不能简单地依据"一切文明都会灭亡"而断定它的终结,虽然不能排除这一可能性。

《历史研究》在许多方面都受到斯宾格勒的影响,包括对历史形态学的借鉴。说到"西方文明的前景",他虽然不赞成斯宾格勒"西方的没落"的论断,但也表现出深切的忧虑。在他看来,文明的命运取决于它的"自决"能力即自我革新与发展的能力,这种能力使它能够避免偶像的束缚或僵化,不至于失掉"有益的选择"。汤因比以"挑战"、"应战"作为解释各种文明"生长"、"衰退"的普遍机制,并认为西方有着两大"无先例的经验":一是西方人已经获得的控制自然界的能力;二是这种能力所带来的社会变革的不断加速。那么,这种能力能否使西方文明在面对来自内外部的各种"挑战"时成功地"应战"呢? 他忧虑地看到,西方社会内部出现了偶像崇拜现象,特别是对于"区域性国家"的崇拜,这说明西方也出现了衰落的迹象。换言之,正是由于西方科学技术力量的提高所导致的社会变革的不断加速,使西方国家在现代世界获得并长期保持优势地位,这反过来造成了西方人对于其国家的迷信。

汤因比在写这本书时,世界处于冷战时期。他寄希望于西方人走出非此即彼的排他性意识形态的束缚,充分考虑到核武器所带来的"全面性的灾难",特别是美国和苏联这两个大国能够相互理解和信任,实现"和平共处"。如果从联合国或从美国与苏联的和平共处中发展出一个真正的"世界政府",那就可望建立新的"世界秩序"。

若果真如此,汤因比最后发问:在一个摆脱了战争和阶级冲突的"世界社会"里,"人类真的会感到满意而'从此永远生活在幸福里'吗"? 经历了两次世界大战的汤因比并不那么乐观,他认为,人类由于其本性而不会终结其历史,现代人也不会甘心于由机器带来的"千篇一律的单调",而必定会寻求更高的"精神生活"。①

---

① [英]汤因比:《历史研究》下,刘北成、郭小凌译,上海人民出版社 1986 年版,第 419—423 页。

　　这其实是一个具有形上意味的哲学论断。人类历史无比复杂,任何具体的预言都难免失误。现在距离汤因比这本书的出版,已过了半个多世纪。这半个多世纪的历史已经表明,冷战以苏东剧变这种形式宣告结束,市场经济的全球化成为任谁也抗拒不了的大趋势,民主政治也不再局限于西方的范围。但是,伴随资本主义的世界性扩张而大规模展开的社会主义运动、左翼运动,难道因为传统社会主义模式的失败,而只是成为人类现代史的一个插曲,并从此失去历史合理性了吗? 此外,非西方社会恰恰是在经济甚至政治上有了一定的现代化的情况下,出现了传统文化的复兴之势,这又说明什么?

　　当需要冷静地反思和探讨这些重大问题的时候,美籍日裔学者福山旋即宣告了"历史的终结",虽然他的论著不乏学理的分析,但不论这些分析是否到位,他的这一举动本身却引发了两种截然相反的情绪,有人欢呼"好得很",有人责骂"糟得很"。而笔者想到的却是汤因比所说的19世纪末期的情况,当时就有人声言,"历史现已结束;因此这是最后一部历史",汤因比说这反映的不过是当时英国中产阶级的世界观。在理论上依据黑格尔"为获得认可而斗争"的福山的"历史终结"观点,直接引出两个不同却相关的问题:其一,人类历史是否会终结于现代? 其二,西方文明是否独具"自决"能力而能够一统天下?

　　如果说,"历史的终结"指的是人类达到完美、圆满的生活状态的话,那么,这大概永远不可能。否定这种可能性,是因为我们肯定人的理想与现实之间总有差距,人的生命的精神维度指向理想世界,他的肉身却生活在现实之中,而现实是各种因素、各种矛盾的集合,有兴就有衰,有成就有毁。矛盾即使发生于客观世界,但问题却只能是人的问题,即使不是人直接造成的问题,也是相对于人而言的问题。地震、海啸、飓风、泥石流、天降陨石等等,早在人类产生之前就有,那不是问题。但由于人生活在地球上并且有安全的需要,这些自然界本身的变化和波动就成了人类不得不严肃对待、努力规避或解决的问题。更不必说由于人们围绕生活资料、生存空间展开的竞争所造成的不平等的问题了。可见,问题总是对于人们来说具有利害性(在宽泛的意义上也可以说是价值性)的问题。这反过来说明,现实的人及其人性总有弱点和缺陷,人永远成不了尽善尽美的上帝。当然,这不妨碍人们在观念和精神的领域,充分展开自己的想象力,构想出完全自由平等博爱和谐的世界。哲学家的本体论之"本体",也是由思想所设定的最高的或终极的"实在"与"价值",它不可能在现实的历史中完全兑现,却让人们有了观照并批判现实的绝对的尺度。因而,人类自身和人的现实生活在自己眼里就总有问题,甚至是问题之源。

　　人早就知道自己的弱点和缺陷不可能最终消除,但总想尽可能地减少弱点,克服缺陷,或用技术的手段弥补自己的不足,增强自己的能力。如同人知道自己必有一死,却会想方设法地延年益寿;人的记忆力和智力都有限,就发明电脑帮助自己记忆和计算;社会不可能绝对公平,但人们努力通过对社会规则或制度的改变,使其变得更公平——追求社会公正的努力因此成为一代又一代人的接力。人世的事情,用一句广告词来说,就是"没有最好,只有更好"。

　　这一点,思想家们早就意识到了,所以如果说到历史的"终结",那也只能是某种社会形态在一定历史条件下的终结,而非指人生或人世的尽善尽美。但是,进入现代,情况的确有了不同于以往历史的新变化,那就是随着现代理论及其制度的确立,人类的自由全面发展似乎获得了根本的确证和基本的保障,"人是目的"这一启蒙运动的目标进入"现在进行时态",似乎可以"当下性"地实现了。用福山的话说,体现了自由与平等原理的现代民主制度与市场经济,实现了每个人都希望得到的承认,人们找不出比自由民主理念更好的意识形态;因而,自由民主制度是"人类意识形态发展的终点"和"人类最后一种统治形式",人类历史原则上已经"终结"了。生活在这种制度中的人,因为实现了自己的目的,心满意足,没有更高的追求,社会也不再有英雄壮举和悲剧精神,所以成为"最后之人"或"末人"了[①]——这恰恰是福山所担心的事情。

　　这倒让我们想起20世纪50年代国人对"共产主义"的理解:楼上楼

[①]　[美]弗朗西斯·福山:《历史的终结和最后之人》,黄胜强等译,中国社会科学出版社2003年版。

下、电灯电话,各取所需,要什么有什么!回过头来看,这其实反映的不过是中国农民的心理。但懂得了"矛盾辩证法"的人们也很快想到了另一方面,如果人所有的需要都满足了,一个社会什么矛盾都没有了,这个社会不就停滞,乃至死亡了吗?现在,许多中国人的生活早就不止是楼上楼下、电灯电话了。然而,一面是人与人之间日益紧张的竞争和疏离,一面是官能的刺激和享乐,却让人们对这样的生活产生了怀疑,更不要说还有大量的中国人生活得远不是那么富裕。这也是何以有那么多的中国人要回到传统,回到儒家所赞赏的伦常亲情和田园牧歌之中的重要原因吧。我们不妨参看一下西方两位著名学者的评论。

德里达针对福山所代表的"当今世界上"占统治地位的话语,借助由马克思所启发的革命模式缓慢瓦解的话语,首先指出福山对每天都发生在世界上的悲剧的无视:当自由民主制度被宣布为人类进步的终极目的或终极理想的实现时,所有一切看上去与这一方向背道而驰的事物,都被视为无关宏旨的历史的经验的东西,虽然它们可能数目众多、结局悲惨、遍布世界、复杂多样而且是反复出现的。然后,他罗列出由资本主义主导的现代世界的十大弊端:失业;对无家可归者的公民参与国家的民主生活的权利的大量剥夺;资本主义国家之间的无情的经济战争;市场规则和资本主义国家对公民利益保护的无能;市场对人类的大多数处于饥饿或绝望境地应付的责任;西方民主国家为了自身利益而一直助长的军火工业和贸易;核武器的扩散;由古老的传统观念所驱使的种族间战争的加剧;类似黑手党的幽灵般的国家不仅侵入社会经济组织和流通领域,而且也侵入了政府和政府间的机构;当代国际法和国际机构的规范不仅受制于某种历史文化,还在其具体实施中受特定的民族国家的操纵等等。德里达由此指出,人们必须从马克思的各种"幽灵"中汲取灵感,强化对现存世界的批判意识,揭穿福山所谓"历史的终结"这一类资产阶级主流话语所制造的自由平等的假象,坚持不懈地批判和解构这种现代性的秩序,为实现人类真实的自由的联合而斗争。他由此写道:

人们"即使不再相信或者说从未相信过社会主义的马克思主义的国际和无产阶级专政,从未相信过全世界无产者联合起来的弥赛亚末世学的作用,他们也会继续受到至少一种马克思或马克思主义的精神的激励(他们现在明白了马克思或马克思主义的精神不止有一种),而且为的是以一种新的、具体的和真实的方式联合起来,即使这种联合将不再采取政党或者工人国际的形式,而是在对国际法的状态、国家和民族的概念等等的(理论的和实践的)批判中,采取一种反密谋的形式:为的是更新这种批判,尤其为的是使这种批判激进化"。①

德里达所强调的"批判"主要是文本的、话语的批判,但对表现在文本和话语中的资本主义现代性的批判,也是对现代性问题之重要的不可缺少的批判。

现代世界体系的创立者沃勒斯坦也指出:不少人认为,共产主义各国在1989年的解体标志着自由主义的伟大凯旋。依我看来,倒不如说,它标志着作为现代世界体系特有的地缘文化的自由主义必定坍台。自由主义实质上做过保证,那就是说,逐步的改革会改善世界体系的不平等现象,减缓严重的两极化。但事实却让各国的人民打消了幻想。沃勒斯坦宁可相信人类社会的"不确定性",并据此断言新的变革的可能:"作为宇宙间最复杂的体系,人类社会体系最难分析,为争取良好社会的斗争是继续不断的事业。况且,正是在一种历史体系向另一种历史体系(其性质我们不能预先知晓)过渡的时期,人类的斗争最有意义。或者换句话说,只是在这种过渡时期,我们称为自由意志的东西才胜过使现存体系回归平衡态的诸般压力。所以,根本的变革是可能的,即使绝非必然。这就要求我们具有道德责任感,采取合理行动,真心诚意,而且有力地寻求一个更好的历史体系。"②

福山的观点的确大可商榷批评,尤其值得给予哲学的思考,因为这不仅涉及不可能最终消除自己的弱点和缺陷的人类在事实上能够采取的社会生活方式的"限度"问题,更涉及作为目的的人类"自己"、"本身"究竟

---

① [法]德里达:《马克思的幽灵》,何一译,中国人民大学出版社2008年版,第121页。
② [美]沃勒斯坦:《所知世界的终结——二十一世纪的社会科学》,冯炳昆译,社会科学文献出版社2003年版,第2、3—4页。

是什么这一根本性问题。进入现代语境的哲学的"历史化",固然表明哲学不能再像过去那样沉浸在思辨的乐趣中,而必须与经验、与自然科学和社会科学取得内在的沟通和理解,但哲学毕竟不是科学,而本质上有限的科学也要借助拥有反思、理解、直觉和想象能力的哲学。否则,像"人是什么"以及"从何处来"、"向何处去",这样经验而又超验的问题,就无从提出并得到解答。至于像某些习惯了意识形态教条的人对福山所做的批判,是缺乏学术分量的,他们将自由、民主等人类可宝贵的东西贴上"西方价值"的封条拱手让给西方,尤其糟糕。对于我们这个民族来说,"自由"和"民主"是我们在反对帝国主义压迫和皇权专制的民主革命中,用鲜血和生命争取并终于成为我们"新文化"组成部分的两个极其重要的价值。只是由于旧中国没有可利用的普选制和议会,民族资本主义非常软弱,所以共产党才走上领导新民主主义革命和武装夺取政权的道路,在这个过程中突出了一致和集中。这是历史造成的,也是不得已而为之,并不表明中国人放弃了自由与民主的基本价值和作为目标在中国的实现,否则我们今天也不必提扩大和保障公民权利,不必培育和践行社会主义核心价值观了。

遗憾的是,人们往往记住了一些特殊条件下的特殊形式,却遗忘了在这种形式背后发挥普遍作用的理念和精神。此外,由于急于"反击"西方学者的"资产阶级论调",却妨碍了我们认真反思发生不久的那场巨变,好像它没有发生过或早已成为遥远的过去了。我们习惯于"过去的事就让它过去吧",特别是让我们感觉不如意不顺心的事。但这只能妨碍我们这个有着2000年"乐感"文化的民族"自我批判"意识的提高和教训的记取,真正能够让人们接受教训的恰恰就是那些让人"不如意不顺心"的事。

对于社会的经济与政治制度的看法,我们在学理上一直主张历史的观点,即看问题时充分考虑时间、地点和条件;认为由于历史发展的阶段和条件不同,所建立的社会关系体系也不同,就此而言,将不同历史条件下的经济和政治制度放到一个平台上加以比较,是不合理的。然而,这决不等于我们主张历史相对主义。因为按照历史的观点,任何社会建制作为人们生活的形式或架构,只是相对于它赖以产生和适应的条件,才具有合理性,而随着条件的变化即新的条件的出现,原来的社会制度将逐步失去合理性。因而,一方面,我们不能撇开具体的历史条件,抽象地说哪种制度好或不好,另一方面,着眼于人类前进的文明方向和历史的可能性,我们又能够区分出社会制度的先进与落后。进入近代以来,不同的社会制度和体制必定发生相互竞争的关系,并被世人给予比较和选择。那么,相对于资本主义,我们不是认为传统的社会主义模式是"先进"的吗? 它为什么遭遇了失败? 原因当然很多,但如果我们还算是历史的唯物论者、马克思主义者,就应当听听马克思和恩格斯下面的论述,他们说:"交往的任何扩大都会消灭地域性的共产主义。共产主义只有作为占统治地位的各民族'一下子'同时发生的行动,在经验上才是可能的,而这是以生产力的普遍发展和与此相联系的世界交往为前提的。"①

关于无产阶级革命只有在一切先进的资本主义国家同时发生才可能胜利,因而不可能在一个国家内获得胜利的结论,恩格斯还在 1847 年做过明确的表述,后来他们没有再提无产阶级革命"同时发生"的设想。世界各民族自然历史条件的差异,近代以来发展的严重不平衡,毕竟限制着他们的共同行动。列宁领导的苏俄十月革命胜利,表明"社会主义"革命可以冲破资本主义世界链条的薄弱环节,在一个大国率先建立社会主义政治制度。但对于苏俄这样经济落后的国家来说,它就必须像列宁所要求的那样,向资本主义学习,推动商品经济的发展,从而使社会主义的上层建筑获得属于自己的经济基础。然而,斯大林执政不久就废除了列宁的新经济政策,通过高度集中的经济体制和高度集权的政治体制,建立起工业体系;后来社会主义阵营的建立和冷战的出现,使世界处于分裂和对抗状态。生活在"现实社会主义"国家中的人们,也就不再考虑"地域性共产主义"的问题,甚至以为这个问题连同先进国家的同时革命论都被证伪了。结果,这些国家就只有再次回到它们的传统中,从他们的传统中寻找资源,于是集权的、家长制的传统以"社会主义"的面目盛行开来。

---

① 《马克思恩格斯选集》第 1 卷,人民出版社 1995 年版,第 86 页。

　　由于历史和现实的原因，几乎所有实行传统社会主义模式的国家，对资本和市场都持有一种强烈的道德否定态度，似乎资本只是意味着"血和肮脏的东西"，市场则必定是"自私"的和"盲目"的。这似乎属于马克思主义的观点。但他们却忘记了马克思关于"资本伟大的文明作用"的论断。诚如美国学者卡洪所说：马克思可以说是对现代性发难的始作俑者。他对现代欧洲的政治、社会和文化的原则做了批判，指出它们来源于现代经济的本性——资本主义。"马克思是理解了——在这方面许多当代的马克思主义者却不甚了了——资本主义具有永远都既是压迫力量又是解放力量这种根深蒂固的矛盾的本性的第一人。""就马克思而言，资本主义压迫了无产阶级，但是它也去除了压迫的神秘性质；他把父权制的和蔼仁慈的幻相从权力关系中剥离出来，把'温情脉脉的面纱'从家庭和其他社会关系和制度中剥离出来。资本主义依照其本性就是'使生产不断革命化……'。资本主义内在地就是革命的。因此之故，马歇尔·伯曼称《共产党宣言》为'第一个伟大的现代主义艺术作品'。"①认识不到资本主义的这种内在革命性，东方民族就不可能正确地对待资本与市场，就不可能通过"世界普遍交往"获取作为人类共同财富的"人类的能力"。

　　在某种意义上，近代以来的中华民族就像马克思说的"无产阶级"的境遇一样，由于2000多年帝王专制荼毒，又加上帝国主义的入侵，而陷于"绝境"，并使我们一度对"资本主义"、"世界市场"产生极大的恐惧并坚决加以拒绝。我们以阶级的观点在全世界划分"三个世界"，希望通过全世界无产者与第三世界民族的联合，打倒第一世界即最发达的资本主义，实现全世界的无产阶级革命的胜利。然而，包括现实社会主义国家在内的整个非西方的民族，毕竟在生产力和经济关系方面远未达到发达资本主义国家的水平，并且严重地存在着马克思所批评的"依然处于地方的、笼罩着迷信气氛的'状态'"。如果对此缺乏自觉，甚至从低于资本主义的眼界出发"批判"、"跨越"资本主义，那结果只能像我们改革开放之前那样，在政治和意识形态上越来越专断和虚妄，陷入接连不断的自虐自戕

---

　　① ［美］劳伦斯·E.卡洪：《现代性的困境》，王志宏译，商务印书馆2008年版，第18页。

式的"折腾",最终演出十年"文化大革命"的闹剧,造成社会文明的大倒退。这说明,我们过去基本上没有理解马克思上述论断对于我们真正的建设性意义。

其实,马克思关于世界历史的论述,重点是要强调由资本主义所开辟的这一现代性的历史,将使无产阶级和各民族从原来地域性的生存状态中摆脱出来,获得人类(能力和关系)的"普遍性"、"全面性",并为共产主义的真正到来奠定历史的前提:

> 各个相互影响的活动范围在这个发展进程中越是扩大,各民族的原始封闭状态由于日益完善的生产方式、交往以及因交往而自然形成的不同民族之间的分工消灭得越是彻底,历史也就越是成为世界历史。例如,如果在英国发明了一种机器,它夺走了印度和中国的无数劳动者的饭碗,并引起这些国家的整个生存形式的改变,那么,这个发明便成为一个世界历史性的事实;每一个单个人的解放程度是与历史完全转变成世界历史的程度一致的。至于个人的真正的精神财富完全取决于他的现实关系的财富,根据上面的叙述,这已经很清楚了。只有这样,单个人才能摆脱种种民族局限与地域局限而同整个世界的生产(也同精神的生产)发生实际联系,才能获得利用全球的这种全面的生产(人们的创造)的能力。①

自近代以来,中国就与我们原来知之甚少的一个广大的外部世界,特别是极其陌生的西方世界紧紧地联系起来,即使中国在某一时期关起门来(如西方封锁或冷战导致的高度意识形态化),人为地切断与西方世界的联系,也不过是中国对西方世界的一种激进的应对方式而已。并且,这种应对方式不可能行之长久,因为这意味着它不能不退回到传统的地域性生存状态,而自外于一个充满竞争和进取的世界,当然也就不可能通过普遍的交往汲取整个人类的能力和智慧,实现自身的社会化和全面性。显然,正是改革开放使我们建立市场经济并参与到世界经济体的游戏中来,经济上取得巨大成就,人们的自由度空前扩大,社会也在快速的分化

---

① 《马克思恩格斯选集》第 1 卷,人民出版社 1995 年版,第 88—89 页。

和整合中提高了自组织能力。开放的中国正在得到世界越来越多的肯定和信任。完全可以说,中国以市场为导向的现代化道路是中华民族复兴的必由之路。

人类历史的发展或进步,固然呈现为向着未来的时间性,但它却必定表现为人类内部横向联系的扩大和空间的拓展。人类历史的进展之所以不可能单纯地表现为时间向度的直线式的生产技术的发展和生产关系的改善,就是因为社会生产力一向就是人们的劳动分工与合作的结果,生产关系则是人们围绕生产展开的交往关系。交往活动本身就意味着社会地组织起来的生产力。在这一方面,资本与市场远比传统社会主义计划经济模式更具优越性,因为资本与市场恰恰是一种能够将尽可能多的个人吸引到财富的创造、技术的变革、利润的赚取和利益的博弈中来的动力机制,只有整个人类普遍的劳动交换和货币流通,才是它要构筑的舞台。作为历史的产物,资本与市场的确都有其问题,也不可能永远存在;但着眼于现代历史,我们的主要任务显然不是废除资本和市场,而是能否建立起相应的法律规范、经济伦理,节制资本并驾驭市场,有效阻止资本与市场对政治领域和文化生活领域的入侵。可以说,当代人类的核心问题恰恰在于"人类"能否通过合理的制度建设,形成休戚与共的"社会化的人类"和"人类社会"。

就此问题有必要多说几句。

我们知道,在农业时代,人类分散在不同的地域,靠顺应那个地域的自然地理和气候的条件,并直接依赖所在的族群而生存。所以,"人类"及其"类"意识,对于那个时代的人们来说,要么是抽象的共性,要么只是指他们这一族群。在很长的历史时期,人类都是以种族、民族甚至家族为单位进行生产生活,并以之形成"自我认同"的观念的。所以,也就有了各种各样的"我族"中心主义。疏于往来的族群之间则往往充满猜忌和对立,所谓"非我族类,其心必异"。

即使前现代社会的伦理道德,也有着显著的狭隘性、排他性,因为那不可能是全人类的道德,而只是这一族群的道德,所以黑格尔有"道德以群体为尺度"之说,而尼采则要走向"善恶的彼岸",虽然是基于另外的原因。在普遍性上,传统道德远远比不上以宇宙为尺度、以人类为尺度的自然科学,所以就有了一个人文与社会科学的"普遍性"问题。诚然,一个共同体内部要求每个个体之"小我"走向代表共同体所有成员的"大我",这有利于个人的社会化和普遍化程度的提升,但只要"大我"不等于全人类,它就会将人类所崇尚的"真"、"善"、"美"、"圣"的正面价值,限定在自己族群的范围内,并把"假"、"恶"、"丑"、"俗"的负面价值打发给异己的或敌对的族群,从而制造并强化着人类内部的分裂和对立。这一状况是随着现代性的世界性扩展,才暴露在世人面前并获得从根本上改观的可能性的。

相对于自给自足的农业经济,相对于皇权专制制度,也相对于斯大林模式的"社会主义"体制,市场经济和民主政治的优越性恰恰在于它能够将个人及其民族的能力调动出来并使之在全世界流动,世界历史即人类的历史由此才能真正展开。人类的历史不止是全人类的主动的或被迫的参与,在根本上它是指"人类"之于自身的"内涵"与"外延"的接近。从外延方面看,人类是生活在地球上所有个人的集合,人的发展必须表现为每个人的发展;着眼于内涵,人类自成目的,因而也就是每个人都以自己为目的,又互为目的。而这必定经过人类各民族、各社群、各个人之间包括生存竞争在内的长期的普遍的交往实践,通过经济的、政治的、军事的和文化的交往活动,他们相互之间才能具体地沟通、了解,逐渐消除异己感和对立感;如果说这种交往必然会伴随利益的纠纷甚至厮杀、战争和各种误会、敌视的话,那么,在这种持续的交往活动中,他们也必定能够不断地吸取经验教训,发现并扩展合作的可能与共同的利益,通过谈判、协商,寻找合理地解决争端、减少摩擦、避免对抗的途径,包括一国内部确立共和制度,民族国家之间缔结联盟或建立国际性的政治共同体,以形成制止战争、维护和平的机制。这也是康德提出"世界永久和平"设想的基本理由。①

也正是在上述过程中,人们彼此意识到"自我"与"他者"、"人"与

---

① ［德］康德:《历史理性批判文集》,何兆武译,商务印书馆1996年版。

"己"的区分其实是相对的;"他人"不是"自我",又是另一个"自我","自我"不过是对方眼中的"他人",因而只有双方相互承认人格上的平等,并像尊重自己一样尊重对方,每个人、每一方才能走出本能的欲望和任性阶段——其实也是"自我中心"阶段,而形成真正社会化的自我意识,即将自己与对方统一起来的、寓类意识于个体意识之中的自我意识。这也就是黑格尔所说的"真实的自我意识":"因为在这里自我意识才第一次成为它自己和它的对方的统一;那本来是它的概念的对象的自我,现在事实上不是对象了(即不是与它相对立的现象了)。"从这一自我意识中于是产生出"人"的普遍的"精神":"精神是这样的绝对的实体,它在它的对立面之充分的自由和独立中,亦即在互相差异、各个独立存在的自我意识中,作为它们的统一而存在:我就是我们,我们就是我。"所以,"真正的自我意识是自在自为的,这由于、并且也就因为它是为另一个自在自为的自我意识而存在的;这就是说,它所以存在只是由于被对方承认"①。

因此,在人类经过了"对立的自我意识的斗争",经过了"主人与奴隶"的辩证转换,在越来越走向一体化的今天,我们必须明确一个最基本的思想立足点,这个立足点就是作为一种时代精神和理念的"人类"概念,它不是抽象的、无声的、把所有的个人纯粹自然地联系起来的普遍性,而是正在生成着的具体的社会的普遍性,即所有的个体、共同体能够良性互动,从而使整个人类趋向于共生共荣的"人类社会"。在现实中,这个思想的立足点正是以现代性,以市场经济和民主政治这种历史形式率先体现出来的。

诚然,回过头来检视由西方资本主义所开辟的世界历史,那么,人类内部的分裂和对立,与其说普遍地发生于前现代社会,倒不如说正是发生在世界历史得以展开的过程中。表现为"浮士德精神"的西方文明,在近代成为进取性十足的强势文明,它孕育并借助资本的全球性殖民和扩张,对非西方世界和大自然都表现出"征服"和"控制"的霸道。它在将全人类组织到资本主义的世界经济体系中的同时,也加剧了人类与自然和人

---

① [德]黑格尔:《精神现象学》上卷,贺麟等译,商务印书馆1979年版,第122页。

类各民族之间的对立。这就是现代历史的"吊诡"或"悲剧性":世界历史既然是全人类参与其中的历史,并将引发全球性问题,所以需要每个民族都在维护和发展本民族利益的同时,超越本民族眼前的利益,树立人类的视野和情怀;而由于全球化是由西方文明和资本主动开辟的,它也首先有利于西方民族的利益、资本的利益,因而,引起世界上受到压迫和损害的民族及其阶层的反抗,乃至以激进的姿态在市场导向的现代性及其资本主义世界经济体系之外开辟历史出路。非西方民族在自己的文化和西方文化之间,之所以倍感选择的两难,其现代化进程异常艰难曲折,原因盖出于此。

就中华民族而言,西方文明的"挑战"使我们在"应战"中发生的最大也是最有价值的变化,是自我"维新"、"变法"这一古老的人文精神的复兴和"天下"意识经过否定之否定的重生。不管费正清、列文森等提出的"冲击—回应"模式(impact-response model)是否有西方中心主义的色彩,也不管柯文"在中国发现历史"的"中国中心观"能否完全成立,经过超过一个半世纪的革命和建设,摆脱了自负于"天朝上国"又自卑于"东亚病夫"的极性心理的中华民族,通过在国际上争取平等地位、在国内寻求人民富裕社会公正的道路的探索,终于自觉地启动了社会改革与转型,从自给自足的生存方式中走出来,走向市场经济和世界性交往。马克思在说到作为资产阶级对立面的无产阶级的时代规定性和命运时,这样写道:"许许多多人仅仅依靠自己劳动为生——大量的劳力与资本隔绝或甚至连有限地满足自己的需要的可能性都被剥夺——从而由于竞争,他们不再是暂时失去作为有保障的生活来源的工作,他们陷于绝境,这种状况是以世界市场的存在为前提的。因此,无产阶级只有在世界历史意义上才能存在,就像共产主义——它的事业——只有作为'世界历史性的'存在才有可能实现一样。而各个人的世界历史性的存在,也就是与世界历史直接相联系的各个人的存在。"①从一定意义上说,东方民族在近代以来所经历的正是马克思所说的"无产阶级"的命运。然而,如同西方经

---

① 《马克思恩格斯选集》第1卷,人民出版社1995年版,第87页。

由工人运动和各种社会变革,原来的无产者成为有产者,东方民族在获得政治独立并进入世界市场之后,也正在经济上崛起,人民生活与国家实力都大大提升。这反转来又有力地作用于西方社会内部,致使其发生新的矛盾和变化。

可见,历史的辩证法恰恰在现时代获得了前所未有的发育和展现的境遇,值得我们更加仔细地观察思考。

第四节　东西方关系中的现代性辩证法

从东西方关系的视角看,现代性的历史辩证法表现为,西方原来对东方单方面的作用和主导地位,越来越让位于双方的相互作用。那么,这一变化的机制是什么? 笔者认为,在资本主义主导的大背景下,"社会主义"与"民族主义"充当了关键变量。

社会主义与民族主义本来都产生于欧洲资本主义兴起和扩张的过程中,民族主义旨在推动民族国家的独立和强盛,并通过选择资本主义发展了国家权力和对外的殖民扩张;而社会主义则旨在批判资本主义,并通过工人运动表达对资本和国家的不满,争取劳动人民的权益,促使资本主义走出原始积累阶段的野蛮和不人道。而在应对西方资本主义和西方文明的过程中,不少非西方国家为了摆脱殖民地的命运,同时接受"社会主义"与"民族主义",试图既确立起优越于资本主义的社会发展目标,又激活本民族传统文化的精神,强化民族认同,共同致力于富强和社会公正。历史地看,社会主义与民族主义在许多非西方国家都曾经充当实现现代化的强大意识形态。由此,原来发生于西方的资本主义现代化及其文化,在其世界性的展开和扩张过程中遇到非西方民族及其文化的抵抗、批评和转化,迫使它反思自身并加以修正。可以说,正是现代资本主义所制造的社会矛盾和异化,催生了现实的社会主义和左翼运动,社会主义和左翼运动则反过来鞭策、催促着资本主义进行自我调整和变革。而原来采取计划经济的社会主义和民族主义的国家,则不同程度地发生了"空想社会主义"与"狭隘民族主义"的问题,导致经济停滞、政治紧张,社会陷入封闭、内耗或折腾状态,最后大都总结经验教训,并在考察西方世界的民富国强之后,实行改革与开放政策,加入世界市场。这些国家市场化的改革与开放,又在很大程度上反转来"帮助"、推动了资本主义的世界性发展。"资本主义"与"社会主义"这一意识形态上的两个"冤家对头",却在 20 世纪后期即冷战结束后,形成了互斥互补、竞长争高的关系,并且使双方都发生了重大的变化。这一现代性的辩证法,无疑是最鲜活也最耐人寻思的哲学教材。

与此相伴,"东方"和"西方"由于持续地碰撞、交流和对话,已呈现出越来越全面而深入地互动、互渗和竞赛之势,这种互动、互渗和竞赛,正在成为西方文明和东方文明发展的新动力,并促使着既有民族传统背景和特色又不乏普世性的新型文化和文明的生成。各种文化、文明之间也有竞争的关系,并且遵循"优胜劣汰"的法则,其背后也有经济实力和军事力量的支撑,但从根本上说,文化、文明的竞争属于价值观念和生活方式的竞争,这种竞争不是以力服人,而是以"德"服人,服的是人心,是人类走向幸福、自由与和谐的愿景。因而,不同的文化或文明类型之间,并非只有"力量"的竞争或较量,也完全能够由于各自的优长之处和特色,而差异互补,我们也应当推动这种文化的多样性。

任何文明即价值观念和生活方式,都是在某种特定的时空条件下形成的,也只有在这一条件下才能体现出充分的意义;没有一成不变的文明,也没有能够独霸世界的文明。即使现代工业文明能够最大限度地超越时空的限制,对农业文明显示出强大的优越性,但它作为"人"与"物"的特定关系的文明,也要受制于人自身及其生存世界的特性。如果工业文明完全无视人及人性的特点——如有情感、信念、个性,不可替代且生命有限,将人统统作为机器给予数字式、编码式的管理,那它一定会遭到人的反抗并给予变革,这不仅表现为西方管理理论的不断更新,更表现为由计算机技术所支撑的后工业时代的来临以及"小的是好的"等新的文化观念的产生。事实上,以自由主义为主要特征的西方文明,由于它所造成的个体的"自我中心"而导致社会普遍的紧张和离散,呈现出衰落之势,虽然它本身也在发生着更新。任何文化、文明存在的理由,都在于要有利于"个人"的自由发展与"群体"的团结和谐,这两个方面在总体上要保持平衡,不能畸轻畸重,更不能偏废。这个道理也适合于各民族与整个人类的关系。中国哲学家高清海认为,"当今时代是个体本位主导的时代。这种以普遍个人为主体的格局在显示其强大的力量和优越性的同时,也暴露出大量的矛盾、弊端。这预示着,今天人类面临的已是在充分发挥个人主体作用的基础上,如何从个体本位向类本位转变,即向更高的第三形态自觉的'类主体本位'方向发展的问题。虽然我国现实中还处于个人主体的生成和发展阶段,但仍需要类理论去引导、规范人的发展方向",并为此提出"人类正在走向自觉的'类存在'"这一命题。① 显然,今天特别需要各种文化和文明在维护其个性的同时,表现出开放性、包容性。所谓的"全球化与地方性",也就不可简单地理解为西方现代性在全球化过程中的本土化,即采取各民族容易接受的形式来实现自身,还应当理解为各民族优秀的地方性文化,通过现代转换而成为全人类都能共享的资源,西方文化在这方面已捷足先登,东方文化也必定在与西方文化的相互激荡中,激浊扬清并以更加富有魅力的人文旨趣与多姿多彩的形式走向世界。

今天,随着中国经济的腾飞和崛起,人们经常提到文化"软实力"的概念,显然是希望社会有新的发展并产生世界性影响,但这个概念却需要我们先行给予批判性审视。我们知道,"软实力"(Soft Power)的概念是由美国学者约瑟夫·奈提出来的,它是相对于"硬实力"即一国利用其军事力量和经济实力强迫其他国家听从或受其支配的能力而言的。具体地说,"软实力"指的是"一国通过吸引和说服别国服从你的目标从而使你得到自己想要的东西的能力"。它蕴含在三种资源之中:"文化(在能对他国产生吸引力的地方起作用)、政治价值观(当这个国家在国内外努力实践这些价值观时)及外交政策(当政策需被认为合法且具有道德威信

---

① 高清海:《人类正在走向自觉的"类存在"》,载《吉林大学社会科学学报》1998 年第 1 期。

时)"。还有学者认为军事以外的影响力都属于软实力,包括意识形态、道德观念和政治价值的吸引力、影响力、感召力等。问题在于这个概念所蕴含的道德价值及其吸引力、感召力,能否真正超越尼采的"权力意志"。如果它的目的仅仅在于维护民族国家在国际关系中的竞争优势和霸权,因而与军事、经济等"硬实力"高度一致、互相配合,那我们就不能无批判地接受。因为,当我们把自己的精神文明建设、民族文化复兴都概括到文化"软实力"之下时,我们是否已经不知不觉地陷入"非"文化的"社会达尔文主义"道路上去? 是否对正在崛起的中华民族发展方向的误导,也是对我们自己优秀文化传统的某种背离? 至少值得我们思考与分辨。

诚然,如一句西谚所云:无剑的正义难以独行。应当说,在现代世界,特别是像中国这样的大国必须拥有强大的硬实力,无论是为了自我保护还是承担维护世界和平的责任。但硬实力不过是工具,它只能为有一定价值观念的人所运用。而在所谓"软实力"即观念性的文化价值和制度建设方面,我们不应当接受那种旨在干涉、控制别人的"实力"观,而应当继承中国自身的优秀传统,即传承古人关于"文化"以人文化成天下、"以德行仁者王"、"近者悦,远者来"的人文理想,把它作为培育、丰富和提升我们自己的人性、人格和精神世界的事业看待,作为真正影响、引导各民族国家止戈休战、铸剑为犁、实现人类共生共荣的崇高事业来看待。否则,如果我们自己的心灵还处在空虚浮躁、愚昧颟顸、狭隘好斗的状态,即使把老祖宗留下的一些话作为我们的"软实力"推向世界,也只能贻笑大方。中国古人讲"仓廪实知礼节,衣食足知荣辱",中国历史上既有"富而好礼"、"见利思义"的传统,也不乏"为富不仁"、"财大气粗"的现象,有行"王道"者,也有行"霸道"者。在中国正在实现国强民富的情势下,我们将何去何从? 的确应当认真思考一下。

依据历史,现代性同样具有特殊的时代规定和超越时代的一般性质。这鲜明地表现在支配现代性的资本主义及其精神之中。资本主义的直接目的是逐利和增殖,但为此它就必须不断地通过开发、提升人的欲望和能力,运用一切可以运用的手段,突破一切固定化的关系,扩大生产规模,加速货币流通,更新技术和管理,最大限度地让经济要素运动起来。熊彼特就明确将资本主义称之为一个"创造性破坏"(creative destruction)的过程,"它不断地从内部使这个经济结构革命化,不断地破坏旧结构,不断地创造新结构。这个创造性破坏的过程,就是资本主义的本质性事实"①。资本主义的这一本质充分体现在"资本主义精神"之中。作为一种高度自觉的精神状态,资本主义所体现的根本上是一种不安分、不满足、外向性的征服和扩张的精神,充满了张力和矛盾。但从广义上,它形象又辩证地揭示了资本的"善"、"恶"的双重性——超越与否定、建设与破坏的双重性,甚至可以说,它从一个侧面揭示了人性中恶的作用和人生的悲剧性。西方人认为,"恶"有着强大的力量,它对人的诱惑和驱动是人所难以抗拒的,所以只能够期盼着上帝的拯救,其实就是人们期望凭借对超验的绝对价值的信仰,来限制自己的欲望和本能,以求获得心灵的净化和提升。然而,资本主义只有通过不断地刺激和诱导人的欲望与本能,才能扩大生产、刺激消费、赚取利润;并且,如果这个世界上压根就没有彼岸的超验之域,一切价值都是世俗的或现世的,人们为什么要拒绝享乐、非做苦行僧不可呢?

西方的所谓"浮士德精神"形象地表现了这个矛盾。如所周知,经过歌德的重新创作,浮士德在西方成为永不满足、永远进取、建功立业的象征,成为新兴资产阶级的精神符号。但浮士德精神是矛盾的产物,它得益于魔鬼梅菲斯特,梅菲斯特是恶的化身,却基于上帝特意的安排。上帝知道:"人的活动太容易弛缓,动辄贪求绝对的晏安;因此我才愿意给人添加这个伙伴,他要作为魔鬼来刺激和推动人努力向前。"与浮士德相伴的魔鬼,一直引诱浮士德追求官能享乐和事业的享受,而浮士德自己也声称:"凡是赋予整个人类的一切,我都要在我内心中体味参详,我的精神抓着至高和至深的东西不放,将全人类的苦乐堆积在我身上,于是小我便扩展成全人类的大我,最后我也和全人类一起消亡。"②浮士德与魔鬼其实表明了每个人身上的二重性,这里主要是人的贪图安逸与奋斗进取,向

① [美]熊彼特:《资本主义、社会主义与民主》,吴良健译,商务印书馆1999年版,第147页。
② [德]歌德:《浮士德》,董问樵译,复旦大学出版社1983年版,第91页。

自己挑战这样的二重性。诚然，由于基督教关于灵魂拯救的宗教意识的确渗透到许多西方人的思想深处，所以晚年浮士德完全转向为人类谋福利的善举。这固然体现了基督教文化的作用，但并不表明只有基督教才能使人向善。事实上，东西方诸多成功人士到晚年选择慈善事业或以不同的方式回馈社会，这既与人生的阶段性需要与目标相关，又特别说明，人作为社会关系的产物和具有主体性的纽结，其人生价值和意义的社会性与个体性，可以高度地统一起来；实现社会性与个体性的高度统一，也就是人的自我实现。

这虽然只是现代社会的一个面相，但它也可以说明，现代性运动包含着自我批判与矫正的力量，正如作为活动的理性也包含着反思和自我批判。一个基本的道理是：既然我们并不拥有一个超时空的绝对的真理，则我们就既不能耽于近代以来的文明类型，也不能全然否定这一文明——因而既不能耽于形而上学的传统形式，也不能从根本上一笔勾销传统的形而上学——的功绩，因为当人们全盘否定这种文明及其形而上学的基础时，已然假定了一个同样属于绝对真理的东西。

事实上，生活在现代的思想者们对于现代性的质疑和批判，首先依据的不是天启，也不是亘古至今的某种原教旨，而是现代生活的经验和教训，即现代性在其"充分发展"阶段所显露出来的矛盾、缺陷和对人类生存的严重负面影响，虽然现代性的问题早就蕴含在现代性的萌芽状态，并为一些敏锐的思想者所直觉和批评，如卢梭很早就发现科学技术的发展将带来人的纯朴心灵和道德的"堕落"。然而，即使这种看法有其道理，也未能阻止现代性的步伐，这不仅由于人的天性的不安分守己，由于人对财富和权力的贪欲，还由于人类走出自然，走向文明和自由的每一步都充满矛盾和两难；而道德并非自然状态，作为文明的一个方面，它自身也包含着矛盾和问题，具有利己和利他、目的和工具、普遍与特殊的二重性。因而，如果人们通过自己的能力和智慧的提升，生存得更为自主、更加幸福，即使会产生新的矛盾和问题，他们也将突破对他们已构成束缚的传统道德。

因而，我们可以断言，那些关于文明、关于现代性的先知般的批评，固然包含着真知灼见,但毕竟不等于全部的真理;现代学者对现代性的全盘否定同样如此。在现代文明的弊端变得越来越严重的情势下,更多的人们意识到它的问题是很自然的,而批评的声音逐渐成为主流话语也是很正常的。只是在终结形而上学的传统形式,在终结理性主义主导的现代文明类型的意义上,来自后现代的解构话语才更具真理性,而这恰恰意味着它的真理性也属于历史的合理性。尽管后现代的思想家们通过上溯和援引已往的思想,或追溯人类思想的原生态来寻找文明的再生之道,使其思想显得深刻和彻底,但都不足以得出现代性是人类走入的"误区",因而压根就是"错误"的结论,如果这种指责成立的话,那人类就不应当产生在这个地球上,这想法固然"彻底",却又是极其荒谬的。

质言之,对于历史上的形而上学、近代以来的进步主义、主体中心主义和人的社会生活方式的理性化,我们都应当取一种历史的观点,不能一笔勾销或一笔抹杀,仿佛人类从一开始就进入误区,或走上歧途,这与另一极端看法即人类一开始就按照正确的目的前进一样地成问题。马克思写道:"历史不外是各个时代的依次交替。每一代一方面在完全改变了的环境下继续从事所继承的活动,另一方面又通过完全改变了的活动来变更旧的环境。然而,事情被思辨地扭曲成这样:好像后期历史是前期历史的目的,例如,好像美洲的发现的根本目的就是要促使法国大革命的爆发。于是历史便具有了自己特殊的目的并成为某个与'其他人物'(像'自我意识'、'批判'、'唯一者'等等)'并列的人物'。其实,前期历史的'使命'、'目的'、'萌芽'、'观念'等词所表示的东西,终究不过是从后期历史中得出的抽象,不过是从前期历史对后期历史发生的积极影响中得出的抽象。"①人们质疑和批评这些思想信念和理论主张,依据的是我们现今的生活状况和社会矛盾,也只有在现时代,它们才成为突出的问题,也才需要我们修正和创新,而从它们的发生和发展来看,它们正是当时人们展开自己活动的最具现实可能性的方式。也只有历史地看问题,我们的质疑和批评才有理据和正当性,才有一定道理和意义。上述批评的意

---

① 《马克思恩格斯选集》第 1 卷,人民出版社 1995 年版,第 88 页。

义在于让人们从先验的单纯的逻辑演绎、从工具理性的同质性看法中走出来,把现实看作历史的某种可能性的实现,更多的可能性实际上被它取代了;历史本身不是独立的人格,而是无数人的互动,这种互动能够显示出某种方向性,却很难形成统一的自觉目的;历史中有因果决定论关系,也有对因果性关系的超越;人们的活动和生活并不都能纳入统一的逻辑之中,在先进与落后的区别之外,还有无优劣之分的生活方式与文化类型的多样化;并且,先进与落后也要在设定一个统一的社会运动目标的情况下才能区分开来。比如,中国落后于西方的判断设定了近代世界历史的工业化主导。而就各自的地理环境和文化看,中西方文化各有其合理性。并且,如果我们肯定"历史规律",那么,这种规律正是建筑在人们相互竞争和冲突的活动之上的,是对这种活动的基本发展趋势的概括;社会运动总是产生着新的矛盾、制造着新的不平等,所谓的"进步"本身就有其问题且总是与退步相伴随;今天未必一定好于昨天;对同一个事实站在不同角度完全可以有不同的看法,也可以有不同的态度等等。

但是,由此我们也得不出人类生活的历史一片混乱,没有任何内在联系、统一性,没有任何可称之为"客观"的评价标准,也没有可预见性的方向性的结论。的确可以说,某个历史阶段是不能超越的,或者某个民族只有采取某种生产方式才最有利于自己的生存。这是生活中的人们自己能够感受和认识到的。所以,当我们以变动不居的"历史"作为观察和思考人类文明和现代性问题的坐标系时,倒向相对主义是不对的,因为那就消除了前现代、现代与后现代的间断性及其界限,最终也必定泯灭一切是非、善恶、美丑的区分。的确,当人类走进现代历史之后,现代性是否意味着人类历史的终结即历史目的最后实现,如果现代性也是历史的,那么,现代社会正处在消失之中呢,还是因其自身的"反思"与自我超越而成为永远在"流动着的现代性"? 这成了问题。而问题的关键在于我们对人类自己的"历史"究竟怎样看待和理解。"历史"是本书要反复探讨和分析的概念。这里,如果我们首先着眼于人类历史乃至万物的"起源",海德格尔所要追溯的古希腊最初的思想,也正是因为这思想之所思,就是这起源处的"活水",那么,它倒不由自主地让我们将目光投向海德格尔也曾经投向的中国古代的道家创始人。

我们知道,恰恰是老子、庄子,早在两千年前就对文明、技术的弊端给予揭露和批判。他们的批判足以让我们明白这样的道理:自从人类走出自然状态和动物界,就"陷入"一系列的矛盾乃至悖论之中:"大道废,有仁义;智慧出,有大伪。"本能与文明、自发与自觉、自由与限制、进步与退步,如影随形地伴随着人类所有的社会文化活动。岂独现代社会才有此类问题? 人们对于现代性的否定和贬斥,不过是对过去全盘肯定、无限赞美现代性的反动而已,都是初看起来言之凿凿,实则反映了思维的简单和盲目。在更深的层面,还反映了人类自身难以克服的一大弱点——总想一劳永逸地解决一切问题,否则就怀疑一切、否定一切的情结,这种"要么全有、要么全无"的情结,或许就是弗洛伊德所说的"生欲"(创造欲)和"死欲"(毁灭欲)的体现。面对人类的种种两难处境及终极意义上的虚无,如果人们真的要"彻底"一点,那就应当像老子所想望的,回到"小国寡民","结绳而用","邻国相望,鸡犬之声相闻,民至老死,不相往来"那样的自然地域状态。其实,综观老子的思想,他给世人提供的最根本的建议是"知其雄守其雌","知其白守其黑"。因为老子深知,婴儿毕竟要成人,人也不能无所作为;然而,"物壮则老"、"木强则折"。所以,人即使要从婴儿状态长大成人,他也应该保持着婴儿时的潜能和活力,这样才能"绵绵若存,用之不勤",婴儿的状态是最为接近自然之道的状态。所以,老子不单让人"复归于婴儿","复归于朴",更让人效法生生不息的大自然:"生而弗有,为而弗恃,功成而弗居";让人效法"知道"、"体道"的圣人:"自知不自见,自爱不自贵"。① 前进时想到退却,发达时依然谦卑,强壮时保持着婴儿般的柔弱和天然率真。这就是在矛盾双方的对待和转化中始终处于生之地位、蓄势待发的状态,从而立于不败之地。

当我们不再囿于人类历史的某一阶段,而是像老子、庄子一样从事物的源头,从而也是事物的发展、衰退和终结亦即事物循环往复的过程中,理解和对待人类过往的和现代历史时,那么,不论这一历史如何凯歌行

---

① 《老子》第二章、六章、二十八章、七十二章。

进,或者存在何等严重的问题,只要作为这一历史的剧作者和剧中人物的人,能够持守原生状态时那种柔弱似水却孕育一切的生机与活力,则即使已有的历史形态终结了,他也能够创造出新的历史。西哲云:"向上的路"与"向下的路",不过是彼此相通的一条路,这也是老子所说的"大曰逝,逝曰远,远曰返"。思考世上万物这一自返的逻辑,从而确立起反思的、自我批判的理念和原则,我们不就在变动不居的历史中把握住了那变中的不变,亦即历史的"一以贯之"之道,从而在绝对主义和相对主义之间,开显出一个可广可狭、可升可降的界面吗?

"揣而锐之,不可长保。"[1]理性主义所主导的现代性,不过是人类理性单向度发展的极致状态。日中则仄。现代性彻底征服全世界之际,也就是现代性的历史终结之时。

第五节　现代性的扩张及其界限

从不同的角度,人们可以对全球化给出非常不同的看法。我们认为,全球化其实提供了一个研究现代性的典型情景,这个典型情景意味着某种临界状态的逐步到来:由现代性的扩张直接推动的全球化,也将成为现代性的批评和矫正力量并为其设定终极界限。在这一情景或临界状态中,构成现代性的那些基本概念的内在矛盾、各民族传统文化与现代化之间的张力、现代人类的分化与整合这两个向度相反相成的关系等,都将得到充分的展示。认真地考察并分析这其中所蕴含的信息,将给予我们很多启示。

如果不问全球化的具体内容与性质,那么,全球化首先意味着一个以人类居住的地球或地球上居住的所有人类作为整体取向的时空概念。人们到一切能够生存的地方安家落户,而所有这些地方又构成一个和谐的

---

① 《老子》第九章。

社会世界,这始终是人类的一个古老的梦想,也是寓于他们有意识的生命活动中的一种可能取向。但是,这种可能性在历史上的实现,大都不取决于他们的主观愿望——何况这些愿望本来就是多种多样,取向不一甚至相互扞格的,而是基于他们之间既竞争又合作的关系及新技术、新符号、新观念的出现。西方有学者将全球化一直追溯到文明的起源,而任何文明都既有理想化的超越指向,也有现实的利益、权力和秩序的诉求。这一点,我们从古代文明及其典籍中不难发现。近代以来人类从地域性民族历史向世界历史的转变,就是由资本主义这一同时具有生产性和支配性的经济制度所推动的。

20世纪60年代,加拿大学者麦克卢汉敏锐地意识到现代电子媒介将要重构人类社会的重大历史作用,他首次提出了"地球村"概念,并预言,当人们对"地球村"的社会生活和问题开始做出反应时,他们反倒会成为倒退保守分子。因为由西方理念和制度主导的世界正在发生"逆转",由中心向边缘扩展的单向模式不再适用了,电子传媒的作用"不是集中化,而是非集中化"。他说,这种区别就像铁路系统和输电网络系统的区别,前者需要铁路终端和大都会中心,后者则可以一视同仁地输往农舍和办公楼,所以,它容许任何地方成为中心,并不需要大规模的集中。①总之,在电子媒介的时代,人类生活将呈现出共时而又异质、自由多元而又相互贯通的景象。

麦克卢汉是有想象力和眼力的。但是,他所说的这种历史性的"逆转"要真正实现,既要有相当长的时间,又需要继续创造条件,包括西方现代性扩展的单向模式走向极端并遭遇反抗和变通。而本性扩张的资本也首先要利用现代交通、通讯和传媒,使自己的能量在一切可能的范围内释放出来。于是,一方面,麦克卢汉的"地球村"必定要被当代经济"全球化"作为可资利用的手段和自身的构成要素,另一方面,它也将使后者越来越呈现出矛盾性和自反性——这就是处于现在进行时态的全球化在总体上由西方自由主义的现代性所主导,而又表现为反对、否定这个主导的

①　[加]马歇尔·麦克卢汉:《理解媒介》,何道宽译,商务印书馆2000年版,第66—68页。

多维性和多向度运动的主要原因之一。

英国社会学家吉登斯对于全球化的理解在西方具有一定的代表性。在他看来,现代性正在内在地经历着全球化的过程。这个过程具有时空跨越的特点,即现场卷入(共同在场的环境)与跨距离的互动(在场和缺场的连接)之间的关联。依照时空延伸的概念框架,他认为,在现代,时空伸延的水平比任何一个前现代时期都要高得多,发生在此地和异地的社会形式和事件之间的关系都相应地延伸开来。不同的社会情境或不同的地域之间的连接方式,成了跨越作为整体的地表的全球性网络:

> 因此,全球化可以被定义为:世界范围内的社会关系的强化,这种关系以这样一种方式将彼此相距遥远的地域连接起来,即此地所发生的事件可能是由许多英里以外的异地事件而引起,反之亦然。这是一个辩证的过程。因为有这种可能,即此地发生的桩桩事件却朝着引发它们的相距遥远的关系的相反方向发展。

他进一步补充说:"其结果并不必然是在相同方向上的一系列变迁,相反,甚至通常是彼此相反的趋向。通过一个复杂的全球性经济网络的作用,新加坡一个城市区域的日益繁荣可能与匹兹堡附近的一个社区的贫困相关,后者的产品在国际市场缺乏竞争力。"①资本主义经济的全球化通过资本的全球流动和竞争,的确已经并仍在造成世界各地区原有经济格局的变化,甚至兴衰和强弱的新的对比。而更值得关注和思考的问题在于,资本及其所体现的价值观即使能够单方面地瓦解并取代世界上其他的经济形式,它因此而能够全面地决定或主导其他不同的政治制度、民族文化乃至人们的整个生活世界吗? 这里究竟是一种被简单地理解的生产方式即经济基础决定上层建筑呢? 还是一种更为复杂多元的相互作用和博弈的过程?

这里关涉吉登斯所提出的现代性的四个基本制度性维度:资本主义,指在竞争性劳动与产品市场情景下,日益从政治生活中脱离开来的经济;

---

① [英]安东尼·吉登斯:《现代性的后果》,田禾译,译林出版社 2000 年版,第 56—57 页。

工业主义,指人类对自然的大规模改造和人化环境的发展;军事力量,指在战争工业化情境下对暴力工具的控制;社会监控,指对信息和社会督导的控制。而他提出的全球化的四个维度,大体上就是上述这四个维度的世界形式,如世界资本主义经济、世界军事秩序等,只将"社会监控"改为"民族国家体系"。① 吉登斯对于全球化维度的这种看法虽然有一定的依据和一定的解释力,却有着不可小觑的片面性,其问题在于,全球化似乎成了现代西方社会的简单放大。全球化虽然主要是现代性扩展的结果,却不能靠现代性的简单外推来说明。因为西方现代性的矛盾在于,一方面,它是靠一般意义的"个人"或"人类"的观念奠基的;另一方面,它又不能不负载着西方人及其民族国家的特殊利益。这种普遍与特殊的矛盾只有在全球化过程中才能充分暴露并得到某种程度的解决;对西方社会来说,这有一个既维护自身利益又要走出西方中心主义的问题,对于非西方民族来说,则有一个反抗西方人的支配又要赋予自身现代性的问题。因而,这必定是一个充满对抗与合作、相互改造并自我改造的曲折艰难的漫长过程。何况,即使在西方国家,不是还有诸如基督教和人文艺术等在批评和抵制资本的力量与霸权吗?

正因为如此,我们对于全球化和人类命运的理解,才不能只是着眼于现代性的制度维度,而应当从一个更具包容性和解释力的框架加以思考。尽管吉登斯已将反思性置入现代性之中,但现代性只有在从西方社会走向全世界的过程中遭遇"他者"及其"文化"时发生的反思,才更具根本性,现代性在全球"传播"中也才能真正得到矫正和超越。美国社会学家罗兰·罗伯森批评吉登斯只是把全球化作为"现代性的一种后果"看待,因而既不可能真正重视西方的"他者"和"他者文化"的重要意义,也难以全面把握全球化的多维性、不平衡性和复杂性,②是有道理的。

那么,如何理解全球化的维度?它与现代性的维度又是什么关系?笔者认为罗兰·罗伯森提出的另一种观察和思考框架,由于着眼于人的

① [英]安东尼·吉登斯:《现代性的后果》,田禾译,译林出版社 2000 年版,第 62 页。
② [美]罗兰·罗伯森:《全球化:社会理论和全球文化》,梁光严译,上海人民出版社 2000 年版,第 38、203—208 页。

存在的社会形态而更具涵括性和动态分析力。在这种框架看来,在新近全球化时期,原来在西方现代化过程中的那些同质化、单一性的关系和趋势,变得相对化、复杂和不确定了。

罗兰·罗伯森也认为新近的全球化是由 20 世纪一系列重大事件所促成的,与现代性密切相关。由于重视社会和文化的跨学科研究,所以他更为关注全球化过程中的矛盾、对立及其不平衡性与复杂性。对于全球化的思考,他主要基于以下四个维度及其相互关系:一是"民族社会";二是"个人"或"自我";三是"民族社会之间的关系",或者说是"诸社会组成的世界体系";四是"总体意义上的人类或全人类"。要理解这四个维度,我们要先来看一下他对全球化作为一个历史过程的分析。他认为全球化经历了五个阶段。第一是萌芽阶段,在欧洲始于 15 世纪初一直延续到 18 世纪中期。这一时期的特点是,民族国家开始成长,天主教会范围扩大,享有公民权利和义务的个人概念、人道思想得到强调等等。第二是开始阶段,也主要在欧洲,时间上从 18 世纪中叶延续到 19 世纪 70 年代。在这一时期,出现了同质性、单一性的国家观念和形式化的国际关系概念,享有公民权利和义务的个人概念和较具体的人类概念成型;民族主义—国际主义问题成为讨论主题。第三是起飞阶段,从 19 世纪 70 年代延续到 20 世纪 20 年代中期。在此期间,此前发生的日益全球化的倾向让位于上述四个参照点也是制约因素为中心的交往形式。只不过在这个阶段,一般意义上的"个人"是具有"男性倾向"的,国际社会和人类概念也都比较单一;随着全球交往的日益频繁,全球性的运动和组织出现,并爆发第一次世界大战。第四是争霸阶段,从 20 年代中期到 60 年代后期,西方的经济危机、战争、联合国的确立、民族独立和冷战成为主题词。而纳粹大屠杀和原子弹的投掷,则"使人们尖锐地聚焦于人类的本性和前景"。第五是不确定性阶段,从 60 年代后期开始,全球交往手段迅猛发展,全球意识增强。而随着冷战的终结,一方面,各社会日益面临多文化和多种族问题,个人观念因性别(gender)、性(sexual)和民族的考虑而变得复杂和具体;另一方面,公民权成为一个全球性问题,关于全人类共同生存及其生态环境的意识大大增强。而文明的冲突和逆全球化运动也越来越醒目。① 罗兰·罗伯森总结的这五个阶段,在很大程度上固然是一种并不完全的经验描述和概括,但历史地突显出来的上述四个维度及其相互关系,对于我们观察全球化却是相当有价值的。

不难发现,罗兰·罗伯森所提出的这个框架本身不包含市场、资本与工业这些物化的关系和力量,如他所说,这主要是一个看待全球化的文化视角,选取这个视角并不说明全球化的"力量"和"机制"问题不重要,而是因为人们过多地重视"资本主义的扩展"却忽略了作为人的存在方式的文化。依笔者之见,社会的经济政治关系与文化虽然可以相对分开,却内在相通并相互作用、相互转化,这不仅指文化的技术性和工具性方面,也包括文化的目的性和规范性即本体性方面。作为人的基本规定性的文化的本体性方面、文化精神,也要通过各种形式的推陈出新,通过渗透并转化为经济政治的活动,才能充分彰显其价值和意义并维护其生机活力。其实,上述四个维度内在地蕴含着现代经济的运动,如"享有公民权利和义务的个人概念",就只能是现代市场经济社会的产物。所以,对于生活在前现代社会的人说来,就有一个通过市场经济社会的建构而走出传统共同体,实现从先赋的身份到契约关系变化的"任务"。那么,全球化是否将从根本上扭转这种现代化的取向,使人们原有的生活方式得到平权的对待? 我认为这是不可能的。但它却能够通过展示不可消除的地域和文化差异,使人们自主地选择现代化的道路并重建其"共同体"。

所以,现代性的经济—技术的分析框架,应当尽可能地关联文化,而"文化视角"要更具包容性和合理性,也必须考虑社会经济方面并与之互动。在做出这样的解析和规定之后,笔者认为,罗兰·罗伯森所说的四个维度如果扩展、修改为"个体"、"共同体"、"社会"、"人类"和"自然"这五大维度,将更能够涵括全球化过程。在这五大维度中,"个体"指获得公民身份与权利的个人,"共同体"指基于历史传统、共同利益或信念兴趣的联合体,"社会"指不同共同体之间有一定规则的交往空间;"人类"指

---

① [美]罗兰·罗伯森:《全球化:社会理论和全球文化》,梁光严译,上海人民出版社2000年版,第36、84—86页。

现存的全人类及其延续;"自然"则主要指人类生存于其中的具有生物学和物理学双重属性的地球(包括大气层)生态。这五个概念及其相互关系,既具有实证性又有一定的规范性,将更加有助于我们理解全球化并推动其向着合理的方向发展。

以笔者之见,对现代性具有思想奠基意义的笛卡尔的"我思我在",表面上看来只是思想自身的开显,却不能不由于思想作为"人的"思想的个体依托与普遍性质,而成为"自我"的两个维度的敞开:一是个体自我("我是我"),二是人类自我("我是人"),这里既没有共同体和社会的立足之处,也看不到大自然的身影。其实,这个观念正是要突破原来束缚着个体的传统共同体及其历史文化,正是要凭借自我中的类意识超越并反转来支配自然万物。所以,它才成为推动西方人走向现代化的观念性力量,作为西方现代主流话语的自由主义或个人主义,才会唯名论地看待"社会"。然而,现代性主流话语对个体的原子式抽象化理解也必定使"人类"的概念抽象化和离散化,人类被分解为无数彼此竞争的个体,这固然反映了人类在现代市场社会的高度分化,却给予了无批判的肯定,忽视了他们在分化中的联系与整合。事实上,现代人走出传统共同体或身份社会而个体化,正是由于他们借助契约建立了更为自主也更加普遍的联系,特别是经济与法律的关系,只是这种关系本身是以彼此的独立甚至隔离为前提的。人的独立与个体化并不意味着他们不再需要情感、共同的信念及其直接联系的共同体,而只是表明他们能够根据自己不同的需要结成各种类型的共同体。在现代社会,除了滕尼斯所说的血缘、地缘和精神共同体以及现代企业之外,基于政治见解、文化认同、道德信念、科学和艺术创造以及兴趣爱好的共同体,早就并仍在雨后春笋般地出现。

在历史上,"共同体"(community)与"社会"(society)的区别曾经是严格的甚至可以说是绝对的,①但在信奉个人独立与平等的现代社会,它们的区别具有了很大的相对性,但笔者认为它们仍然属于人们结合的不同方式,共同体至少在某一方面是个人之间的直接集合和利益的直接共

---

① [德]斐迪南·滕尼斯:《共同体与社会》,林荣远译,商务印书馆1999年版,第1、2章。

享,因而最大限度地实现了公与私的统一;社会则是全体公民按照一定规则竞争与合作的场所,是公民相互交往、共同讨论和处理公共事务的公共领域。因此,社会的公共性与私人性之间不能不保持一种张力关系。显然,传统的共同体如基于自然血缘关系的家庭,已在现代社会发生很大变化,如结构和关系在简化,许多功能让渡给社会。但即使如此,再发达的社会也难以完全替代家庭。因为人的肉身及其情感与精神的维系和寄托,特别是安全感、依赖感、亲密感、命运共担的一体感,首先是在人们直接的切身的伦理关系中形成的,父母对子女的爱是自然的和无保留的,子女与后代所代表的未来与希望,则是人类生活意义的一大渊薮。"可怜天下父母心"、"夫妻恩爱"、"相依为命"等成语,形象地刻画出家庭成员的生存论和存在论关系。由于人的生命与能力总是有限的,他们即使在理性上希望对所有人做到一视同仁,在事实上也做不到,何况人的情感自然地区分着亲疏远近。因而,人们只有把理性的原则赋予民族国家这种政治共同体。民族国家介于家庭与人类社会之间,一方面它有历史形成的民族文化作为纽带,另一方面,它有着不同于家庭的公共性和社会性。近代以来,民族国家通过世界市场和国家间的联合或结盟,逐渐形成国际社会。国际社会内部越能保持和平发展、互惠互利的关系,民族国家也越会开放宽容,反之,则会转向封闭和狭隘的排他。今天,拜世界市场、联合国等国际性的经济政治组织所赐,根本上也是各民族交往的频繁与理性的发展,使得"人类"这个过去多半是抽象的概念,在今天越来越成为经验性的事实。因而,人类的整体利益及其与自然生态的关系问题,才会引起人们普遍的、越来越高度的重视,并由此发现人类利益与自然生态根本上的一致性。当然,人类与自然界之间总有具体的矛盾和某些方面的对立(除了传统的自然灾害,还有近些年出现的厄尔尼诺现象等等),有些属于自然界自身的运动,有些则与人类大规模的高技术活动有关。这需要我们批判地看待传统的"物我一体"、"天人合一"的自然观与近代以"主客二分"的知识论为核心的自然观,对其加以辩证地综合和扬弃。

显然,对于上述问题的多方面认识,全球化无疑提供了一个典型的情景。在这个情景中,个人"自我"这个现代性的核心概念能够在最大范围内实现,同时也必定由于受制于共同体及其文化认同而相对化,这既可能让人囿于特定的身份角色与群体立场而达不到普遍的类意识,但也不乏限制个人自我中心、自我膨胀的积极作用。作为个人与全人类之间的中介形式、作为社会构成单位的各种"共同体",由于受到人与人和人与自然的互动关系的作用,亦即受到社会分化和整合的作用而处于变化之中,在直观上最具变动性,最不确定,尤其是进入现代社会、进入全球化时代,不仅传统的共同体如家庭、村落、社区,由于受在场和缺场的各种因素的影响而更易变化甚至解体,原来一直是最大的政治共同体的民族国家,由于地区利益和人类整体性问题的突出以及跨国大公司的出现,其主权也受到削弱。但是人们生活的共同体是有其特定的存在论基础的,这就是上面说到的人类肉身感性生活的亲在性、情感依赖乃至相依为命,以及历史文化认同的需要。所以,由姻亲与血亲结合成的家庭,由民族及其文化作为直接基础的国家(国家当然也要凭借对"领土"与"暴力"的掌控,但这是要以民族利益为其限度的),是在从前现代走向现代和高度现代化的过程中,最能经受得住现代性洗礼和全球化浪潮冲击的两类共同体,虽然它们已经发生并仍在发生变化。

当然,在全球化过程中,国家相对于各种全球力量仍是一个不可替代的行为主体,它便利了生产的重组,而且在日益一体化的世界社会中,国家间体系仍是一个重要的参考因素。[①] 而国家为了自身的稳定与凝聚力,也会重视作为其细胞的家庭的和谐与价值。因而,不难发现,正是由于世界上这两类共同体的各种差异和特殊之处,使现代性的全球化扩展呈现出极其不平衡的复杂状态,并不得不"因地制宜"地采取多样甚至某种异质的形式。

凡此种种,从问题的角度看,恰如《全球化综合症》的作者所说,全球化是一个相当混杂的系统,它不仅加剧了民族国家间的相互作用,而且在

①　[美]詹姆斯·H.米特尔曼:《全球化综合症》,刘得手译,新华出版社2002年版,第50页。

某些方面还削弱了它们;尽管全球化经常象征着一种同质化的力量,它也以多种方式本土化,因此导致而不是削弱了社会结构之间的显著差异。①我们还可以补充说,在全球化时代,每个国家或民族社会的问题都既是它自身的问题,又反映着所有国家或民族社会的问题;而越是随着全球化的深入,世界上任何国家的问题的最后解决,都越将取决于所有其他国家。因此,马克思当年所期待的那种作为世界市场经济之扬弃的"自由人联合体"的社会,应是全球化运动的最终目标。

可见,现代性的全球化扩张,不仅让我们看到了现代性的巨大威力,也让我们越来越清楚地认识到它的问题、局限与界限所在。

笔者认为,对于正在展开着的全球化,虽然不能完全做目的论解释,也不能说遵循"铁的规律",但其中所体现出的人类在大地上寻求生存与繁衍的生命意志,人类持续地分化与整合的矛盾及其张力,却能够让我们做出这样的结论:在大自然既支持又挑战的选择压力下,从类人猿"脱胎"而来的人类,凭借自己创造和使用工具与符号的活动,不断地增强自觉性和主体性,努力按照自己的愿望与外部事物的尺度,为自己营造生活的世界,人类由此而被赋予某种"天命",即在时间上面向未来,在空间上面向全球乃至太空。当然,人类这样的一个运动方向在原始、前现代和现代社会是大不相同的;自然灾害与人类内部的冲突、厮杀与倾轧,总是导致许许多多的个人,甚至整个种族、阶级的巨大牺牲;一些文明的没落与湮灭,也一直伴随着人类跋涉的历程。但是,即使九死一生,人类毕竟从远古走到了今天的全球化时代。在思想上,可以说,西方自古希腊就开始突出人的存在的精神性、超越性、普遍性和无限性的哲学形而上学,以及后来基督教关于人类拯救的历史观,为这一历史进程提供了最牢固的信念并做出了最高的辩护。然而,只是随着西方人步入近代历史,尤其是人与人和人与自然关系的根本性变化——人从共同体内的互助走向社会的竞争,从对自然的顺应转变为对自然的改造和支配,这种哲学形而上学和基督教的历史观,才通过笛卡尔、培根和近代启蒙学者的努力,以理性主义、自由主义

---

① [美]詹姆斯·H.米特尔曼:《全球化综合症》,刘得手译,新华出版社 2002 年版,第 39 页。

与进步主义的形式得以确立,从而为西方的现代性赋予了灵魂,并使现代人树立了这样的一种自信:他们能够在多大程度上走出蒙昧,走向理性,就能够在多大程度上获得自由;他们能够在多大程度上成为自己的主宰,就能够在多大程度上成为世界的主宰;世界的地平能够伸展多远,完全取决于他们自己能够向前走多远。这里没有边缘、界限、有限的意识,而只有人类中心的意识、无限进步的意识,此即所谓"宏大叙事"的由来。

然而,当高度分化的现代人借助理性和科技,不仅超越了自然时空的限制,也不断地突破社会规范的界限,终于从变革外部对象到改变自身的生物属性,从现实世界走向虚拟世界时,他们自身的两重性也越来越两极化为相互分离、相互反对的悖论,正是这种悖论所表明的人的自我毁灭的可能,使他们重新发现了自己只要活着就摆脱不了的肉身性、现实性、特殊性和有限性的一面,发现了与此相关的全球化的地方性,以及全球性和地方性共同展现给他们的整个人类的相互依存、人类自身作为有意识的生物对于自然生态的从属性和责任。终于,人类不得不放缓脚步、沉静下心来,考虑他们将何去何从的问题。而既然人类的一切问题都源自人类从自然中的分化,源自人的自我意识的产生,那么,苏格拉底终生服膺的古希腊神殿上镌刻的那句"认识你自己"的神谕,在今天就不能不重新彰显出它的原本意义:"人"类,你要知道自己的"界限","限定"你自己,因为你永远成不了"神"!

为了突出全球化对于现代性的超越意义,英国社会学家马丁·阿尔布劳指认全球化为"全球时代"。在他看来,现代规划的扩张性已丧失根本冲力,对由资源的有限性带来的种种后果的认识,以及对非持续性发展的认识,构成了对资本主义的主要打击力量。不是别的,而是地球的限度使现代性的扩张力量遭到挫败。这同时意味着不同于现时代的全球时代的到来,这个时代的特点在于,人类的任何发展都要以作为整体且资源有限的地球为根本的参照系。[1] 基于地球的有限性来说明现代性的界限和

---

[1] [英]马丁·阿尔布劳:《全球时代》,高湘泽译,商务印书馆 2001 年版,第 82、131—133、155—158、167—174、180—182、210—216 页。

全球时代的到来,固然是一个论据,但笔者认为,全球化所彰显的现代性的问题,恰恰是它的不知限度尤其是不知人自身的限度。至于地球资源的多寡、贫富,与人的需要和欲望的程度虽然不完全成反比,却直接相关。当然,西方的哲学形而上学及其现代理念并非不知道人及其生活世界的有限性、差异性、特殊性,即人直接经验着的那一现实的面相,但是它认为这一面相是属物而不是属人的、是晦暗而不是光明的,这一面相应当也能够被克服、排除掉。这样,它所期待的那个无限、同一、普遍和超验的理性世界,也是人完全自由的世界就会莅临。

可以说,西方的现代性所做的就是这个工作。这样做的结果,一方面的确极大地提高了人的主体能力和自由度,使人不断地超越自然状态和相应的社会文化形式,但同时,它也造成了人的生命活动及其追求的外在性、同质化和虚幻性。并且,这种所谓对自然万物(包括人的肉身)的超越所凭借的正是自然万物,所以到头来它不仅摆脱不了自然万物,还会由于对其自然自在关系的极大破坏而破坏人自身生存的根基性。应当说,这一负面问题早在西方现代性伊始就产生了,所以它一开始就伴随着批评的声音。但是也只有随着全球化的深入展开,这个问题才会以一种无可回避的严重性呈现在世人面前。同时,现代人向太空探索和进军的努力,极大地拓展了自己的眼界,却未为自己找到新的家园,反而更突显出在浩渺宇宙中如沧海之一粟的地球,对于人类生存的无比珍贵。退一万步说,即使有的星球可以移民,难道最终也还是要在人类一味外向征逐和无尽的贪欲中被耗尽、被抛弃?这不能不迫使现代人反躬自省。

事实上,全球化并非只是向人敲响危险的警钟,它同时也昭示着新的希望和出路。这就是人与人、人与自然的共生共荣的前景。正是全球化让我们发现,原来无论是生态的多样性抑或是文化的多样性,都要借助普遍交往的平台才会成为现实。现代性的超越性、普遍性、同一性和无限性的追求,其真正建设性的意义就在于它促成了全球的普遍交往,并使潜在的自然生态和文化多样性呈现为显性的。而随着全球普遍交往的展开,现代性自身的价值就会边际化,它就应当由原来的主导转变为类似"一个技术条件"的东西,而将主导权奉送于使用这条件的人们,由人们自主地选择其生产生活方式。如同阿尔布劳所说:现代性的标准化是为全球性的文化参与所必备的一个技术条件——例如在录音设备的规格方面或在全球性的竞争活动中——的一个重要特征;同时,它也因而可能为在对这些技术条件的使用上的最大限度的多样化准备了条件。所以,有可能的是,人们越是能够轻松自如地保持接触,传统的艺术也就越是能够得到维持。自然距离所具有的重要性之日益缩小,意味着群体迁徙也许会成为保持文化不受某一地区发生的变化影响的一种有效方法。"其结果是世界的多重化(multiplication)和多样性(diversification),而不是同质化或杂交化更好地表现了在全球化条件下占主导地位的文化关系形式。"①

显示多样、明确界限,自主交往并从而变更这界限,彼此尊重并相互辉映,这大概就是时间向度的现代化转向空间向度的全球化,所展示给我们的一条生存之路。这样,有着特定内容与形式的现代性即使会随着它的优势与能量充分地施展而终结,即使地球成为所谓"地球村",但只要人类依然保持着对生命和大自然的敬畏,保持着对未来的希望、想象和创造力,那么,人类的生存空间与精神世界,也不会变得更小,而是变得更大;不是变得更贫乏无趣,而是变得更加丰富和有意义。

---

① [英]马丁·阿尔布劳:《全球时代》,高湘泽译,商务印书馆2001年版,第236页。

第 二 章

现代历史与唯物史观

　　传统社会有与之适应的思想观念和学术，现代社会也有与之适应的思想观念和学术。自由主义、社会主义、保守主义都属于现代社会的意识形态。而科学社会主义的哲学基础，则是马克思创立的唯物史观，唯物史观既有鲜明的现代性特征，又以其基于实践观点的现实性和批判性，而有别于一般的现代性理论。诚然，作为现代早期资本主义社会自我理解和自我批判的思想和学说，它既有超越时代的普遍理论意义，又不能不打上它赖以产生的时代及其语境的特殊印记。因而，我们要运用唯物史观的基本精神分析和解答当代社会问题，就必须将其置于现代历史的运动中，给予深入的审视、阐释和理论创新。下面，我们结合当代社会实践的特点与要求，就唯物史观所关涉的若干重要论题加以探讨。

第一节　"历史"与"唯物主义"

　　"唯物史观"和"历史唯物主义"是学界经常使用的两个术语，在一些人看来，它们似乎还有相当大的区别。所以，我们就从这两个术语说起。

　　据考，"唯物论"、"唯物史观"，都是先由日本人以汉字意译英语词汇,再进入现代汉语的外来词。① 时间可能在 19 世纪末。作为对马克思历史观的译名,"唯物史观"一方面契合了中国传统重视"史学"和"史观"的传统,另一方面,19 世纪末期以来,达尔文的"进化论"被严复等人译介进来,西方进步主义思潮也传入中国,在社会上产生重大反响,"进化论的历史观"和各种"史观"迅速流行,构成中国人接受西方各种新思想新学说的共享的氛围或语境。② 同样主张历史进步的马克思的"唯物史观",因其不是从思想观念而是从生产和经济上看待历史进步,更是得到不少先进知识分子的认同和宣传。如李大钊就在《我的马克思主义观》一文中,重点解释了"马克思独特的唯物史观",并谓"唯物史观也称历史的唯物主义"。李大钊在指称这一理论时一概用"唯物史观",指该理论的主张者和信奉者时,则称为"历史的唯物论者"。③ 这一称谓上的区分,在当时和后来都比较通行。

今人之所以更熟悉"历史唯物主义",则是由于大陆的"马克思主义哲学"教科书几乎都是由"辩证唯物主义"和"历史唯物主义"两部分组成。而按照传统说法,"辩证唯物主义"是马克思主义哲学的基础部分,是它的本体论和方法论,"历史唯物主义"则是"辩证唯物主义"在人类历史领域的"推广和运用",因而,"历史唯物主义"不是"宇宙观"、"世界观",不涉及对"自然"的看法,而只是"社会历史观"。这也是学界后来分辨"历史唯物主义"的"广义"和"狭义"的一个原因。

其实,我们已经知道,这种来自苏联《联共党史》的教科书的观点是难以成立的,因为无论着眼于马克思思想变革的逻辑,还是马克思哲学自身的逻辑,"历史唯物主义"或"唯物史观"都具有思想坐标的意义并构成马克思理论的核心内容。

如所周知,马克思主义的历史观最初是在马克思、恩格斯合写的《德

① 冯天瑜:《新语探源——中西日文化互动与近代汉字术语的形成》,中华书局 2004 年版,第 475—489 页。
② 王中江:《进化主义在中国》,首都师范大学出版社 2002 年版;《进化主义在中国的兴起:一个新的全能式世界观》,中国人民大学出版社 2010 年版。
③ 《新青年》第 6 卷第 5 号,1919 年 5 月。

意志意识形态》中阐发的。① 在这部手稿式的著述中,他们首次提出了以"唯物主义"解释历史的立场和原则,却未使用"唯物史观"或"历史唯物主义"这两个术语,而只是在与"唯心主义历史观"直接对立的意义上,明确地指认:"这种历史观和唯心主义历史观不同,它不是在每个时代中寻找某种范畴,而是始终站在现实历史的基础上,不是从观念出发来解释实践,而是从物质实践出发来解释观念的东西,由此还可得出下述结论:意识的一切形式和产物不是可以用精神的批判来消灭的,不是可以通过把它们消融在'自我意识'中或化为'幽灵'、'怪影'、'怪想'等等来消灭的,而只有实际地推翻这一切唯心主义谬论所由产生的现实的社会关系,才能把它们消灭;历史的动力以及宗教、哲学和任何其他理论的动力是革命,而不是批判。"②——由此可知,马克思、恩格斯针对"唯心主义历史观"所提出的历史观,的确可以称为"唯物主义历史观"。

"唯物主义历史观"或"历史唯物主义"最早由恩格斯明确使用。在写于1959年的《卡尔·马克思〈政治经济学批判〉》中,恩格斯指出,马克思创立的政治经济学"本质上是建立在唯物主义历史观的基础上的";他后来在1892年为《社会主义从空想到科学的发展》写的英文版导言中,又用了"历史唯物主义"的构词。他这样说:"我在英语中如果也像在其他许多语言中那样用'历史唯物主义'这个名词来表达一种关于历史过程的观点,我希望英国的体面人物不致于过分感到吃惊。这种观点认为一切重要历史事件的终极原因和伟大动力是社会的经济发展,是生产方式和交换方式的改变,是由此产生的社会之划分为不同的阶级,是这些阶

---

① 中文的"历史唯物主义"和"唯物史观",在德文和英文中也是两个词汇。但是,从马克思和恩格斯的一系列著作及其思想来看,它们并不表征两种不同的理论,而是对同一种理论即马克思两大发现之一、围绕"人类历史发展规律"所形成的"历史观"的指称。这一历史观在马克思和恩格斯合著的《德意志意识形态》中首次提出并初步运用。我们有充足理由认定唯物史观为马克思和恩格斯两人所创立。但正如恩格斯一再声明的,马克思对于唯物史观的创立起到了决定性的作用。关于《德意志意识形态》一书中,马克思和恩格斯各自写了哪些内容,它们在思想观点上有什么样的侧重点或差异,参见韩立新主编:《新版〈德意志意识形态〉研究》,中国人民大学出版社2008年版。
② 《马克思恩格斯选集》第1卷,人民出版社1995年版,第172页。

级彼此之间的斗争。"①这两个术语后来都得以流行,并无原则性区别。因而,本文也在等值的意义上使用这两个概念。

虽然我们上面否定了"历史唯物主义"只是"辩证唯物主义"派生物的观点,但马克思的历史观又的确是以"唯物主义"的立场和原则研究人类历史,特别是现代资本主义历史的产物。然而,问题在于,像费尔巴哈同样属于"唯物主义",但在他作为一个唯物主义者的时候,他未能进入历史;当他去探讨历史的时候,他却不再是一个唯物主义者,"在他那里,唯物主义和历史是彼此完全脱离的"。这又是为什么?"历史"与"唯物主义"究竟是什么关系?进而言之,在马克思历史观的语境中,"历史"与"唯物主义"有着什么样的内在联系?

无疑,历史唯物主义具有"唯物主义"性质,我们重视这一性质也是理所应当的。但是,"唯物主义"这个看起来似乎有着确定语义的概念,也和任何概念一样,语境不同,其含义也就不同。在认识论的意义上,"唯物主义"表明的是"按照事物的本来面目把握事物"的原则,即"实事求是"的原则。而这一原则要落实于人类历史领域,却并非易事,因为人类历史的"事物"或"实事",既能够被人们所感知,而又不是眼睛所看到的那么简单,如同"商品",它的使用价值可以直接诉诸人的感觉,它的交换价值却需要人的意识能力(马克思用的是"抽象力")。如果以为"历史"的"唯物主义"就是"自然"的或"一般"的"唯物主义",像费尔巴哈那样,把人类历史的本质归结为直观到的物质形态,就会徘徊在人类历史的大门之外,甚至取消马克思创立历史唯物主义的革命变革意义。自然的或一般的唯物主义,作为认识论,是消极的、直观的;作为本体论,似乎具体,其实抽象,因为它所认定的"实实在在"的世界,是诉诸人的"与生俱来"的感觉的结果,固然容易得到人们朴素经验的认同,却经不住唯心主义从主观意识和人的能动性方面的批判和诘难,无力否定"存在就是被感知"的论断。因为这种唯物主义所要表达的不过是这一论断的逆定

_____

① 《马克思恩格斯选集》第2卷,人民出版社1995年版,第38页;《马克思恩格斯选集》第3卷,人民出版社1995年版,第704—705页。

理,即"感知的就是存在"。而当这种唯物主义或者因为感觉的主观性、流变性而得出一切都虚幻不实,或者将人生世事归结为某种宿命的支配时,它与唯心主义就完全走到了一起,甚至成了低俗的、"坏"的唯心主义。

与此相反,历史唯物主义中的"唯物主义",一开始就赋有主体的辩证的性质;历史唯物主义中的"历史",则一开始就具有不能消融在观念或精神中的实在性。"历史"作为人类现实的生产和交往活动的过程和结果,作为生成于大地上并且每时每刻都要与自然界进行物质和能量交换才能存在下去的人类的实际生活过程,本身就有着"客观实在"的性质,这既是"属人"的客观实在性,也是属于地位"优先"的自然界的客观实在性。由此,"历史"与"唯物主义"在历史唯物主义的理论范围内,相互说明、相互贯通:历史是"唯物主义"的,而唯物主义则是"历史性"的。离开了历史的"唯物主义"是抽象的物质观,离开了唯物主义的"历史"则是抽象的历史观。而使"历史"与"唯物主义"这两种观点内在地联系在一起的枢纽,则是人类现代的实践及其实践观点。

我们知道,人类社会历史之所以不同于自在的自然界,根本上在于它是通过人的生命活动形成并发展的,蕴涵并体现着人的目的性和精神因素。人类通过顺应并改造自然环境而生成的社会历史,正是自然因素与人的因素、物质因素与精神因素的高度融合。既然如此,试图把人类社会历史归结为上述任何一个方面,都只能导致对它的割裂、抽象乃至消解。在西方思想史上,我们发现,到启蒙运动时期,还有许多思想家基于直观和内省这两种彼此外在的途径,只能"看到"所谓服从"重力原则"的"自然物质",只能"意识到"所谓服从"自由原则"(或"道德原则")的"精神",却无从发现作为其"合体"的人类社会历史,从而在人类及其社会生活的问题上,沿袭了传统的二元论观点。难道他们连"人自身"是生理物质和意识、精神因素的统一体都不知道吗?当然知道。但他们认为人的自然生理方面与一切动物无异,可以弃之不论;"精神"才是人的本质和真理所在,从而也是人类历史的本质和真理所在。这就产生了我们所说的"唯心主义"或"历史唯心主义"。

当我们今天不假思索地判定历史唯心主义"错误"甚至"荒谬"时,倒是应当想一想,历史唯心主义在历史上长期处于统治地位,其原因究竟何在? 有没有一定的道理?

在笔者看来,在马克思之前,唯心史观之所以被多数思想家所认同,与其说主要基于认识论方面的原因,不如说主要是人类自己的活动及其历史性质(即所谓本体论方面)所使然。因为,一方面,在人类能力比较低下,因而要顺应自然(时空特点和节律)为生的时期,人的生产活动与动物式的求生活动并未显示出本质的区别,也很难表现出对社会的建构或变革意义;另一方面,人要走出本能的生存方式,从变动不居的感觉中有所把捉、有所确定,会尽可能地把人不同于物特别是动物的特点加以强调。这样,人们当然会特别看重自己的意识和精神;而对于直接属于自然万物的人的肉体以及直接服务于肉体需要的物质生产,就不会特别重视,虽然知道它每天都必须进行,如同人每时每刻都要呼吸,是人的生理需要,却无以表明人超越动物界的优越性。如果人们认定肉体的需要和欲望还是导致人类内部相互争斗和倾轧的根源所在,人的肉身"衔接着一切的恶德"的话,那就更会给予鄙视。

所以,从亚里士多德直到康德,西方许多思想家都认为人的本质在于意识和精神,体现人的目的性和自主性的"实践"也不是生产和技术性活动,而是道德、政治或宗教一类活动。只有黑格尔才相当明确地意识到现代劳动的主体性、资本主义经济活动及维护个人权利的法律建构的重要性,但黑格尔也仍然是在精神的本质意义下肯定人的生产劳动和经济活动的作用的,人类"历史"依然是"绝对精神"的实现和创造之地。

历史地看,上述"唯心主义"不仅事出有因,也表明了人类进入文明时期的一种觉悟:即人们只有凭借自己的自我意识和精神的力量,才能支配自己的肉体活动,摆脱外在时空和因果链条的强制,从自然万物中超拔出来,将自己本能的生存转化为属人的文明的生活,自觉地建立起普遍有效的道德规范和理性规则。

然而,人们对于意识和精神的极度推崇和拔高,又必定导致双重问题:一是使人的生活非感性化即抽象化和概念化,二是使人的生活非历史化即固定化和永恒化。这样,人的活生生的感性生命和生活就会被极大地贬低,被按照统一的精神的理性的原则加以整饬、规训,最终成为超验的异己的东西。

一心要变革德意志社会的青年黑格尔派也深陷这一思想的窠臼:"既然根据青年黑格尔派的设想,人们之间的关系、他们的一切举止行为、他们受到的束缚和限制,都是他们意识的产物,那么:青年黑格尔派完全合乎逻辑地向人们提出一种道德要求,要用人的、批判的或利己的意识来代替他们现在的意识,从而消除束缚他们的限制。"[①]这当然还是在人的意识的范围内兜圈子。

但是,当时的欧洲历史正在发生一种前所未有的变革:越来越发达的工业和不断扩大的市场正在从根本上改变整个社会的面貌,原来封建的、宗法的和田园诗般的生产生活方式都被破坏了,与之相适应的素被尊崇的观念和见解都被消除了,一切神圣的东西都被亵渎了,取而代之的是资本仿佛用法术呼唤出来巨大的生产力、像山一般堆积起来的商品和资产阶级"文明"的社会生活规则。正是通过"金钱"和"资本"的强有力的推动,商品经济突破自然的封建的社会关系的束缚,发展为主导资源的配置的"市场经济","社会"也越来越成为人们为了财富的增长和分配而彼此竞争与合作的领域,即在物质生产的分工与协作的推动下产生普遍分化、冲突并需要整合的领域。而这个社会就是与政治国家相对区分开来,由广大市民即资产者作为主体的"市民社会"。而从英国产业革命到法国大革命以来,为了争取自己的物质利益和社会权益,原来属于"第三等级"的广大资产者一次次发起对于垄断着权力的封建贵族和国王的斗争,并逐步在法律上取得了各种社会权利,逼迫政治国家成为资本主义经济的工具。而这又同时带来了工人阶级与资产阶级的利益冲突。

当时欧洲社会的这种情势,成为马克思和恩格斯提出唯物主义历史观的直接的社会原因。所以,他们才特别重视生产的分工、市场的扩大、利益的对立和将一切囊括于其中的"市民社会",他们这样论述自己的历

---

① 《马克思恩格斯选集》第 1 卷,人民出版社 1995 年版,第 63—64 页。

史观："这种历史观就在于：从直接生活的物质生产出发阐述现实的生产过程，把同这种生产方式相联系的、它所产生的交往形式即各个不同阶段上的市民社会理解为整个历史的基础，从市民社会作为国家的活动描述市民社会，同时从市民社会出发阐明意识的所有各种不同理论的产物和形式，如宗教、哲学、道德等等，而且追溯它们产生的过程。"①显然，马克思的历史观与其市民社会观是联系在一起的，这足以表明，历史唯物主义既是关于历史的哲学思想，亦是一种特殊的批判性的现代社会理论。

第二节　"向下"的植根与"向上"的超越

现代社会与传统社会之区别，在于传统社会基本上是从自然中自发地产生出来的，其社会秩序也是通过顺应、仿效自然秩序而形成的。人们与自然环境进行物质和能量交换的生产，主要是种植和畜牧，这就必须适应植物和动物的生长节律和生命周期，借助自然的风调雨顺；人类内部也是靠自然血缘与地缘关系得以维系和区分的。在这样的社会，所产生的只能是自然唯物主义，和将自然神灵化的唯心主义。前者直接产生于人类立足的大地和他们的血亲氏族生活，由此血亲氏族生活还进一步形成世俗的文化与世俗的政治权力；后者则发生于人类头顶的天空，和上天（阳光雨露、风霜雷电）对人的身体的刺激与心灵的震撼，由上天及其所带来的人的精神敬畏和憧憬还进一步产生出信仰的文化与宗教的神圣权威。

人生天地间。大地与上天既分别又关联，既对立又贯通；站立在天地之间的人类，也有了身与心、感性与理性、经验与超验的与之对应的关系。因而，"自然"与"神"的相互阐释，唯物主义与唯心主义的相互过渡，乃至世俗文化世俗政治，与信仰文化宗教权威的相互排斥、相互转化，便构成

---

① 《马克思恩格斯选集》第1卷，人民出版社1995年版，第92页。

了前现代社会的思想特征。东西方由于自然地理环境和人们应对这一环境的方式的差异,所形成的历史文化又各有其特点,如东方看重并相信"天"与"人"的和合、感通,西方则看重并相信"神"与"人"的对立、隔离。

现代社会是从人为的工商活动中产生出来的,其不断"进步"靠的是人的"理性"、"主体性"的不断提升,它具体地表现为由货币、资本所推动的商品世界的无限增殖和科学技术的长足发展。过去的自然物质与精神、世俗世界与神圣世界的二元区分,也必定要在这一过程中被扬弃,作为扬弃这两个方面的资本的运动及其所带来的人类社会力量的空前发展,也迟早会"矗立"在人类自己的意识中,并形成具有主体性和社会化特征的文化。正如马克思后来所指出的,在"资本处于支配地位的社会形式中,社会、历史所创造的因素占优势"①。所谓"社会、历史所创造的因素",就是人类的理性主体性所创造的因素,市场经济及其竞争所创造的因素,它表现为科学、民主、法律、个人之间的契约关系与自由的权利、商品与货币的世界流通和资本的不断扩张。

无疑,在资本处于支配地位的社会形式中,社会、历史及其所创造的因素充斥着新的矛盾,层出不穷的"异化"现象表明了资本主义现代社会在道德价值上的缺点和弊端,以及后来熊彼特所说的"创造性的破坏过程",即资本主义在创造出各种新式的技术、机器、经营和管理方式、信用和金融体系的同时,也制造出种种的冲突、对抗、风险并置身其中。②

资本主义现代社会的这种时代特征,让具有强烈的变革意识和现实主义态度的马克思和恩格斯,在物质生产和交往这个为过去的思想家所轻视同时也感到无奈的领域,不仅发现了人类历史的世俗基础,还看到了人类自我解放的现实条件与可能。所以,他们才能突破前人的眼界,将实践首先理解为人类现代的物质生产和交往活动。可见,唯物主义历史观构成了马克思"新唯物主义"的核心内容,是对在西方长期居于支配地位的唯心史观的尖锐批判和颠覆。

---

① 《马克思恩格斯全集》第 46 卷上,人民出版社 1979 年版,第 45 页。
② [美]熊彼特:《资本主义、社会主义与民主》,吴良健译,商务印书馆 1999 年版,第 144—150 页。

如果说,面对由无数商品堆积起来的"物的世界",资产阶级庸人们所理解的"唯物主义"就是"肉欲、虚荣、爱财、吝啬、贪婪、牟利、投机"等行为的话,那么,马克思主义创始人则从这一物化的社会运动中,批判地洞察到"社会财富"的普遍增长、"人类能力"的普遍发展和各民族的"世界交往",并由此在更高层次上恢复了"唯物主义"的本义,即面向事实本身,"按照事物的真实面目及其产生情况来理解事物",这也是马克思和恩格斯所说的"符合现实生活的考察方法"。针对"德国哲学从天国降到人间",他们明确地提出"从人间升到天国":

> "我们的出发点是从事实际活动的人,而且从他们的现实生活过程中还可以描绘出这一生活过程在意识形态上的反射和反响的发展。甚至人们头脑中的模糊幻象也是他们的可以通过经验来确认的、与物质前提相联系的物质生活过程的必然升华物。"黑格尔及青年黑格尔派的"考察方法",是"从意识出发,把意识看作是有生命的个人。后一种符合现实生活的考察方法则从现实的、有生命的个人本身出发,把意识仅仅看作是他们的意识"。①

显然,符合现实生活的考察方法也就是"实事求是"的唯物主义原则,这一原则把被唯心主义吹捧到天上的意识、精神,重新"拉回"到人的感性生命活动和生活世界之中,并追随且领悟着人的感性生命活动的"脚步"及"足音",去理解人的意识、精神现象乃至整个人类历史。

请注意,马克思和恩格斯针对唯心主义而强调意识或精神直接发生于人的物质性的"头脑",与各种"物质前提相联系",却并没有将其"还原"为包括人的大脑生理现象在内的自然物质形态,因为人的意识或精神作为人的现实生活活动的产物和重要构成因素,已异质于单纯的自然物质,具有了高度的主观能动性、自觉目的性和社会的系统整体性。如果在纯粹时间发生学的意义上,人的肉身和天然自然当然比人的生命活动还要原始,但是如果人类现象被统统"还原"为这类物质形态,"唯物主义"成了"自然唯物主义",人类社会历史也就不复存在了。而这种"还原

---

① 《马克思恩格斯选集》第 1 卷,人民出版社 1995 年版,第 67、73 页。

论"的唯物主义,在本体论上必定陷入抽象的物质观,在认识论上则只能是一种消极直观的认识论。

马克思和恩格斯所理解的唯物主义及其所谓的"物质本体",既不是单纯的自然物质,也不是外在于自然物质的人的纯粹的活动,而是"自然基础以及它们在历史进程中由于人们的活动而发生的变更",即人类在大地之上展开的原生性的生产与交往活动。如果"向后"看,那么人的生命活动及其历史都源自天然的大自然,如果"向前"看,则人类历史作为一种具有新的质态的运动形式,已经不能再还原为低于它的自然运动形式了。所以,当马克思明确指出"旧唯物主义的立脚点是'市民'社会;新唯物主义的立脚点则是人类社会或社会化的人类"时①,"唯物主义"自身就发生了一种革命性变化:成为现代人类现实地改变对象世界并改变自身的实践活动的思想要求与体现。

毋庸置疑,马克思批判唯心主义、创立历史唯物主义,并非要否定人的意识、精神的相对独立性和主观能动性,而是要将人的主观能动性植根于它赖以产生的人的现实活动中,使之由"抽象的发展"转变为"现实的发展"。不难发现,马克思通过创立历史唯物主义所实现的哲学变革,在逻辑性上具有"否定之否定"的双重递进关系:一方面,他"眼睛向下",要从现代资本主义的实际运动中找到"观念的"、"神圣的"东西的"世俗基础",使哲学、神学等思想理论实现从"天上"(超验形而上学)到"地上"(经验性的历史理论)的身位变更;另一方面,他又"由下而上",让人类依据自己变革性的物质生产和交往活动,同时也是依据自身的需要、能力和现实的可能,自觉地发展自己的主体性,不断地走向自由解放。

所以,历史唯物主义决不只是要对现代社会的世俗物质性给予"正确解释",而是要人类从自己的历史活动中找到掌握自己命运的现实途径。人生天地间,人类历史永远要在大地和上天之间、在必然王国和自由王国之间、在人的感觉经验与形上理念之间展开。就此而言,人的"向下"的植根与"向上"的自由超越也必定是相反相成的。这样,向上的自

---

① 《马克思恩格斯选集》第 1 卷,人民出版社 1995 年版,第 61 页。

由的超越,并不像启蒙学者所憧憬和相信的那样,似乎是一个普遍的、单向的、纯粹的"进步",一个向着明媚的阳光的进军,而是必定产生各种矛盾和冲突并寻求解决的过程。

首先,"向上的超越"与人类的劳动"分工"、社会"分化"密切相关,后者甚至构成前者的动力机制。

人类在特定自然环境的选择压力下所发展出来的"本能的劳动",使人对自然的"反作用"越来越体现出能动性和目的性,人因而与天然的自然状态出现了分化,这正是人类历史的开始。但它同时也成为人类的生存发展及其问题产生的渊薮。人类从自然中分化的过程,也是与人类内部的分化和个人自身的分化的过程。人与自然、人与他人和人与自身的分化与整合,构成了人类历史运动的动力、基本内容和存在方式,并内在地决定了人类历史运动的方向。而首先将物质生产和物质交往确定为人类社会的"世俗基础",然后从这一基础出发探讨和把握人类的社会分化及其历史命运,是历史唯物主义及其辩证性质的重要体现。

其次,劳动分工、社会分化,密切地关联着劳动的合作、产品的交换与社会的整合,社会整合是人们社会性生产和生活的自发要求,然而,它却不是能够完全自发地实现的。当人们之间的社会地位和利益占有出现严重的不平等、不公平时,社会就会发生冲突和分裂,造成人们自身的伤害,严重影响社会生产和生活的正常进行。此即被一些社会学家所说的社会的"病症"或"病态"。从一定意义上说,马克思和恩格斯就是资本主义现代社会的"病理学家"。

马克思和恩格斯创立历史唯物主义的时期,正是资本的力量从欧洲封建制的羁绊中脱颖而出、以工业和市场为基础的劳动分工和社会分化空前活跃的时期。不断扩大的劳动分工和社会分化,在使整个社会变得越来越具有多样性、多层次性的同时,也带来了许多社会冲突,增大了社会走向对抗和分裂的可能性,使社会整合变得困难重重。马克思和恩格斯所创立的历史唯物主义,直接而言,正是要回答并解除人类历史特别是现代资本主义社会的严重分化和对抗性矛盾。当然,作为思想家,他们不是简单地、就事论事地看待这一对抗性矛盾,而是要把资本主义经济置于人类最基本的生产和生活的逻辑链条中加以把握。

马克思和恩格斯是从人的"生产"活动进入人类历史的。他们认为，生产既把人与外部自然区分开来，又使人与外部自然联系统一起来；人与人之间既分工，又合作，由此形成人类社会及其历史运动。生产虽然是在人与自然之间直接展开的，却必须"以个人彼此之间的交往为前提"，反过来，生产又决定着交往的形式。生产与交往互为前提，互为中介，共同决定着"各民族之间的相互关系"和"一个民族本身的整个内部结构"。在这里，"交往"指的是人类内部相对独立的群体之间与个体之间的互动活动，表现在生产或经济领域中的交往就是劳动的分工、交换与合作。

在第一次系统阐述唯物史观的《德意志意识形态》中，马克思和恩格斯依据当时的经济学、历史学资料，在一般性地叙述了人类的几次大分工，指出"分工发展的各个不同阶段，同时也就是所有制的各种不同形式"之后，首先明确了构成人类原初历史的"四个方面"即四大物质性因素，它们分别是：第一，直接解决人们吃喝住穿等物质需要的生产；第二，人们在生产中形成的新的社会性需要；第三，以家庭形式进行的人自身的生产即种的繁衍，也可以将人的生产与物的生产总称为人的生命生产；第四，在人的生命生产中表现出的自然关系和社会关系；生产力总和决定社会状况。

然后他们进而指出"意识"和"语言"是人类历史中的精神性因素。而精神性因素如何从人类物质性的社会活动中产生、分化出来？它的出现对于人类的社会生活和历史来说又意味着什么？这两个问题构成了马克思和恩格斯考察和研究人类历史进入文明时代并导致阶级划分的关键性路径。

他们这样写道：在考察了构成原初历史的四个因素之后，我们才发现，人还具有"意识"。但是这种意识并非一开始就是"纯粹的"意识。意识或精神一开始就"很倒霉"，受到物质的纠缠，物质在这里表现为振动着的空气层、声音，简言之即"语言"。语言也是一种实践的、既为别人存在因而也为我自己存在的"现实的意识"。马克思和恩格斯以上面调侃的口吻说到"意识"，显然是附带着对青年黑格尔派推崇"纯粹的"意识、主张"观念统治世界"以及满口都是"震撼世界的"词句的嘲讽,但是,他们并没有"嘲讽"人的意识本身。相反,他们认为,正是随着人的意识和语言的产生,人具有了自我意识、自主活动的功能,因而人与自身和与外部世界的关系都不再是自在的关系,而成为自为的即"为我"的关系了:"凡是有某种关系存在的地方,这种关系都是为我而存在的;动物不对什么东西发生'关系',而且根本没有关系;对于动物来说,它对他物的关系不是作为关系存在的。因而,意识一开始就是社会的产物,而且只要人们存在着,它就仍然是这种产物。"①他们随后相当详细地论述了意识在最初阶段的动物性质,以及后来向着自觉的意识的转变。

人的"意识"固然是社会的产物,但它同样是人与动物区分的标志:动物与周围世界的关系是自在的,人与周围世界的关系却是"为我"的,为我即人有意识地自为、自主,恰恰由于这一点,人使自己的活动及其历史有了不同于自然的方向性即价值取向。这值得我们对"意识"另眼相看。

的确,人类"意识"一开始就受到"物质"的纠缠,并且,不管人的意识如何发挥想象力和思维力,意识的活动和发展都既要通过人的大脑神经又必须借助人的大脑之外的符号系统,并伴随着人的本能与思维、感性与理性、对象与自我、个体与群体等诸多方面,从而呈现为一个充满分化与整合的极其复杂的自然—社会的历程。包括黑格尔在内的不少哲学家都研究过这一难以直观的充满神奇的历程,后来更有许多人类学和文化学家对原始部族做过具体的实证的探讨,但至今我们对于意识变化发展的许多重要细节仍然缺乏了解。但有一点是公认的,即"人"的形成也正是人的活动方式包括人的意识、行为与社会关系形成的过程,也是"文化"形成的过程;人类走出物我不分、人己不分状态的重要杠杆,就在于"自我意识"和作为"现实的意识"的语言符号——口头语言及其书面语言——的出现。可以说,语言符号的出现,既体现了人们之间交往的主体间性(inter—subjectivity),又成为他们进一步走向个体化和社会化的动

---

① 《马克思恩格斯选集》第1卷,人民出版社1995年版,第81页。

力;既表征着他们与周围世界的关系及各种可能,又促使他们按照自己的意愿和客观的可能安排自己的生活规则。于是,像原始宗教、乱伦禁忌、婚丧仪式一类体现人类"应然"的生命意识和人文秩序的原初文化现象才得以产生,而人的"劳动"活动也越来越由原初的本能式劳动变成人的主体性劳动和赋有社会文化属性的活动。换言之,正是由于意识和语言符号的出现,人与自己的生命活动不再直接同一,而成为自己的意识和意志的对象,人的活动才具有了为我的价值取向,具有了自觉自由的性质。而人类活动的这种性质也必定内在地决定人类历史运动的总体向度,即随着人的生命活动中"意识"、"语言"的发展从而人的自觉能动性的增强,人的生命活动及其整个人类历史越来越能够摆脱物质生产的外在规定性和因果必然性的束缚,彰显出人的自我超越的"自由"向度。

人类历史运动的这一总的向度,是在社会出现了剩余产品,一些人能够摆脱物质生产专门从事精神生产的时候首次表现出来的。因而,马克思和恩格斯在说到分工时特别突出地强调了"物质劳动与精神劳动"的"分工"。他们这样说:"分工只是从物质劳动和精神劳动分离的时候起才真正成为分工。从这时候起,意识才能现实地想象:它是和现存实践的意识不同的某种东西,它不用想象某种现实的东西就能现实地想象某种东西。从这时候起,意识才能摆脱世界而去构造'纯粹的'理论、神学、哲学、道德等等。"①人的精神活动、精神生产的相对独立无疑是人类进入文明时代的重要推动力和重要标志。正是由于精神活动从物质活动中的分化,人类才会有超出日常生活与当下实践的理想的确立,才能反思、评价人类既有的生活方式并依据关于未来生活的理想建构人类应然的生活方式;有了一部分人专门从事自主自由的精神生产和创作,也才谈得上人类文化的发展即以各种语言符号、科学理论、规则仪式、典章制度为载体的人类文明的进化:人们物质生产的技术条件由于获得科学的指导和渗透而不断提高其效率;人们的交往活动和社会组织形态由于话语的沟通理解和各种规则仪式的范导而越来越呈现出人文价值秩序;人类不同于物

---

① 《马克思恩格斯选集》第1卷,人民出版社1995年版,第82页。

质需要与物质生活的精神需要与精神生活,也才真正形成并发展起来。

所有这一切又意味着,在劳动分工和社会分化中生成的人类历史,是环绕着"一个方向"而又是"全方位"地展开的,这就是对于包括人的肉体及其物质世界在内的必然性领域的超越,对于自由的生存及其理想世界的不断趋近。这也是康德所说的人有着思考和追求纯粹自由的形而上之"自然倾向"的由来。① 可以说,人有意识的对象性活动,一开始就有超越自然万物和自身肉体的"价值向度";人的目的、观念、精神、语言,都是这个向度的意识或自觉形式。因而,作为精神活动及其产物的哲学、宗教、道德、文学、艺术、科学,还有政治等等,的确体现着人的更多的自主自由。自由本身就意味着对于自然必然性——包括直接属于必然性领域的生产劳动——的超越。

但是,问题在于,人类所跨入的文明社会的门槛也是阶级社会的门槛。如果说,原始共同体的整体利益直接就是每个成员的利益,人类历史中的"我"(个体)直接从属于"我们"(这个族群),"为我的关系"就是"为我们的关系"的话,那么,随着人的私有财产和私有意识相辅相成地产生,"我们"与"他们"、"我"与"他"不仅分化开来,而且有了利益的对立,"为我"的活动往往成为相互竞争的"排他"的活动。

于是,这里就有了一个"为我"是"为"、"谁之我"的问题。马克思和恩格斯认为,他们生活于其中的社会正是社会分化达到全面分裂和对抗的社会,伴随着物质劳动与精神劳动分离的是一系列的社会性分离,尤其是"享受和劳动、生产和消费"都"由不同的个人来分担";"单个人的或单个家庭的利益与所有互相交往的个人的共同利益"都陷入对立之中。在这种情况下,人类对于自然必然性的超越和向着自由的迈进,就不能不表现为人类内部"自由"与"奴役"、"进步"与"退步"的相反相成,亦即价值上的冲突和文明的悖论了。

进而,当一些人把"意识"和"精神"作为自觉自由的象征推举到云霄之中,与人的感性物质生活完全对立起来时,一方面固然表现了人的自我

---

① ［德］康德:《纯粹理性批判》,邓晓芒译,人民出版社 2004 年版,第 16 页。

超越的愿望和对自由的憧憬,但另一方面,也自觉不自觉地表达了一种等级式的价值观:人的精神方面和精神生产者是高贵纯洁的,人的物质方面和物质生产者则是卑下肮脏的;这不仅使人的灵与肉、人的理念世界和世俗生活陷入二元对立境地,还有意无意地强化了那部分摆脱了物质生产的人们的地位与权力,而置广大的物质生产者以被支配被统治的地位,从而推动建立并巩固了社会的等级秩序的"金字塔"结构。

马克思之所以要颠覆性地批判哲学形而上学和阶级社会的整个意识形态,就在于这种高高在上的哲学和意识形态不仅以为自己完全独立自足,还认定自己能够派生和决定人们的世俗生活。"玄想家使一切本末倒置",其实自觉或不自觉地掩饰和维护了人类社会的上述分裂和对立。

在西方学术界,特别是在社会学中,马克思的社会批判理论被普遍地视为"社会冲突论",我们过去大体上也是这样看的。的确,马克思强调的是矛盾、否定、斗争、革命作为自然运动和人类历史发展的动力作用;他没有多讲过"和谐",还批判过一些人在资本主义范围内实现和谐的构想。然而,在重视马克思这方面的论述时,我们却不经意地忽略了他和恩格斯作为价值立场的、具有本体论意义的"和谐观":他们对于人自身的灵与肉、对于社会意识与社会物质生活的之间的分裂和对抗,压根就是反对的;如果说,脱离了物质生活的意识或精神是异己的虚妄之物,那么,没有意识或精神引导和贯注的物质与生活,也是"异化劳动"一类非人性的物化存在方式!所以,马克思在《1844 年经济学哲学手稿》中说:吃、喝、生殖等等也是真正的人的机能,但是如果加以抽象,使这些机能脱离人的其他活动领域并成为最后的和唯一的终极目的,那它们就是动物的机能。在《关于费尔巴哈的提纲》中则指出:世俗基础使自己从自身中分离出去,并在云霄中固定为一个独立王国,这一事实,只能用这个世俗基础的自我分裂和自我矛盾来说明。因此,对于这个世俗基础本身首先应当从它的矛盾中去理解,然后用排除矛盾的方法在实践中使之革命化。①

排除矛盾的革命化的结果,显然不是更大的矛盾,不是新的冲突和对

---

① 《马克思恩格斯选集》第 1 卷,人民出版社 1995 年版,第 44、59 页。

抗,而是社会各方面的协调。马克思主义创始人关于人的自由全面发展的理念,不正是人与世界、人与自身的一幅和谐图画吗? 和谐与分裂、对抗是不相容的,但它与构成事物运动之张力的矛盾,并非不相容。

对于社会分化,马克思主义创始人所持的价值立场和最基本的认知态度,是人类自身和人类社会各种要素之间的矛盾统一,是由这种统一所主导的社会历史观。他们承认劳动分工与社会分化是人类历史发展的基本形式和动力,但是,他们同时认为,这一分工和分化如果走向极端即分化开来的各方面完全分裂,则分裂开来的各方面都会陷入"抽象化"、"异化"。而私有制特别是资本主义私有制势必造成人类内部的分裂和对抗。

那么,人类能否自觉地解决这种社会的分裂性矛盾呢?

用马克思的话说,异化和异化的克服走着同一条道路。如果说,人类内部的分裂和对立是人类走出动物界所必须付出的代价的话,那么,随着人类的能力和文明的巨大发展,这种分裂和对立对于人类自身的发展来说,将越来越有害而无益,因而资本主义社会的许多有识之士所探讨和提出的,就是社会的"整合"之道。而在前现代社会,"人类"不过是一个抽象的概念——虽然这个概念不乏积极的想象力,但那时的人们多半依据自己从属的族群来理解人类及其属性,吉登斯如是说:"人们对其群体或共同体的看法与他们对他群体、他共同体和局外者的特性的看法密切联系,在许多部落文化中,用来指共同体成员的词汇同用来指'人'的词汇完全相同。在这种用法中,局外人被当成连人的基本尊严都没有的物种。"[1]"局外人"所以不被作为人看待,往往是因为他们与这一群体存在着很大的空间地理间隔或文化差异,彼此是隔漠的甚至相互提防,不时地发生野蛮冲突的。这种情况,在世界范围内,是随着资本主义世界市场的形成而逐渐改变的。资本主义的全球性扩张,使世界上各民族的生存竞争和利益冲突进入常规状态,与此同时,它也把这些不同的民族紧紧地联系在一起,并通过世界市场形成了与他们各自的利益内在相关的共同利

---

① 〔英〕安东尼·吉登斯:《民族—国家与暴力》,胡宗泽等译,生活·读书·新知三联书店 1998 年版,第 140 页。

益。在全球化时代,任何阶级与民族的压迫虽然直接指向其他阶级与民族,但最后也将指向自身;而任何阶级与民族要获得最后的解放,就不能不寻求与其他阶级和民族的和解。因而,"人类"才逐渐生成为一个包括所有地球人在内的具体概念;马克思和恩格斯才会强调全人类的解放和共产主义的世界历史性。

马克思和恩格斯在当时要人们重视社会"分裂"、"对立"的现实,其价值取向或目的正是为了让人们找到超越这种社会状况的途径,建立一个自由和谐的"人类社会"。消除旧式的即自发的劳动分工,消灭私有制,是他们为资本主义现代社会指出的最终出路。他们的这一基本见解和预言对于我们从根本上、宏观上认识由资本主义主导的世界历史,依然有着重大的指导意义。

但是,毋须讳言,由于马克思和恩格斯生活的早期资本主义时期,阶级对立严重而社会结构相对简单,他们对于现代资本主义社会的分工与分化的性质的判断,难免产生一定偏差。后来他们不断地对自己的观点进行自我批判和修正,对现代资本主义的分工合作、所有制形式的变化和整个资本主义文明的看法,越来越深入和全面。他们也注意到,由于担心严重的社会分裂和对抗破坏正常的社会秩序,所以资产阶级即使为了"自己的切身利益",也要"把一切可以由法律控制的、妨害工人阶级发展的障碍除去"。① 可见资本主义的现代性也正是在解决自身的矛盾中趋向理性化的。我们在今天还认识到,对于社会健康的发展和合理秩序的形成来说,一定范围内的冲突并非就是坏事。

马克思之后,西方学者涂尔干、韦伯、齐美尔等都从不同的角度研究过现代劳动分工和社会分化问题,提出了包括"有机团结"、"社会分层"等在内的各种理论观点,并表现出所谓"科学实证"与"人文价值"的不同的方法论取向。当代学者哈贝马斯、吉登斯等人则力求通过理论综合把握当代社会的分化与整合问题。哈贝马斯认为现代社会已分化为"体制"(system)和"生活世界"(lifeworld)这两大异质性领域,体制是由体现

---

① 《马克思恩格斯全集》第23卷,人民出版社1972年版,第11、12页。

工具理性的"货币"与"权力"对经济和政治给予整合的结果,生活世界作为人们共享文化符号资源和社会教化的世界,则以平等的交往理性为媒介。由于生活世界面临着体制的"殖民化",因而就要发展以个人自主性为基础的交往理性和话语民主。哈贝马斯超越单纯经济层面看待现代社会的交往行为理论对我们的确有很大的启发意义。

以笔者之见,处于"此岸的"、"物质生产"和"彼岸的"、"自由王国"之间的"人与人的关系"即社会关系领域,注定要受这两个方面的影响,从而表现出某种紧张的矛盾的状态。人类历史总是在矛盾中前进的,现代劳动分工和社会分化本身也有二重性,分化与合作、竞争与互助、对立与依存、冲突与调解,相反而又相成,无论是从理性的即社会正常发展和秩序的角度看,还是从价值理想和批判的角度看,社会都应当具有必要的张力。对于现代马克思主义者来说,就是既要推动"资本"和"市场"的积极作用的发挥,而又为社会的"公正"和"平等"而斗争。依据历史唯物主义的基本原理,生产关系能否容纳生产力的发展、生产关系与生产力能否相互适应,是社会革命和变革的根本判据。就近代以来的中国而言,这一生产力和生产关系是否适应的问题并不囿于中国国内,它紧紧地联系着代表世界市场经济体系的西方。因而,中国40多年前推行的改革,不论以何种具体形式展开,都不应该、不可能是中国传统社会的"改革"或"变法"的简单重复,而必定是在现代"世界历史"平台上的革新。所以,改革从一开始就与开放内在地联系起来,并必然指向以世界市场为导向的经济体制的建立。由此,中国社会才迅速地突破原来高度集中的经济和政治体制,推动社会各方面的分化,使中国社会呈现出空前未有的生机。尤其是从20世纪90年代以来,随着市场经济越来越独立地发挥作用,中国的经济、政治与文化的分化之势,公共领域与私人领域的分化之势,越来越明显;原来城乡分离的二元格局也正在被打破,许多地方的城乡开始进入一体化过程。

但与此同时,在社会分化和分层的过程中也出现了贫富悬殊和阶层利益的所谓"碎片化"现象,①以及社会公平问题、伦理道德问题的突出。

---

① 李强:《转型时期中国社会分层》,辽宁教育出版社2004年版,第59—65页。

一般而言,以追逐个人利益为目的的、自由竞争的市场经济在较为合理地配置资源、促进效率的同时,也会使天赋和生存条件本来就有诸多差异的人们,进一步扩大其差异和不平等,特别是竞争的"结果"即经济收入上的差距。西方在市场经济条件下实现社会公平,一是通过有组织的劳资双方的博弈和谈判协商,达成较为合理的工资或福利待遇,二是政府以立法的形式进行旨在照顾弱者的"二次分配"。然而,在全球化的情势下,由于资本的世界性流动特别是从发达国家流向劳动力价格低廉的发展中国家,资本重新获得对于劳动的优势,这也是发达国家的许多工人团体反对经济全球化的重要原因。

就中国的情况而言,我认为,上述问题的发生主要不在于社会分化和分层本身,也不能简单地归咎于市场经济,因为中国的市场经济还处在确立和规范的过程中,相应的法权也很不完备;相反,由于政府尚未走出包揽一切的无限威权的传统模式,以及急功近利的改革目标,权力与资本的畸形结合,加之两千年来"官工"、"官商"的文化传统,致使市场经济发育不良,长官意志、特权和腐败、寻租行为共同起作用,造成笔者所批评的"应该分化的没有充分分化,不应该严重分化的倒率先分化开来"的局面。所谓不应该严重分化的,指的是贫富悬殊;而应该充分分化的,则是指经济、政治与文化领域,公共领域与私人领域的分化。因而,政府自身的改革,公正的制度建设,提升政治文明和扩大政治民主,对于形成良好的社会秩序而言,无疑越来越重要。要使劳动分工和社会分化不仅有益于社会经济发展,同时也有益于整个社会文明程度的提高与社会和谐,我们就必须把社会作为一个具有内在张力和多种价值维度的有机系统来看待,依据这个系统可能的也是应然的逻辑来推动和矫正它。在我们已经由社会制度的"革命"转向现代社会"建设"的情势下,我们即使要克服现代性的问题和弊端,也必须承认现代性的基本规则的普世性,并结合中国自身的特点提出具体的解决办法。正如我们只有加入世界贸易组织,与现行的国际准则接轨,进入沃勒斯坦所说的"现代世界体系"的中心,才有可能对这个体系发挥影响,对不公正、不合理的游戏规则做出修改一样。

第三节　唯物史观的辩证法

恩格斯曾经指出："唯物主义历史观及其在现代的无产阶级和资产阶级之间的阶级斗争上的特别应用,只有借助于辩证法才有可能。"①不仅如此,唯物主义历史观本身就必须以辩证法为其维度,并且还要不断强化这一维度。

如果说历史唯心主义必定通向历史的形而上学的话,那么,历史唯物主义则通向历史辩证法。现代历史的世俗性和变动不居的性质,以及对于社会革命的向往和预期,使马克思主义创始人在重视社会经济的基础作用的同时,也特别重视历史运动的否定性、暂时性和相对性,即使对于长期起作用的历史规律如资本主义经济规律,他们也视为"暂时的"历史规律。所以列宁说马克思和恩格斯他们注意的不是唯物主义认识论,而是唯物主义历史观;他们特别强调的不是**辩证**唯物主义而是辩证**唯物主义**;他们坚持的不是**历史**唯物主义,而是历史**唯物主义**。② 我们过去也特别强调历史的否定性、暂时性与相对性,这对于推动中国传统社会的变革曾经发挥了很大的正面作用。

历史的否定性、暂时性和相对性,毕竟是相对于历史的肯定性、永恒性和绝对性而言的,历史的这两种属性、两个方面在人的对象性活动中内在生成、相互转换,共同构成历史的辩证运动;否定前者的真实性,势必倒向形而上学,无视后者的真实性,则势必倒向相对主义。对于形而上学的问题,我们一直没有放松过批判,对于相对主义的问题,我们却往往掉以轻心。理论上的原因就在于我们对历史的否定性、暂时性和间断性的单方面重视,而这又与我们将历史等同于时间,未能辩证地理解历史中的

---

① 《马克思恩格斯选集》第3卷,人民出版社1995年版,第691—692页。
② 《列宁选集》第2卷,人民出版社1995年版,第225页。

"过去"、"现在"和"未来"这三个维度的关系直接相关。所以我们先就历史与时间的关系问题来探讨。

历史无疑依赖时间并包含着时间,标志着事物变化的感性时间是历史的基本维度之一。然而,历史与时间并不等同。在日常经验的意义上,时间是一维的,"时兮时兮不再来"。无论我们把时间理解为从过去经过现在指向未来,还是由未来经过现在成为过去,时间都是像河川一样的线性的流程。子在川上曰:逝者如斯夫,不舍昼夜。人类历史和人的历史感既以时间性为其突出标志,所谓"世事有代谢,往来成古今",但它又是三维的立体结构和循环系统:"过去"、"现在"和"未来"这三个时间概念,在历史中成为各具相对独立性而又互为中介、相互作用并转化着的三大维度,由此导致每一代人都既生活在当下,又生活在过去和未来之中。因而,也可以说,历史就是属人的时间即马克思所说的作为人的生存发展空间的时间。那么,这种属人的时间或历史又是如何形成的? 人们为什么在不同的历史时代会有不同的历史观呢?

时间固然与人的内感觉有关,历史的三维性也离不开人的记忆、感知和想象的心理功能。但是,真正形成人的"时间意识"和人类历史的"历史性"的力量,却是人的对象性活动,首先是包括人的交往在内的生产劳动。黑格尔就曾指出,生产劳动意味着人能够利用自然改造自然,意味着人能够限制自己当下的欲望和消费以陶冶事物,使那"随即消逝"的欲望的满足转换为具有"客观"性和"持久"性的"对象的形式"即文化形式,人则由于陶冶并扬弃"对象的形式"而使自身成为"自为存在"。① 换言之,是人的生产性的生命活动建构出了人的生存和对象世界的"时间"性和"历史"性——为了未来而限制当下的欲望和消费,使即生即灭的东西获得了属人的而又客观的持久性,并因而使人自身分化为现实的手段和理想的目的以及这两者之间的张力和运动,于是,人类才能够从"一维"的时间变化中,区分出"过去"、"现在"和"未来"这"三个"维度。这说

---

① [德]黑格尔:《精神现象学》上卷,贺麟、王玖兴译,商务印书馆1979年版,第130、131页。

明，属人的时间是由人的生产性活动所奠基的社会历史性的时间，即人及其世界的"人文化成"的展开与实现过程，这就是历史。

因而，人类"历史"真正的缘起既不是物理时间上可以无穷地追溯下去的万物"始因"，也不是所谓逻辑上在先的抽象的观念，而是人既立足于当下又面向未来、自为手段又自成目的的活动；人的这种现实的对象性活动在改造自然界、创造对象世界时，也在实现着人的自我创生、自我发展。我们知道，马克思在《1844 年经济学哲学手稿》中批判地分析过人们基于因果决定论而信奉的"创世"说以及"谁生出了第一个人和整个自然界"的问题，并指出：你应该不是仅仅注意一个方面即无限的过程；"你还应该紧紧盯住这个无限过程中的那个可以通过感觉直观的循环运动，由于这个运动，人通过生儿育女使自身重复出现，因而人始终是主体"。这里所说的"主体"首先是社会本体论意义上的主体，它发展出并扬弃着主客二分的认识论意义上的主体，并体现着人类历史的主体性向度，"对社会主义的人来说，整个所谓世界历史不外是人通过人的劳动而诞生的过程，是自然界对人来说的生成过程"①。显然，马克思基于人的对象性活动，说明了人的自我否定与自我肯定的辩证关系，同时也从"生成"和"循环"的角度，将人类历史的相对性与暂时性以及绝对性与永恒性内在统一起来。后来，马克思通过揭示人类历史中生产力和生产关系、经济基础和上层建筑之间的矛盾运动，更为深入说明了人类历史的否定性与肯定性、连续性与间断性的辩证统一；此外，他还通过每一代人与其先辈之间的传承和创新，具体地说明了历史作为人类代际的交替和因果关系。②

由此可见，人类历史之所以既非停滞的永恒，也决不同于无物长驻的流水，就在于它产生于人类在天地之间创造自身、确证自身的活动，具有自我更新自我扬弃的动态结构，是人与自然、人与他人和人与自己之间的开放性循环过程。所以，我们前面所说的历史的三个维度固然关联着人的内在心理和意识，但更是以社会的客观形式存在的。每一代人都要从

---

① 《马克思恩格斯全集》第 3 卷，人民出版社 2002 年版，第 310 页。
② 《马克思恩格斯选集》第 1 卷，人民出版社 1995 年版，第 51 页。

前代人那里继承的材料、资金、生产力,保持在人们生活中的伦理道德、风俗习惯等生活传统,历史地遗传下来的语言符号和文化典籍、文物和古迹,以及老年人、青年人与儿童之间共时性的生活与生死嬗递,使历史在时间性的演变中具有了循环往复、不断递升的性质,并使得在肉体感觉上只是生存在"当下"和"瞬间"的人们,获得了由过去、现在和未来共同支撑的生活的稳定性、连续性与总体性。也正是以器物、制度和作为现实意识的语言符号为载体的历史的三大维度,为人类自己营造出一个具有人文属性和恒久价值的文化意义世界。因而,生活在历史中的人们虽然生命短暂,虽然经历着沧桑变迁,却能够"慎终追远","述往思来",以生生不息的整个人类文明为其精神家园,而不至于陷入相对主义和虚无主义之中。

诚如马克思所说:"死似乎是类对特定的个体的冷酷的胜利,并且是同它们的统一相矛盾的;但是,特定的个体不过是一个特定的类存在物,而作为这样的存在物是迟早要死的。"①可以说,人们作为同类,尤其是作为共同体的成员,可以因其共性而在某些方面相互替代,但个体性的生死,却不能互相替代,而只能表现为生死嬗递、世代相续。所以每一代人所进行的生命活动,既是为了他们自己的存活,又发挥着承先启后的作用。所以人们既会"在乎"他们有生之年的收获与享受,也会"在乎"他们的活动是否被社会承认并成为历史发展的环节,而最怕徒劳无功,生命付诸东流。如果个人的生死不能通向人类的生生不息,那随着个人生命结束的,就将是一切价值的虚无。但正因为个人是特定的"类存在物",必有一死的个人关联并从属于族群乃至整个人类,无数个人的生生死死构成世代之间的"依次交替",人们自觉不自觉地形成自己所从属的族类长存的信念并转化为具有价值向度和意蕴的希望与理想,引导并支撑着自己的生活,"死"才同时意味着"生","终结"才同时意味着"开端","暂时"才能转化为"永恒"。没有任何永恒性可言的历史不是人的历史,甚至"逝者如斯"的水也是周而复始的。历史的所谓"变"与"不变"、"暂

---

① [德]马克思:《1844年经济学哲学手稿》,人民出版社1995年版,第84页。

时"与"永恒"、"相对"与"绝对",其实都是对人类历史的统一的矛盾运动的抽象,都是相对而言的;因而,也只有将这抽象的两方面再给予内在的联结,才能复原人类历史的本来面目。

那么,为什么现代人感觉到并给予重视的,往往是历史的暂时性、相对性,而对历史的永恒性、绝对性却难以意识到呢?

这种生活感历史感涉及现代特有的历史类型及历史观。一般而言,在不同的历史阶段,构成历史的三个维度即过去、现在和未来的关系并不一样,如果某一维度居于主导地位,另外的维度处于从属地位,那就形成由这一维度为标志的历史类型和历史观。我们发现,大体上,前现代社会是以"过去"为主导的历史类型和崇尚"过去"("古")的历史观,近代以来的社会是以"现在"为主导的历史类型和崇尚"现在"("今")的历史观,而当代信息化时代则正在生成以未来为主导的历史类型及其历史观。本来,每一时代相对于生活在这一时代中的人来说,都是现代,因而,任何时代都会碰到传统与现代即"古今"关系问题,如中国先秦的"法先王"与"法后王"之争。然而,随着人类进入工业社会以及西方主体主义主导地位的确立,"现代"却成了一个专有的社会历史概念,似乎只有工业化时代才配称"现代",才是"今",过去的时代都是"前现代",都是"古"。

这种概念的独断显然不是一种单纯的时间观念,而是体现了一种特定的历史类型以及与此历史类型相适应的社会历史观或生活观。它意味着只有到了工业化时代才具备了这样一种现实的可能性,即人类真正成为自己社会历史的主体,成为自己活动的目的,而过去的历史都不过是为这一时代的到来做准备,因而只有手段的意义。而随着"现代"或"现在"通过市场经济与民主政治被制度化,也就意味着人类已经走到自己历史的"目的地",历史原则上也就"终结"了。福山提出的"历史终结"论,其实是对黑格尔早就提出的这一见解的再次确认。

应当说,这种"现代性"的社会历史观有一定道理,因为它毕竟表明人自己创造的因素成了历史的主导性因素,"人是目的"的观念越来越为整个社会所接受并成为文明的标志。但是,这种现代历史观又是非历史的,因为它把自己奉为历史的最后目标时,就宣告了历史在当下的完结,未来也因而变得无足轻重,不再有独立的意义。社会经济中未来以"期货"、"股票"的形式存在,原来只能在人的想象中存在的"未来",以符号的形式被人们当下把捉和消费,这无疑是未来与现在的相互转换。但如果未来只是以"信用卡"的形式被人们"超前消费",却未能有效地促进当下的生产,发展无法持续,那"未来"就被"现在"所吞噬了。我们从当代许多人一味追求感官刺激甚至"过把瘾就死"的非理性心态中,不难看出"现代主义"和解构性的"后现代"思潮所包含的病毒,这种病毒的危害就在于它会消解人的理性能力,消解人们对过去的记忆和对未来的期待,消解只有从过去的传统和未来的理想中才能获得的情感深度、敬畏意识和文明素养,将人还原为一堆可以一丝不挂的物欲、肉欲。在一些人看来,似乎这样人类才能复原本性、重归自然。然而,实际上,人类以这种方式并不能走出"自我中心",建设性地对待自己和大自然的自然属性。相反,由于它使得人们对自己和他人更无须负责任,相互间的关系包括竞争关系更加赤裸裸,因而更会加重人与社会和人与自然的矛盾。

值得我们注意的是,作为"现代性"及"断裂"理论原产地的西方国家,虽然自身也出现了相当严重的社会病,但其社会文明和思想文化的总体变化,倒并非像一些人所说的那样简单"断裂",而是基于自身内在矛盾的扬弃,传统以现代的形式继续得到延续和发展。德里达这位大讲"解构"的后现代哲学家在同样推崇"断裂"时,也还是要区分"不公正的断裂与能展示相关的他物亦即正义的场所不确定的非对称的断裂"。① 而包括中国在内的东方国家,近代以来所出现的历史断裂,恰恰混杂着"正义"与"不公正"这两种性质。

从发展和进步的角度看,东方国家的传统文化由于受到西方文化的冲击而改变自身,尤其是传统文化中专制因素、小农意识和不文明不人道的陋习被革除,是一件"好得很"的事情,它的确意味着更符合人性的生

---

① [法]德里达:《马克思的幽灵》,何一译,中国人民大学出版社2008年版,第33、34页。

活可能性的实现。但是，如果由于传统文化的社会历史属性就认为它完全落后、过时，由于文化的"大传统"往往与过去的专制政治具有某种亲缘性并被专制政治所利用，就被作为虚假的意识形态清除，那就会简单、粗暴地对待传统文化，导致玉石俱焚。事实上，非西方民族的传统文化特别是文化传统，并不都是落后于时代的，这里不仅有属于民族特色的东西，更有超时代超地域的人类性的思想原质，即关于"人之所以为人"的基本理念。东方社会的人民只有将这一理念给予开显和继承，才能以主体性的姿态展开东西方文化的交流和对话，激浊扬清，兼容并包。中国"五四"一代先进知识分子"反传统"的举动就继承了中国优秀文化传统中"担当天下"的意识，虽然许多人由于"矫枉过正"的激烈态度，也造成了一些优秀的文化传统的流失。至于后来在极左路线指导下进行的"文化大革命"，将人类文明作为"封资修"的东西横加扫荡，则完全成为一种历史虚无主义的野蛮行径，导致当时的许多所谓"实践"成了盲动和蛮干，而它对人的心灵的戕害至今仍然未能完全消除。

　　由于受西方某种后现代历史观的影响，前些年，谈论现代与传统的"断裂"一度成为时髦。那么，我们应当如何看待"断裂"？

　　断裂是相对延续而言的概念。由于遭遇某种自然的或人为的灾难，传统文化断裂的现象在许多民族的历史上都不同程度地出现过，有的文明如中美洲的玛雅文明甚至在大约 1200 年前消失于持续的旱灾。现代与传统的所谓"断裂"，不属于文明的意外毁灭，而属于社会转型所导致的文明形态、社会结构的解构或转换。如果着眼于人的智力特别是技术的发展所导致的历史变迁，那么，现代与传统的所谓断裂，与人类从石器时代进入铁器时代，从母系社会进入父系社会，以及后来中国的春秋战国时代所发生的原有生产和生活方式的根本性变化，并没有本质的不同。然而，生命短暂的人们没有能力生存在不同的时代，他们所感受到的只能是自己当下所经历的事情；对于历史来说重复的事变，对于他们来说却是前所未有的遭遇；并且，人类的感觉与意识越是变得灵敏，他们越是会感受到时代变迁给自己带来的各种冲击。

历史的变迁或转折的确会导致传统的某种断裂。一方面,由于人的能力的普遍提高和新技术的广泛应用,原来的生产条件被淘汰,劳动分工与合作方式发生重大变化,人们的生活环境、相互关系都会发生相应的改变,某些文化传统也可能中断,这样,习惯了过去的生产和生活方式的人们,就会在思维、情感和行为等方面感到不适,甚至产生焦虑。同时,新技术的采用在减轻人的劳动重负、提高人的活动效率的同时,还会使人变得越来越"懒",乃至强化其投机取巧的心理。以车代步,人就懒得走路了;以书代言,人就懒得记忆了;有了电话,人就懒得面谈了;火药被运用于枪炮;录音机被运用于窃听等等。如同老子所言,大道废,有仁义,智慧出,有大伪;也如庄子所言,有机械者必有机事,有机事者必有机心。2000 多年前的老子、庄子都已看到人的聪明才智与纯朴道德的背反的一面。另一方面,由于社会制度或结构的变化涉及权力的更替或重新分配,因而,往往会引发政变、战争或革命,造成社会动乱和原有秩序的破坏。这种情况有时甚至导致历史的某种倒退;即使历史变迁是和平地进行的,也会由于社会各阶层的重新排序或中心与边缘的变换,使一些人无法赶上历史前进的步伐而被边缘化。对于这些人来说,不是传统断裂了,而是他们与自己的传统一起被历史抛弃了。

一些方面的进化会导致另一些方面的退化,人类历史的进步与退步总是相伴而生。对于这种现象,人们一直聚讼纷纭。按照唯物史观及其历史辩证法,这种矛盾现象其实是人类自身及其文明的矛盾的运动形式。即人类正是通过它的社会形态、文化类型的自我否定而实现自身的肯定和发展的,人类的某些传统的中断或流失总是关联着新事物、新传统的生成,因而如同蛇之蜕皮、蛹之化蛾,属于人类发展自身的正常方式。

然而,具体到活生生的个人,则不能不承认,由于人与人天赋的差异和人性的内在矛盾,人们追求个人自由必然会导致竞争和不平等的产生。如果社会正处于转折时期,原有社会秩序趋向瓦解,原来的共同体生活也难乎为继,那就会使许多个体无所适从,甚至陷入困境之中。在这种情势下,人类求生的本能、人性的弱点甚至丑恶的方面,往往会全面地暴露出来,加重社会的混乱和溃败。人类的道德虽然不像某些人所说的那样一直在"堕落"着,但与人类智力的提高的确难以成正比。面对这种社会现象,我们不应该以"不可避免"的"铁的规律"为遁词,无视人间的悲剧,而应当在推进社会变革的同时激发道德意识,努力把社会进步置于每个人生命的价值与尊严之上。这种社会伦理态度并不排斥反而关联着这样的一种宏观的历史视野,即越是有更多的人们意识到社会问题的严重性和矛盾性,越是能够维护社会的公平正义,越是有助于形成推进社会变革的合理的、人道的方式。历史上不断出现的文化"保守主义",多半是要通过保守传统共同体的人文道德价值对上述现象进行反拨。

现代社会,技术的作用尤其巨大,用海德格尔的话说,"技术"成为现代人的"座架"或"天命"。技术不仅给人类带来极高的效率与便利,而且越来越成为人的身体须臾不可离开的装置,成为现代社会得以正常运行的基本设施。但这样一来,也就意味着人被"连根拔起",如同随波漂流的浮萍。其实,与其说人类被技术和工具理性所俘虏,不如说被自己的欲望与相互间的竞争牵着鼻子走。每个人似乎都是理性的,但这些无数个人的集体行为却表现出严重的非理性,地球被单纯作为资源无限度地开发,人类居住环境的温室效应不断增强,甚至生态系统也遭到破坏,而社会的贫富悬殊却居高不下,已经说明了这一问题的严重性。究其原因,还是由于人的欲望成了人类生活的唯一动力,个人的理性被工具理性所主导,而由这些个人组成的集体虽然不再是传统社会的专制集体,但也不是自觉的有机体。人类的确面临着很大的危机。要化解这些危机,使人类可持续地发展,不利用技术是不行的,回到前现代社会也是行不通的,关键在于人类能否按照自身长远的利益,也是按照整个生物圈良性循环的需要,调整自己的价值取向,改善人类内部的关系,将人的不断膨胀的私欲转化为对善与美的追求,并使技术成为人类与大自然友好相处的桥梁。要做到这一点,就要传承东方重整体与和谐的智慧与道德,并充分吸取西方有价值的思想文化,在现代实践的基础上给予融合和创新,重建理性与信仰。

　　实践经验表明,撇开历史的肯定性、连续性而只讲否定与间断的思潮,在思想理论上是非常片面的,其片面性不仅损害了社会优秀的思想文化传统的继承和文明教化的正常进行与积累,使许多人失掉了做人做事、辨别是非善恶的基本准则,也是对现代历史中"现代主义"、"感觉主义"的无批判的甚至是一种颓废的"末世"论情绪的强化,也当然有悖于马克思历史辩证法的基本精神。历史的教训说明,与传统强行断裂的结果,只能造成文明的退步和人性的扭曲;只是以"感性"的"当下"为价值取向,无视主要存在于传统思想文化中的"过去"和人的理想中的"未来",人类精神世界的萎缩甚至荒漠化也就无可避免。只有全面地理解和把握历史的辩证法,我们才不至于把"历史"特别是"现代历史"抽象化为当下的、即时的感觉,我们才能在丰富和刷新历史唯物主义理论的同时,更加自觉合理地进入历史、创造历史——真正由"未来"主导、以"现在"和"过去"为基础和辅助的历史形态。

　　通过以上论述,笔者认为,今天,当我们面对时代问题而重新研读和阐释马克思和恩格斯的论著,理解和发展历史唯物主义时,固然要继续重视他们关于"物质生产"、"经济基础"作用的论述,但我们的目光应当更多地投向他们关于社会的分工与整合、关于交往和世界普遍交往、关于意识和语言的重要作用以及对康德、黑格尔一类构造"纯粹"理论的哲学家的思想成就的肯定性论述,重新思考他们对古希腊文明的礼赞;并且特别注意发展他们关于意识不是经济的"纯粹附属物",区分"统治阶级的意识形态"和"自由的精神生产"的论点①;并根据现代社会所出现的信息化、知识经济以及社会的复杂性和风险度越来越高的特点,着力在历史唯物主义中开显和提升历史的辩证法。

　　总之,只要我们依据现代实践理解人类历史的矛盾运动,而又以历史的视角看待现代人的实践方式及理论形态的合理性与不足,我们就能够不断推进历史唯物主义的理论创新,并藉以指导我们自身社会的发展和对全球现代性问题的思考与解答。

---

　　① 《马克思恩格斯全集》第 26 卷Ⅰ,人民出版社 1972 年版,第 296 页。

第四节　意识、符号与交往

　　如果说,对于人类现实生活的过程的理解,唯物史观针对唯心史观做出的是"向下的植根"与"向上的超越"的话,那么,它在将人类的意识、语言和作为精神生产的符号,植根于人的物质性生产和交往活动之后,能否充分地展示它们的能动性乃至对于人类生活的先导性呢?

　　前面指出,马克思和恩格斯是通过指认构成原初历史的四个物质性因素,来确立他们的唯物主义历史观的。他们在提到和论述人的"意识"、"精神"和"语言"时,指出了这些元素的重要作用,却未将它们列入历史的"第五个因素或方面"。在说到"意识"时,语气还颇有挖苦的味道,并一再强调意识和语言都是人的物质活动的派生物,是由人的物质生活决定的,没有独立的意义。国内的大陆学者在阐发马克思主义的历史观或自己关于现代历史的理解时,也往往依据上述四个物质性因素,对于"意识"、"语言"及其作用,大都不太关注。

　　然而,我们首先可以反问:难道人的生产最初不也是由人的肉体组织所决定的吗? 人的新的社会性需要不也是在生产中形成的即生产的派生物吗? 为什么它们可以成为人类原初历史的基本因素,而意识却不能?

　　或曰:人进行生产虽然直接基于人的肉体需要,但"生产"这种求生活动本身却不同于动物的求生活动,而具有了"改造"对象并从而"改造"人自身的性质,改造既包括"破坏"、"消灭"也包括"培植"、"繁育",具有增长性建设性,而这是动物所做不到的。就人的社会性需要而言,它虽然是在生产中形成的,但也是实实在在的,并且反转来与生产构成互为因果的关系,于是不同于自然运动的人类历史才形成了。

　　不过,我们且不论从动物的求生活动到人的生产劳动的转变,离不开动物的萌芽状态的意识向人的自觉意识的转变,也不论人的社会性需要中就有精神因素的参与,只是就由于意识和语言的出现,人与外部对象的关系成了"为我"的关系这一点来讲,它们就完全可以增列为历史的"第五个"因素。因为即使这种"为我"的关系一定要借助物质手段,但它本质上却是一种以"目的"引导的价值性关系,体现着人类生命的新的向度。① 在动物那里或许只是萌芽,对于人类才变得显豁的这种"为我"的关系,显然是以人的自我意识的产生为前提的。天然的"自在之物"不会自动地成为"为我之物";"我"以自身为目的、以对象为手段的价值取向是人有意识地设定并有意识地实施的,这样才可能有人们常说的对象"符合"主体的价值取向,这也是内在于人类历史中的向度。倘若一个人的意识丧失了,成了植物人,他就无法与"对象"建立为我的关系,也不可能从事生产和交往活动了。

"自我意识"以及"为我"的关系同时还意味着人类生命活动的自觉自由的取向,这种取向如果用马克思《1844 年经济学哲学手稿》中的话说,就是"人甚至不受肉体需要的影响也进行生产,并且只有不受这种需要的影响才进行真正的生产";"人懂得按照任何一个种的尺度来进行生产,并且懂得处处都把内在的尺度运用于对象;因此,人也按照美的规律来构造"。②

换言之,人类的活动虽然最初是从肉体组织要求的物质生产出发的,但由于人的这种活动是有"意识"的、本性"自由"的活动,因而,这种活动必定使人类"懂得"应当如何处理自己与周围世界的关系,即"懂得"应当如何在世生活,也必定使人类历史进入作为自由之感性呈现的美的世界、艺术的世界,由此,"意识"以及"语言"又为何不能在历史的构成中占有重要的一席?

我认为,这样的质问和分辩是有道理的。但是,它没有正面回应马克思和恩格斯在《德意志意识形态》中为何不仅没有将意识和语言列为历

---

① 学界对"价值"多有争论。我认为价值是人的生命活动的目的性的呈现或实现,但它有一个自然界无目的的合目的性的根源;只有从人与自然虽有对立但根本上统一这样的关系看问题,才能走出价值观上的人类中心主义同时也是认识论上的主客二元对立。参见本书第六章第三节。
② 《马克思恩格斯选集》第 1 卷,人民出版社 1995 年版,第 46—47 页。

史构成的第五大因素,反而极力要破除意识的"独立性的外观",将其归于人们的物质生产和生活这一根本性问题。而上述推论的逻辑显然基于一个预设的前提,即一切人共有的"类属性",一个整体性的"主体"或"我",因而也是取向一致的"意识"和"语言"。但是,早期现代资本主义社会恰恰是经历着严重的阶级、等级分化和利益对立的社会,这里不再有一个大写的休戚与共的"人"。因而,人们都可以理直气壮地问一句:你说的"主体"是"谁"? "我"是"谁"? 意识是"谁的"意识? 语言是"谁的"语言? 不同阶级、等级的意识和语言都一样吗? 当然有很大的不同。在马克思和恩格斯看来,过去一直充当社会矛盾的掩蔽和粉饰物的各种传统的观念、话语正在破产,青年黑格尔派们试图以新的观念、话语"震撼"和"变革"世界,也不过是在重复观念决定论,所以他们要创立唯物史观以求彻底揭穿人类进入阶级社会之后才被制造出来的关于"永恒的善"、"正义"以及"普遍的理性"、"平等"一类的神话,让社会的矛盾和分裂真相大白于天下。因而,上面引证的马克思的话只能是《1844年经济学哲学手稿》中的,而不可能是《德意志意识形态》中的,用一句时髦的话说这叫"非法的引证"。

答案似乎已经清楚了,那就是乖乖回到历史构成的"四因素"说上,不要再为"意识"和"语言"的被决定地位鸣冤叫屈了。但是,且慢,事情到这里还远未了结。因为第一,马克思在《1844年经济学哲学手稿》中阐发的关于人的"生产"和按照"美的规律"构造的观点并非唯心的空想,它与《德意志意识形态》的有关思想虽有重要差异但又是相通的;第二,被恩格斯给予极高赞誉的马克思的《关于费尔巴哈的提纲》,不仅针对费尔巴哈的抽象的"类"概念,提出了人的本质的"社会总和"说,还明确地把"人类社会或社会化的人类"作为新唯物主义的"立足点"。作为旧唯物主义立足点的"市民社会"已经现实地存在着,而"人类社会或社会化的人类"则处于生成之中,它还远不是业已完成的历史事实! 但马克思却在"观念上"将其作为自己理论的立足点了。这意味着,马克思主义创始人在当时虽然要人们重视社会"分裂"、"对立"的现实,但他们的价值取向或目的,却完全在于找到超越这种社会状况的途径,建立一个自由和谐的"人类社会"。何况,谁又能够否认他们的"新唯物主义"作为另一种"意识"和"语言",对于工人阶级的巨大激励和引导作用以及对历史的巨大改造作用呢?

那么,为什么马克思和恩格斯没有把"意识"和"语言"提升到前述历史要素的行列中来?

仔细考虑一下他们当时的言说语境,不难理解,他们根据其生活时代的特点与要求,自觉承担解构"德国哲学"乃至长期主导欧洲的"柏拉图主义"思想传统的任务,何以可能将未加批判的"意识"和"语言"列为构成原初历史的第五个因素? 相反,当马克思和恩格斯从剖析"德意志意识形态"入手,第一次展开其唯物史观的思想时,他们对于人类"历史"的见解,必定首先突出其与虚假的社会意识完全不同的面相,即人们现实的物质生产和生活;必定尖锐批判作为唯心史观具体表现的、被高度抽象化同时也被极度膨胀了的"意识"和"语言"。在"意识"、"精神"与"物质"、"生活"被二元分立的情势下,他们当然要明确地站在"物质"、"生活"一边。

但是,如果说脱离了物质生活的意识或精神是异己的虚妄之物,那么,没有意识或精神引导和贯注的物质与生活,不也成了"异化劳动"一类非人性的存在方式吗? 正是清醒地意识到劳动者长期处于这种非人的境地,所以他们才认定劳动者阶级,"只有在革命中才能抛掉自己身上的一切陈旧的肮脏东西,才能成为社会的新基础"①。我们知道,马克思和恩格斯心目中真正符合人的本性的"生活",是人们摆脱片面的社会分工的自由选择,是人的能力的发展成为社会的目的本身! 而在这种生活中,又哪里有"意识"与"生活"(同时也是"理论"与"实践")的二元分立? 事实上,马克思一向反对的就是思想、意识成为"生活"、"社会"之外的玄思遐想,这种玄思遐想的典型就是哲学"形而上学"或作为同义语的"柏拉图主义"。不难发现,在《德意志意识形态》中,马克思和恩格斯之所以未将意识视为构成原初历史的第五个因素,一个重要的原因在于,他们认为

① 《马克思恩格斯选集》第1卷,人民出版社1995年版,第91页。

真正具有相对独立性的"意识"和"语言",已经不再属于"原初"的历史,而是人类进入文明门槛的标志。而人类文明的门槛也是阶级社会的门槛。这就是问题的复杂性所在。

至此,我们探究的问题才有了眉目。马克思对于脱离人的现实生活的"意识"压根就是反对的,我们也应当超出主客二分的思维框架看待"意识"、"语言"在人类历史中的地位与作用。但是,"生活"、"社会"都是由许多各不相同的因素和方面构成的总体性概念,如人的物质需要与精神需要、物质生产与精神生产就有很大不同。因而,也就仍然有一个如何看待和言说人的"意识"和"语言"这种思想或精神性活动在人的生活及其社会历史中的作用问题。

我们不妨再来细心地研读并分辩一下《德意志意识形态》关于"意识"的论述。

人的意识起初只是对直接的可感知的环境的一种意识,是对处于开始意识到自身的个人之外的其他人和其他物的狭隘联系的一种意识。同时,它也是对自然界的一种意识,自然界起初是作为一种完全异己的、有无限威力的和不可制服的力量与人们对立的,人们同自然界的关系完全像动物同自然界的关系一样,人们就像牲畜一样慑服于自然界,因而,这是对自然界的一种纯粹动物式的意识(自然宗教);但是,另一方面,意识到必须和周围的个人来往,也就是开始意识到人总是生活在社会中的。这个开始,同这一阶段的社会生活本身一样,带有动物的性质;这是纯粹的畜群意识,这里,人和绵羊不同的地方只是在于:他的意识代替了他的本能,或者说他的本能是被意识到了的本能。由于生产效率的提高,需要的增长以及作为两者基础的人口的增多,这种绵羊意识或部落意识获得了进一步的发展和提高。与此同时分工也发展起来。

显然,在马克思和恩格斯看来,"人"的形成也正是人的活动方式包括人的意识、行为与社会关系形成的过程,从而也是"文化"形成的过程。而人类走出物我不分、人己不分状态的重要杠杆,就在于现实的意识即语言符号的出现;语言作为人类最普通也是最重要的符号,既是族群公共的中介和存在方式,从而对族群的每个个体发挥着维系和规范的作用,又只能生成并流通在这些个体之间,从而被这些个体的互动关系所支撑和改变。可以说,在人们的交往活动中出现的语言符号,既有能够被人们感知的形式,又是人的精神的外部呈现;既有某种实际的功用,又承载着超越实际功用的意义;既是人类社会生活得以形成的条件和基础,更直接建构着人类的意义世界;无论是索绪尔所重视的"能指"与"所指"的构成,还是皮尔斯所重视的符号"表意"及三分法,即指示符号、规约符号与相似符号,以及卡西尔所重视的符号的"抽象性"、"普遍性"与"多变性"等等,都表明人类的感知和意识的能动性与创造性,已经达到了这样的高度,即人类有了对自身的"经验"与"意义"的领悟和表达能力,这直接导致人类有了不同于生物遗传的社会性遗传方式即文化,为人类开辟出在生物性基础上重塑自己人性及属人的生活的广阔前景,因而:

> 具有感性物质特征的承载着特定意义的语言符号,以其公共性和普遍性帮助人的内在意识摆脱本能的纠缠,并使其拥有了能够反观、规范和引导人的生命本能的功能;甚至,已有别于人的内在意识的公共性的语言符号还反转来开启、激发人的意识和思想的发展,推动着人的精神世界与生活意义世界的形成。这样,借助作为"现实的意识"的语言,人自身才自我区分为类的普遍性和与之对应的个体性这两个方面;人的"劳动"活动才由最初的本能式劳动越来越成为人的劳动即赋有社会和文化属性的活动,人类社会的存在方式也与动物的自在的存在方式区别开来,被人类自己体验、塑造和推展。

当马克思和恩格斯说到人的"本能"是"被意识到"了的本能时,表明这种"本能"正在超越自己,因而就有了这"超越"的部分即"意识"既受制于又摆脱着本能的矛盾运动。而随着意识的"现实化"即意识以感性物质的语言符号形式出现,从原来物质的生产中分化出来精神的生产,则这种矛盾运动终于跃上了一个新的层次,有了极为重要的转化或解决,其标志就是真正属于人类社会现象的"分工"出现了:"分工只是从物质劳动和精神劳动分离的时候起才真正成为分工"。

而从这时候起,"意识才能现实地想象:它是和现存实践的意识不同的某种东西,它不用想象某种现实的东西就能现实地想某种东西。从这时候起,意识才能摆脱世界而去构造'纯粹的'理论、神学、哲学、道德等等"①。"意识"的相对独立性或主体性的获得原来有如此重大的意义,它竟然表征着人与自然、人与人和人与自身相互分化与整合达到的一个历史性高度,这就是人类终于要从自然选择所主导的分化中走出来,走向由社会选择进而也是人类自身选择所主导的分化——真正的劳动分工。正是由于精神劳动从物质劳动中分化出来,人类的一部分才能够摆脱繁重的物质劳动及其自然因果律的限制,甚至超出日常生活与当下实践,自主自由地想象,这样,人类才能够凭借理想,反思、批评社会现状及其弊端,建构符合自己能力与愿望的社会关系和生活方式。并且,有了专门的精神生产即以思想和语言的双重形式进行的创作,才谈得上人类文化的发展即以各种符号、典章制度为载体的人类文明的发展,这样,不同于物质需要与物质生活的精神需要与精神生活才能真正形成并发展起来。可见,精神劳动的出现意味着人类生存方式将会发生的革命性变化,人类不仅在物种关系上不再是动物,还将在社会关系上最后走出动物界。虽然这要经过社会生产力发展的漫长历程,但人类毕竟以其生命活动方式的变化显示了这种可能。既然如此,马克思和恩格斯为何不给予这种获得了相对独立性和主体性的意识与精神以崇高的历史地位呢?

其实,早在古代,人们有了对意识、精神的重要性的直觉,就给予推崇,在某些文化中,它更是被推向至上的地位,与人的感性物质生活完全对立起来。人们对意识和精神的极度推崇,一方面固然表明人的自我超越的愿望和对自由的憧憬,但另一方面,也体现或隐含了一种等级式的价值观,即人的精神方面和精神生产者是高贵纯洁的,人的物质方面和物质生产者则是卑贱肮脏的,这不仅使人的灵与肉、人的理念世界和世俗生活陷入二元对立境地,还有意无意地强化了那一部分摆脱了物质生产的人们的地位与权力,而置广大的物质生产者以被支配的卑下的地位。事情的要害就在于,那一部分凭借整个社会生产的发展而获得精神生产能力的人,是在维护他们自己和少数有闲阶级的社会权力与地位呢?还是旨

---

① 《马克思恩格斯选集》第1卷,人民出版社1995年版,第82页。

在改善人类特别是广大劳动者的命运？

在马克思和恩格斯看来，这不止是单纯的道义问题，而事关人类自身的活动及其历史的矛盾本性问题，事关如何理解人类社会发展的必然性与合理性的问题。历史的客观情势是：伴随着物质劳动与精神劳动分离的是一系列的社会性分离，尤其是"享受和劳动、生产和消费"都"由不同的个人来分担"。而分工一开始就包含着这些分离的可能，因为最初基于性行为，后来基于天赋、需要、偶然性等等的分工，在使个体自身展开功能性分化的同时，也使原始群体内部的关系发生分化，从而导致许多单个的、互相对立的家庭的出现，这样，一方面，原来在氏族关系中就存在的不平等的萌芽，会进而在家庭中表现为夫权制；另一方面，被更大规模的分工联系起来的家庭所组成的集团或部落，又会建立起更大的等级式支配关系。也正是随着单个人的或单个家庭的利益与所有互相交往的个人的共同利益之间矛盾的展开，人类陷入更加剧烈的生存竞争；那些通过生存竞争占据了支配地位的个人与家庭为了谋取最大的利益，就只有诉诸暴力与欺骗。于是，阶级社会以及旨在实行统治从而也是控制秩序的国家这一上层建筑产生了。

于是，马克思和恩格斯基于这种社会分裂和阶级统治的情况，对独立于"物质生产"的"精神生产"的性质和功能，着重阐发了如下论点：统治阶级的思想在每一时代都是占统治地位的思想。这就是说，一个阶级是社会上占统治地位的物质力量，同时也是社会上占统治地位的精神力量。支配着物质生产资料的阶级，同时也支配着精神生产的资料，因此，那些没有精神生产资料的人的思想，一般是隶属于这个阶级的。占统治地位的思想不过是占统治地位的物质关系在观念上的表现。因此，那些精神生产者生产的精神产品对于广大物质生产者来说意味着什么，也就不言而喻了。他们还进一步指出："现在，分工也以精神劳动和物质劳动的分工的形式在统治阶级中间表现出来，因此在这个阶级内部，一部分人是作为该阶级的思想家出现的，他们是这一阶级的积极的、有概括能力的玄想家，他们把编造这一阶级关于自身的幻想当作主要的谋生之道，而另一些人对于这些思想和幻想则采取比较消极的态度，并且准备接受这些思想和幻想,因为在实际中他们是这个阶级的积极成员,很少有时间来编造关于自身的幻想和思想。在这一阶级内部,这种分裂甚至可以发展成为这两部分人之间的某种程度的对立和敌视,但是一旦发生任何实际冲突,即当阶级本身受到威胁的时候,当占统治地位的思想好像不是统治阶级的思想而且好像拥有与这一阶级的权力不同的权力这种假象也趋于消失的时候,这种对立和敌视便会自行消失。"①

这是一段很有意思的话。我们须注意两点,其一,物质劳动与精神劳动在统治阶级内部也有分工,这种分工也会分化到彼此"对立和敌视"的地步。但从总体上看,他们能够基于其共同利益化解其对立。如果被统治阶级内部也应当如此,那么,我们可以说,人们真正应当正视的问题并不在于社会分化,也不在于意识的相对独立性,而在于如何基于人类的共同利益解决他们的社会分裂和对抗性矛盾,同时相应地解决意识与生活的彼此脱离。其二,统治阶级的思想固然要反映并服务于统治阶级实际的经济利益,但它同时也是关于统治阶级自身的"幻想"或"想象"。马克思和恩格斯在这里说明人们多少都要生存在关于自己生活的幻想或想象中。当然,这种"幻想"和"想象"是不能完全游离于他们实际的生活处境的,而毋宁说是人们对自己生活处境的理解与态度,这里往往充斥着既知足又不满、既肯定又否定的矛盾。因为人的现实生活作为"社会性生活",本身就具有很大的相对性、变动性和一定的观念性,人的精神需要和追求总是既依赖人的有限的感性物质生活,而又走在其前面,试图给予超越和重建。

但是,无论人们怎样理解或想象自己的生活,这种想象都不能不受制于实际的生活条件。马克思和恩格斯这样告诫人们:"在考察历史进程时,如果把统治阶级的思想和统治阶级本身分割开来,使这些思想独立化,如果不顾生产这些思想的条件和它们的生产者而硬说该时代占统治地位的是这些或那些思想,也就是说,如果完全不考虑这些思想的基础——个人和历史环境,那就可以这样说:例如,在贵族统治时期占统治

---

① 《马克思恩格斯选集》第 1 卷,人民出版社 1995 年版,第 101 页。

地位的概念是荣誉、忠诚等等,而在资产阶级统治时期占统治地位的概念,则是自由、平等,等等。总之,统治阶级自己为自己编造出诸如此类的幻想。"①不了解这一点,就会最终得出抽象的一般的思想统治一切的结论。这一告诫对于今天我们思考现代人的生存条件、实际利益与思想、意识的关系,当然有很大的警示意义。

这里需要进一步明确的是,人类的语言符号固然要以他们的现实生活为根基,但人类的现实生活又是靠语言符号连缀、组织起来的,是向未来敞开,并具有价值的方向性的。因为人们生活的愿望和目的,正是通过语言符号得到呈现和表达的,它还执行着对现实生活本身的评价和引导功能。语言既是人的思想和智慧的形式或符码,是思想智慧的存储,还通过交谈、对话、论辩等话语交往活动,使各有其特点的思想和话语形式,得以交流、碰撞和创新;而各种思想和符号的探索、组合与试验,给人们打开了一个充满各种可能性的世界,由电脑和互联网建构起来的"虚拟"世界,突破了"虚"与"实"的简单二分,以可体验的形式将可能与现实关联起来。西方人有重视语言符号的传统,海德格尔甚至说语言是存在的本质、存在的家,我们可以理解为语言最为能动地、从而也是创造性地表现着人与世界本质的丰富性和开放性,人类直接生活在语言符号中。如果说,人的感性的行动使人与对象发生实际的作用、实际的相互转换,那么,这一切恰恰是由语言符号给予指示和引导的,语言符号不断地把现实中的可能加以敞开,并将其确立为人们共同的目标,以言行事,引导着人们的行动努力将这一可能变成现实。

人的生存靠语言符号成为生活。语言符号表达情感、陈述事实、显示态度、发布指令、象征意义、构建信仰的功能,在人与自然和人与人之间,为自己营造出一个以符号—理解—精神为存在形式的文化世界。由于这个文化世界关乎人类选择的所有领域,其所涉及的事实判断,让人形成客观的理性的态度,区分真假,获得知识,合理地实现自己与外部自然之间物质与能量的交换关系;其所涉及的价值评价,让人形成主观的直觉的能

---

① 《马克思恩格斯选集》第 1 卷,人民出版社 1995 年版,第 99—100 页。

力,区分善恶,产生信念,引领并支撑自己在充满偶然与危险的世界上生存下来,乃至安心立命。由此,人们不仅把自己与自然两方面既区分开来又统一起来,而且使人与他人和人与自身的关系,越来越趋向社会化与个体化的相反相成。但进入到由人的行动所造成的社会领域,事实与价值的界限就会变得模糊,其区分也不再是绝对的;人与自然、人与他人和人与自身的关系,也互为中介、相互转化,由此导致真善美之间的矛盾关系,所谓"可信的不可爱,可爱的不可信"(王国维语)。而语言往往在显示事物的某种面相的同时,也会遮蔽它的另一面相;在说出某种道理的同时,却引出某种谬误。这一点,中国的老子、孔子、庄子、荀子都有许多论述。如孔子认为:"巧言令色,鲜矣仁。"庄子在一个天下渖乱的时代,干脆放弃普通的言说方式,以寓言、卮言和重言讲述世人听之不闻的道理;荀子则着重说明人们思想和学说的偏蔽并致力于"解蔽"。我们知道,作为语言暂时中止的沉默,也是语言的一种特殊表现形式甚至是更有力的表达方式。而在老子的心目中,比显性的语言更能体现大道的语言是"大音稀声"。因而,对于人来说,也许重要的不在于喋喋不休地言说,而在于"听"和"看"。如同孔子所说:"四时行焉,百物生焉,天何言哉?"[1]人类应当聆听大自然、效法大自然。然而,人毕竟不再是自然万物中的一物,人要"听"还要"说",更要"行",这才能开示人世的道理,建立文明的秩序。语言符号因而和人类的整个生活一道,展现为一个制造矛盾又解决矛盾的历史运动。

而马克思和恩格斯在《德意志意识形态》之后,既肯定了从统治阶级中转变过来的思想家的不可替代的历史作用,高度评价了康德、黑格尔一类构造"纯粹"理论的哲学家的巨大思想成就,将"统治阶级的意识形态"和"自由的精神生产"区分开来,又明确地反对把意识解释为经济的纯粹附属物。如马克思所说:只有充分考虑生产的一定的、历史地发展的"特殊的形式",才能建立"理解的基础","而只有在这种基础上,才能够既理解统治阶级的意识形态组成部分,也理解一定社会形态下自由的精神生

---

① 《论语·阳货》。

产。……例如资本主义生产就同某些精神部门如艺术和诗歌相敌对。既然我们在力学等等方面已经超过了古代人,为什么我们不能也创作出自己的史诗呢?"①故此,马克思基于文化艺术与社会经济既有联系而又不完全为其所规制拘束的矛盾关系,发出了"希腊艺术和史诗直到现在仍然能够给我们以艺术享受,而且就某方面说还是一种规范和不可企及的范本"的感慨。

如果同样全面而深入地透视当代市场社会的文化现象,那么,我们在看到法兰克福学派高度关注和批判的"文化工业"生产中渗透着的资本主义利润原则和意识形态的同时,也完全可以发现抗拒资本主义生产逻辑的精神追求。可以说,人们在市场经济社会中对超功利的善与美的追求,是出于人类自由本性的追求,是生命意识及其灵性的体现,它不是任何现存的"存在者"或"死劳动"的逻辑能够完全禁锢和封杀的。回过头看,毋庸讳言,青年时期的马克思和恩格斯与后来的一些西方马克思主义批评家,更多地看到的是文明社会中各种矛盾的"对立",是劳动分工社会分化中的负面问题,这对于代表社会良知的知识分子、对于体制外的在野的思想者来说,是再自然不过的了,因而自有其正当性。但是,对于社会矛盾的另一个面相即"统一性",以及对于劳动分工、社会分化本身所具有的互依、整合功能的轻视,也势必导致对事物看法的片面性,从而弱化其思想理论的前瞻和建设能力。而任何"片面"不管多"深刻",都称不上对事物的全面把握;并且,一定会有另一个"深刻的片面"与之抗衡。如果说,人类社会的运动和思想理论的发展,过去大都是由这类"片面"之间的两极性作用所推动并必定伴随着大量的极端行径和悲剧发生的话,那么,今天我们从走出极端主义并减少悲剧发生的角度,也应当努力寻找真正的"中庸"之道了。

事实上,马克思和恩格斯并未简单地把自己置于早期资本主义现代社会的对立面,而是力图理解并超越资本的逻辑,找到资本主义现代社会得以扬弃自身的理论视点。他们在创立唯物史观伊始,就注意到他们批

---

① 《马克思恩格斯全集》第26卷Ⅰ,人民出版社1972年版,第296页。

判对象自身的历史合理性,包括文明以及资本主义文明中包含的普遍的、一般的人类性因素。他们后来在思想上所做的反省和自我批判,更是成为他们的思想理论走向全面深入的内在机制。实际上,在辩证法的语境中,"全面"并不是一种可以直接把握的现成状态,更不是事物所有要素的齐头并进,而就是事物自身的矛盾运动过程。所以,马克思和恩格斯才坚持运用矛盾分析从而也是历史辩证的方法论原则。从主体角度看,这一方法论原则就是关于人的感性对象性活动的观点即实践观点。这一本质上体现着人与自然和人与人互为对象的生存论共在关系的实践观点,恰恰是人类的劳动分工和社会分化在人的思想中的自觉聚焦,它所内在包含的通过对对象世界的建构以确证和丰富自身的价值观,以及不断地否定现有事物和转换身位的思维视角,给人们指出了走出非此即彼地、二元论地看待人与世界和人与自身关系的根本途径。既然人的生产实践尤其是交往实践,必须以人的意识与语言作为其重要要素和媒介,那么,实践的观点自然包括对于人的意识和语言在人类生活及其历史中作用这一问题的解答。

以意识和语言为其内在构成要素的实践观点本质上是一种历史的观点。这种历史性也不能不体现在马克思和恩格斯自己思想理论的进程中。着眼于这一进程,呈现在我们面前的是下面这样一种思想的推进和转换。

首先,在《1844 年经济学哲学手稿》中,马克思基于人本主义的思想资源和自己的价值理想与理论直觉,以一种充满感性的、情感的,同时也是自觉自由的生命意识,展开了对于人的劳动、生产、实践活动、社会历史和人的精神、理论的论述,并据此尖锐地抨击了使工人的劳动成为异化劳动,即"肉体受折磨、精神遭摧残","人的"方面与"动物的"方面相互颠倒的私有制。在进行现实的矛盾分析的同时,更多地表现出道义的谴责与贬斥。

到解析"德意志意识形态"时,马克思和恩格斯将视角进一步调整到更为具体现实的维度上,提出了历史的四因素说。对抽象化了的"意识"和"精神"实施了"祛魅"性的批判。表面上,他们似乎只是认可了人类历史中的物质生产物质交往的基础性作用,揭示出生产力与交往形式(即生产关系)的动态结构性运动,并未肯定意识和精神能动的历史作用。事实上,他们对于人的意识和语言在劳动及其分工中发生发展的"叙述",已经给予了这样的肯定。意识和语言内在地包含在他们所说的四因素中。这既有体现于狭义的"生产"、"生产力"中的认知因素和工具理性,更有体现在"生产者"、"社会关系"尤其是"自主活动方式"中的自觉生命意识和交往理性("价值理性")。不承认这一点,就势必将"家庭"及其"人的生产"完全归结到"物的生产"的逻辑中,否认其伦理和情感的关系与作用;也无从解释生产力发展和生产关系变革的主体的人性的原因,更无从说明什么叫"自主活动"。

的确,资本主义生产的逻辑试图并在很大程度上将人们的社会关系甚至家庭关系纳入其中,不仅造成"生产"对于"交往"的决定性作用,使人们的交往关系形式化、手段化;而且,还要将人类丰富自由、充满诗意的生活意识和语言,像货币一样地给予抽象化同质化。但是,这既是马克思和恩格斯要正视的现实,也是他们要给予批判性解答的问题。他们关于"世界历史"时代人类"普遍交往"思想的提出以及对世界性"共产主义"一定到来的预言,显然是他们对这一问题的最终的解答。如果说,这时他们关于人的"生产"是在哲学和经济学双重意义上界说和论述的,故而存在着哈贝马斯所批评的一定的思想模糊性,①他们的价值批判维度与事实认知维度也似乎完全同一的话,那么,马克思后来在《资本论》第 3 卷中说出下面这样一段话时,他的思想变得极其清晰:物质生产领域与非物质生产领域,必然王国与自由王国既被区分开来,又通过生产力的发展和自由时间而得到关联。

这段话人们并不陌生:"事实上,自由王国只是在由必须和外在目的规定要做的劳动终止的地方才开始;因而按照事物的本性来说,它存在于真正物质生产领域的彼岸。像野蛮人为了满足自己的需要,为了维持和再生产自己的生命,必须与自然进行斗争一样,文明人也必须这样做;而

---

① 〔德〕哈贝马斯:《现代性的哲学话语》,曹卫东译,译林出版社 2008 年版,第 74—75 页。

且在一切社会形态中,在一切可能的生产方式中,他都必须这样做。这个自然必然性的王国会随着人的发展而扩大,因为需要会扩大;但是,满足这种需要的生产力同时也会扩大。这个领域内的自由只能是:社会化的人,联合起来的生产者,将合理地调节他们和自然之间的物质变换,把它置于他们的共同控制之下,而不让它作为盲目的力量来统治自己;靠消耗最小的力量,在最无愧于和最适合于他们的人类本性的条件下来进行这种物质变换。但是不管怎样,这个领域始终是一个必然王国。在这个必然王国的彼岸,作为目的本身的人类能力的发展,真正的自由王国,就开始了。但是,这个自由王国只有建立在必然王国的基础上,才能繁荣起来。工作日的缩短是根本条件。"①

这段人们喜欢引证的论断明确地说明,马克思否定了宗教关于尘世此岸与天国彼岸的二分,却并未否认人的物质生产领域的此岸和彼岸的二分,因而也未否定人的生活世界自身的二重性。因为这基于人的存在的一个永恒的事实,即人一方面要维持肉体生命就必须进行生产劳动,从而必须通过科学技术掌握自然的因果必然性以获得认识论意义上的自由;但是这种认识论的自由总是有限的,人们总要受自然必然性的制约。因而,另一方面,人作为有意识和精神的存在者,又希望摆脱一切外在的束缚和强制而使自身能力的发展成为目的。显然,如果某一天人的这种矛盾的二重性不复存在了,或彻底解决了,人及其历史也就真的终结了。而这是不可能的,除非人的意识与精神与感性现实直接画了等号!

那么,这种人的物质生产与超物质生产的自由发展的二分,是否内在地通向宗教的二分,即人与神、尘世与天国、人的精神信仰与世俗生活处于尖锐对立中的二分? 在人类发展的一定历史阶段,尤其是在人类改造自然的生产能力相当低下而人们的自我意识和精神又被社会的竞争与压迫激发起来并严重控制的情势下,它确实走向了这种二分。因而,马克思和恩格斯才认为,宗教的产生根源于来自大自然和人类社会内部的双重压迫。要消除宗教,就要在物质生产力高度发展的基础上变革压迫性的

————————
① 《马克思恩格斯全集》第 25 卷,人民出版社 1974 年版,第 926—927 页。

社会关系,尤其是经济与政治的等级制关系。因而,可以肯定地说,上述"必然王国"与"自由王国"的二分如果发展为尖锐的二元对立,就势必导致宗教的产生!所以,消除宗教其实就是将必然王国与自由王国的二分给予内在打通,改变其分裂的和外在对立的性质。马克思的唯物史观所要实现的理论宗旨和目的,也正是要通过对于物质生产的基础性地位和生产力与生产关系矛盾运动的指认,亦即通过对人与自然、人与人和人与自身的分化与整合的矛盾关系的解析,使人类自己觉悟到,他们从直接处身于其中的必然王国,如何才能现实地走向自由王国。以马克思和恩格斯之见,这一基本的途径,就是人类通过他们社会生产力的不断发展和自由时间的不断延长,以及他们相互关系的不断变革与调整,实现如下三重目标:其一,在人与人的关系上,形成自由人的联合体;其二,在人与自然的关系上,实现合乎人类本性的消耗最小而收益最大的物质变换;其三,在人与自身的关系上,不断地使每个人能力的发展成为他自己的目的,从而也是整个社会的目的,人类由此走向自由王国。

但须注意,马克思对以上三重目标的实现并非没有保留。请看,在人与自然的生产关系上,马克思既肯定生产力会不断发展,又同时指出人的需要也会发展,并且,这始终是一个"必然王国",因为只要人们不能摆脱"由必须和外在目的规定要做的劳动",它就要受自然因果必然性的制约,它能够获得的自由也只能是"认识和遵循必然规律"的"自由"!"在劳动终止的地方才开始"的"自由王国",固然始终都在我们劳动之余的时空中露出它的面孔,如即使原始人也能在劳动之余载歌载舞,但它的"繁荣"即人类自由能力普遍的尽情的挥洒,却一定依赖"工作日"的尽可能缩短。但是,只要人们的物质欲望总是在膨胀,生产要不断地扩展,工作日的缩短就是有限的。那么,接着还可以问一句:处于必然王国和自由王国之间的人们的相互关系能够不受以效率所主导的物质生产的制约吗?直接受其制约的人们的生产关系能够成为完全自由交往的关系吗?如果不能,那么,至少我们从经济性的企业中是难以看到真正的"自由人联合体"的。

笔者认为,真正的自由人联合体不属于必须重视生产效率和利润的企业,而属于人们基于兴趣、爱好而完全自主自由结合起来的组织如"登山俱乐部"、"桥牌协会"等等。经济企业充其量只能是马克思在上面所说的"联合起来的生产者"组织。这种联合组织不能不受制于各种"必须和外在目的规定"如人自身的生物学要求、人与人之间的竞争性关系及其效率原则,也就是我们说的自然科学技术与科层制管理那一套体现工具理性的东西的制约。所以,人类内部的社会关系的"自由"必定是相对的,它不可能完全成为自由王国,人类对自由王国只能不断地接近却不可能在某一天完全实现。

正是由于此,人基于其天性而对自由王国的向往,就不能不在一定程度上表现为精神的信仰。这种精神信仰虽然"接近"或"类似"于宗教,但它可以不采取传统宗教的形式。一些学者依据"终极关怀"而认为中国的儒家儒学也有宗教性,在此可以作为例证。这意味着,马克思关于人类历史及其未来社会的设想,并未完全取消人的超越性的纯粹的精神追求,即关于终极价值的终极理想,而为其留下了任何物质性的东西都无法替代的生存空间。

可见,人的意识因素虽然在人的整个生命活动从而在人的生产、交往和精神世界中都存在着,但其存在的性质和作用却是大不一样的:在物质生产之中,只有意识中的认知或理性思维因素渗透其中,并且贯穿着技术的也是效率的逻辑。我们今天要对资本加以反对的,就是它将人的整个意识和生命变为工具理性或技术理性的企图。而在物质生产彼岸的自由王国中,人的意识将主要以超越性的自由想象、设计和创造,以普遍的人的情感和信仰的形式存在并发挥作用,如发展哲学、文学、艺术、体育和各种智力性创造性的活动。在作为处于物质生产和自由王国之间的人们的社会关系中,人的意识、精神将表现为复杂的甚至矛盾的状态。例如,那些憧憬着自由王国并以之作为其人际关系原则的人们,会更多地运用他们的情感、善良意志如爱、道德理性来建立和处理他们的关系;而那些更为看重物质生产和物质利益并以之作为其原则的人们,就会更多地运用他们的知性、工具理性和占有性生存意志建立和处理他们的相互关系。事实上,这两种情况往往纠缠在一起,因为人们既受制于必然王国的物质生产和经济利益,又向往着自由王国,所以人的社会关系是最为复杂和矛盾的领域;这也是人们在社会交往中往往要情理并用、刚柔相济,讲不卑不亢、批评团结、竞争合作的原因。

然而,由于社会和人性自身难以消除的缺陷和弱点,在这个领域不可能不充斥着许多口是心非的两面派作风和见利忘义的不道德现象,让人们颇感人心难测、世态炎凉。从现实的角度讲,良好的社会关系和社会风气的形成,在于平等交换的经济制度和民主法治的政治制度的建立,在于公共领域与私人领域的合理划界。这样才能使人的"物欲"与"意志"、"理性"与"情感"各得其所。但即使有了这样的规则和制度,由于人类生活的复杂性和矛盾性,由于康德所说的人的社会性与非社会的个体独立性的相反相成,也仍然需要人们有良好的道德修养和明智的理性态度,从人的生命尊严与生活的价值意义出发,以"合情合理"、"与人为善"作为待人接物的原则。我们知道,在这方面,东方与西方都有重视"实践智慧"的传统,有大量关于如何为人处世、安身立命的深刻思考与洞见。然而,这些思考与洞见,难道只是一些人们司空见惯的劝人向善的道德箴言吗? 决非如此。从本文的角度看,这些思考与洞见,最后都凝聚于人的"意识"尤其是"自我意识"上。

人的意识固然是人的生活实践及其历史发展的产物,但也是其内在要素,灵魂和向导。因而,只是强调人们的"社会存在决定社会意识","要改变人们的社会意识就要首先改变人们的社会存在"这样的真理,固然有其意义,可以防止人们离开现实实践空洞地叫喊"观念更新"。但是,且不要忘了我们前面一再提到的,人们的意识不仅是出于生活实践的意识,且完全可以走在实际的生活实践前面。即使在社会对立和分裂相当严重的时代,人民大众受着来自统治阶级的意识形态的束缚,然而,这也正是能够激发他们革命意识的时期。何况,这里也存在着马克思和恩格斯所说的那样一种情况,即"如果这些群众曾经有过某些理论观念,如宗教,那么现在这些观念也早已被环境消灭了"[1]。实践观点并非不能对

---

[1] 《马克思恩格斯选集》第 1 卷,人民出版社 1995 年版,第 95 页。

人们的实际存在与其意识给予时间与空间上的某种区分，但决不把这种区分固定化，似乎人们的意识一定落后于环境的变化，而是揭示并推动它们不断地进行辩证的转化。因为说到底这是人的生命活动自身的各种要素的展开和转换。

在这样的一个前提和语境中，我们要进一步指出，如果从内在的观点即就人的自觉性本身而言，人的"生命潜能"及"自我意识"之于人的生活具有根本性或中枢性。

首先，从自我意识之发生看，它是人的生命通过其对象性活动的自身呈现。如果说在人与自然之间进行的生产劳动是人的意识形成的一般前提的话，那么，人与人的相互交往活动则是人的意识转化为自我意识的直接条件，因为"自我意识"作为"我"的意识和称谓，是相对于"你"和"他"而言的。

其次，从自我意识功能的发挥看，人的自我意识的"觉悟"，即人的自省、自知、自律、自主，无论对于人们成就一切事业，还是人的精神境界的提升和人生意义的澄明与实现，都是最为重要的内在根据。人类的一切文化教育，说到底不都是对于人的"心灵"即"自我意识"的开启、唤醒、充实和丰富吗？所以，历史上东西方的大哲们才不约而同地将思想的目光聚集于此。苏格拉底以阿波罗神殿上镌刻的"认识你自己"作为自己持守终身的信条；老子则说："知人者智，自知者明。"孔子谓："君子求诸己。"马克思不止自己具有高度的自我意识，并指出："理论要彻底，就要抓住事物的根本，而人的根本就是人自身。"即使青年黑格尔派们也能说出这句话，但马克思却赋予其"理论的彻底"与"人自身"在人的实践中贯通的意义。

既然中外的哲人将人"自己"、"自身"的"自知"、"自明"作为哲学的终极性目的问题，不恰恰意味着它们并不是像我们平时意识的那样简单自明、似乎完全是个人自己的事情吗？从实践的观点我们已知，人的自我意识及其自觉，决非单纯的个人的思想性事情，而是必须借助人们的对象化活动，尤其是包括伦理道德与文化教养在内的交往活动才能达到的，是人们自己创造的文化符号和社会环境与人的生理—心理意识世界不断地相互转换的结果,是"人性"得以形成的内在条件和表现形式。

当然,着眼于人类实际的历史,事情还要复杂繁难得多。例如,当我们说人自身的最高目的的实现就是人的天性和能力的自由发展时,却要懂得,这一最高目的只有通过人类漫长的充满血与火的历史进程才能为人自己所意识到和实现,人性之中也是既有神性也有动物性,这已然说明,人类的"自我"、"自身"都不是现成的自明的,也不是那么清白无辜的。因而,所谓超越动物本能存在的"为我的关系",也决不能无批判地将这里的"为我",固定地理解为个人之"我"、民族之"我";因为个人与民族都是人类的成员,人类是更大的"我"。然而,人类生存于其中的世界,又何尝不是更具本源意义的"大我"?

诚然,作为人的意识与语言,"我"或"自我"表征的首先是人类的个体与群体在社会横向维度和历史纵向维度上的特定关系,一个充满矛盾但必定要向前推进的人性化、文明化历程:从自在地"无我"到自发地"有我",从群体的"我们"到个体的"我",再到超越一切狭隘之我的、自觉自由的"大我"乃至"无我"的历史进程。当然,这不是一个简单的观念变化过程,而是一个不断地产生又扬弃人类内部分化和对立的现实过程。如果说,这一"否定之否定"在人类内部意味着最终要实现真正平等自由的主体际关系,使每个人的自由发展成为其他人、一切人自由发展的前提的话,那么,在人类与自然的关系上,它难道不应该表现为人类以消耗最小的代价与自然界之间的物质交换,又要对一切过去的物质交换形式的超越吗? 而人类从自我中心的功利意识出发对自然的敌对式征服和掠夺式开采,却正在加剧危害人类自身的生态系统的破坏。这不能不让人们重新反思自己的这个"自我"究竟与世界是什么关系。我们说,人生在世,人与自然对象的根本的关系是先在的生存论关系,人永远要以自然生态系统为其母体。那么,我们还能够在理解"为我的关系"时,将这一母体排除在外吗? 因而,我们也不应当把马克思在1844年手稿中所说的"自然是人的无机的身体"的论断放在现代历史之外看待了。

要言之,当人类进入文明时代,将目光从眼前事物投向无尽的天宇并导致了灵与肉、尘世与天国的两重化、二元化,同时也是人类内部主奴尊卑的等级式关系的建立；进入近代则反转来将投向天空的目光转向大地，并凭借主体理性主义的现代性理念，在宏观上开辟了包括经济全球化在内的人类世界历史，在微观上推动了个人走出传统共同体的独立与自由，那么，越来越能够相互转换的人类与每个个人，不是到了从根本上省思自己与大自然的关系的时候了吗？不是到了对自身给予新的启蒙的时候了吗？而这特别要求于不同民族和不同文化的，是它们内部与相互之间的平等而真诚的交往对话，通过这种交往对话，发现影响人类自身的自由与共生的问题，创造出更多的条件与机会，使人们生活得更为自主和平等，并使人们的欲望与竞争越来越投向"真正适合人的本性"的哲学、文学、艺术、科学、知识、体育和其他有益于人的身心和谐发展的智力与情感的竞赛与创作中。并为此设置一系列的制度条件及相应的维护和保障措施，最终实现人类现代实践方式自身的革命性变化。同时，促使业已显示出巨大革命作用的"主体"意识与"理性"精神反躬自省、自我扬弃，走出一度表现出来的唯我独尊与霸主姿态（像某些自以为比普通人高明且高贵的官员们和精英们那样），以谦逊的心态和宽阔的胸怀，亲近大地，关爱众生。

准此，则人类现代历史的脚步与大自然自身运动的节律，不就可以相互地呼应和共鸣了吗？

第五节　唯物史观与中国经验

马克思的唯物史观，既是一种现代的辩证历史观，也是一种现代的批判性社会观。依据唯物史观及其辩证法，马克思不仅对西方现代社会的矛盾做出了深刻的分析，也考察并预测了包括中华民族在内的东方世界的命运。对马克思的理论持基本赞成态度的美国社会学家沃勒斯坦，提出了"现代世界体系"理论，给出了西方与东方的"中心"与"边缘"关系。理论是概念化和逻辑性的，而具体的历史进程则充满偶然性、复杂性，即使前者原则上能够涵盖后者,也需要人们结合自身的经验给予解释乃至做出新的理论性思考。

近些年来,在中国经济取得巨大成就、社会呈现显著进步的背景下,马克思主义中国化和社会科学本土化的研究都越来越重视"中国经验"。所谓中国经验,既是指中国在实践经验方面的独特性,也指它在理论上的突破和建构意义。无疑,中华民族现代化历程的错综复杂、波澜壮阔,不仅在中国历史上是空前的,而且由于紧密地关联并折射着整个人类的现代命运,其经验也有了超越地域的普遍意义,它甚至对西方的一些社会科学理论也构成了挑战。从过去提出"中国问题",到现今提出"中国经验"、"中国模式",再进而提出"中国理论",固然令人兴奋,然而,这些概念要真正确立,真正发挥积极作用,首先需要加以分析和界定。例如,"中国经验"、"中国模式",都是关于中国问题之解答和解决的,对别的民族和国家或有启示意义,却未必适用。那么,"中国理论"呢?是指现代中国人建构的理论,其对象和内容,既关乎中国,也关乎世界呢,还是作为中国经验与模式的理论化?笔者认为,为了提供可资思考与借鉴的资源,我们特别需要回顾和重新总结"马克思主义普遍真理与中国实际相结合"的历史经验。如果要深入肯綮而不流于表面化,我们就要结合近代以来中国社会矛盾甚至悖论的认识和解答,重新解析马克思的唯物史观以及理论的运用、突破与创新的关系。

如所周知,马克思创立唯物史观,思想材料来自西方古希腊以来的思想文化传统和近代启蒙运动,就其理论宗旨与经验性内容而言,则是对19世纪欧洲社会矛盾特别是资本主义与封建主义、资本与劳动的矛盾的深刻概括与解答。马克思以体现于现代工业和商品经济中的生产与交往实践为思维坐标,探究整个人类社会历史的基本性状,由此得出人类社会历史发展取决于生产方式的矛盾运动的结论。列宁认为,马克思把社会关系归结于生产关系,把生产关系归结于生产力的高度,就有可靠的根据把社会形态的发展看作是自然历史的过程。[①] 唯物史观的"经典表述"也

----

① 《列宁选集》第1卷,人民出版社1995年版,第8页。

因此成为可媲美于自然科学"精确性"的社会理论范式。能够客观地测定其水平高低的人类生产力是"同质"的、"可比"的,作为生产力的"社会形式"的生产关系就有了同类可比性,树立于其上的上层建筑意识形态也因而得到"科学"的解释。

这样,从生产发展的逻辑即生产力与生产关系的矛盾运动中建构出的唯物史观,不仅从纵向上说明了西方社会形态的嬗递,也从横向上揭示出东西方不同民族"普遍"的发展"规律",无论这些民族有多么大的历史文化差异。正是根据这一"普适"的理论,并依据飞速发展和扩张的资本主义商品生产和交换,马克思进而揭示出现代人类所面临的共同命运,这就是从农业社会走向工业社会,走向资本所驱动并主导的世界历史;资本主义自身的矛盾运动及其在世界范围内的胜利,又为"共产主义"的来临创造了条件,人类解放的共同前景由此展示在世人面前。这就是马克思经典的唯物史观给我们描绘的人类历史图景。

然而,问题在于,"社会生产力"并不是单纯的技术概念,科学技术的产生与发展也不是科学技术本身可以说明的,它们都内在地关联着社会的分工、交往,社会个体与群体的相互关系与价值取向,涉及作为社会软件与灵魂的文化的性质和性格。而人们在特定的自然历史条件下形成的生活信念和价值观念,包括集体意识与集体无意识,恰恰构成社会的另一种基础即文化精神基础。[①] 正因为如此,在中国传统的农耕社会,由于生产必须依赖特定的自然条件,"靠天吃饭",加之没有私人财产权的保护,普通民众能够安居乐业已经知足,并无不断改进技术和生产方式的积极性,因而生产力不是"最活跃"、"最革命"的因素,其发展大部分时间都极其迟缓。即使在西方,生产力的快速发展也主要是进入近代社会的现象。事实上,并不存在赤裸裸的"生产力",生产力概念只是一种理论的抽象,在现实上它总是寓于具体的社会生产活动之中,并因而直接受着人们的交往关系和整个社会结构的支持或限制。如同农民在"人民公社"的体

---

① 〔俄〕谢·弗兰克:《社会的精神基础》,王永译,生活·读书·新知三联书店1992年版,第75—96页。

制下,并无多高的生产积极性,实行"家庭联产承包责任制"之后,生产的积极性一下子释放出来。因而,孤立地理解生产力及其发展是不行的,其"科学性"或"规范性"本身也是抽象的。对自然界的认知和把握可以主要靠科学研究,人类社会却不可能由追求同质化的"科学"包揽。因为一方面,人对自身的情感、意志和价值取向的把握要靠"同情地理解",并且"以自身为目的"的人,不可能被完全对象化或外在化;另一方面,生存于不同的自然历史条件下的群体和民族,形成了各有其特点的历史文化传统,他们生活的合理性首先蕴含在这种传统之中;即使这些群体和民族走到一起,处于差不多的社会条件或平台之上,他们文化的差异性和多样性也仍然是他们自我认同及确立主体性的基本依据,是他们相互借鉴与学习并做出自己独特贡献的宝贵资源。

那么,我们应当如何看待唯物史观及其与中国经验的关系?这就需要先来明确一个理论问题,即唯物史观的"广义"与"狭义"之分。

狭义的唯物史观主要指它的"经典"表述,它更多地属于一种具有经验实证性和规范性的社会理论,这个理论对于西方工业化时代有着较为充分的理论分析和批判意义,却难以胜任对人类原始阶段和当代社会的解释。例如,越是在人类的早期,两种生产即"物的生产"和"人的生产"越是具有同等重要的地位,人与自然之间的生产关系和人类共同体内部的交往关系越是互为前提。只是在"物质生产"与"精神生产"严重分离、人类从"自然发生"的直接的"依赖关系"转向"以物的依赖性为基础的人的独立性"这一历史阶段,上面所引列宁的"两个归结"才能在理论上成立。同样,当代社会与马克思生活的时代已有巨大差别,如"知识"成为重要的资本、"符号"的作用越来越大、自然生态的问题越来越突出等等,要求唯物史观的经典表述及其结论在今天依然适用,也是不合理的。作为特定的社会理论,狭义的唯物史观的有效性是有其边界条件的。

然而,我们知道,马克思和恩格斯创立并运用唯物史观,凭借的是"按照事物的真实面目及其产生情况来理解事物"的唯物主义方法论原则,上述作为特定社会理论的狭义的唯物史观,体现着这个原则,却不可能是这一原则的最后完成。实际上,马克思和恩格斯在《德意志意识形态》中,既着重论述了唯物史观的社会理论的内容,又重视它的哲学意义的阐发。如他们对人类区别于动物并且规定着自己生存性状的"生产",就首先是作为人类总体性的生活创造活动看待的,这就超越了单纯的社会理论,也不同于他的政治经济学("生产、交换、分配和消费"四位一体中的"生产")范畴,从而体现出一种哲学的存在论视域;对于构成历史的"四个因素"和人类最初的"意识"与"语言"的论述,也大致是一种辩证的历史发生学的展开。包括马克思和恩格斯后来对他们理论的时空条件的限定和对过去所做的结论的修正,体现的都是"按照事物的真实面目及其产生情况来理解事物"的唯物主义方法论原则,这一原则正是他们对人类历史活动的现实性和批判性的自觉表达,因而也是对人们从其活动的主客观条件和境遇出发探索并实现自己活动可能性的要求。依据这一原则考察人类历史,我们才能在发现人类历史共通性的同时,把握不同民族在不同历史阶段的具体特点;在"眼光向下"地重视人类物质活动的基础性地位的同时,"眼光向上"地看到精神活动(及其符号形式)的引领性甚至主导性作用。这就是我们说的广义的唯物史观,它显然更多地属于哲学(因而也被等同于实践哲学)。

对于唯物史观的上述两重性,我们一开始并无明确的认识,随着对它理解的深入所做的广义与狭义(也可以说是普遍与特殊)的区分,恰恰紧密地联系着我们对蕴含在"中西古今"之争中的时代性与民族性、普遍性与特殊性的认识进程,紧密地联系着中华民族历史活动的自我突破、转换和扩展,因而也是中国经验的不断形成、修正和丰富。

就东方社会而言,由于特殊的自然地理环境以及与之适应的历史文化条件,导致所谓"亚细亚生产方式"的产生。但是,虽然同属东方,中国、印度与俄国的亚洲部分却有很大的差异。自秦统一中国之后,在无数小农以家庭为单位的生产生活的基础上,形成了 2000 年不变的"超稳定"的大一统集权和儒家文化主导,这个无限放大了的"家长式"集权,既适应了大一统帝国对内维护秩序和维护基本生产生活条件的需要(如治理大江大河),也能够较为有效地抵御外患。而自启建立夏朝以来,由于这个大一统的体制不是通过"公天下"而是通过"家天下"实现的,"天下为公"与"天下为私"的矛盾成为社会的基本矛盾,一旦一个王朝走向昏聩腐败,统治者与被统治者的矛盾激化,民不聊生,就会导致动乱和起义。于是,在上述超稳定结构之下,却形成王朝专制与社会动乱相互交替的局面。到明清之际,商贸活动虽然较为活跃,但由于缺乏相应的法律和技术条件的支持,统治者又总是通过重农抑商等措施严禁社会分化,因而"资本主义"即使有了"萌芽",也难以发展起来。①

然而,当西方近世文明以极不文明的方式撞开中华天朝的大门并持续地给予强烈冲击时,一方面,中华文明的传统秩序终于难乎为继,另一方面,正是由于西方文明的挑战与示范,刺激并呼唤出中国人的民族意识,传统文化中主张变法维新的思想与忧乐天下的情怀都得到彰显。应当说,当时许多先进分子的民族主体意识,恰恰表现为通过向西方学习而重建中国社会,中华民族"救亡图存"的活动也因此具有了现代属性和启蒙性质。他们认定从"西方"才能寻找到"救国救民的真理",说明在他们眼里中西之间不仅"可比",并且西方远比中国先进。而从"洋务运动",到"戊戌变法",再到后来的"辛亥革命"、"五四运动",即从可比的"器物"的变革出发,中国社会在内外矛盾的推动下,一步步地走向"制度"进而走向"观念"的比较与变革,这一历史的变化顺序,让人们意识到,"器物"不是孤立的东西,不单纯是人的聪明才智的产物,更是人们的社会关系体系即制度的产物,而制度的背后,则有人们的思想意识和生活信念作为支撑。而人们普遍的思想意识和价值观念,既是他们基本的社会生活条件和环境的产物,又反转来成为生活的范导性力量。正是随着"五四"新文化运动的展开,社会主义特别是马克思主义引起中国许多先进知识分子的兴趣,并得到他们的理解和信奉。中国近现代史中诸多"悖论"性现象,也是它不同寻常的矛盾运动的表现。

可见,马克思主义被中国人关注和接受是有前提的,这个前提包括"思想"和"历史"两方面。中国传统农业社会缺乏产生唯物史观的历史

---

① 学界对此有不同看法,笔者倾向于黄仁宇的观点。参见黄仁宇:《中国大历史》,生活·读书·新知三联书店 1997 年版;《放宽历史的视野》,中国社会科学出版社 1998 年版。

条件,但中国古代有朴素的唯物主义或经验主义思想,自先秦以来就有不少人强调过生产、技术和物质生活的作用,认为"仓廪实则知礼节,衣食足则知荣辱"。在中国历史上颇有影响的孟子的许多论述,与唯物史观的基本观点就有相通之处。如他主张的仁政,就是能够让百姓安居乐业、具有经济意义的制度和政策。他说:"五亩之宅,树之以桑,五十者可以衣帛矣。鸡豚狗彘之畜,无失其时,七十者可以食肉矣。百亩之田,勿夺其时,数口之家可以无饥矣。谨庠序之教,申之以孝悌之义,颁白者不负戴于道路矣。七十者衣帛食肉,黎民不饥不寒,然而不王者,未之有也。"又曰:"明君制民之产,必使仰足以事父母,俯足以畜妻子,乐岁终身饱,凶年免于死亡;然后驱而之善,故民之从之也轻。今也制民之产,仰不足以事父母,俯不足以畜妻子;乐岁终身苦,凶年不免于死亡。此唯救死而恐不赡,奚暇以治礼义哉?"①概括起来一句话:"夫仁政,必自经界始。经界不正,井地不均,谷禄不平,是故暴君污吏,必慢其经界。经界既正,分田制禄,可坐而定也。"②孟子的这些思想说明他是一个了解实际、体察民情的思想家,他和当时其他许多思想家所主张的先经济、后礼义、后政治军事的治国思路,符合中国传统社会发展的逻辑,在中国历史上也产生了很大影响。

　　然而,中国古代学者的这些朴素的思想,对于马克思唯物史观的理解,对于现代社会科学的理解,既有方便之处,也有不利的方面。方便之处是人们从衣食住行的生活问题的解决出发,进而重视物质生产的作用,特别是生产力的提高对人们社会生活的影响;其不利的方面则是容易将小农社会的生产生活方式,与现代工业社会的生产生活方式混为一谈,忽视现代工业所体现的人的主体性、科学性、进步性以及与市场紧密联系的现代文明的各种法律与规范。事实上,也正是随着中国发生"亘古未有之巨变",原来被认为优越于西方的"道德、学问、制度、文章"严重失效,这才提醒人们向西方寻找能够解释这一历史巨变,并帮助中华民族复兴

---

① 《孟子·梁惠王》。
② 《孟子·滕文公上》。

的思想理论。也因此,主张"物竞天择、优胜劣汰"的"进化论",反对迷信的"科学"和反对专制的"民主",才被中国人普遍重视和接受。以此为思想铺垫,加之第一次世界大战后人们对西方文明的怀疑、十月革命的成功以及"社会主义"思潮、"互助论"乃至"无政府"思想的影响,那些决心彻底改造中国的革命者才将目光投向坚信人民群众创造历史、历史从低级向高级发展并最终走向共产主义的马克思的唯物史观,认定它才是真正具有理论优越性的先进理论。①

如同俄国十月革命充当了国人接受马克思主义的中介,国人对马克思主义特别是唯物史观的理解,也首先是通过对"阶级斗争"和"社会革命"观点的关注。毛泽东有一句名言就是:"阶级斗争,一些阶级胜利了,一些阶级消灭了。这就是历史,这就是几千年的文明史。拿这个观点解释历史的就叫做历史的唯物主义,站在这个观点的反面的是历史唯心主义。"②我们知道,马克思自己说过,"阶级斗争"不是他的发现,法国波旁王朝复辟时期的历史学家梯也里、基佐、米涅等人已经指出阶级斗争与经济和财产关系的联系以及对历史的推动作用,毛泽东的这一说法表明他对马克思历史唯物主义的认识有不小的片面性,但在当时的中国又是难以避免的。正在挣脱传统的中国人要真正理解作为西方工业社会自我批判的唯物史观,不能不经历一个由浅入深、不断修正的过程。

从中国社会发展和思想认识极其曲折,长期陷入在两极间摇摆的"怪圈"中来看,西方资本主义对中国造成的"双重影响"以及由此导致的中国自身的悖论性质是关键性问题所在,这也是正确理解"中国经验"所要弄清的一个重要问题。

西方资本主义的"帝国扩张"对中国所起的是作用是双重的、矛盾的,中国人的选择也往往处于两难之中。美籍华人学者黄宗智认为:国际帝国主义和世界市场既促进了中国经济的一些重要部门的发展,也给中国制造了相当大的混乱和不景气。他并且通过考察中国长江三角洲城镇

---

① 许纪霖主编:《二十世纪中国思想史论》下卷,东方出版中心 2000 年版,第 369—454 页。

② 《毛泽东选集》第 4 卷,人民出版社 1991 年版,第 1487 页。

的兴衰,得出如下论断:公元1350年至1850年间长江三角洲的历史,与斯密和马克思的经典模式及其衍生的观点相反。因为这500年的商品化并未导致资本主义萌芽和近代早期的发展,而是使小农经济和家庭生产更趋完备了。这段历史表明,简单地把英国古典经验抽象而来的模式套用到中国的经历是不适当的。它提醒我们去注意因后来的资本主义发展而使人们忽略了的经验,注意对资本主义组织形式发展的抵制因素,而不是这类组织形式的必然性。欧洲史学家已注意到英国与多数欧洲大陆国家的区别。中国的例子则以放大了的形式清晰地显示了西欧迟发展地区的某些倾向。① 他还在另一篇文章中指出:"我们的中国史领域长期借用源自西方经验的模式,试图用这样或那样的方式把中国历史套入斯密和马克思的古典理论。我们现在的目标应立足于建立中国研究自己的理论体系,并非是退回到旧汉学的孤立状态,而是以创造性的方式把中国的经验与世界其他部分联系起来。"因而,他提出中国"悖论社会"(paradoxicalsociety)概念,指"一双双相互矛盾、有此无彼的现象的同时存在"。这正是要表明从中国实际出发,尊重它"违背西方理论信念的实际";而"只要我们敢于正视这个悖论现象,便会立刻对预期它们不会同时并存的理论信念及其所包含的因果逻辑提出质疑"。也"正是悖论社会的现实以及现代传统中的实践和理念传统为我们提供了一个建立符合中国实际的学术理论和发展道路的方向"。②

　　笔者认为,对中国近现代变迁的考察,从历史哲学的角度看,更应当着眼于由西方资本主义主导的世界经济体系的"中心"国家对"边缘"国家的不断扩张和侵蚀、整个世界的资本主义一体化和宗主国与殖民地的严重对立、东方国家为了民族自救和富强而形成的新式民族主义、后来长达半个世界的两大阵营对立等这类世界性矛盾结构及其变化,对中国社会总体上的制约和影响。不难发现,中国20世纪初从"旧"民主主义革命到"新"民主主义革命,革命胜利之后迅速地从"新民主主义"到"社会

---

①　黄宗智:《长江三角洲小农家庭与乡村发展》,中华书局2000年版,第305—306页。
②　黄宗智:《中国经济史中的悖论现象与当前的规范认识危机》,载《史学理论研究》2003年第1期;黄宗智:《悖论社会与现代传统》,载《读书》2005年第2期。

主义改造"的转变,"阶级斗争为纲"和"无产阶级专政下继续革命"、"理论"的提出及其自我折腾,直到"文化大革命"十年浩劫的发生,这一越来越"激进"的、"左"的政治和文化取向,固然与革命集团尤其是它的最高领导的认识与个性分不开,但更为基本的原因,则在于"冷战"及其敌对性思维及意识形态的确立,而冷战及其思维,又是全世界发展的严重不平衡和东西方两大文化形态直接碰撞的反映和结果。

我们知道,按照马克思的唯物史观,处于小农经济阶段的东方国家本来不具备从事社会主义革命和建设的物质基础,但东方国家为了自救和独立,避免成为西方资本主义的附庸并产生新的阶级分化,往往会在经济上采取统制式的社会主义模式。不止是苏联、中国等信奉马克思主义的国家,像印度这类在政治上采用西方式民主体制的国家,在经济上也长期实行计划经济,其经济改革甚至迟于中国。至于奉行列宁主义的政党,则在自己国家的政治和经济领域都建立了高度集中的体制,社会实际上处于半军事化状态。其原因,一方面,这些国家的经济文化虽然落后,但社会矛盾的尖锐和社会变革要求的强烈,却往往超过西方资本主义国家,因而,那些旨在建立社会主义的政党,就必定像列宁那样高度重视"革命辩证法",把革命者的历史能动性、创造性给予最大限度发挥,把政治思想的宣传和统一、政治革命的动员与组织、革命政权的夺取与巩固放到首要地位,并借助党和政权的力量大力推动生产和经济的发展,改造和重建社会。确如列宁所说:"在东方那些人口无比众多、社会情况无比复杂的国家里,今后的革命无疑会比俄国革命带有更多的特殊性。"①另一方面,又在于这些国家大都有政治上集权的传统,这种传统为"举国体制"提供了历史的合法性和路径依赖。因而,在取得国家政权之后,马克思列宁主义的政党为了迅速开展工业化建设,都要利用政党的核心作用与国家的力量,"改造"和"规划"整个社会,最大限度地增加生产、汲取资源和积累资金。"社会主义"也因此具有了东方的特点。

这样,无论这些国家采取的具体政策有何不同,在强化中央集权乃至

① 《列宁选集》第 4 卷,人民出版社 1995 年版,第 692—778 页。

个人专断、以人治取代法治等方面，必定有着高度的类似性甚至一致性。为了统一全民的意志，消除反对力量，更会诉诸阶级斗争和排除异己的政治运动。我们做这样的分析，当然不是认为左倾有理，更不是主张以"革命"、以"社会主义"的名义制造冤假错案的组织与个人没有罪错，而是从总结经验教训的角度，找出产生这些问题的社会历史原因，然后有针对性地采取消除的措施。邓小平说：斯大林严重破坏社会主义法制，毛泽东就说过，这种情况在欧美国家是不会发生的。① 欧美国家不会发生严重破坏法治的情况，其一在于它们有强大的民主传统，其二在于它们有较为健全的政治和法律架构。而东方国家既缺乏民主的传统，又长期认为以党代政、搞群众运动既合理又有效。因而，不仅斯大林严重破坏社会主义法制，制造大量冤假错案；前东欧国家也实行高压统治；我们也一度重蹈斯大林的覆辙；而柬埔寨红色高棉的恐怖政策，更是激起天怨人怒……发生在东方"社会主义"国家的这些异常严重的错误，既有国际国内复杂的现实原因，也有东方思想文化传统因素的作用，仍然需要我们从不同的角度给予分析、批判和清除。

从制度和观念的双重角度看，传统的社会主义模式非但难以消除东方专制的传统、家长制的传统，还有意无意地利用并强化了这个传统，这里面的确有一个两难的问题，那就是东方社会既不可能一下子摆脱这个传统，还希望利用这个传统维护国家统一，加速社会的现代化。问题在于，利用这个传统的结果，是为消除这个传统准备条件，从而推动"国家本位"向"社会本位"的转换，还是延续乃至强化国家对社会全面的控制？后者只能导致社会处于萎缩状态，即广大民众缺乏个体主体性和创造力，不能自发地形成相互竞争与合作的关系，社会也因之缺乏生机与活力。参照一些亚洲国家的现代化进程，比较我们改革开放前高度集权的计划经济体制，以及后来在新的权威主导下对市场机制的引进，家庭式企业的普遍发展和达到一定规模之后的经营权的改变等事态，不难看出中国社会作为东方世界变迁的矛盾和特点：在西方的冲击下，中国呈现出各种相

① 《邓小平文选》第2卷，人民出版社1994年版，第333页。

反的可能性,面临这些可能性,中华民族原有的差异和矛盾进一步扩大,造成整个民族的严重分化和冲突,要实现统一和社会的稳定,也不能不采取有中国特色的方式。由于中国没有经历资本主义的充分发展,家长制的和专制的传统未得到有效清理,后来则延伸到现实"社会主义"的计划经济和行政权力之中,限制了基层的个人的权利与自由。事实表明,在包括中国在内的东方国家,要避免把马克思的"科学社会主义",再变回到"空想社会主义"或变成"国家社会主义",就必须实行市场经济,大力推进民主政治,让"社会"本身得到充分发育,形成高度的自组织能力、自律和自治能力。要彻底走出人的群体依赖和人身依附,就必须借助对包括自己劳动力在内的商品的依赖,必须依靠民主与公开监督、相互制约的政治法律制度,并让教育、学校、各种社会组织和整个知识界舆论界,承担起知识普及、思想辨析和公民教育的责任,这样,也才能遏制住由于缺乏超验信仰、传统道德又严重丧失的世俗文化的庸俗化甚至恶俗化,及其对于腐败、潜规则和权贵资本的助长作用。

通过实践经验与理论研究的结合,我们对中国社会转型的内在逻辑已有较全面的把握,其中,理论上最大的收获,除了上面所说,笔者认为就是对中国"社会主义市场经济"认识的不断深入。最初我们往往把"社会主义"与"市场经济"视为两个外在的东西,前者指"政府",后者指"经济","社会主义市场经济"就是让社会主义的政府"指导"或"规范"市场。这种看法有一定的经验支持,市场经济毕竟是我们从西方引进的经济体制,而西方的实践也表明,单靠"看得见的手"或"看不见的手",都不能推动经济和社会的正常发展,双方必须结合。但是,如此看待中国通过改革开放建立的"社会主义市场经济",还是比较表浅、形式化的。符合历史基本事实又符合马克思唯物史观与科学社会主义的观点是:市场经济本身就具有社会化的功能并推动着现代社会的发展,如同马克思所说:只是"以物的依赖性为基础的人的独立性"的社会形态,"才形成普遍的社会物质交换,全面的关系,多方面的需要以及全面的能力的体系"。①

---

① 《马克思恩格斯全集》第30卷,人民出版社1995年版,第107—108页。

"人的独立性"的社会形态,就是以市场经济为基础的社会形态。脱离了这一经济基础,"社会主义"就无异于沙上筑塔,那是"空想社会主义"而非"科学社会主义"。诚然,一方面,市场经济本身有一定的盲目性,它所孕育的"人的独立性",必须凭借"物的依赖性"和围绕物质利益的竞争,因而又会造成人与人的分离甚至对立,阻碍人的全面发展。所以,马克思认为,只有人们"共同的、社会的生产能力成为从属于他们的社会财富",才有真正的"个人全面发展"和"自由个性"的普遍形成。另一方面,如上所言,"现实的社会主义"作为落后国家在资本主义世界性扩张和战争中矛盾激化的产物及自救方式,正因为"不具备社会主义所需要的"经济和文化水平,所以更要借助政权的力量大力推动现代经济和文明的发展。然而,这不可能是政治对经济与社会的单向度改造,而必定是社会主义经济基础与上层建筑的双重建设,是现代化的政治、经济与文化在互动中的共同发展。总之,马克思所说的人类发展的"三大形态"的历史逻辑是不可超越的,但这三大形态在世界上不同地区和国度的表现形式又是不同的,由此造成现代人类社会辩证运动的高度丰富性和复杂性。

随着整个社会在分工合作、分化整合中自组织、自调节功能的加强,今天的中国已基本走出"极性思维"和"一收就死,一放就乱"的状态,新的人文价值秩序正在形成。就当前中国而言,不断提速的社会前进的列车虽然早就驶出原来的十字路口,却仍然受到各种问题的困扰。中西古今之争仍然以不同的形式表现出来,开放与封闭、专制与民主、公正与偏私、清廉与腐败、文明与野蛮、低俗与高尚,仍然是我们这个社会在实践中面临的严重问题。反观黄宗智的结论,他也并非要以"民族"性取代"时代"性,或从根本上取消"现代"与"传统"的区别,而是要破除它们僵硬的二元对立,给历史以多样性和富有弹性的——也是更为真实和具体的——解释。如果说上述事实对唯物史观的经典形态确实有很大突破的话,那么,它却确证了广义的唯物史观的方法论功能。事实上,中国革命的逻辑也否定了在中西与古今之间非此即彼的思维,尤其是马克思主义与中国经验之间的二元思维。毛泽东就一再强调"马克思主义普遍真理与中国具体实际相结合",主张"马克思主义中国化"及其"民族的形式与风格"。这种具体地看待和运用普遍理论的主张与态度,体现并推动了中国现代历史的辩证运动。关于马克思主义在西方以外的世界所起的作用,英国马克思主义研究者麦克莱伦提出了下述看法,他写道:

> 作为维多利亚时代的思想家,①马克思把欧洲、北美视为世界舞台的中心和未来革命的战场;而现在,这位思想家却明显地被第三世界的人民尊为导师;最为重要的是,马克思所设想的共产主义革命发生在经济福利达到一定水平的国家,足以保证革命以后人民享有很大的政治自由。然而结果却是,马克思主义的学说在这样一些国家中取得了最大的成功,在那里,资源的匮乏意味着政治自由是件无法获取的奢侈品。因此,在很多发展中国家,某些同民族主义相结合的马克思主义就充当了群众参与现代化进程的一种意识形态。②

应当说,这一看法是颇有道理的。在经济落后政治专制的东方社会,要以马克思主义为指南,实行社会主义,难以采取西方式的议会民主,而必须利用文化传统,发动民族大众,诉诸武器的批判和批判的武器,而在取得政权之后还要借助国家权威推行生产的社会化和工业化,因而也就会肯定集权的作用和民族主义。然而,这一切毕竟与马克思主义处于"结合"即相互作用之中,如果说这种结合难以避免对马克思主义理论的"误解"或"降低"的话,那么,只要他们对此有清醒的认识,他们就会通过对传统的取精用宏和改造重建,通过使民族主义向国际—世界主义的提升,在新的更高的历史基点上实现马克思主义对中国具体实践的指导,形成新的实践形式及理论性表述。不断通过具有"过渡"性和"暂时"性的实践及理论形式,寻求和实现"普遍"的"恒久"的制度与思想文化建设,是笔者称为"通过他者,重塑自身"和"利用传统,重建传统"的重要中国经验。这一经验并非只是"运用"和"变通"源于西方理论的经验,它也提

---

① "维多利亚时代"即大英帝国在维多利亚女王统治的时期,时间上指从 1837 年到 1901 年。这个时期被普遍认为是英国工业革命的顶点时期,也是大英帝国的经济文化发展的全盛时期。

② [英]戴维·麦克莱伦:《马克思以后的马克思主义》第 3 版,李智译,中国人民大学出版社 2004 年版。

供着突破现有理论局限的普遍性视域，并给予创新。

我们知道，人类生存于其中的自然地理环境和气候，是既支持又制约他们生存方式的基础条件。中国人在应对东亚大陆的自然环境的过程中，形成了以家庭家族为本位的生产生活方式。这种生产生活方式又造成了他们重视群体或整体"和合"、"均等"，担心"分化"、"竞争"的文化心理。但限制分化和竞争就意味着束缚个体的积极性和社会的多样性与活力。近代以来，中国传统文化之所以较之西方现代文化相形见绌，根本上在于它的社会历史形式停滞、僵化了，不仅不能体现甚至禁锢了中国文化的精神和基本理念。它与西方文化及其价值的对立，首先在于它与自身的普遍精神陷入对立！这才是中国传统文化问题的要害。直到改革开放，我们承认了社会内部存在的差异与合理的竞争，允许一部分有条件的人先富起来，并引入市场机制使社会得以自发地分化与整合，上升到哲学上说，这就是在社会中贯彻理性原则，包括借助"主客二分"的认识论。但中国的经验同时表明，只有在包含差异的整体性视域中推动分化，才不至于使社会陷入分裂，使人与自然陷入对立，而可达至人与人和人与自然的良性互动，因而"和而不同"是较主客二分更高并更具统摄性的理念。这种以"和而不同"主导的新的中国经验及理论性表述，对于当今许多世界性问题的解决，都有参考意义，也将为唯物史观注入"差异性"和"多向性"的维度，使其更符合现代人对自由、平等与正义的多重要求。

前些年我们常说"在西方历时性的现象在中国却共时性地存在着"，言外之意就是中国的"共时态"是异常的、有问题的。相对于西方和我们自发形成的传统社会，近代以来的中国的确变得异常，它造成了我们的诸多两难处境和两难选择，笔者以"悖论"加以形容。但是，如果超越东西方的分离和对立，从全球多样统一的角度看问题，则这种现象于异常中又显示出平常。中国内部的显著差别和不平衡，是自身原因与外部压力与挑战两方面叠加的结果，在一定意义上，可以视为人类进入"世界历史"以来东西方（以及南北方）发展严重不平衡的反映甚至缩影。这其中当然有属于不同时代的现象，有时代性差距，但也有不同的自然历史条件所导致的文化类型的差异及生活方式的多样性。其实，单纯的历时性进步是一种抽象,事物及人类的时间与历史既要在空间上展开,又必定体现为空间性变化,如西方国家的历史进步就离不开世界性的殖民扩张。人类历史本身就是历时与共时的统一及其相互转化。所以,我们既不能将历时性现象单一化、线性化,也不能将共时性现象平面化、凝固化,而应当将其视为一个大历史循环过程的过渡环节。我们今天要重点解决的是各地区、各民族之间由于严重不平衡而导致的疏离、冲突、误解甚至敌视,而努力通过对话、交流与援助,将其转变为良性的互斥互补的关系,转变为世界性的动态平衡和开放性循环。

与马克思历史观颇有相通之处的沃勒斯坦的"世界资本主义体系"理论就不存在历时与共时的二分,他认为资本主义这个世界体系虽然发端于早期的欧洲,但按照其本性却要扩展并囊括整个世界,包括将中国纳入其中,并制造出新的不平等。而中国在被纳入这个系统之后,也完全有可能进入中心地带。因为"在这种体系内,在长远的历史时期中,从结构上看,优秀分子的循环出现很可能是不可避免的,这意味着在一定时期中某个占统治地位的国家往往迟早要被另外一个国家取而代之"①。当然,从资本主义的一元多样体系转换为一体多元的新世界体系,消除资本主义所加剧的各民族之间的不平等,消除中心与边缘的固定区分,才是人类应当努力的方向。当代中国一方面积极地向海外投资、援助,一方面努力探索各领域、各地区之间乃至人与自然环境之间合理分化又良性互动、和谐相处的关系,重建民族的也是现代的人文价值秩序,无疑将形成更具时代意义和见解独特的实践经验。

由于特殊的自然环境和历史传统,东方人的经验和西方人的经验都有特殊性,普遍性只能存在于特殊性之中;而特殊事物作为特定时空条件所规定的事物,就有了限定与局限,而难以充分表达、体现人生宇宙的普遍永恒之道。特殊事物的空间局限性,需要各种特殊事物的互补来解决;特殊事物的时间局限性,则需要其革故鼎新、与时变异。因而,真正重视

---

① [美]沃勒斯坦:《现代世界体系》第 1 卷,尤来寅等译,高等教育出版社 1998 年版,第464 页。

中国民族文化特殊而又不乏普遍性的价值，不能采取人为"保护"的办法，而只能让它在与西方文化的碰撞和交流中，实现创造性转换，焕发出新的生机与活力。不同民族的生命活动既会在某些方面趋同，也会在另一些方面趋异，同异之间也是相对而言、相互转化的。中国人在现代化和文化复兴的过程中所获得的经验，与西方人的经验也必定有同有异，而随着全球化与地方性的相互区分与转化，随着人类内部交往的扩大和应对共同问题的合作的发展，他们的经验将更多地会通并得以共享。因而，中国经验作为现代人类经验的重要组成，既有其独特性，又并非与其他民族的经验不相干；我们不可轻视它，但也不可盲目夸大，而最需要给予的是合理地分析与提炼。从目前来看，我们在理论上所做的主要工作，一是借助实践经验，从"公理"中引出"定理"①，二是对古代与现代的思想理论给予整合，建构出属于我们自己的理论框架。只要真正做到中西思想理论的融会贯通，我们在理论方面真正的原创性也就为期不远了。

---

　　①　这里我们借助了自然科学的"公理"概念。在宽泛的意义上，人文社会科学的基础理论或原理，也有公理的属性或意义。如中外的许多"人性"假设、"人性论"虽然未必得到学界"共同认可和遵从"，但就其成为某一学术共同体的共识并构成其学术大厦的基础或前提性条件而言，也可以说是一种公理。当然，人文社会科学的公理都会打上时代的烙印，往往在一定历史时期才被认为是"不言而喻"，或充分有效的。

第 三 章

"主义"的选择与"传统"的重构

近代以来中国的沧桑巨变,既需要并呼唤着新的思想观念,尤其是关乎社会发展方向、具有政治纲领意义的"主义",又是中国人接受并实践某种思想观念特别是某种"主义"的结果。在众多"主义"中,中国人最终选择了马克思主义暨马克思的唯物史观与科学社会主义。正是通过这一选择,促进了中国从近代史走向现代史。在几乎整个 20 世纪,中国人都是通过马克思主义理解现代资本主义和现代社会主义的。马克思主义被中国人作为指导思想和付诸实践的过程,也是马克思主义中国化的过程,研究这一过程发生和展开的条件、原因、中介和机理,足以为我们提供一个中西文化交融与结合的范例,并促使我们进一步思考现代与传统、现代性的全球化与地方性的关系。

第一节 "主义之争"与"社会主义"的胜出

我们知道,在 20 世纪 20 年代的"五四"时期,在中国新文化阵营内部发生过一场"问题与主义"的辨析与争论,这场主要在胡适与李大钊之间展开的讨论和争鸣,既有思想性和学术性,又体现着不同的社会政治倾向和主张,虽然为时不长,但其历史影响却不小。在这场争论发生之前,西方的许多思想理论和"主义"涌入中国,由于"主义"是具有方向性和纲领性的社会"主张",且用语明快简洁,于是更容易被人们关注、谈论和在社会上流行。实际上,胡适与李大钊都不认为问题和主义是截然二分的,只不过胡适更关注一个个具体社会问题的研究和解决,李大钊则认为当时中国的问题需要"从经济上"入手的"根本解决"。

　　关于"主义",胡适认为:"凡'主义'都是应时势而起的。某种社会,到了某时代,受了某种的影响,呈现某种不满意的现状。于是有一些有心人,观察这种现象,想出某种救济的法子。这是'主义'的原起。主义初起时,大都是一种救时的具体主张。后来这种主张传播出去,传播的人要图简便,便用一两个字来代表这种具体的主张,所以叫他做'某某主义'。"这大体不差。但他因此担心并批评"主张成了主义,便由具体的计划,变成一个抽象的名词。'主义'的弱点与危险就在这里。"然后举"社会主义"、"过激主义"为例,说明虽然用同一名词,其宗旨和人们的理解却大相径庭,最后指出不去研究和解决"这个问题"、"那个问题",却高谈"这种主义"、"那种主义",以为社会问题由此就可以得到"根本解决",他不客气地说:"这是自欺欺人的梦话,这是中国思想界破产的铁证,这是中国社会改良的死刑宣告!"[①]胡适的这一批评,确乎在指出当时中国思想界一些弊端的同时,由于要维护自己所信奉的"实验主义"哲学与"社会改良"论,而否定了关乎社会问题根源即结构与制度方面的"革命"。因此遭到李大钊的反对是必然的,诚如李大钊所说:"'问题'与'主义',有不能十分分离的关系。因为一个社会问题的解决,应该设法使他成了社会上多数人共同的问题。要想使一个社会问题,成了社会上多数人共同的问题,应该使这社会上可以共同解决这个那个社会问题的多数人,先有一个共同趋向的理想、主义,作他们实验自己生活上满意不满意的尺度(即是一种工具)。那共同感觉生活上不满意的事实,才能一个一个的成了社会问题,才有解决的希望。不然,你尽管研究你的社会问题,

---

　　① 《胡适文集》,北京大学出版社1998年版,第250、251页。

社会上多数人,却一点不生关系。那个社会问题,是仍然永没有解决的希望;那个社会问题的研究,也仍然是不能影响于实际。所以我们的社会运动,一方面固然要研究实际的问题,一方面也要宣传理想的主义。这是交相为用的,这是并行不悖的。"①

胡适与李大钊围绕"问题"与"主义"的这一论争,学界已有全面而公允的评说。其实,对于当时的中国思想界来说,真正重要的关键性的问题,与其说是问题与主义之争,不如说是形形色色的"主义之争"。19世纪的西方是产生各种思想和主义的世纪,这些思想和主义在20世纪初期大都被引入中国,如无政府主义、互助主义、实验主义、个人主义、国家主义、民族主义、自由主义、民主主义、共和主义、资本主义、社会主义、共产主义、团体主义、保守主义等等,各种主义纷至沓来。当时中国的许多先进分子,都试图通过对自己认为先进的或合理的"主义"的信奉与实践,从根本上解决中国众多严重的社会问题,如"无政府主义"甚至得到许多知识人一时的青睐。

然而,在各种主义的竞赛中,先后胜出的是"民主主义"与"社会主义"并且被给予有中国特色的重释,这本身就反映了在当时国际关系与地缘政治影响下中国社会变迁的需要与逻辑。成为中国革命伟大先行者的孙中山先生本人就是中西两种文化结合的人物。② 他考察西方政治经济制度与社会生活,并借鉴林肯"民有、民治、民享"的观念,创立的以"民族"、"民权"与"民生"为宗旨的"三民主义",堪称中西政治思想的合璧,是有中国特色的民主主义。但在辛亥革命推翻帝制建立民国之后,中国社会又陷入军阀称霸的局面,民族仍然处于危亡的困境。1917年列宁领导的十月革命的成功及建立的苏维埃社会主义政权,不仅号召全世界被压迫阶级与被压迫民族的大联合,而且宣布废除沙俄与其他国家签订的

---

① 《李大钊选集》,人民出版社1959年版,第228—233页。
② 孙中山(公元1866—1925年),出生于广东香山,青少年时期先后在家乡、美国夏威夷和香港读私塾、中学和大学医学,不仅接受传统教育,还接受了比较系统的西方近代教育,加之丰富的生活阅历,形成了开阔的国际视野,对经济衰落、政治腐败的晚清社会,有了比一般人更深的感触与认识,也并逐渐形成了推翻清朝、结束帝制、改造中国的系统化主张和理论。参见《孙中山选集》,人民出版社1957年版。

不平等条约,对中国产生了巨大的影响,有力地推动了社会主义思想在中国的传播。孙中山在寻求西方民主国家帮助其革命的努力失败后,转而将目光投向苏俄并迅速得到其支持,不仅加强了国民党的组织性和战斗力,而且直接促成了再造民国的"国民革命"的开展。中国 1919 年爆发的"五四"爱国运动,导火线固然是巴黎和会,但十月革命"送来"的"马克思列宁主义"也是"社会主义",更是为其做了思想上的启示和铺垫。随着中国共产党的创立,国民革命进一步发展成为"工农革命",处于社会最底层的广大工农被组织进革命队伍,中国社会出现了一场比一场更广阔、更激烈的革命运动。

从思想理论上说,严复、梁启超等从英伦、欧美和日本介绍进来即广受欢迎的进化论、进步主义历史观,和被重新激活的"天下为公"、"天下大同"的理念,构成中国大批先进分子选择马克思列宁主义及其社会主义的观念基础。如青年毛泽东就深受"大同"和康有为《大同书》的影响,他在 1917 年写给友人信中说:孔子"立太平世为鹄,而不废据乱、升平二世。'大同'者,吾人之鹄也"①。即使当时许多人认为"社会主义"、"共产主义"不如"民主主义"更适合中国国情及现实可能性,但因其主张通过"公有"消除"私有",消灭剥削和压迫,于是就在道德价值上展示出优越性。然而,不是其他牌号的"社会主义",而是马克思所主张的"社会主义"即"科学社会主义"赢得了中国许多革命者和先进知识分子的服膺,这既与他们认可马克思的唯物史观、阶级斗争学说直接相关,也反映出他们在一定程度上走出传统文化道德至上的"道德主义",有了对"理性"与"科学"的重视,对"德先生"、"赛先生"的欢迎也说明了这一点。

马克思的科学社会主义正是"科学与价值"的高度统一。与所谓"社会唯名论"相反,马克思的社会观传承亚里士多德关于"人是社会(城邦)动物"的观点并给予哲学的提升,肯定"社会"是人类与自然界在生活实践中实现的本质的统一;并认为人类进入以市场为基础的市民社会之后,不再是黑格尔所说的"国家决定社会",而是"社会决定国家"。马克思既

---

① 李锐:《毛泽东早年读书生活》第二部分,辽宁万卷出版公司 2005 年版。

坚决反对"国家主义",也不赞成原子化的"个人主义",他在思想上立足于"人类社会或社会化的人类",深入探讨现代社会特别是其经济领域的内在矛盾及辩证运动,揭示社会走向"自由人联合体"的现实途径。马克思通过对"空想社会主义"的批判性扬弃所创立的"科学社会主义",不是具体的社会主义模式,而是关于"社会主义"的根本原则。其一,生产关系一定要适应社会生产力的发展,社会主义只能建立在社会生产力的高度发展之上。社会生产力也不是简单的技术概念,而是涉及社会与文化多方面内容的系统性概念。其二,基于社会生产力高度发展的社会主义社会,是人的社会化与个体化的高度统一;人们共同占有生产的社会条件,自觉地组织社会的生产和分配。而当时的中国社会生产力的水平极其低下,也不具有进行社会主义革命的条件。所以,当时中国共产党根据中国"半殖民地半封建"的社会性质,明确"反帝反封"的革命属于"资产阶级民主主义革命"的范畴,因而,并不反对资本主义,而是支持它一定的发展,这当然是完全正确的。1945年毛泽东在《论联合政府》中就强调指出:"有些人不了解共产党人为什么不但不怕资本主义,反而在一定的条件下提倡它的发展。我们的回答是这样简单:拿资本主义的某种发展去代替外国帝国主义和本国封建主义的压迫,不但是一个进步,而且是一个不可避免的过程。它不但有利于资产阶级,同时也有利于无产阶级,或者说更有利于无产阶级。现在的中国是多了一个外国的帝国主义和一个本国的封建主义,而不是多了一个本国的资本主义,相反地,我们的资本主义是太少了。"①只不过由于共产党领导这一革命,革命任务完成后是要建设"社会主义",故称之为"新民主主义革命"。中华人民共和国建立不久,党和国家就开始了对农业、手工业和资本主义工商业的"社会主义改造",原定10年到15年的过渡时期,结果只用了4年时间,就实现了把生产资料的私有制转变为"社会主义公有制"的目标,中国于是从"新民主主义社会"跨入"社会主义社会"。这在当时,既有国际形势紧张和战争的原因,更有苏联"老大哥"榜样的作用。我们知道,在十月革命胜利

---

① 《毛泽东选集》第3卷,人民出版社1991年版,第1060页。

后,俄国首先实施的是"战时共产主义政策",但时间不长就出现各种问题特别是经济问题。列宁根据俄国在经济、文化各方面落后的国情,于1921年提出实行"新经济政策",包括在农业政策上实行粮食税,开放自由市场,允许自由贸易;对外开放,实行租让制,搞合资企业,引进国外的资金、先进技术、人才和管理经验;把一部分工矿企业、土地森林等资源出租给外国资本家经营和开发;发展商品经济,把商业视为搞活经济的中心环节;以公有制为主体,同时发展个体经济、私营经济、租让经济、租赁经济、合资经济、合作社经济等多种经济形式。社会逐渐变得活跃起来。然而,由于新经济政策被苏联高层视为策略性的"后退"或"退却",于是列宁去世之后,新经济政策很快就被斯大林高度集中的"计划经济"所替代,与高度集权的政治体制相结合,形成了"社会主义"的"苏联模式"。这个一度显示出强大力量的模式,到20世纪后期已变得低效和僵化。在国内外各种因素的作用下,苏联解体,其他"社会主义"国家则走上了对内改革对外开放的道路。

以上,我们主要做了有关历史事实与经验的简略回顾和总结。那么,把这一切放到马克思理论的视野中,特别是放到唯物史观与科学社会主义的视野中,又应当如何看待呢?我们不妨从马克思的"东方社会理论"说起,看看他是如何看待东方民族的现代命运、历史使命与可能前途的。

第二节　马克思视野中东方民族的命运

马克思基于其唯物史观,认为:"工业较发达的国家向工业较不发达的国家所显示的,只是后者未来的景象。"对于前现代的农业社会来说,资本主义是它们不可避免的前途。即使两者处于同一时代,相互作用与影响,后者对前者的作用与影响也是决定性的。这里,马克思以"世界历史"的认识框架看待前资本主义社会与资本主义社会的关系,强调的是后者对前者的征服、瓦解,是它们的社会发展和文明形态的时代性、阶段性差别,因而是两者由前趋后的历时性导引、从属关系。但是,由此东方民族也会"同整个世界的生产(也同精神的生产)发生实际联系",并由此"获得利用全球的这种全面的生产(人们的创造)的能力"。① 当东方民族命运中的这种更具合理性的可能性变为现实性时,现代人类社会也将呈现出新的面貌:由人的物欲及其竞争所牵引和推动的工具性的强力意志,将向着人类内部的良性互动关系和人类能力的发展成为目的这一方向转变。

我们不妨首先看一下马克思对西方殖民者及其所代表的文明世界的态度。当西方资本主义列强于 19 世纪中叶向东方国家大举入侵和殖民时,东方民族的历史命运立即引起马克思的深切关注。

英国在 1849 年吞并印度旁遮普邦,从而完成对印度的征服;在 1852 年占领缅甸的勃固省。在 1840—1842 年、1856—1860 年两次对中国发动鸦片战争,让中国割地赔款;在 1838—1842 年侵略阿富汗;在 1856—1857 年侵略伊朗。与此同时,法、德、美等资本主义国家也积极推行对包括中国在内的落后国家的殖民扩张。这一切,不仅引起马克思在政治理论和经济理论上的高度重视,而且激起了马克思强烈的义愤。从马克思发表于 19 世纪 50 年代的一系列政论文章中,我们看到的是他的笔下常带感情,行文燃有怒火。马克思的义愤已非一般的人道主义感情,而是表现了他的人类道义立场的彻底性和革命性。马克思不仅对殖民地人民的遭遇极为同情,对他们英勇反抗的精神由衷赞赏,对殖民主义者的侵略暴行和残酷统治严厉痛斥,并将批判的锋芒直指资本主义文明中的野蛮和丑恶。

在《中国革命和欧洲革命》、《英人在华的残暴行动》、《鸦片贸易史》、《中国和英国的条约》、《新的对华战争》、《对华贸易》等文章中,马克思愤怒地谴责了英国殖民主义者为奴役中国而诉诸武力、输入鸦片的罪恶行径。他写道:"广州城的无辜居民和安居乐业的商人惨遭屠杀,他们的住宅被炮火夷为平地,人权横遭侵犯,这一切都是在'中国人的挑衅行为危及英国人的生命和财产'这种站不住脚的借口下发生的!"然而,

---

① 《马克思恩格斯选集》第 1 卷,人民出版社 1995 年版,第 89 页。

"英国报纸对于旅居中国的外国人在英国庇护下每天所干的破坏条约的可恶行为真是讳莫如深！非法的鸦片贸易年年靠摧残人命和败坏道德来填满英国国库的事情，我们一点也听不到。外国人经常贿赂下级官吏而使中国政府失去在商品进出口方面的合法收入的事情，我们一点也听不到。对那些被卖到秘鲁沿岸去当不如牛马的奴隶、被卖到古巴去当契约奴隶的受骗契约华工横施暴行'以至杀害'的情形，我们一点也听不到。外国人常常欺凌性情柔弱的中国人的情形以及这些外国人带到各通商口岸去的伤风败俗的弊病，我们一点也听不到。""与此同时在中国，压抑着的，鸦片战争时燃起的仇英火种，爆发成了任何和平和友好的表示都未必能扑灭的愤怒烈火。"①

人类的人性中有丑恶的一面。对于人性的"恶"，资本主义文明较之封建专制有明显的反思和批判意识，资本主义讲"民主"和"人权"，封建专制则"使人不成其为人"。然而，资本主义所讲的民主和人权在实践上并不充分，且往往限于西方国家内部，当它面对其他民族时，它公然表现出极大的不文明："当我们把自己的目光从资产阶级文明的故乡转向殖民地的时候，资产阶级文明的极端伪善和它的野蛮本性就赤裸裸地呈现在我们面前，它在故乡还装出一副体面的样子，而在殖民地它就丝毫不加掩饰了。"②马克思指斥英国用最无耻、最粗暴和最残酷的海盗行为对印度实行征服；和印度过去所经受的外敌入侵、奸灭性战争和征服相比，英国资本主义殖民者给它带来的灾难在程度上不知要深重多少倍。就英国殖民者在殖民地所犯下的罪恶而言，它是不可饶恕的。

然而，资本主义殖民者并不同于一般的强盗。马克思不认为西方资本主义入侵东方所带来的仅仅是破坏、灾难、罪恶，只要对其控诉、抨击一番并做出凶险的预言就算尽了一份人类道义。马克思基于其历史辩证法，总是力求把人类的长远利益、必由之路与难以避免的痛苦乃至牺牲放在一起考察，因而，他在对东方世界横遭侵害表示强烈的义愤和深切同情

---

① 《马克思恩格斯选集》第1卷，人民出版社1995年版，第704—705页。
② 《马克思恩格斯选集》第1卷，人民出版社1995年版，第772页。

的同时,也无情地批判了东方世界的原始性和落后性,展望了处于西方资本主义文明包围下的东方世界的前途。也正是从这里,我们看到了马克思对一切"我族"中心主义的超越。

对于东方世界在西方现代资本主义入侵面前暴露无遗的"蒙昧"和"落后",马克思的批判既指向它的统治阶级,也指向社会大众。

在西方现代资本主义不无野蛮的文明的作用下,东方帝国土崩瓦解,其统治者的威权一落千丈。马克思对此做出了完全肯定的评价。他写道:"满清王朝的声威一遇到英国的枪炮就扫地以尽,天朝帝国万世长存的迷信破了产,野蛮的、闭关自守的、与文明世界隔绝的状态被打破";英国的大炮"迫使天朝帝国与地上的世界接触。与外界完全隔绝曾是保存旧中国的首要条件,而当这种隔绝状态通过英国而为暴力所打破的时候,接踵而来的必然是解体的过程,正如小心保存在密闭棺木里的木乃伊一接触新鲜空气便必然要解体一样"。① 东方的封建帝国已经腐朽,对于它自己的人民来说,它也早已成为沉重的枷锁。然而,它现在却成了被欺凌、被毁灭的弱者,而实施欺凌和毁灭的不是它自己的人民,而是文明的西方人。于是,一出颇为滑稽的"悲剧"便上演了:"一个人口几乎占人类三分之一的大帝国,不顾时势,安于现状,人为地隔绝于世并因此竭力以天朝尽善尽美的幻想自欺。这样一个帝国注定最后要在一场殊死的决斗中被打垮:在这场决斗中,陈腐世界的代表是激于道义,而最现代的社会的代表却是为了获得贱买贵卖的特权——这真是任何诗人想也不敢想的一种奇异的对联式悲歌。"②

这种离奇的"悲歌"并不是把有价值的东西毁灭给人看,而是由于毁灭的方式使丧失了历史价值的东西浮现出一层价值的油彩,它让我们想到的是类似伊拉克的萨达姆一类骄横的专制者的命运。问题不在这里,问题在于,在民族国家的主权正当性依然存在的情况下,即使对一个专制暴虐的国家的外部打击,也往往在使其统治者陷入表面上的悲剧的同时,

---

① 《马克思恩格斯选集》第 1 卷,人民出版社 1995 年版,第 691、692 页。
② 《马克思恩格斯选集》第 1 卷,人民出版社 1995 年版,第 716 页。

造成对这个国家民族的肉体上与心理上的创伤。

具有悲剧意味的历史剧在同时上演：整个东方社会，它的文明和人民，都处在殖民者的践踏、摧残之下。"从人的感情上来说，亲眼看到这无数辛勤经营的宗法制的祥和无害的社会组织一个个土崩瓦解，被投入苦海，亲眼看到它们的每个成员既丧失自己的古老形式的文明又丧失祖传的谋生手段，是会感到难过的"——这是马克思直接的情感态度；"但是，我们不应该忘记，这些田园风味的农村公社不管看起来怎样祥和无害，却始终是东方专制制度的牢固基础，它们使人的头脑局限在极小的范围内，成为迷信的驯服工具，成为传统规则的奴隶，表现不出任何伟大的作为和历史首创精神。我们不应该忘记那些不开化的人的利己主义，他们把全部注意力集中在一块小得可怜的土地上，静静地看着一个个帝国的崩溃、各种难以形容的残暴行为和大城市居民的被屠杀，就像观看自然现象那样无动于衷；至于他们自己，只要哪个侵略者肯于垂顾他们一下，他们就成为这个侵略者的驯顺的猎获物。我们不应该忘记，这种有损尊严的、停滞不前的、单调苟安的生活，这种消极被动的生存，在另一方面反而产生了野性的、盲目的、放纵的破坏力量，甚至使杀生害命在印度斯坦成为一种宗教仪式。我们不应该忘记，这些小小的公社带有种姓划分和奴隶制度的污痕；它们使人屈服于外界环境，而不是把人提高为环境的主宰；它们把自动发展的社会状态变成了一成不变的自然命运，因而造成了对自然的野蛮的崇拜，从身为自然主宰的人竟然向猴子哈努曼和母牛撒巴拉虔诚地叩拜这个事实，就可以看出这种崇拜是多么糟蹋人了"。①

这是马克思基于理性的认识。从这种理性的认识中，我们难道只能读出"冷峻"的理智，读不出更具深度和热度的人道思想吗？不，马克思恰恰是基于对每个人的生命尊严的捍卫才说出这番话的。马克思对殖民地的人民的不幸，与鲁迅对自己同胞"哀其不幸，怒其不争"的态度完全一致。

东方社会的社会组织、生活方式、宗教和迷信乃至东方人的民族素

---

① 《马克思恩格斯选集》第1卷，人民出版社1995年版，第765—766页。

质,都成了马克思分析批判甚至针砭的对象。因为东方世界由小农生产、血亲宗法和专制主义所构成的社会结构,把东方人民牢固地置于半自然的群体依赖的状态中,重复着循环往复和停滞不前这一自然生物界的现象。虽然亚洲各国不断瓦解,不断重建和经常改朝换代,但社会的结构却没有实质性的改变。社会基本的生产方式或经济要素,不为政治领域中的风暴所触动。长期生活在这种停滞且封闭的社会环境中的人民,虽然不乏"文雅"、"灵巧"、"勇敢"、"沉静的高贵品格",但他们的"迷信"、"利己性"、"无动于衷"、"苟安"、"盲目"、"驯服"、"疲沓",似乎使他们对一切既成的东西都安之若素、习以为常,不敢想也无力量改造、更新古老的社会与文明了。在这种情况下,一个来自外部的更高的文明的挑战和打击,还能够避免的了吗? 并且,这个挑战和打击不正是沉睡的狮子的觉醒所需要的吗? 不正是为古老社会与文明走向新生提供的契机吗? 这是一个历史的悖论,但这个悖论却包含着自我破解的因素,因为东方古老社会机体的破坏乃至归于消灭,与其说来自于英国军人的武力打击,不如说是英国现代工业和自由贸易所导致的事变:英国资本主义工业文明到处在破坏印度传统的自给自足的经济基础,结果,就在亚洲造成了一场最大的、也是亚洲空前的社会革命。

有鉴于此,马克思不无痛楚地写道:"的确,英国在印度斯坦造成的社会革命完全是受极卑鄙的利益所驱使,而且谋取这些利益的方式也很愚钝。但是问题不在这里。问题在于,如果亚洲的社会状态没有一个根本的革命,人类能不能实现自己的命运? 如果不能,那么,英国不管干了多少罪行,它造成这个革命毕竟是充当了历史的不自觉的工具。"①野蛮的征服者总是被他们所征服的民族的较高文明所征服,这是一条永恒的历史规律。不列颠人是第一批发展程度高于印度的征服者,因此印度的文明就影响不了他们。他们破坏了本地的公社,摧毁了本地的产业,夷平了本地社会中伟大和突出的一切,从而毁灭了印度的文明。马克思认为,问题并不在于英国是否有权利来征服印度,而在于印度被不列颠人征服

---

① 《马克思恩格斯选集》第 1 卷,人民出版社 1995 年版,第 766 页。

是否要比被土耳其人、波斯人或俄国人征服好些。"英国在印度要完成双重的使命:一个是破坏的使命,即消灭旧的亚洲式的社会;另一个是重建的使命,即在亚洲为西方式的社会奠定物质基础。"当然,英国资产阶级在印度所实行的一切,不会使印度的民众得到解放,也不会根本改善他们的社会状况,因为这两者都不仅仅决定于生产力的发展,而且还决定于生产力是否归人民所有。"但是,有一点他们是一定能够做到的,这就是为这两者创造物质前提。"①

着眼于人类文明史,一个基本的矛盾展现在我们面前:迄今为止,人类文明的进步总是以一部分人这样或那样的牺牲为代价;人们既应当最大限度地减轻这个代价,但又不可能使之取消,否则也就取消了整个文明。如果由于资本主义带来了痛苦和灾难就要消灭资本主义,那么,这同时也是消灭人类的进步与未来。因为"资产阶级历史时期负有为新世界创造物质基础的使命:一方面要造成以全人类互相依赖为基础的普遍交往,以及进行这种交往的工具,另一方面要发展人的生产力,把物质生产变成对自然力的科学统治。资产阶级的工业和商业正为新世界创造这些物质条件,正像地质变革创造了地球表层一样"。因此,在马克思看来,只有在伟大的社会革命支配了资产阶级时代的成果,支配了世界市场和现代生产力,并且使这一切都服从于最先进的民族的共同监督的时候,"人类的进步才会不再像可怕的异教神怪那样,只有用被杀害者的头颅做酒杯才能喝下甜美的酒浆"②。马克思预言:在印度人自己还没有强大到能够完全摆脱英国的枷锁以前,印度人民是不会收到不列颠资产阶级在他们中间播下的新的社会因素所结的果实的。但是,无论如何我们都可以满怀信心地期待,在或许是遥远的未来,这个巨大而诱人的国家将复兴起来。

马克思关于印度的预见在今天正在应验,作为另一个东方大国的中国的命运,同样包含在马克思的这一预言之中。

---

① 《马克思恩格斯选集》第1卷,人民出版社1995年版,第768、771页。
② 《马克思恩格斯选集》第1卷,人民出版社1995年版,第773页。

第三节　马克思关于东方社会的
"跨越"问题

　　作为处于现代化过程中的中国人,我们研究马克思的世界历史思想和东西方社会发展的理论,显然应当重视马克思关于东方社会的特点以及在"世界历史"时代发展的种种可能性的论述。于是,一度被人们"炒"得很热的马克思晚年关于俄国社会有可能跨越资本主义"卡夫丁峡谷"的设想,又进入我们今天的视野。联系马克思之前的一系列著述,人们似乎感觉马克思的认识发生了一个转折性的变化:在创立唯物史观的时期,马克思认为东方社会避免不了资本主义的征服,而西方资本主义强行把东方国家纳入资本主义世界市场是一个历史性的进步;到了晚年,他却"主张"资本主义发生发展的"历史必然性"只限于西欧各国,俄国的农村公社有可能避免资本主义的一切可怕的后果,而径直走上社会主义道路。

　　于是,有论者认为,马克思晚年的设想是对他早年世界历史思想的巨大突破,是对他过去提出的人类历史发展的一般规律的改变,东方社会完全可以不经过资本主义这个历史发展阶段。与此相反,另有论者认为,马克思晚年放弃了早年对东方世界的冷静解剖,他好像没有了早年那种决断的勇气,在有意无意地规避社会发展中的灾难与罪恶,试图找到一条迥异于西方但又能将人类引向光明未来的大道。不管是褒还是贬,总之都认为马克思晚年的设想是对他早年关于东方社会发展道路观点的一个根本性的改变。

　　上面的两种相反的观点自然不是空穴来风。对于包括东方社会在内的人类社会发展道路的探寻,在马克思那里其实一直没有间断,其间也不乏迷惘与困惑。即使在晚年,从马克思给查苏利奇的信四易其稿这一事实中,就可以觉察到他思索这一问题的艰难与下结论时的审慎。马克思晚年之所以花费巨大的心血研究历史学和人类学文献,就在于他清楚地意识到,社会资料的欠缺,特别是前资本主义社会资料的欠缺,总是影响着他对许多问题和现象做出具体而深入的理解,影响着他的论点和论据的全面性和正确性。在进一步了解了包括俄国在内的东方社会的特殊性之后,在看到东方社会由于资本主义不断侵蚀致使各种社会矛盾不断激化的情况下,马克思对东方社会的发展问题做出新的解释,是十分自然的。

然而,即使如此,我们仍然不能赞同上面两种相反观点中的任何一种,因为这两种观点都未能正确把握马克思观照问题的"世界历史"观点,因而都很不适当地夸大了马克思晚年认识上的变化。其实,马克思晚年关于俄国社会乃至于整个东方社会发展道路的看法,既不像前者所说的那样"积极"、"乐观",也不像后者认为的那样"消极"、"悲观"。

所谓马克思晚年关于东方社会发展的理论,主要由马克思给维·伊·查苏利奇四个手稿以及此前马克思《给"祖国纪事"杂志编辑部的信》构成。我们有必要再来认真地研究一下这些信的写作背景及其具体内容。

查苏利奇是俄国"劳动解放社"的成员。1881 年 2 月 16 日,她写信给马克思,请求马克思谈谈他对俄国历史发展的前景,特别是对俄国农村公社的命运的看法。查苏利奇在信中谈到马克思的《资本论》在俄国极受欢迎和该书在革命者关于土地问题及农村公社问题的争论中所起的作用。她说:"你比谁都清楚,这个问题在俄国是多么为人注意……特别是我们的社会主义党所注意……最近我们经常可以听到这样的见解,认为农村公社是一种古老的形式,历史、科学社会主义,——总之,一切不容争辩的东西,——使它注定要灭亡。鼓吹这一点的人都自称是你的真正的学生,'马克思主义者'。""因此,你会明白,公民,你对这个问题的见解是多么引起我们的注意,假如你能说明你对我国农村公社可能的命运的看法和对世界各国由于历史的必然性都应经过资本主义生产各阶段的理论的看法,给我们的帮助会是多么大。"①

---

① 《马克思恩格斯全集》第 19 卷,人民出版社 1963 年版,第 636—637 页注。

马克思的《给"祖国纪事"杂志编辑部的信》，是在该杂志于 1877 年 10 月登载了俄国民粹派思想家尼·康·米海洛夫斯基的《卡尔·马克思在尤·茹柯夫斯基先生的法庭上》一文后不久写的。米海洛夫斯基的这篇文章反驳了茹柯夫斯基在《欧洲通报》上对马克思的攻击。但是他是站在民粹派的立场上"捍卫"马克思的。他认为，《资本论》的理论是"严谨的、完整的，因而是有诱惑力的"，正因为如此，他警告说在它的面前不能完全"把门敞开"。他认为俄国不存在资本主义，因此，《资本论》的结论不适用于俄国。[①]

查苏利奇的信和米海洛夫斯基的文章都牵涉到当时俄国革命者内部发生的关于俄国社会发展前途的争论。19 世纪中叶的俄国由于农民运动高涨和克里米亚战争的失败，封建农奴制度已无法维持。沙皇亚历山大二世在 1861 年颁布法令实行农奴制改革。但是改革仍不彻底，农奴制残余被保留下来。尽管如此，俄国资本主义毕竟获得了有利的社会条件从而发展起来。在这样的社会背景下，以先进的平民知识分子为主，产生了坚决反对沙皇专制制度的民粹派。民粹派得名于他们 1874 年发动的"到民间去"的运动。民粹主义者们认为资本主义不仅是残酷的、野蛮的，也是退步的、没落的，而俄国的农村公社则是公平合理、朴素自然的社会形式，是社会主义的天然土壤，农民是最健康、最革命的阶级；因此，只要发动农民推翻沙皇统治，就能够直接在农村公社的基础上建立公正的社会，乃至实现社会主义。

俄国民粹主义者也很尊重马克思，对他的学说表示了极大的兴趣，但他们大都不理解马克思学说的真谛和意义，并认为马克思的经济学说只适用于西欧资本主义国家而不适用于俄国。后来，以普列汉诺夫为首的一些民粹派成员由于愈来愈信奉马克思的学说，便脱离民粹派并与其他俄国先进知识分子一道，成立了以马克思主义为宗旨的"劳动解放社"，其中坚分子认定俄国的农村公社抵御不了资本主义的瓦解，俄国只有经

---

① 转引自[苏]彼·费多谢耶夫：《卡尔·马克思》，孙家衡等译，生活·读书·新知三联书店 1980 年版，第 762 页。

过资本主义才能过渡到社会主义。马克思和恩格斯对民粹派是理解的，他们认为，民粹派思想上的不成熟是当时俄国比较落后的经济和政治发展水平的体现，他们赞赏民粹派同沙皇制度的奋不顾身的斗争及其客观上的资产阶级民主主义性质，但也不止一次地批评民粹派理论上的空想性及其观点的错误。马克思明确指出："如果俄国继续走它在1861年所开始走的道路，那它将失去当时历史所能提供给一个民族的最好的机会，而遭受资本主义制度所带来的一切极端不幸的灾难。"①马克思的这一重要结论，打破了民粹派的幻想。

然而，马克思不能仅仅做出这样的回答，因为他所面对的问题是多层次的又是很困难的。这里面有如何看待俄国农村公社以及俄国社会的现状与前途问题，有选取何种理论作为认识坐标的问题。马克思需要解释自己的理论并将其应用于俄国社会的分析，同时纠正业已出现于俄国革命者中间以及报刊上对他的理论给予的片面的简单化的理解。因此，回答必须全面，符合历史又能正确地预见未来。

我们可以把马克思的回答以及相关论述加以概括，并相对地区分为宏观的基本观点和微观的具体论点这样两个层次，然后再分别考察这两个层次的内容。

属于宏观层次的基本观点主要指马克思的"世界历史"观点。如前所述，这个观点在马克思早年和晚年的思想中，始终得到贯彻。所不同的只是，在早年，马克思强调的是开创了世界历史时代的资本主义正在磅礴于全世界，更为优越的"世界历史性的共产主义"，只能是资本主义充分发展的必然产物。在晚年，马克思在充分考虑到东方社会的特殊性以及由于资本主义内在矛盾的全球化而导致东方社会不可避免地发生民族民主革命的前提下，认为东方社会有着不同于西方式发展道路的可能性，社会主义有可能在充分吸收资本主义一切肯定成果的前资本主义社会率先诞生。因此，我们说马克思的"世界历史"观点在晚年更为丰富和完善了，却并没有根本的改变，因为马克思不仅没有否定开创了世界历史的资

---

① 《马克思恩格斯全集》第19卷，人民出版社1963年版，第129页。

本主义仍然发挥着侵蚀和改变前资本主义社会的作用,而且不认为社会主义的建立能够不以资本主义创造的文明成果为基础。至于以马克思提出俄国社会有可能跨越资本主义"卡夫丁峡谷"的设想,就认定马克思突破了他早年提出的"世界历史"思想,主张东方社会不必经过资本主义的发展阶段云云,是很难站住脚的。我们知道,即使在这之前,马克思也并没有主张无论在什么情况下,东方各国都要走西欧各国的发展道路。到了晚年,马克思所强调的仍然是具体的社会历史条件。资本主义正在侵蚀东方社会是一个不争的事实,至于东方社会能否避免跟在西方资本主义后面爬行的命运,则是以各种社会力量在斗争中谁胜谁负,人们能否选择出一种更合理更人道的发展道路(这样的选择在现实中并非没有可能性)为转移的。

马克思的"世界历史"观点以及关于人类发展普遍规律的论述,并不是一个简单的模式。在写于 1877 年 11 月左右的《给"祖国纪事"杂志编辑部的信》中,马克思严肃地指出:我的批评家"一定要把我关于西欧资本主义起源的历史概述彻底变成一般发展道路的历史哲学理论,一切民族,不管他们所处的历史环境如何,都注定要走这条道路,以便最后都达到在保证社会劳动生产力极高度发展的同时又保证人类最全面的发展的这样一种经济形态。但是我要请他原谅。他这样做,会给我过多的荣誉,同时也会给我过多的侮辱"。马克思在举例说明了这个道理后,进而指出:"极为相似的事情,但在不同的历史环境中出现就引起了完全不同的结果。如果把这些发展过程中的每一个都分别加以研究,然后再把它们加以比较,我们就会很容易地找到理解这种现象的钥匙;但是,使用一般历史哲学理论这一把万能钥匙,那是永远达不到这种目的的,这种历史哲学理论的最大长处就在于它是超历史的。"①马克思的"世界历史"观点不是这种超历史的"历史哲学理论",它并没有武断地肯定东方社会必定要走西方资本主义道路,或者必定跨越资本主义阶段。因此,认为马克思晚年从根本上改变了他早年提出的世界历史思想以及东方社会发展看法并

①　《马克思恩格斯全集》第 19 卷,人民出版社 1963 年版,第 130、131 页。

给予赞扬或批判,是未得要领的无的放矢。

属于微观层次的具体论点主要是马克思关于俄国农村公社发展前途的一些看法。马克思关于俄国农村公社发展前途的看法,既涉及客观必然性,又涉及价值必要性,由一组相关的论点构成。

首先,不管俄国农村公社在世界历史时代如何发展,都不能否定就整个人类社会而言,资本主义产生、发展并向全世界辐射、扩张的历史必然性。因此,"如果俄国是脱离世界而孤立存在的,如果它要靠自己的力量取得西欧通过长期的一系列进化(从原始社会到它的目前状态)才取得的那些经济成就,那末,公社注定会随着俄国社会的发展而灭亡这一点,至少在我看来,是毫无疑问的"①。俄国农村公社的两重性本身,也表明了私有制原则逐步取代公有制原则的趋势。这样,如果俄国脱离世界孤立存在时是否迟早走向资本主义道路的问题,马克思虽未言明,但那答案是相当明确的。

其次,在资本主义所开创的世界历史时代,前资本主义国家已经失掉了独立地走资本主义道路的某些历史条件与最好的机会。它们面临着殖民化的威胁,已经在很大程度上丧失了资本主义在西方崛起时可资利用的内外部环境。民族工业已不能自由发展,民族资本也难以迅速积聚。强大的西方资本主义国家要把自己的意志加诸这些落后国家,从而也加剧了这些国家的原有矛盾并引发了新的内外矛盾。俄国农村公社虽然未遭到西方资本主义的直接侵蚀,但却有来自俄国国内的种种因素的破坏:国家的压迫以及渗入公社内部的、也是由国家靠牺牲农民培养起来的资本家的剥削,此外还有地主的剥削与商人的劫掠等等。可以说,俄国农村公社已经走到一个历史的十字路口,处境相当危险。

最后,从理论上说,正因为俄国农村公社和资本主义生产是同时代的东西,所以就有了它能够不通过资本主义生产的一切可怕的波折而吸收它的一切肯定成就的可能性。并且,西方资本主义制度本身也经历着危机,西方一些资本主义生产最发达的民族,正力求突破它的现有的形式,

---

① 《马克思恩格斯全集》第19卷,人民出版社1963年版,第444页。

虽然导致的是它的调整与修补。从实践上说,俄国农村公社几乎被推向灭亡的边缘,要挽救俄国公社,就必须有俄国革命。"但是,俄国政府和'社会新栋梁'正在尽一切可能准备把群众推入这一灾祸之中。如果革命在适当的时刻发生,如果它能把自己的一切力量集中起来加以保证农村公社的自由发展",那么,它可以不通过资本主义制度的"卡夫丁峡谷",而吸取资本主义制度所取得的一切肯定成果,这样,"农村公社就会很快地变为俄国社会复兴的因素,变为使俄国比其他还处在资本主义制度压迫下的国家优越的因素"①。

应当说,马克思关于俄国农村公社发展前途的论点和论据,相当完整、周密。既有理论的支持和论证,又考虑到实践经验;既充分正视现实,又估计到了各种可能;既看到了掌权的敌对势力的强大,又未排除民主势力发动革命的可能性。然而,被一些人极力渲染的所谓马克思关于"跨越"资本主义卡夫丁峡谷的理论,在马克思正式给查苏利奇的复信中,却大部分删掉了,包括跨越资本主义卡夫丁峡谷一类的话。只剩下这样两个论点。其一,资本主义作为从一种私有制形式变化来的另一种私有制形式,其"历史必然性"明确限于西欧各国。在俄国农民中,则是要把他们的公有制变为私有制。其二,俄国农村公社是俄国社会新生的支点,但要使它能发挥这种作用,首先必须肃清从各方面向它袭来的破坏性影响,然后保证它具备自由发展所必需的正常条件。② 由此可见,马克思的态度是多么地慎重!

特别值得一提的是,在马克思去世的前一年即1882年1月21日,马克思与恩格斯合写的《共产党宣告》的俄文版序言,在简略地说明了欧美和俄国新的社会发展情况之后,再一次论述了马克思历史理论的意义和俄国农村公社的命运。他们指出,《共产党宣言》的任务,是宣告现代资产阶级所有制必然灭亡。但是在俄国,除了迅速盛行起来的资本主义狂热和刚开始发展的资产阶级土地所有制外,大半土地仍归农民公共占有。

---

① 《马克思恩格斯全集》第19卷,人民出版社1963年版,第441页。
② 《马克思恩格斯全集》第19卷,人民出版社1963年版,第269页。

那么试问,俄国公社这一已经大遭破坏的原始土地公共所有制形式,是能够直接过渡到高级的共产主义的公共所有制形式呢? 或者相反,它还须先经历西方的历史发展所经历的那个瓦解过程呢? "对于这个问题,目前唯一可能的答复是:假如俄国革命将成为西方无产阶级革命的信号而双方互相补充的话,那么现今的俄国土地公有制便能成为共产主义发展的起点。"①显然,序言中的这些话与马克思给查苏利奇正式复信中的两个论点,原则上是一致的,只不过这里更为明确地把"革命"列为俄国农村公社走向新生的前提条件,并且措辞也更为严格。

从上面的引述中,我们哪里能够看到马克思对他早年提出的历史理论尤其是社会发展规律理论的"巨大突破"、"根本转变"? 哪里能够得出马克思晚年无条件地主张东方世界可以不经过资本主义而走一条与西方完全不同的道路的结论? 哪里能够说明马克思惮于社会发展中的灾难与罪恶而宁可让他的冷峻理性迁就他的人道感情? 我们所能体会到的只是,马克思不赞同将东西方的社会历史差别或一概抹杀或一味夸大,而导致两种非历史的简单化看法,主张根据人类历史过程出现的新特点,亦即"世界历史"时代东西方的互相作用、互相贯通,具体地分析东西方社会发展的可能性及其实现的条件。总之,我们所能体会到的马克思思想的发展,是他的"世界历史"观点的深化和具体化,是他对整个人类社会的整体相关性以及由此产生的落后民族利用先进民族的积极因素超"常规"发展的可能性的重视。

这里的疑点仅仅在于,俄国的农村公社与未来的新型公有制社会,虽然都姓"公",但其性质一样吗? 如果说未来的公有制社会是原始公有社会"回复"的话,这种"回复"难道意味着后者可以成为前者的直接"起点"吗? 未来的共产主义社会到底是与资本主义社会更为接近呢还是与原始性质的公社更为接近? 在这里我们似乎感觉到马克思在一定程度上将社会的生产力方面与它的生产关系方面分割开来了,或者说将社会的物质条件与它的所有制性质分开来考虑了。所以他才认为,一方面,俄国

① 《马克思恩格斯选集》第1卷,人民出版社1995年版,第251页。

农村公社可以成为共产主义发展的"起点",而另一方面,它又必须吸收资本主义制度所取得的"肯定成果"才能使之成为现实。

的确,社会的生产力及其发展有着相对于所有制形式、生产关系的一定独立性和自主性,它更具有全人类的意义,因而能够为社会性质不同的民族吸收和利用。这正是人类文化成为人类"获得性遗传"的机制,并且人们能够通过向前人学习以及相互学习而加速发展的原因。认为"要在俄国使用机器,它必须先经过机器生产的孕育期",的确是无道理的。然而,问题在于,在有着浓厚原始性的俄国农村公社所有制的基础上或结构内,能否安置一个属于现代社会的生产力和生产方式? 农村公社能否直接发展出社会化程度和个体化程度要高得多的现代社会组织形式? 我们今天"事后诸葛"地提出这些问题,当然是基于后来历史发展的大量实践经验。然而,这里面也有一个理论上的缘由。这个理论上的缘由就是马克思的"三大社会形态"理论对上面这个问题的内在限定。

按照马克思的三大社会形态理论,原始社会连同后来的奴隶制和封建制社会,属于自给自足的自然经济社会,在这个历史阶段,不仅生产力水平很低,而且人们的关系还是自然发生的依赖关系,是以自然血缘关系和统治服从关系为基础的地方性联系,因此个人没有社会的独立性。只有到了第二大形态,即到了商品经济时代,人们才能以交换价值为媒介建立起多方面的普遍的社会关系,个人才能确立以物的依赖性为基础的独立性和自主性。而建立在个人全面发展和他们共同的社会生产能力成为他们的财富这一基础上的自由个性,是第三个阶段,第三个阶段则要以第二个阶段为前提。由此看来,属于第一大社会形态的原始社会与属于第三大社会形态的共产主义社会,其差别是根本的、巨大的,两者仅仅在作为私有制的对立面这一点上才有相似性。

原则上说,人类要从第一大社会形态进入第三大社会形态,必须经过第二个历史阶段。在特定的"历史环境"即在周围世界处在第二个历史阶段的情况下,个别地域中的个别民族即使可以由原始性质的公有制直接向共产主义形态的公有制过渡,也不能仅仅靠吸收第二个历史阶段所创造的物质条件,它还必须从根本上改变人的依赖关系,形成多方面的社会联系和普遍的法权关系,变人的"原始丰富"为"人的独立性",从而为人的"全面发展"创造物质的、社会的和精神的条件。正如马克思所说,人的独立性与个性"不是自然的产物,而是历史的产物。要使这种个性成为可能,能力的发展就要达到一定的程度和全面性,这正是以建立在交换价值基础上的生产为前提的,这种生产才在产生出个人同自己和同别人的普遍异化的同时,也产生出个人关系和个人能力的普遍性和全面性"①。吸取其他民族在第二大社会形态创造的物质条件,固然有助于自己的全面发展,但是,这种属于人自身在其历史发展中逐步形成的普遍的全面的关系和能力,既不简单地等同于以客体形态存在的物质条件,又不能直接地从别人那里移植过来,而只有通过自身的社会变革,创造相应的社会条件加以建设和培养。这种相应的条件,首先包括以交换价值为媒介和标志的市场经济体制及其政治法律形式。

我们知道,在马克思那里,市场经济就是资本主义市场经济,历史就是这样显示的,它并没有提供与此相反的例证。所以,"跨越"资本主义制度的可能性也就是"跨越"资本主义市场经济的可能性;而资本主义在其发展中创造的"文明成果",既然不包括资本主义制度,自然也就不包括市场经济体制。这样就留下了不通过市场经济,因而不通过第二大历史形态,人们能否产生出"个人关系和个人能力的普遍性和全面性",能否以原始的土地公共所有制为起点直接进入共产主义社会的理论疑点。

当然,尽管有这个理论疑点,并不影响马克思关于"历史向世界历史转变"的思想的正确性,以及他关于在世界历史时代人类发展的新的可能性观点的正确性。落后国家通过学习和利用先进国家的文明成果并超越在先进国家那里日益成为桎梏的社会制度,最大限度地减轻社会发展中的痛苦与灾难,虽然未能在 19 世纪末的俄国农村公社实现,却在 20 世纪初期和中叶的苏俄、中国等属于东方社会的落后大国先后实现,业已证

---

① 《马克思恩格斯全集》第 46 卷上,人民出版社 1979 年版,第 108—109 页。

明马克思晚年的设想的巨大历史价值和理论意义。

　　显然,俄国后来的社会变迁和包括中国在内的东方国家的历史变化,既在马克思的基本理论视野之内,又在许多方面超出了马克思当时的设想。这当然是世界发展严重不平衡的表现,并且为东方国家造成了两难的局面:既不可能再按照自己原来的逻辑运行,也不可能直接走上西方资本主义国家所经历的现代化运动;而选择走社会主义道路,则将在社会主义理想与落后的社会现实之间形成巨大的历史张力,也在西方拓展的世界市场与东方基本上属于自给自足的农业生产之间形成巨大的历史张力。这种历史的张力之大可能是许多共产党人始料未及的,用马克思和恩格斯的话说,这要求东方国家:"摆脱种种民族局限和地域局限而同整个世界的生产(也同精神的生产)发生实际联系"、"获得利用全球的这种全面的生产(人们的创造)的能力",并且,"交往的任何扩大都会消灭地域性的共产主义"。① 这对于"现实的社会主义"国家来说,决不止是做几个"高难度动作"的问题,而是给出了"自我批判"与"自我革命"的极高的历史要求。他们必须明确地认识到:"现实的社会主义"其实是"不合格"的,要变"不合格"为"合格",执政党和国家的领导者就必须充分理解并正确地利用这一巨大的历史张力,向世界市场开放,在使资本主义获得应有发展的同时,对其弊端和问题给予限制和解决。如此去做,这一巨大的张力就会成为社会发展的强劲动力,给人民带来自由、平等与福祉,推动整个社会比较顺利地实现现代化。但是,如果对这个张力缺乏应有的理解,不能正确地加以把握和利用,社会的发展就会异常曲折,甚至酿成巨大的灾难。因为离开世界市场搞现代化,必定借助历史上和革命年代形成的政治上高度集权和经济上高度集中的体制,这就会使各级领导的权力最大化且不受制约,从而有意无意地强化官本位体制,造成严重的官僚主义问题,束缚人民群众的生产生活的自主性与积极性,在思想上和学术上也不可能真正贯彻科学研究所必须的怀疑、批判和求真的精神,还会让传统中专制的落后的东西以革命的面目四处泛滥。而通过强化上层建

---

　　① 《马克思恩格斯选集》第1卷,人民出版社1995年版,第89、86页。

筑的"反作用",特别是"抓革命"即阶级斗争来"促生产",来推动"社会主义的过渡",通过政治运动和意识形态的整饬来维护一个高度同质化的社会,就只能不断地在内部制造异己分子甚至敌人,这不仅会钳制人们的独立思考和言论,阻止社会合理的分化,且必定最后搞的人人自危,这种政治与意识形态也必定走向极左、陷入虚妄。这与真正的现代社会主义的性质和要求已是南辕北辙。

可见,对于选择了"社会主义"的落后国家来说,依然面临着两种可能的命运,是走上康庄大道还是陷入折腾与动乱,关键在于执政者能否像中国共产党在取得政权以前,明确自己应当也只能搞"民主革命"那样,在价值理想与现实实践的矛盾之间保持清醒的头脑,决不指望靠"法令"取消历史发展的必经阶段,而是遵循历史发展的内在逻辑,尽可能以人道的、民主的方式完成社会转型和现代化的任务,减轻"分娩"的阵痛。事实上,由于主客观双重原因,上述两种命运在俄国、中国都曾交替出现。中国直到结束十年动乱,痛定思痛、拨乱反正,下决心实行改革开放,提出"社会主义初级阶段"论并自觉地建立市场经济体制,变革过去"一大二公"的统制式的社会主义模式,融入现代世界文明的主流之中,在经济和社会各方面获得迅速发展,前述巨大的历史张力方才找到了它合适的实现方式。

一些社会主义国家特别是中国在 20 世纪末期所进行的改革开放的实践,已雄辩地证明,在资本主义率先促成的历史向世界历史转变的时代,某些原来较为落后的国家和民族,可以不照搬西方的社会政治制度,亦不必把西方资本主义国家走过的老路重走一遍,但是,却不能跨越市场经济这一社会经济发展阶段,不能不利用"资本"的生产方式社会关系。确切地说,只有大力发展市场经济,这些国家和民族才能真正超越资本主义制度。因为只有这样才能将资本主义在其发展阶段中所创造的"肯定的成果"、"资本的伟大文明作用",充分地加以吸收和转化,从而为一个更加公平合理的社会的到来,准备物质的、制度的和文化的条件。

第四节　现代中国语境中的"马克思"与
　　　　　"孔夫子"

在改革开放以来的中国大陆,"马克思"充当了新的意识形态最无可
争议的符号,"毛泽东思想"和包括"邓小平理论"、"三个代表"在内的中
国特色社会主义理论,都是不同阶段的马克思主义中国化的具体形态。
在此期间,孔子及其儒学越来越引起民间和官方的重视,孔夫子重新成为
中国文化的象征和让世界了解中国的名片。马克思与孔夫子的共处或
"联盟"无疑是前所未有的重大思想文化现象,值得我们认真思考。本文
认为,这一现象既表明"现代"与"传统"、"激进"与"保守"的关系在当代
中国的变化,又直接涉及有中国特色的社会主义在思想文化上的建构和
马克思主义中国化的新进程。但是,任何现象都有表面性和或然性,我们
要从这一现象得出有价值有深度的看法,就要结合中国近现代思想史给
予批判性的考察。

马克思和孔夫子是历史上两个真实的个人。但这两个人有着遥远的
时代间隔和文化间隔。孔子出生于公元前552年,逝世于公元前479年,
那是中国"礼崩乐坏"的春秋末期。马克思出生于1818年的德国,逝世
于1883年的英国,一生主要生活在资本主义迅速发展的所谓"维多利亚
女王时代",这个时代也是阶级矛盾和由资本主义殖民活动导致的民族
矛盾相当激烈的时期。正像许多近代西方学者一样,马克思是知道孔夫
子的,但所知有限。他在1842年的一篇文章中提到的"中国人"是孔夫
子,作为易经的阐释者;后来在《德意志意识形态》中转述法国空想社会
主义者卡贝的话中有作为古代思想家的孔夫子,主张"财产共有的原
则"。看来,马克思对"孔夫子"是有好感的,只不过这是经过西方启蒙文
化解读和想象的孔夫子的形象。

马克思与孔夫子作为两种迥然不同的文化的代表和思想家的相遇,

是在中国近现代史中。为了救国救民,对外打倒"帝国主义",对内铲除"封建主义",实现民族独立和社会改造,中国近代以来有一大批人接受了马克思主义、列宁主义这一革命性的现代社会和政治学说,在它的指导下,他们从事新民主主义革命并取得了胜利;随后又在它的旗帜下展开社会主义革命与建设。在这个历史阶段,孔孟儒学被视为落后甚至反动的"封建"意识形态受到越来越严厉的批判,马克思主义则充当了与中国传统文化决裂、打倒孔孟之道的武器。现在,中国执政党同样举马克思主义的旗帜,却为孔子及儒学恢复了名誉,并给予很高的地位。我们把马克思与孔夫子放在一起说,显然是说马克思主义与孔孟儒学的关系,并通过它们,理解中国近代以来的变化和当今这个社会转型期的思想文化的特点。

20世纪80年代,在批判极左政治、反思激进思潮、重新评价中国传统文化的背景下,就有人主张"儒家的马克思主义"、"儒家的社会主义",也有提出用儒学取代马克思主义的。这立即引起有关部门和许多马克思主义学者的高度警觉,他们坚决反对用儒学取代或削弱马克思主义的指导地位,并继续认定儒学属于封建意识形态。我们举冯友兰先生的一个例子略加说明。

冯友兰本来是尊孔的,但在"文化大革命"期间,迫于形势的压力,他转而批孔。到了晚年,他在所著的《中国现代哲学史》中反思新中国成立后政治和思想文化运动的教训,思考世界的发展趋势,特别看重宋代哲学家张载的四句话,即"有像斯有对,对必反其为;有反斯有仇,仇必和而解"。说马克思主义的辩证法会同意前三句,不会同意后一句,马克思主义会说"仇必仇到底",就是破坏资本主义社会的那个统一体。毛泽东思想当然也主张"仇必仇到底",也就是"将革命进行到底"。因为他们是革命家,革命就是要破坏两个对立面所共处的那个统一体。统一体破坏了,两个对立面同归于尽,这就是革命"到底"了。冯先生接着说,原来的统一体破坏了,社会仍然存在,所以其实是转化到新的统一体了。原来的革命者现在也转化为统治者,他们的任务不再是破坏统一体而是要维护新的统一体。这样就从"仇必仇到底"转到"仇必和而解"。"和"不是"同",仍然有矛盾斗争,但这些矛盾斗争是统一在一起的,所以是"和"。

他预言,现代历史是向着"仇必和而解"的方向发展的。① 冯友兰实际上认为"仇必仇到底"是"仇必和而解"的一个环节或阶段,至少"现代历史"是如此。冯先生用中国传统术语对历史的矛盾运动和马克思辩证法的解读,未必妥当,的确可以商榷。但当时有些学者对冯友兰上述观点的批判却自觉不自觉地出于意识形态,未能充分考虑冯先生所针对的问题和他的良苦用心。随着中国逐步走向正常的社会秩序,执政党和国家领导层提出构建和谐社会,并把它与中国传统思想文化的"和"、"和谐"观念联系起来,文化激进主义终于消歇,批判孔孟儒学的声音越来越弱小。当然,这不意味着思想分歧的解决,这里同样有为"形势"所迫的问题。

以笔者观察,当前大陆思想界存在着以下不同的理论见解和取向。一是直接从事马克思主义研究的学者,原则上都主张批判地吸取古今中外一切合理的、有价值的思想文化资源,并反过来促进马克思主义自身的发展。但对于儒学的态度则很不一致,其中既有认为儒学属于"封建"意识形态因而持否定态度的,也有主张将儒学的政治属性与文化和学术属性区分开来,有选择地继承的。还有一些过去反对儒学的人希望中国的马克思主义与中国传统文化联合起来,共同抵御西方的自由主义或新自由主义。二是坚持自由主义理念的学者,或者对中国的马克思主义、对儒学持批判态度,或者主张自由主义与马克思主义的联合,继续批判儒家代表的"家族传统"、"威权意识"。三是以新儒家为代表的中国传统文化的研究者和教育者,或者直接与西方文化特别是自由主义对话,或者与马克思主义展开互动。② 上述理论取向几乎都涉及马克思主义与儒学的关系,但其中的理论是非问题远未理清,而这又与理论之外的问题相关。近几年,大陆的某些学术会议上,常常出现这样的场面,当某些人声称马克思是我们的祖宗,不能丢时,另一些人就感觉蒙受了污辱,说:中国人的祖宗是孔子,马克思怎么是中国人的祖宗?感情上的这一对立,倒是清楚地说明,孔子在今天的重新"走运",是中华民族逐步高涨的民族认同、文化

① 冯友兰:《中国现代哲学史》,广东人民出版社1999年版,第251—254页。
② 许全兴:《毛泽东与孔夫子》,人民出版社2003年版,第216、217页。

认同所使然;它也在一定程度上反映了当代中国政治的特点,以建设社会主义现代化为宗旨的政治,不能不正面借助并结合于民族文化传统,让其为建构"有中国特色的社会主义"提供资源。而要实现这一目标,无论是推崇马克思抛弃孔子,或者肯定孔子丢掉马克思,都是不可能的。

孔子并非中华民族的人文始祖,我们把黄帝视为中华民族的人文始祖,但黄帝之外还有炎帝、蚩尤等等。然而,西汉以来,孔子的思想毕竟支配了多数中国人,甚至塑造了中国人的意识和性格,比较能代表中国传统文化。在西方人的观念中,Confucius 就是中国的圣人,甚至作为中国人的代称,Confucianism 则是中国文化的核心内容。如果说在中国近代历史上,在"五四"新文化运动及其影响下,被历代统治阶级不断包装的孔孟儒学越来越明显地暴露出"缘饰"专制政治的意识形态性质,阻碍着中国社会的根本变革,并因而遭到中国人自己的激烈批判,那么,改革开放以来,随着中国经济的崛起和社会全面发展的需要,中国传统文化特别是儒学在中国人自己眼里则呈现出超越时代的民族性和有益于"世道人心"的人文价值。

历史的教训告诉人们的是,在社会大变革时期,的确需要"斗争性"、"革命性"强的思想学说,当社会进入和平发展时代,讲求"宽容"、"和谐"的观念及学说就会受到欢迎。中国历史上的经验还特别提供了"打天下"与"坐天下"不同的道理,即"逆取而以顺守之"。① 贾谊在《过秦论》中检讨秦二世而亡的原因时亦说:"仁义不施,攻守之势异也。"就此而言,无论是在春秋战国还是在近代以来的社会大变革时期,明显地具有保守性格,重视等级秩序、中庸之道的儒学被边缘化甚至饱受冲击,社会进入稳定发展时期则受到普遍的重视,这种遭遇自有其必然性与合理性。当然,中国近代以来的社会转型及其所面对的东西方两大文明的关系,当代中国所要建立的和谐社会,都与中国传统社会有着巨大的差异。所以,中国的思想界既要认真考虑前人所总结的经验的合理性,又不能停留在他们的认知水平上。

---

① 司马迁:《史记·郦生陆贾列传》,中华书局 1959 年版,第 2699 页。

显然,中国新民主主义革命的成功和新中国的建立都不是靠孔孟儒家,而是靠马克思主义的指导。但这里的马克思主义必定是由中国革命者所理解和选择的马克思主义,是与中国的实际相结合的即中国化的马克思主义。列宁主义作为马克思主义发展的新阶段受到高度重视,毛泽东思想的形成和确立,表明了中国革命者在接受马克思主义时的主体性。那么,在马克思主义中国化的过程中,孔子及其儒学是否起了作用呢?不仅起了作用,还是很大的作用——后面详论。此其一。其二,即使马克思主义在很大程度上中国化了,从而切实地发挥了指导中国革命的作用,它是否就为中国的民众建立起精神家园了?似乎还不能给出肯定的回答。我们知道,马克思主义是致力于人类解放的,而这个解放在马克思和恩格斯看来不是思想活动,而是现实的历史活动,是由工业状况、商业状况、农业状况、交往状况促成的。所以,他们认定,对实践的唯物主义者即共产主义者来说,全部问题都在于使现存世界革命化,实际地反对并改变现存的事物。① 马克思主义因而首先是一种现代的社会批判或变革的理论,而不是关于个人的身心修养、情感慰藉的学问。马克思主义在现代中国所形成的思想和学术谱系,主要是关于政治思想、社会科学的理论,其哲学也主要作为方法论受到重视。它固然能够使投身革命的人们在革命中实现其意志和价值,也给广大民众以精神上的引导和鼓舞,但是,中国人在日常生活中所寻求的人生意义,他们情感的和信仰的诉求,毕竟要受制于他们在几千年间形成的深层的文化心理结构,有中国传统的特点,如重视人伦日用,讲究合乎情理,主张不偏不倚,热爱和平,追求和谐等。这也是早已被人们断定进入"历史博物馆"的孔孟儒学,仍然与普通百姓的生活和精神世界发生着内在联系的原因,虽然他们未必读过《论语》、《孟子》等儒家经典。

就建构中国人的精神家园而言,马克思主义的确有一个与时代化相伴随的大众化、生活化的问题,这特别需要整合包括儒家在内的中国传统思想文化的资源并给予符合时代要求的新阐释。因此,笔者认为,一方

---

① 《马克思恩格斯选集》第 1 卷,人民出版社 1995 年版,第 74、75 页。

面,要使马克思主义真正进入现代中国人的日常生活,就要结合中国文化的特点并针对现代社会的问题,努力拓展、补充马克思主义关于文化、精神方面的思想理论,许多西方马克思主义者如布洛赫、弗洛姆、马尔库塞等在这方面已经做出成绩,我们应当参考和借鉴。另一方面,马克思主义作为现代社会批判的革命的思想体系,与中国传统文化毕竟有着质的区别,我们不能无视这个区别。从理论上说,只有使两者保持必要的张力,形成互动的关系,才有利于马克思主义与中国传统文化的发展。从实践上说,也只有坚持马克思主义的批判性,我们才能直面现实世界的矛盾和问题,也只有从矛盾产生的地方找到解决矛盾的途径,才真正有利于建构和谐社会。因而,我们必须认真思考马克思主义与儒学的关系,否则,我们连眼下的思想文化现象都不能正确地分析理解,更不要说明确今后思想文化建设的任务了。

我们说,孔子在今天的"时来运转",是当代中国社会发展的某种要求,同样,马克思主义在中国之所以发生巨大的影响,也是中国社会发展的要求。通过苏俄,通过列宁的创造性转换,马克思主义得到中国一批知识分子的高度认同,这一事实表明中国人所接受的马克思主义,是已经具有某种"东方"色彩或特点的马克思主义。因而,在中国现代史上,马克思与孔夫子的"相遇",不是马克思说到孔子时发生的,也不是马克思的论著一进入中国就发生的,而是在"马克思主义中国化"的过程中发生的。

我们先来看有关史实。

1840 年以前,欧美的思想文化主要是通过传教士进入中国的。鸦片战争,特别是甲午海战之后,西学即近代欧美的各种思想和学说更是通过各种渠道大量涌入中国。构成西学的内容非常庞杂,介绍到中国来的人物更是繁多,甚至让人感觉不加选择。但是,不难发现,对中国产生较大影响的各种西方学说及其思想理念,在很大程度上被纳入了达尔文进化论的逻辑中,因为进化论是一个特别能够打动中国人的叙事,那就是"物竞天择"、"适者生存"。中华民族在近代之所以落得四分五裂、任人宰割,是因为你衰败了,成了弱者甚至"病夫"。你要在这个弱肉强食的世界上生存下来,有一席之地,就要振作起来,成为强者。为了救亡图存而学习西方,就是学习民族和国家由弱变强的道理和方法。如严复早在1895年根据斯宾塞的学说所提出的:"生民之大要三,而强弱存亡莫不视此:一曰血气体力之强,二曰聪明智虑之强,三曰德行仁义之强,是以西洋观化言治之家,莫不以民力、民智、民德三者断民种之高下,未有三者备而民生不优,亦未有三者备而国威不奋者也。"①所以,中国的要务即在于"鼓民力、开民智、新民德"。而以此反观只会讲"仁义道德"的儒学,则儒学的"陈旧"、"迂腐"、"软弱"简直暴露无遗。

在19世纪末期和20世纪初期,虽然有些中国学者认为生物进化论并不完全适用于人类社会,社会达尔文主义更有严重问题,其"弱肉强食"、"优胜劣汰"的主张是为帝国主义、殖民主义张目的。但是要让中国人完全超越进化论的逻辑思考自己的命运又是不容易的。当时的学者和政治家所理解的"进步",首先就是人的智力和支配环境的能力的不断提升。1898年翻译出版赫胥黎《天演论》的严复是如此,当时思想界的其他领袖人物也大都如此。如梁启超于1902—1906年发表在《新民丛刊》上的"新民说"释"新"之义,"一曰淬厉其所本有而新之,二曰采补其所本无而新之"。虽曰保守与进取须并存而调和,但总体上主张进化、进步,即他所谓"天下无中立之事,不猛进,斯倒退矣"。"欧洲民族所以优强于中国者,原因非一,而其富于进取冒险之精神,殆其尤要者也。"②

马克思的思想最初被介绍到中国来,也与这种进化论或进步论分不开。

汉语中的马克思和《共产党宣言》中的一些观点,最早见于1899年3月份《万国公报》上刊登的英国学者基德所著《社会进化》一书的前三章,由英国传教士李提摩太节译、蔡尔康撰文。③ 从19世纪末到1919年五四

---

① 《严复集》第1册,中华书局1986年版,第18页。
② 梁启超:《新民说》,中州古籍出版社1998年版,第54、77页。
③ 这篇题为《大同学》的文章是站在富人和当权者的立场论述马克思学说的:"其以百工领袖著名者,英人马克思也。马克思之言曰:纠股办事之人,其权笼罩五洲,突过于君相之范围一国。吾侪若不早为之所,任其蔓延日广,诚恐遍地球之财币,必将尽入其手。然万一到此时势,当即系富家权尽之时。"

运动,马克思和恩格斯的社会主义和唯物史观,主要经由日文的翻译和转译,①除了日本学者,中国学者也发挥了很大作用。如朱执信于 1905 年在《民报》第 2 号发表《德意志社会革命家小传》,简要介绍了马克思和恩格斯的生平和思想,概述了《共产党宣言》和《资本论》的内容,参考日文译本摘译《共产党宣言》中的片段。很早就翻译过《共产党宣言》的马君武,曾撰文比较社会主义与进化论,认为社会主义突出人们结合为社会与自然环境斗争,因而,社会主义与进化论可以统一起来,对进化论的逻辑已有一定的超越。

陈独秀于 1915 年创刊《新青年》(1915 年创刊时名《青年杂志》,从 1916 年第 2 卷第 1 号即改为《新青年》),在开篇的《敬告青年》中,他提出"新青年"之"六义",即"自主的而非奴隶的,进步的而非保守的,进取的而非退隐的,世界的而非锁国的,实利的而非虚文的,科学的而非想象的"。他号召新青年除旧布新,"旧"的即中国传统文明,"新"的则是由欧美代表的"近代文明",即欧洲启蒙运动以来的自由、平等、博爱观念和进步学说。在同一期的《法兰西人与近代文明》中,他极其热情地赞颂了法兰西人对近代文明的贡献,认为近代文明所以能够风靡世界,一新社会,全赖三大理论,一是人权说,二是进化论,三是社会主义。人权说重点讲法国的《人权宣言》对人的解放作用;进化论讲达尔文的"生存竞争"、"优胜劣汰"之格言,"昭垂于人类",而达尔文的进化之说"本诸法兰西人拉马克";社会主义则讲超越政治革命的社会革命,因为生存竞争、资本会导致新的不平等,这是近代文明的缺点,而谋社会革命之社会主义,则是"反对近世文明之欧罗巴最近文明"。其说始于法兰西革命时的巴贝夫(Babeuf),主张废弃所有权,行财产共有制,未为当世所重。"十九世纪之初,此主义复盛兴于法兰西。圣西孟(Saint-Simon)及傅里耶(Fonrier),

---

① 如 1902 年 4 月由上海广智书局出版的日本社会主义研究会会长村井知至著、罗大维译的《社会主义》,对马克思生平及学说进行了比较系统的介绍;1903 年 3 月广智书局出版福井准造著、赵必振译的《近世社会主义》,系统地介绍社会主义思想发展史和世界社会主义运动。1903 年 10 月,日本著名社会主义运动组织者幸德秋水的《社会主义神髓》由中国达识译社译为中文,该书对马克思的唯物史观做了详细介绍,并依据唯物史观原理分析社会。

其最著称者也。彼等所主张者,以国家或社会为财产所有主,人各从其才能以事事,各称其劳力以获报酬,排斥违背人道之私有权,而建设一新社会也。其后数十年,德意志之拉萨尔(Lassalle)及马克思(Karl Marx),承法人之师说,发挥而广大之。资本与劳力之争愈烈,社会革命之声愈高。欧洲社会,岌岌不可终日。财产私有制虽不克因之遽废,然各国之执政及富豪,恍然于贫富之度过差,决非社会之福。于是谋资本、劳力之调和,保护工人,限制兼并,所谓社会政策是也。"①陈独秀已经认识到"社会主义"理念是对"进化论"的扬弃和超越。

五四运动前后,马克思主义、社会主义开始在中国知识界产生较大影响,《新青年》以大篇幅宣传苏俄革命和马克思主义,如李大钊在《新青年》发表《Bolshevism 的胜利》并连载《我的马克思主义观》,该文重点论述了马克思的唯物史观、阶级竞争说和经济学思想。1920 年,陈望道全文翻译《共产党宣言》。当时的国际形势的变化有力地推动了中国自身的变革思潮。

当时国际上的大事变,一是西方第一次世界大战,暴露了资本主义世界内部的冲突和问题,甚至一些西方人都感到西方文化在没落;加之,中国作为战胜国却仍然被列强随意摆布、欺凌,不仅激起中国人强烈的义愤,也让中国人对西方文明的看法起了变化。再就是苏俄爆发了布尔什维克领导的十月革命。这个革命使得原来作为列强之一的沙皇俄国,在经过短暂的资产阶级执政后转变成苏维埃社会主义国家;苏维埃政权一成立,就宣布废除沙俄与中国签定的不平等条约。中国近邻的这一变化,对中国的影响实在是太大了,它让那些为中国寻找出路,但感觉始终在黑暗中跋涉的仁人志士,突然看到了光明的前景。如屡受挫折的孙中山先生就受到很大鼓舞,他在 1918 年致列宁和苏维埃政府的信中说:"中国革命党对贵国革命党所进行的艰苦斗争表示十分钦佩,并愿中俄两党团结共同斗争。"后来又明确表示:"法美共和国皆旧式的,今日唯俄国为新式

①　《青年杂志》第 1 卷第 1 号,1915 年 9 月 15 日。

的;吾人今日当造成一最新式的共和国。"①进一步发展了原来的"革命"
思想和"三民主义"思想,提出了人们熟知的三大政策。那些完全接受了
马克思列宁主义的人和一批年青的知识分子,更是主张"彻底"的革命,
不止是结束帝制,搞资产阶级革命,还要到工厂农村去,发动中国底层的
民众搞社会主义革命。道理似乎显而易见:资本主义对于当时的中国来
说固然是"先进"的制度,但既然它仍然是一种压迫性的制度,既然它使
中华民族陷入危亡之中,而社会主义才是废除剥削与压迫,使人人平等的
制度,并且已经在中国的近邻出现,那么,无论是为了救亡,还是为了振
兴,中国为何不效法苏俄,直接进行社会主义革命,毕其功于一役? 在 20
世纪初,这个道理使得许多先进分子成为社会主义的拥护者。可见,当时
的国际局势有力地将中国的思想潮流推向了"激进"的方向。这一政治
上的激进,与中国反动势力的顽固和传统社会巨大的惰性分不开,也与传
统的大同理想和平均主义联系在一起,它既成为中国革命的强大动力,也
导致了中国后来历史的吊诡。

　　一个基本的事实是,自汉武帝独尊儒术以来,在中国 2000 年的历史
上,为王权政治所支持的经学化的儒学以正面的形象支配了中国的主流
意识,形成了强大的思想文化传统。因而,为了铲除专制制度,使社会发
生根本的变革,就必须选择一条从西方大力引进现代的思想文化和制度
性因素,并与传统的思想文化特别是孔孟儒学决裂的道路。

　　从 1916 年起,《新青年》就大量刊登批孔孟之道的文章。有的温和,
有的严厉,兹不详述。② 所不同者,陈独秀、李大钊等以马克思唯物史观
对孔子进行批判,对孔子能够给予一定的历史分析。如陈独秀所言,"孔
子不言神怪,是近于科学的。孔子的礼教,是反民主的。人们把不言神怪

---

① 《孙中山选集》,人民出版社 1981 年版,第 507 页。
② 《新青年》上发表的首篇批判孔子的文章,是易白沙于 1916 年《青年杂志》和《新青
年》上刊出的《孔子评议》,明确提出孔子有 4 大缺点,一是"尊君权,漫无节制,易演成独夫专制
之弊";二是"讲学不许问难,易演成思想专制之弊";三是"少绝对之主张,易为人所借口";四
是"但重作官,不重谋食,易入民贼牢笼"。并谓"孔子之学只能谓儒家一家之学,必不可称以中
国一国之学。盖孔学与国学绝然不同,非孔学之小,实国学范围之大也"。

的孔子打入了冷宫,把建立礼教的孔子尊为万世师表,中国人活该倒霉";又说:"孔子的礼教不废,人权民主自然不能不是犯上作乱的邪说,人权民主运动不高涨,束手束足意气销沉安分守己的奴才,哪会有万众一心反抗强邻的朝气?"①陈独秀、李大钊等马克思主义者坚决反对孔子礼教,其一在于它的社会性质、时代性质。陈独秀说:孔子生长封建时代,所提倡之道德,封建时代之道德也;所垂示之礼教,封建时代之礼教,封建时代之生活状态;所主张之政治,封建时代之政治。其范围不越少数君主贵族之权利与名誉,于多数国民之幸福无与焉。② 而社会要进化,不得不打破天经地义自古如斯的成见,创造新的观念。李大钊也依据唯物史观指出:"孔子的学说所以能支配中国人心有二千余年的原故,不是他的学说本身具有绝大的权威,永久不变的真理,配作中国人的'万世师表',因他是适应中国二千余年来未曾变动的农业经济组织反映出来的产物,因他是中国大家族制度上的表层构造,因为经济上有它的基础。"又说,"现在经济上生了变动,他的学说,就根本动摇,因为他不能适应中国现代的生活,现代的社会。"③其二,还在于中国政治的黑暗、反动及其对孔子的利用,"请看近数十年的历史,每逢民主运动失败一次,反动潮流便高涨一次;同时孔子便被人抬高一次"④。这两个原因,特别是后面这种情况,导致大批进步学者坚持反对孔孟儒学。他们本来知道,五四运动所要打倒的"孔家店",其实是被历代统治者筑起来的"圣庙",虽有孔子及其弟子的牌位,却不复有先秦儒学的真精神。用鲁迅的话说,孔子死了以后,"种种的权势者便用种种的白粉给他来化妆,一直抬到吓人的高度"。然而时代不同了,现代那些继续把孔夫子当作"敲门砖"用的权势者"所以都明明白白的失败了。岂但自己失败而已呢,还带累孔子也更加陷入了

①　转引自丁守和主编:《中国近代启蒙思潮》下卷,社会科学文献出版社 1999 年版,第137、139 页。

②　转引自王中江等选编:《新青年》,中州古籍出版社 1999 年版,第 144 页。

③　《李大钊文集》下,人民出版社 1984 年版,第 174、184 页。

④　转引自丁守和主编:《中国近代启蒙思潮》下卷,社会科学文献出版社 1999 年版,第137 页。

悲境"。① 为了把假孔子与真孔子区别开来,作为共产党创始人之一的张申府后来曾有"打倒孔家店,救出孔夫子"之主张,然而,在当时的情况下,孔子已被定格,社会上一般人心目中的孔子是孔子的各种脸谱,一心改变旧中国的热血青年,已把"孔子"视为旧思想、旧文化和旧秩序的代表,必须打倒而后快;另一些维护中国传统文化的人士,则捍卫孔子思想的至高地位,坚决不容西学和马克思主义取代。这样,人们把马克思与孔夫子完全对立起来,也就不奇怪了。

马克思与孔夫子无疑有着显著的差异,有属于时代的,也有属于文化的。马克思立足于现代工业生产和由资本主义所开辟的世界历史,在批判旧世界中发现新世界,由人类自身的革命实践开显人类最后解放的前景;而孔夫子则立足于中国传统的家族组织和农耕生产,以西周的礼乐文明为社会理想。但是,在差异之外,他们是否有相通之处呢? 这里有一个有趣的例子,是郭沫若先生 1925 年发表的《马克思进文庙》。故事说马克思的名字近来呼声甚高,早就传到孔子耳朵里。孔子知道来的是马克思,十分惊喜:有朋自远方来,不亦乐乎呀! 马克思先生,你来到敝庙里,有什么见教呢? 马克思说,我们的主义已传到你们中国,希望在你们中国能够实现。但近来有些人说我的主义和你的思想不同,我的主义在你的思想普遍化的中国,没有实现的可能,那么,我们不同在什么地方? 孔子也很客气,说还是你先讲讲你的主义吧。马克思说,我的思想的出发点不同于宗教家把世界看成虚无,我对人生抱着现实的肯定的态度,关心人生的最高幸福。我的理想世界是每个人都自由平等发展他们的才能,就是"各尽所能、各取所需"的共产社会。孔子听后拍手叫绝,说你和我的"大同世界"竟是不谋而合啊。接着把《礼记·礼运》篇中关于"大同"的话复诵一遍。但马克思听了却感觉这像"空想的社会主义"。于是两人就此分辩一番,孔子把自己的"庶矣富之富矣教之"和管子的"仓廪实而知礼节,衣食足而知荣辱"等等"尊重物质"的论点一一陈述,然后特别强调,我们处于科学没有发明的时代,在有限的生财力的范围内也只能主张节用;大家连饭

---

① 《鲁迅选集》第4卷,人民出版社1983年版,第168、169、170页。

也不够吃,总不应该容许少数人吃海参鱼翅吧。马克思到此感叹说:我不想在两千年前,在远远的东方,已经有了你这样一个老同志! 你我的见解完全是一致的,怎么有人说我的思想与你不合,与中国国情不合,不能施行于中国呢? 孔子长叹一声:连我在这儿都吃了二千年的冷猪头肉了。①

这当然是戏说。郭沫若尊孔,认为孔子的思想属于"人道主义"、"人文主义",与马克思主义相通。郭沫若对"焚书坑儒"的秦始皇则持否定态度,抗战时期还写了《十批判书》。这本论文集在"文化大革命"时期遭到毛泽东的批评,说:"百代都行秦政法,十批不是好文章。"然而,他上面的戏说或许能给我们这样的启示:在一些人用马克思主义批判孔子思想时,中国人也自觉不自觉地用孔子的思想,用"仁爱"、"平均主义"理解社会主义,以"大同世界"理解共产主义,这种理解有它的道理,也有一定的问题。马克思主义与孔子的儒学,都有追求社会文明和谐的理想目标,只不过由于社会历史的原因,孔子的和谐不外小农社会人人"富而好礼",马克思预见的社会和谐则是以每个人能力的全面发展为基础的自由人联合体,并且要通过由生产力的发展引发的社会关系的革命而达至。

第五节　马克思主义中国化与儒家的现代转换

近代以来,由于西方文明的冲击和中国自身变革的内在要求,经学化的儒学随着中国帝制的被推翻而土崩瓦解。那么,儒家思想传统在中国近代化的过程中是否已中断了、终结了?

从显性的层面,可以说自从人们认定中西之争根本上属于古今的时代差异,以孔孟儒家为核心的中学的命运也就被注定了,这就是被批判和否定。中国近代史上的三大运动,既是中国自身变革的逐步深入,也是儒

① 《郭沫若全集》第10卷,人民文学出版社1985年版,第161—170页。

家从中心到边缘的三次转移。

洋务运动的理论基础是凭借经世致用的传统讲"中体西用"。但坚持中体之"三纲",西学之"用"就不可能凸显出来。甲午海战失败,原则上宣告了中体西用的破产。接着戊戌变法,政治上变君主专制为君主立宪,思想文化上还是打孔子的旗子。但这已经是被近代化的孔子。这里要特别说一下康有为和谭嗣同。康有为对孔子推崇备至,称孔子"为神明,为圣王,为万世作师,为万民作保,为大地教主。生于乱世,乃据乱世而立三世之法,而垂精太平。……立《春秋》新王行仁之制。其道本神明,配天地,育万物,泽万世,明本数,系末度,大小精粗,六通四辟,无乎不在。"①康有为要把儒学宗教化,立孔子为教主。这既是为了政治上保皇,也有出于文化认同、民族复兴的考虑。康有为为了救治人心、抵御外教,早就有立孔教的思想。问题在于,他虽然把君主专制的政治与传统文化做了一定的区分,但还是让文化为其政治目标服务。1912 年他支持其弟子陈焕章成立孔教会,把保教与保国视为一体,为复辟帝制造舆论。袁世凯这样的野心家则充分利用当时的复辟、复古思潮。袁世凯于 1913 年初颁布《整饬伦常令》,声称"中华立国,以孝弟忠信礼义廉耻为人道之大经";接着通令恢复学校祀孔;次年 9 月他又率文武百官到孔庙祭孔,大搞尊孔读经活动。这更增加了那些反对帝制、主张共和的人们对孔孟儒学的反感。谭嗣同痛斥三纲五伦对民众之荼毒,大声疾呼"冲决网罗"。这种彻底的精神和激进的态度,必定激励那些反对王权专制的人,将斗争的矛头指向儒家。但谭嗣同在孔子儒学与荀子的学说之间做了一个切割,他要荀子把中国专制愚民的罪名背起来,他的名言是"二千年来之政,秦政也,皆大盗也;二千年来之学,荀学也,皆乡愿也。惟大盗利用乡愿;惟乡愿工媚大盗。二者交相资,而罔不托之于孔。被托者之大盗乡愿,而责所托之孔,又乌能知孔哉?"②这样的看法有一定道理,汉武帝所独尊的儒术,即董仲舒推崇的儒家,与孔子本人的思想已有相当的距离,而较为接

① 刘梦溪主编:《康有为卷》,河北教育出版社 1996 年版,第 341 页。
② 谭嗣同:《仁学》,中州古籍出版社 1998 年版,第 169 页。

近荀子。但是,荀子毕竟不是孔子的叛徒,不是法家,只能说是有法家倾向的儒家。孟子与荀子各自构成孔子思想的一翼,孟子重仁义、民本,荀子则重礼法、隆君,但思想体系仍然属于儒家,把所谓荀学从儒学中剥离出来,是不可能的。那么,谭嗣同批荀保孔的真正合理性何在?我认为他其实是要把专制政治的文化作为一个痂皮或毒瘤从中华传统文化的肌体上切割下来,从而让中国传统文化的本真精神得以开显并发扬光大。然而,他指认荀学就是这种政治化的文化,就把问题简单化了。他的这一看法也未能挽救孔子。清末民初的孔子虽然不是真孔子,儒家也不是原教旨的儒家,但孔子这样一个符号和整个儒家,连同封建帝制,已经处于风雨飘摇之中。还须注意的是,康有为要把孔子儒家立为宗教,是仿照基督教,他认为由于"气"的原因,孔子之教不出中国,而佛氏与耶稣则可以肆行于地球。在谭嗣同的《仁学》中,地位最高的不是孔子,而是佛祖。他们的思想眼界在一定程度上越出了中国传统文化的藩篱。

到五四运动时期,为了民族救亡和社会变革,中国的先进分子已明确地选择了一条革新文化、改造传统的道路;凡主张新文化运动者必定要批判孔孟儒家,批判传统思想文化。应当说,新文化运动本身就利用了中国的旧文化,尤其是民间文化、说唱文化的资源,这从当时出现的"白话文"和大量的翻译词语中即可看出。但白话文和这些词语所蕴含的新观念能否真正进入中国普通百姓的头脑,并切实地对他们的生活发生影响,却殊非易事。当时许多人都认识到,中国人"头上的辫子"虽然剪掉了,但"头脑里的辫子"却未剪掉。只要没有新的生产方式,就不可能改变中国汪洋大海般的小农生产和家族结构,传统思想文化也就难以得到根本的改变。事实上,"五四"文化运动对于传统伦理政治思想的改革,影响只在大都市的学术界,而各地的政治与家族制度并没有动摇多少;"拜孔教"也在各地和乡村复活着。这又说明少数大都市里学术界的力量之小,努力之不足,任务之未了。① 显然,"拜孔教"在中国是有土壤的,要改良这

---

① 转引自丁守和主编:《中国近代启蒙思潮》下卷,社会科学文献出版社1999年版,第124、125页。

个土壤太不容易了。而中国人真正需要的,是既能"服"中国的水土又能给予改良的西方思想文化。

于是,除了孙中山先生结合西方民主思想提出的"三民主义",一批中国知识分子将马克思列宁主义作为首要的思想选项。

马克思主义产生于西方而眼光却是世界性的,马克思认定开辟了世界历史的资本主义将为社会主义所取代,并为此呼唤全世界被压迫的阶级和民族团结起来进行斗争。这极大地鼓舞了中国的先进分子。马克思同"传统"、"彻底决裂"的主张,即"共产主义革命就是同传统的所有制关系实行最彻底的决裂;毫不奇怪,它在自己的发展进程中要同传统的观念实行最彻底的决裂"①,也得到决心彻底推翻旧世界的中国先进分子的高度认同。列宁为了有效地实施无产阶级革命和无产阶级专政,建立了作为无产阶级先锋队的政党,政党领导阶级、阶级领导群众。马克思列宁主义从思想和组织两方面引导了中国共产党的产生和活动。其中,也就包括对作为封建的传统观念的儒家的批判。批判作为"政治文化"的经学化的儒学,不止是为马克思主义指导中国的革命清扫道路,也是中国文化自我革新的需要。

在20世纪30年代中期之后,毛泽东成为中国共产党的最高领导。马克思主义与中国传统文化在毛泽东身上都有很深的影响。

五四运动之前,和中国的多数读书人一样,青年毛泽东也是把孔子当圣人看待的,并主张学习国学。这时他即使对孔子有一些批评,也是枝节的、不系统的,因为孔孟儒学是当时包括湖湘文化在内的中国文化的主流。那时的毛泽东"独服曾文正",曾国藩是严守孔孟之道的。在长沙读书时的毛泽东1917年发表于《新青年》上的《体育之研究》一文,在肯定教育应"德智体"并重的前提下,特别强调了体育的重要性;而为了反驳体能与思想不能两全的论调,他说孔子七十二而死,未闻其身体不健,并照样称孔子为圣人。后来,在五四运动的影响下,毛泽东进一步吸收自由、民主思想,并加入反孔的新思潮中,他说:"像我们反对孔子,有很多

---

① 《马克思恩格斯选集》第1卷,人民出版社1995年版,第293页。

别的理由。单就这独霸中国,使我们思想界不能自由,郁郁做二千年偶像的奴隶,也是不能不反对的。"但在五四运动时期,他对孔子思想及其时代问题仍然感到很不明确,所以,他提议"问题研究会"所列第四个问题即"孔子问题",第五个问题是"东西文明会合问题"。1920年3月,他在致周世钊信中说自己:"于种种主义,种种学说,都还没有得到一个比较明了的概念,想从译本及时贤所做的报章杂志,将中外古今的学说剌取精华,使他们各构成一个明了的概念。"①这之后,毛泽东受到新思潮,特别是马克思列宁主义的影响,逐步改变了对孔子和国学的看法。但毛泽东不是历史虚无主义者,他在1940年发表的《新民主主义论》中,有一段很著名的话至今也未过时:

> 中国的长期封建社会中,创造了灿烂的古代文化。清理古代文化的发展过程,剔除其封建性的糟粕,吸收其民主性的精华,是发展民族新文化提高民族自信的必要条件;但是决不能无批判地兼收并蓄。……我们必须尊重自己的历史,决不能割断历史。但是这种尊重,是给历史以一定的科学的地位,是尊重历史的辩证法的发展,而不是颂古非今,不是赞扬任何封建的毒素。对于人民群众和青年学生,主要地不是要引导他们向后看,而是要引导他们向前看。

而就当时而言,他认为,"在中国,又有半封建文化,这是反映半封建政治和半封建经济的东西,凡属主张尊孔读经、提倡旧礼教旧思想,反对新文化新思想的人们,都是这类文化的代表"②。对孔子这一封建时代文化的代表,他是主张当作历史遗产,批判地加以继承的。而反对尊孔读经,显然是针对借尊孔行复古倒退,乃至维护专制政治而言的。如1942年,毛泽东与匡亚明谈话时就强调,孔子是2000年前的伟大人物,思想中有积极的东西,也有消极的东西,要批判地继承和发扬。但就当时的革命运动来说,它是属于第二位的事情。"第一位的用以指导革命运动的是马克思主义理论。特别是当时重庆方面正在大搞什么'尊孔读经',他们

① 转引自许全兴:《毛泽东与孔夫子》,人民出版社2003年版,第289、290页。
② 《毛泽东选集》第2卷,人民出版社1991年版,第707—708、695页。

靠孔夫子,我们靠马克思,要划清界限,旗帜鲜明。所以他认为对孔夫子最好是暂时沉默,既不大搞批判,也不大搞赞扬。"①。

可见,"马克思"与"孔夫子"在中国的对立,固然是不同时代的两种文化和思想体系的对立,同时直接涉及共产党与国民党在政治上、意识形态上的对立与斗争。在当时的边区内部,为了促进家庭与社会的和谐,毛泽东重新解释孔夫子的"父慈子孝",他说:"我们还要提倡父慈子孝。过去为了这件事,我还和我的父亲吵了一架,他说我不孝,我说他不慈,我说应该父慈第一,子孝第二,这是双方面的。如果父亲把儿子打得一塌糊涂,儿子怎么样能够孝呢? 这是孔夫子的辩证法。今年庆祝三八妇女节,提出建立模范家庭,这是共产党的一大进步。我们主张家庭和睦,父慈子孝,兄爱弟敬,双方互相靠拢,和和气气过光景。"②可以说,这是中国共产党提出建立和谐社会的最早版本。历史地看,相对于源远流长的民族文化,政治固然是暂时的,但是作为社会矛盾的集中反映,不同的政治却能够对文化给予不同的利用,并引导文化发生不同的变化。

毛泽东真正把他理解的马克思主义与孔夫子完全对立起来,是在新中国建立之后,并且伴随着批武训传、批俞平伯的《红楼梦》研究、反右等一系列文化运动和政治运动,毛泽东越来越出于政治斗争的需要来看待历史和传统文化了。评价文学、历史、哲学等人文社会科学的是非正误,政治斗争成了最高的标准甚至唯一的标准。毛泽东在 1953 年与梁漱溟就工人农民问题辩论时说:"孔夫子的缺点,就是不民主,没有自我批评的精神,有点像梁先生。'吾自得子路而恶声不入于耳''三盈三虚''三月而诛少正卯',很有些恶霸作风,法西斯气味。我愿朋友们,尤其是梁先生,不要学孔夫子那一套,则幸甚!"③但时易势移,为了现实政治的需要,毛泽东很快就对秦始皇的"集权"与"专制"大加称赞。如他在 1958 年中共八大二次会议上说:"秦始皇是个厚今薄古的专家。"林彪插话:秦始皇焚书坑儒。毛泽东接着说:"秦始皇算什么? 他只坑了三百六十个

① 转引自匡亚明:《孔子评传》,齐鲁书社 1985 年版,第 474 页。
② 《毛泽东文集》第 3 卷,人民出版社 1996 年版,第 115—116 页。
③ 转引自许全兴:《毛泽东与孔夫子》,人民出版社 2003 年版,第 322 页。

儒,我们坑了四万六千个儒。我们镇反,还不是杀掉一些反革命的知识分子吗?我与民主人士辩论过,你骂我们是秦始皇。不对,我们超过秦始皇一百倍。骂我们是秦始皇,是独裁,我们一贯承认,可惜的是,你们说得不够,往往要我们加以补充。"①随着毛泽东"左"倾思想日益严重,"阶级斗争"的弦越绷越紧,他也越来越明确地将孔子定性为"奴隶主阶级"的思想代表,他发动的"文化大革命",孔子及其儒学首当其冲,被作为"封建主义"的毒草和垃圾横加扫荡。林彪事件之后,他知道了林彪尊孔,床头还挂着"克己复礼"的条幅,就说,尊孔反法,国民党是如此,林彪也是如此。是否反儒崇法,成为政治上正确与否的一大标准。而在这时,马克思主义也被纳入极左的思想体系和政治路线中,为"阶级斗争为纲"、"无产阶级专政下的继续革命"提供"理论根据",强化着表面上"激进"、"革命",实际上已僵化和封闭的政治观念和社会体制,成为被后人所诟病的"马列教条"。

那么,孔子及其儒家文化,真的被扫地出门,不起作用了吗?物质的、器物的文化可以毁灭甚至不留痕迹,如北京的城墙,但我们对思想的精神的文化却做不到这一点,尤其是当产生这种思想文化的社会土壤和条件依然存在的情况下。

的确,在阶级斗争为纲的时代,在"文化大革命"中,马克思主义与法家、与秦始皇结合在一起。但是,更为深入的考察表明,儒家文化传统的作用仍然不能低估。在整个中国现代社会运动和政治活动中,儒家一直发挥着显性与隐性的作用。正如马克思所说:"人们自己创造自己的历史,但是他们并不是随心所欲地创造,并不是在他们自己选定的条件下创造,而是在直接碰到的、既定的、从过去承继下来的条件下创造。一切已死的先辈们的传统,像梦魇一样纠缠着活人的头脑。"②也如加达默尔所言:"即使在生活受到猛烈改变的地方,如在革命的时代,远比任何人所知道的多得多的古老东西在所谓改革一切的浪潮中仍保存了下来,并且

---

① 转引自许全兴:《毛泽东与孔夫子》,人民出版社 2003 年版,第 329 页。
② 《马克思恩格斯全集》第 8 卷,人民出版社 1965 年版,第 121 页。

与新的东西一起构成新的价值。"①下面试予分析论述。

由于千百年的传播和运用,《论语》、《孟子》等儒家经典中的许多格言及其思想,已内化为中国人的思维方式和价值观念。其中,尤以历代仁人志士表现出的道义承担为儒学最为显性的正面作用。李大钊以"铁肩担道义,妙手著文章"自励,而"道德文章"正是中国士人的自我期许。道义的内涵即由孔孟荀三代儒家所倡导和践行的仁道,"己欲立而立人,己欲达而达人"、"修己安民"、"修齐治平"、"内圣外王"。儒家的仁道在后人那里进一步形成"天下兴亡,匹夫有责"的担当意识,具体地体现为忧乐天下、忠君爱国、匡扶社稷、兴利除弊、除暴安良、抵御外侮的行为。在世道特别黑暗时,孟子所说的汤放桀,武王伐纣式的"革命",也获得合法性,即"替天行道"、"有道伐无道"。在孟子看来,"贼仁者谓之贼,贼义者谓之残。残贼之人,谓之一夫。闻诛一夫纣矣,未闻弑君也"。主张"君有大过则谏,反复之而不听,则易位"②。儒家所主张的"革命"属于"天命"的转移,"顺乎天而应乎人";革命的结果是王权的再造。近代革命论则上承儒家革命论,而又融合了西方近代政治革命思想,如邹容《革命军》所论:"闻之 1688 年英国之革命,1775 年美国之革命,1870 年法国之革命,为世界应乎天而顺乎人之革命,去腐败而存良善之革命,由野蛮而进文明之革命,除奴隶而为主人之革命。牺牲个人以利天下,牺牲贵族以利平民,使人人享其平等自由之幸福。"③过去士人"致君尧舜上,再使风俗醇"(杜甫),即所谓"得君行道"做帝王师的理想及传统,转换为现代志士仁人发动民众革帝制的命。这真可谓传统在中国近代以来最大的创造性转换。

近代以来虽然政治成为主题,但儒家力求以道德主导政治的理念和德治传统,也深深地影响着近代的革命者。近代的革命者、从政者虽然深知政治的现实性、利害性,但为了革新政治,往往要突出新政治的道义性

---

① ［德］加达默尔:《真理与方法》上卷,洪汉鼎译,上海译文出版社 2004 年版,第 363 页。

② 《孟子·梁惠王下》;《孟子·万章下》。

③ 转引自丁守和主编:《中国近代启蒙思潮》上卷,社会科学文献出版社 1999 年版,第 376 页。

或道德价值,使政治道德化,也让道德政治化。以世界大同、天下为公的理念理解"社会主义"的革命者,更具有道德理想主义的情怀,力求按照完美的理想再造社会。由此带来的既有积极的正面的社会变革,也有消极的负面的社会后果即"道德乌托邦"问题。

在儒家的理念中,道义承担内在联系着的天命意识、圣王心态,对近代先进分子和革命者的影响颇大,天命在身成为使命在肩,圣王心态转换为再造历史的革命家情怀。按儒家性善论,确立圣贤的道德人格,不是少数人的特权,而是人人可为的事情。然而,人人可为非人人乐为,人人能为。有此道德人格而又能承担大任,则难能可贵。孔子有"天生德于予"之自信;孟子则讲"尽其心者,知其性也;知其性者,则知天矣"①。孟子颇有"进取"的狂者气象,不仅自谓是"上下与天地同流"的"大丈夫",并且宣称"当今之世,如欲平治天下,舍我其谁?"北宋王安石以孟子之心为心,以孔孟道统自任,所以他后来在推行变法时才会表现出"天命不足畏,祖宗不足法,人言不足恤"的大无畏精神。宋明理学特别是陆王心学将心体确立为第一原理,更突出了成圣的旨趣。王阳明被贬龙场,于异常困苦之中,自问"圣人处此,更有何道?"其所悟者,乃吾性自足,不须外求,充分彰显心之良知,挺立内在的道德主体性。儒家本来主张人人可以成为圣贤,但如认定天将降大任予斯人,"吾曹不出如苍生何",则必产生使命意识和无量意志,然而也容易滋生独断倾向。在发生沧桑巨变的近代,它激发众多先进分子以天下为己任,投身维新、革命的运动,革命的"狂者"蔚成气候。这一点,我们从近代革命领袖甚至一些著名学者身上,都不难发现。中国的广大民众特别是农民,在他们的带领和鼓舞下,也会在革命中形成一定的"阶级的主体性",但他们的基本生存方式决定了他们不可能完全相信自己的力量,而总是盼望出现"大救星",大救星也是大家长。中国历史上的农民造反、起义与拥立"新王"、建立新王朝,总是联系在一起的。家长制的传统与中国革命者的圣人心态结合起来,就势必造成个人崇拜。"文化大革命"中毛泽东自

---

① 《孟子·尽心上》。

己参与的造神运动显然就是这一结合的产物。有论者指出："依循心学的成圣精神,辅之以公羊学家的圣人改制精神,就构成了宗教化的、追求现世完美性的革命精神及其制度创新的政治文化风格。'内圣外王'论尤为显明地表达了儒生之政治使命的宗教性。毛泽东的革命精神的气质正是这种儒教革命的精神。"①从中国历史传统的角度看,此话有相当的道理。至于有人说,"文化大革命"的源头是五四运动的激进思潮,则值得一辩。基本的事实是,"文化大革命"的极左并非知识分子们自发的"激进",相反,它是青年学生和处于体制下层的民众在"中央文革小组"的发动和领导下,开展的改造"资产阶级知识分子"并进而打倒"资产阶级当权派"的运动。并且,五四运动在文化上虽然批判中国的"旧"文化,但同时大量地吸收西方的"新"文化,而"文化大革命"则不论中西,只要属于文化"大传统",即被贴上"封、资、修"的标签悉数加以扫荡,完全沦为一种历史虚无主义的野蛮行径,只能说是五四运动的异化形态。

我们还要看到,中国传统的思想文化虽然为儒家主导,儒、释、道、法却互补互斥、各胜擅场,法家始终被统治者作为秘而不宣的武器,法家的理性态度和讲求事功的旨趣也得到许多改革者和务实派的赞同;佛教与道教在民间的影响甚至超过儒家。在某种适宜的外部环境下,儒、释、道、法就会分化开来并发挥不同的作用。而体现在诸如《水浒传》、《三国演义》、《西游记》、《三侠五义》和各种戏剧、评书等民间文学中的"小传统",则往往是儒、释、道、法、墨各种思想观念的混合物,富含底层人民的生存智慧和正义感,但也弥漫着"哥们义气"、"快意恩仇"等非理性的严重负面问题。由于近代的社会的巨变和动荡,革命者特别是马克思主义者要根本翻转旧世界,发动民众闹革命,更是重视思想文化宣传的内容和形式要为民众所"喜闻乐见",于是,小传统显示出极大的活力,甚至进入原来大传统的位置。马克思主义的中国化,小传统发挥了很大的作用,这种作用同样具有两重性。

---

① 刘小枫:《儒教与民族国家》,华夏出版社 2007 年版,第 118 页。

　　过去,我们虽然认识到并强调了马克思主义"普遍真理"必须与中国具体实际的结合,但是对于包括儒家传统在内的中国传统思想文化在西学东渐、在马克思主义中国化过程中的正负两方面的影响,并不十分清楚。客观上,长期处于家族本位和小农经济环境中的中国人,对于在希腊理性文化和基督教宗教信仰文化的思想传统中,在文艺复兴和宗教改革的传统中,在工商社会和世界历史的基础上产生的马克思主义及其社会主义,不可能不发生一定的误读、曲解;在马克思主义中国化的过程中,也会受到儒家和法家的影响,这都难以避免。"我注六经"与"六经注我",往往构成解释学的相互纠缠。对此,我们所需要的是清醒地认识并保持批判的态度,不仅全面准确地理解马克思主义创始人的文本,努力进入他们理论的视界,用他们的眼光发现和批判中国传统文化中专制的、奴化的、小农的思想意识,而且批判地看待曾经行之有效的实践形式,坚持在实践的发展中推进马克思主义和中国现代化事业的进步。

　　事实上,改革开放以来的实践,不仅极大地拓展了我们的视野,使我们能够直接观察现代资本主义社会,而且通过建立市场经济和加入世界贸易组织,实际地进入"现代世界体系"(沃勒斯坦)内部,这使我们对马克思主义创始人的思想理论有了新的体认。如果说在改革开放之前,我们从马克思那里学到的主要是"阶级斗争"、"无产阶级专政"和"计划经济"的话,那么,改革开放以来,我们所发现和重视的却是"三大社会形态"、"世界普遍交往"和"人的自由全面发展"的思想理论了。反转来,我们对儒家理解的重心也早已发生了变化,不是看重孔孟在当时具体说了什么,不是他们对社会秩序的具体设计,而是从中国文化传承、建构的角度,看他们在当时强调、贡献和推展了什么,他们思想永恒的因而也是具有现代意义的方面是什么。这样,我们对孔子及其儒学的重视,自然就是"仁"而不是"礼"了。这只要看看上世纪如蔡尚思等一批服膺马克思主义的学者,认定孔子及其儒家的核心概念是"礼"而不是"仁",今天的学者们大都不再作如是观,即可了然。即使今天有学者对孔子和荀子关于"礼"的论述也相当重视,但所给予的解读,分明体现出一种现代的规则与制度意识,即对当代社会制度建设的关怀。

由此可见,一个多世纪以来,特别是改革开放以来,中国的文化传统不仅经历了现代转换,而且以新的形式得到传承和发展;而中国的现代化也借助甚至渗透了中国的传统,从而体现出鲜明的中国特色。当代中国正走出传统与现代、激进与保守二元对立的格局。

第 四 章

中国：问题、经验与话语

　　中国近代以来的社会变革，有一个鲜明的文化特点，即"话语先行"，包括旧话语的变革与新话语的流行，特别是以提倡"白话文"替代"文言文"为先导的"新文化"运动以来，尤为显著。当然，话语是观念的表达，话语先行也可以说是"观念先行"。观念是针对问题的解决提出来，并希望它引导和影响人们行为的。因而，我们还是要从"问题"说起。学界重视"中国问题"已经一个多世纪了，经过战争年代与后来的社会建设时期，中国人解决自己问题的"经验"，开始被中国的政治家与学者所重视。而改革开放以来，学界从谈论"中国经验"、"中国道路"，过渡到提出"中国理论"，表明中国不仅为自己开辟出有特色的现代化道路，也试图在思想理论上建构创造，努力展示赋有普遍意义的观念性力量，乃至向世界发挥积极的影响。而弄清"中国经验"、"中国理论"与西方的"经验"、"理论"的关系，与中国传统的"学问"、"学术"的关系，以及与我们处身其中的现实世界的关系，把社会科学与人文价值结合起来，是我们成功地开展经验提升与理论创新的前提。下面，我们就来展开这一论题。

第一节 "中国问题"及其由来

近代中国在很大程度上是被西方"强行拖进"现代世界历史的,中国不得不从"天下—国家"向"民族—国家"转变,所以也只有通过西方的"他者",才能重新对自身进行历史的定位,包括重新认识、变革和建构自身的思想文化。因而,在很长时期,我们主要参照西方的思想理论来分析和认识中国的事情、中国的问题,是事出有因且合乎逻辑的。在20世纪初期及最后的20年,大量的西方思想理论涌入中国,不仅极大地拓宽了我们的思想视野,而且深刻地改变了我们观察和理解世界的方式,包括对中国自身的观察和理解。这种情况还会持续很长时间。

关于"中国问题",人们从不同的学科、角度给予观察和理解,可以有许多不同的认识和表述;中国人与外国人的看法也会不同。如果着眼于近代以来,在西方文化的冲击下,中国社会迄今为止所产生或被激化出来的各种矛盾与问题,那么,"中国问题"显然是指中国在西方文明冲击下遭遇到的3000年未有之大变局,这一变局使中华民族及其文化陷入"危亡"之中,传统的规范和秩序土崩瓦解,而有中国特色的现代文明秩序则难以建立。这成为中国人所面对的最大"问题"。

这里不妨引述一下罗素的有关论述。英国哲学家罗素写于1922年的《中国问题》一书,是他在中国有了一年的观察和亲身体验后写出的。罗素从政治、经济、文化和当时的国际形势这四个方面,阐述了他所认识的中国问题,包括中国文化和中国人性格上的优点和缺点。作为一个支持人类进步事业并同情中国人民的著名学者,罗素对"少年中国"即"五四"时期的新青年所代表的方向给予了充分的肯定,主张中国在文化教育、工业商贸、科学技术、军事各方面都应当"追赶西方",并为此突破孔子关于家族伦理的训诫,因为在他看来,"家族意识会削弱人的公共精神,赋予长者过多的权力会导致旧势力的肆虐。当今的中国迫切地需要新眼光、新思维,但儒家的族权观念却处处设障。意图染指中国的人都赞美旧习惯而嘲笑'少年中国'为适合现代需求而作的种种努力"①。罗素的这一看法不仅让我们马上想到20世纪初期大批学者和知识青年对"封建"家族的父权制和夫权制的控诉批判,还让我们想到帝国主义者和中国的保皇派、复辟派对中国旧道德、旧秩序的维护。尤其值得我们重视的是贯穿在本书中的一个基本观点,那就是中国必须自强自救、必须从自身的传统中寻求变革。他这样写道:"中国人如果能对我们的文明扬善弃恶,再结合自身的传统文化,必将取得辉煌的成就。但在这个过程中要避免两个极端的危险。第一,全盘西化,抛弃有别于他的传统。那样的话,徒增一个浮躁好斗、智力发达的工业化、军事化国家而已,而这些国家正折磨着这个不幸的星球;第二,在抵制外国侵略的过程中,形成拒绝任何西方文明的强烈排外的保守主义(只有军事除外)。日本就是这样一个例子,同样的情形也很容易出现在中国。未来的中国文化与政治上、经济上的问题有很大关系,而这两种危险则是通过政治和经济的影响而产生的。"他断言:"中国旧的本土文化已近死亡;中国的文学和艺术已有所不同。孔子已无法满足现代人的精神需要。接受过欧美教育的中国人意识到,必须使中国传统文化注入新的元素,而我们的文明正好投其所需。然而,中国人却又不照搬我们的全部,这也正是最大的希望之所在,因为如果中国不采用军国主义,将来所产生的新文明或许比西方曾经产生的各种文明更好。"他最后再次提醒中国人:"如果中国的改革者在国力足以自卫时,放弃征服异族,用全副精力投入于科学和艺术,开创一种比现在更好的经济制度,那么,中国对世界可谓是尽了最恰当的义务,并且在我们这样一个令人失望的时代里,给人类一个全新的希望。"②回顾一下罗素这本书出版后近一个世纪的世界风云变幻和我们坎坷曲折的历程,我们不得不钦佩这位智者的远见卓识和高贵情怀。

那么,中国人最初是如何理解并面对自身问题的呢? 是本能地拿出

① [英]伯特兰·罗素:《中国问题》,秦悦译,学林出版社1996年版,第29页。
② [英]伯特兰·罗素:《中国问题》,秦悦译,学林出版社1996年版,第4—5、164、198页。

传统的思想学问进行解释和应对,但这些"解释"与"应对"却显示不出多大效力。鲁迅曾形象地描述过清末儒林和政府的情况:那些饱读四书五经的儒者们,"倘是四方的大地,那是很知道的,但一到圆形的地球,却什么也不知道,于是和四书上并无记载的法兰西和英吉利打仗而失败了"。不得已,政府和官僚们用官银翻译起洋人的书籍来。然而,清末大儒也是光绪间大学士的徐桐不但连"算学"也斥为"洋鬼子的学问",而且不相信西班牙和葡萄牙的存在,他认为:"这是法国和英国常常来讨利益,连自己也不好意思了,所以随便胡诌出来的国名。他又是1900年的有名的义和团的幕后的发动者,也是指挥者。但是义和团完全失败,徐桐氏也自杀了。政府就又以为外国的政治法律和学问技术颇有可取之处了。"①

然而,不管清朝的顽固派们如何反对来自现代西方的事物,由于国家的危机和现实的教训,西方近代以来的思想和学说,还是潮水一般地涌进中国。一些思想开明、"睁眼看世界"的学者和官员其实早就开始接触西方的思想理论,包括西方的人文学科与社会科学。睁眼看世界的结果,是他们首先意识到"中国"其实不是"天下",也早已不是"天朝上国",而是处于东南亚的大陆国家,并且积弱积贫。将这种认识公诸于长期处于封闭之中并且仍然做着帝国梦的官僚们和民众们,对他们无疑是晴天霹雳。

那么,中国自身难道没有自我省视、自我变革的思想资源吗? 有,但它既要从根本上否定"三纲"的桎梏,还要突破传统"天下"观即世界观的眼界之束缚。历史上的思想资源都有赖于那些"以天下为己任"的后人们的辨识、发掘和发挥。

中国人有源远流长的"天下主义"观念。"天下"不是单纯自然意义上的地理条件,而是关乎天时、地利和人心的历史文化性存在,是大地、江湖和民众,因而具体的"天下"和治理天下的"道"并非一成不变。"天

---

① 《鲁迅选集》第4卷,人民文学出版社1995年版,第166—167页。诚然,中国人很早就有"浑天说"。后来的所谓天圆地方,也曾遭到一些人的质疑,说天地不吻合,如何盖住地的四角? 后来18世纪,即乾隆年间,法国传教士蒋友仁在中国传播哥白尼日心说,由钱大昕以《地球图说》名刻印。而当时的大学者且官至太子太保、太傅的阮元在序中却说,讥讽日心地动说"上下易位,动静倒置,离经叛道,不可为训"(《畴人传》)。结果,哥白尼的学说也就成了异端邪说,被打入冷宫了。

命"虽不可知,但"天视自我民视,天听自我民听"(《左传》),天命的变化取决于人心的向背。因而,"顺天"就要"应人",高明的政治就是依据人心的向背和民众的需要来确定治理之道。董仲舒《贤良对策》云:"道之大原出于天,天不变,道亦不变,是以禹继舜,舜继尧,三圣相受而守一道,亡救敝之政也,故不言其所损益也。繇是观之,继治世者其道同,继乱世者其道变。"可见,董仲舒也并非主张天与道的凝固静止,而恰恰主张天命是会转移的,治世是天命所在,固治道不变,乱世是天命离弃,故治道亦变。

中国的春秋战国,天命一大变,凡五百五十年。其间,诸子蜂起,百家争鸣,尤其是儒、道、法、墨等各家,更是在中国的这一"轴心时代"提出了影响后世 2000 多年的基本思想观念。然而,理想与现实的差异在那时就凸显出来,所谓"迂阔不达时变"的主张与学说,都被急于"造势"、"乘势"的权势者弃之一旁,而大讲"耕战"、"气力"的法家得到秦几代君主的欣赏,随着秦扫灭六国、统一天下,可以说历史之"道"由周之"封建"变为秦之"政法";而秦政法行 2000 年。这其间,治乱交替,秦创立的中央集权加郡县制没有根本变化,但具体的治道,以及朝廷的体制也仍然有不同的调整。从观念性的文化来看,与王权专制构成互斥互补关系的儒学也未发生根本变化,但由汉武帝所独尊的董仲舒重构过的儒术,已经是兼容法家、道家、阴阳家等各种思想文化因素的、体系完备的"杂儒"。这一杂儒不仅辅助了中国的集权专制,满足了民众的精神需要,维系了社会的生活秩序,也同时作为华夏文化的"核心价值体系",巩固、光耀着中华帝国的优势地位,向周边的民族和国家有力地发挥着辐射和影响作用。即使两汉魏晋时传入的佛教,与儒家长时间地发生纠葛冲撞,也终于在两宋时被吸纳到新儒学之中;即使被目为"蛮"、"狄"、"夷"、"戎"的少数民族入主中原,也必须学习以儒家文化为主干的华夏文化。

然而,这一切,到中英鸦片战争,中国正面遭遇几乎完全陌生的西洋文明时,中国人沿袭了 2000 年的"世界观"彻底不灵了,西洋文明通过"坚船利炮"和"地球仪"向中国人展示的世界观,几乎完全出乎大多数中国人的想象力。然而,无论如何,从"天下之国"到"世界万国",再到将中国重新定位于类似西方民族国家的现代"国家",这一客观上早就"注定"

了的逻辑,成为中华民族在近代无可规避的"命运"——其区别只在于中华民族是被这命运"拖着走",还是"牵着走"。换言之,表面看来,"中国问题"只是中国近代发生的问题,其实这个"问题"早就在酝酿和形成之中了,质言之,近代以来的"中国问题",并不是单纯的中国问题,或只是属于中国(人)的问题,它其实是人类走向世界历史时代的问题,是资本和市场的世界性扩张所激化出的问题。

早在15、16世纪,当资本主义经济体在西方崛起时,中国这一东半球农业时代的"中央帝国",就已经成了以整个世界为取向的欧洲资本主义这一新的"中心"的边缘和迟早要被扩张殖民的对象。

沃勒斯坦的《世界经济体系》一书,向我们论述了现代资本主义经济体系在欧洲的诞生。现代资本主义世界经济体系大致形成于1450年至1640年的西欧,从1640年至1815年是它的巩固时期;而从1815年至1917年,这一世界经济体系转变为全球性事业。在论述了欧洲封建社会的情况和资本主义世界经济体的要素之后,他对欧洲与中国做了如下比较,他说:李约瑟认为,欧洲在技术和工业方面超过中国的时间是公元1450年。在中国社会本身自发的发展中,完全没有像西方文艺复兴和科学革命那样急剧的变化。我经常愿意把中国的演进描述成一条相对缓慢上升的曲线,在公元2世纪至15世纪之间,这条线的走向显然比欧洲的水平高得多。然而,在西方,随着伽利略革命和可称为科学发现本身的基本技巧的发现而开始出现科学复兴之后,欧洲的科学技术曲线开始急剧地、几乎以指数方式崛起,超过亚洲社会的水平。以下三个因素对建立这样的资本主义世界经济体具有决定意义:一是这个世界在地理规模上的扩张;二是世界经济体不同区域的不同产品的劳动力管理方法多样化的发展变化;三是在后来成为这个资本主义世界经济体的诸中心国家中相对强大的国家机器的建立。

表面上,中国似乎具备向资本主义发展的较好条件,如发达的国家官僚体制,在经济的货币化方面以及可能在技术上更加先进。然而,沃勒斯坦接着说,如果李约瑟关于中国的技术能力和直到西方突然崛起之前优于西方的结论是正确的,那么,下述事实甚至更加惊人:中国和葡萄牙的海外探险几乎是同时开始的,但在仅仅 28 年之后,中国人便缩回大陆壳中,停止所有进一步的尝试。这也不是因为毫无成功。太监统帅郑和在1405 年至 1433 年间 7 次航海下西洋都大告成功。探险的开始与停止的原因一直是不清楚的。这些探险似乎不断遭到儒家官僚阶层的反对。问题是为什么? 按照威廉·威利茨的看法,这与中国的"世界观"有关。他们缺乏一种"殖民使命感",这是因为,他们傲慢地认为他们已经是整个世界。中国缺少赞成扩张的意志集中的集团。沃勒斯坦通过对各种观点的分析后问道:欧洲世界与中国世界究竟有什么不同? 首先在农艺方面差别很大,欧洲偏重于肉类消费,并随着 14 世纪的危机而加强。欧洲强调畜牧业,集约使用畜力作为生产动力。相反,中国在东南部地区发展稻米生产,谋求的是建立一个更强大的农业基地,这需要的不是空间而是较多的人力。中国实际上是内部的扩张,即在国境以内扩大稻米生产。中国是个辽阔的帝国,就像当时的土耳其—穆斯林世界一样。欧洲却不然。欧洲是个新生的世界经济体,由许多小帝国、民族国家和城邦组成。欧洲比中国更需要地理扩张。中国的某些集团可能发现扩张是有报酬的,但他们被限制住了,因为凡属重大决策都集中在一个帝国构架中,帝国本身首先关心的是在短期内维持其世界体系的政治平衡。因此,如果说乍一看,中国似乎具备向资本主义发展的较好条件,如发达的国家官僚体制,在经济的货币化方面以及可能在技术上更加先进,可是毕竟处于较差的地位。它为一个帝国政治结构所制约。它为其价值体系的合理化所限制,这个价值体系否认国家才是变革的杠杆(假定它曾想利用杠杆的话)。资本主义世界经济体系的舞台之所以是欧洲,这个体系建立在两个主要结构上,世界范围的分工和某些地区的国家官僚机器。而中国则处于这个体系的边缘。①

　　中国早在秦朝就建立了大一统的农业经济国家。秦废除了西周的封建制(即分封制),实行了中央集权下的郡县制,使国家的"所有权"与"经

---

　　① 〔美〕沃勒斯坦:《现代世界体系》第 1 卷,尤来寅等译,高等教育出版社 1998 年版,第39—50 页。

营权"进一步区分,由一个遴选出来并可以替换的官僚阶层协助君主进行统治。在汪洋大海般的小农的基础上,形成了"皇帝—官僚—民众"这样一种社会结构,如同一个陡峭的金字塔。政治权力自上而下地行使,物质资源则自下而上地输送。对于由成为"人上人"的昔日的"农民"构成的统治阶层的需要而言,对于农业生产条件和使用冷兵器的战争而言,广土众民的中国的疆域已足够辽阔,辽阔到他们只能用"天下"或"普天之下"、"率土之滨"来形容。统治集团最为关心的,因而也就不是对外的扩张而是内部的稳定。而中国传统社会的基本矛盾正是朝廷与民众或官与民的矛盾。而无论是由民众构成的社会,还是从这个社会中产生出来的统治者,都需要儒家的学说和儒生。儒家强调家族的孝悌,并将其引申为对君主和朝廷的忠诚,帮助统治者处理与被统治者的关系。朝廷的横征暴敛和官僚们的鱼肉百姓固然会导致民众的不满甚至造反,帝国内部由土地兼并和商业引发的社会分化也会导致社会的动荡。社会动荡到一定程度就将使"载舟之水"变成"覆舟之水",所以社会的稳定成为第一要务。而这就需要饱读儒家经典因而看得更为长远的儒士,包括学而优则"仕"的官僚和乡间的绅士,不断地对孔孟儒学加以阐释和创新,适时地提出各种思想观念和政策法规,既教化百姓又对官员讲为政为官之道,导之以德齐之以礼,让人"有耻且格",从而维护社会秩序的正常运行。

　　正如沃勒斯坦所引证的:那些拥有灌溉农业的帝国具有的显著事实是,巨大的国家权力机器建立在一个官僚阶层的基础上,这个官僚阶层关心的是反对外部威胁和在内部维护自己的地位。纵观历史,以下结论当然是公正的:这些官僚阶层的目的在于维持并确实成功地维持了那些巨大的农民社会,即在漫长的世代中把人口稠密的居民保持在事实上的自体趋衡状态。① 事实上,东方传统的专制并不像黑格尔所说的那样简单,即只有一个人是自由的,这就是皇帝,而臣民们在皇帝面前不过是一堆零。事实上,皇帝是皇族利益的代表,皇族才是真正的主体;而皇族又是

————————

　　① [美]沃勒斯坦:《现代世界体系》第 1 卷,尤来寅等译,高等教育出版社 1998 年版,第 96、97 页。

中国"家族本位"的最高体现,由此也可以说,是无数大大小小的家族构成了中国传统社会的基础和主导性力量,任何皇帝只能维护和利用,却不能破坏这一基础和力量。因而,被称为"天子"的皇帝也要遵循为君之道,顺应天意,体察民情,承担责任,规范自己。否则,轻则会遭到士大夫们的谏议和批评,重则有失去江山社稷之虞。如像纣王那样"暴虐无道",也就离灭亡不远了。当然,"家天下"的专制体制决定了对君主和整个统治集团的制约和警示,都不是形式明确的、有法可依的硬约束,而是道德劝诫一类的软约束。所以,到了广大民众忍无可忍,纷纷揭竿而起时,统治者的任何反省与更张也都于事无补了。

到19世纪初期,中国客观上已成为资本主义世界经济体的外部区域。沃勒斯坦写道:当某个地区被融入世界经济体时,往往导致与之毗邻的另一个地区也被拖入外部区域。当印度被融入时,中国就成了外部区域的一部分。当俄罗斯的欧洲部分被融入时,中亚甚至中国进入了外部区域。外部区域是指这样的地区,资本主义世界经济体需要这个地区的货物,但这个地区反而抵制(可能是在文化上)进口资本主义经济体的工业制成品,而且它在政治上足够强大,可以坚持它的立场。早在18世纪,欧洲就从中国购买茶叶,但除了白银之外,欧洲人找不到别的支付手段。印度的融入给英国提供了某些选择余地,这对英国有利,而且中国也可以接受。这就是棉花。到19世纪20年代,由于中国棉花需求降低,棉花贸易处于特别困难的境地。然而,英国发现了一种棉花的替代物——鸦片。尽管中国皇帝在理论上禁止鸦片进口,但是清朝官员的腐败和海军的软弱两个因素结合在一起,为鸦片贸易打开了中国港口。进口水平如此之高,以至于完全颠倒了最初的形势,中国开始为支付鸦片而输出白银。到1836年,中国皇帝试图更为严厉地强化对鸦片的禁令。但这导致了1840年的鸦片战争,并且随着1842年的条约,中国开始走上把自己融入世界经济体系的道路。但这已是另外一种进程了。①

---

① [美]沃勒斯坦:《现代世界体系》第3卷,孙立田等译,高等教育出版社2000年版,第216—217页。

1842年即清道光二十二年签订的《南京条约》,是中国被迫签订的第一个不平等条约,鸦片战争和这个条约标志着中国是以屈辱的姿态进入近代的。即使在这种情势下,根深蒂固的"华夷之辨"仍然严重地禁锢着大多数中国人的头脑,巨大的历史惰性让中国这头睡狮迟迟不肯醒来,能够睁眼看世界的不过寥寥数人。于是,更大的打击也就接踵而来,直到甲午海战失败。中国的官僚和读书人才先后认识到器物不如人,制度也不如人,这才形成了中国制度与观念方面的"问题意识",有了制度与观念变革的普遍要求。

在19世纪末,古老《易经》中关于"生生谓易"、"变通趋时"、"革故鼎新"的思想,重新受到人们的重视,先后为维新派、革命派所主张的"变法"、"革命"提供依据。而无论维新派还是革命派都主张人类历史的"进化"和"进步"。康有为的《孔子改制考》率先把"进化论"的思想引入对中国社会历史的解释,他借用今文经学家的公羊三世说,说明中国必定从"据乱世"到"升平世",最后至"太平世"的进化之道,为变法制造历史的合法性。严复的《天演论》则意译了英国生物学家赫胥黎的《进化论与伦理学及其他》中的序论和本论两篇,而又大量掺入斯宾塞强调社会竞争的观点,此书一经出版,在社会上立即引起轰动。到了20世纪20年代,西方各种现代的观念和学说如进化论、互助论、无政府主义、民主主义、民族主义、社会主义、自由主义,还有哲学的意志论、实证论、实用主义、唯物史观等等,被大量地介绍进来,对中国人的思想观念和精神世界产生了很大的影响。

关于这种影响,冯友兰先生于20世纪80年代初在美国的一篇演讲,是一个很好的说明。首先,他这样表达了他对近代中国社会问题的感受:"我生活在不同的文化矛盾冲突的时代。我所要回答的问题是如何理解这种矛盾冲突的性质;如何适当地处理这种冲突,解决这种矛盾;又如何在这种矛盾冲突中使自己与之相适应。"接着,他讲述了五四运动以来自己思想认识的三个阶段,然后说,到20世纪40年代后,"开始认为,要解释不同文化的矛盾冲突,无论是用地理区域还是用历史时代都不如用社会类型来得令人满意,因为前两种解释不能指出解决的道路,而后一种解释正好指出了道路,即产业革命"①。显然,如许多学者一样,冯友兰接受了西方的"近代化"理论,即我们现在所说的现代化理论,提出了"生产方式的变革"是"中国社会问题"解决的根本道路。

中国人之所以认为西方的思想理论对中国的现实有较强的解释力,甚至在一定意义上为中国指明了出路,这固然因为中国的"问题"很大程度上是西方造成的,或者是在西方的挑战和压力下所激化的,更由于在许多人看来,西方近世的理论揭示了包括中华民族在内的整个人类都要面对的共同处境和命运,因而具有普世的意义。因此,中国的问题也只有在西方现代性思想理论的观照下才成为"如此这般"的问题。

第二节　中国现代化的经验与理论

上面的论述说明,表面上,中国的问题是明摆在那里的"客观事实",其实不然。对于近代以来的中国时局及其问题的性质,人们的认识参差不齐,甚至大相径庭。不说顽固派,如洋务派、维新派、革命派就各有其看法,主张也大不相同。洋务派认为中国的问题只是"器物"方面不如人,纲常伦理则无比优越,所以主张"中体西用";维新派认为中国的危机是君主专制的危机,要化解这一危机就要实行君主立宪,儒家文化所讲的仁义道德依然为天下之通义;革命派则认为中国的根本问题是清朝贵族专制并借助封建礼教,只有进行包括文化变革在内的民族民主革命,才能从根本上改变中国的命运,中国的马克思主义者进而用"半封建半殖民地"来界定当时中国社会的性质,因而提出"反帝"、"反封建"的任务。

如此看来,"中国问题"虽然指向中国现实社会自身的矛盾、困境和人们的感受,却不等于社会现象本身,而包含着人们对于导致这些现象的"成因"、"根源"的理解和认识,所以也关联着问题的解答;这样的认识与

①　冯友兰:《三松堂全集》第1卷,河南人民出版社1985年版,第338、340页。

解答又必定关乎人们特定的思想方式和理想信念。因而,可以说,"中国问题"是产生于现实而又进入并表现在思想理论上的,是现实的又是理论的问题;或者说,中国问题就是相对于特定的观念和理论设定而存在的问题。如有人基于中西文化原本"路向"不同的见解,认为中国问题根本上是这两种文化遭遇在一起所造成的冲突,中国文化固然应当取人之长,却不必改弦更张;有人则主要依据西方的社会学说尤其是进步主义理论,认定"中西古今"之争根本上不是中西文化类型的差异,而是古今的差距,西方的今天就是中国的明天,所以中国的出路在于效法西方实现现代化。显然,在中国长期居于主流地位的,不是突出中西文化路向各异的观点,而是将中西纳入统一的人类历史发展"规律"之中的看法。形象的说法就是"世界潮流,浩浩荡荡;顺之者昌,逆之者亡"。这里显然蕴含了对于普世性的真理及其价值的肯定。就人文社会科学而言,"普遍真理"与"普适价值"可以说是同一思想观念的两个面相,如果说真理是就思想观念的理论性质和品格而言,价值则是就思想观念的实践作用或功能而言。

由于西方文化的冲击和对西方思想理论的接受,中国人几乎完全改变了过去的"天下—国家"观,中国由过去的"华夏中心"变成"地域性"的存在,即地球的东方或东亚大陆的国家。① 而西方则成为中国的"他者",但西方与其说是空间横向关系上的他者,不如说是时间纵向关系上的他者,即作为中国的老师和未来的镜像的他者,掌握着普世真理和普世价值的他者;于是乎,通过现代的西方,中国看到的是自己特殊的地方性,自己的落后和自己的前进目标所在。

然而,事情又决非如此简单明了,历史更是充满矛盾和吊诡。当"老师"对"学生"的教育示范总是伴随着傲慢和欺负时,"学生"对"老师"的不满和反抗也就在所难免。而即使把问题限制在思想理论和文化的范围内,中国人也不得不采取批判性分析和创造性转换的态度。

一方面,当人们按照产生于西方的理论解答中国的问题时,总会感到

① 据冯友兰回忆,他小时候学唱的张之洞作的《学堂歌》中即有"中国圆,日本长,同在东亚地球上",属于现代地理知识的内容。"中国圆"是指原来包括外蒙古的满清时期的中国地图。见冯友兰:《三松堂全集》第1卷,河南人民出版社1985年版,第7页。

这些理论与中国的实际并不完全"对号",如照搬照讲,既会在理解上出现误读曲解的问题,也会在实践上碰壁甚至遭遇失败。于是,中国人逐渐懂得了产生于西方的理论即使包含着普遍的真理,也必定有其民族性和地域性的特点。因而,当引进西方的思想于中国的学术、运用西方的理论于中国的实际时,不止要学会掌握其"基本"的观点和方法以之作为指导,还要充分考虑中国的历史文化和主客条件所给予的可能及其限制,从而根据实际情况思考问题、开展实践,形成更为具体的经验知识、方针政策。这样,西方的思想理论才能适应中国的"水土",接中国的"地气",在中国扎下根来并开花结果。

另一方面,当人们意识到西方的思想理论为中国人所理解和采用,必然有一个中国自身的思想文化传统在起铺垫和选择作用,即解释学、接受学所说的前理解或认识图式的同化作用时,也就注意到中国固有的思想和学术资源的重要性。这种重要性不止是对西方思想理论的接榫或砧木作用,更意味着许多传统的思想并未过时或僵化,它与现代西方的思想理论在基本面上是相通的,至于那些富有包容性和辩证性的思想,更是能够对现代性纠偏解蔽。如易经中的"变易"、"通久"思想,儒家的"仁"道、"中庸"与"和而不同"的原则,道家"道法自然"、"以身为天下"、"以道莅天下"的主张及其对人类文明的批判性洞见。只要现代的中国人真正掌握了传统思想文化的精髓或命意,依据时代和实践的要求给予重新阐释,就能使其开显出新的意义。

显然,中国人面临时代的大变局,努力从西方现代理论中寻找答案,不等于说中国固有的思想理论已不起作用了,也不意味着我们自己在思想理论上无所作为,一切唯西方马首是瞻。实际上,中国进入现代,虽然离不开西方的压力与挑战,说到底却是中华民族发展和超越自身的要求;而凡是被中国人所接受并成功地指导了中国实践的理论,凡是转化为中国现代思想文化的有机要素的理论,固然大多来自西方或有西方的背景,却必定按照我们自己的文化传统和实践经验而有了变通与创新。与此同时,中国固有的思想文化也不能不发生很大的改变。

上述两个方面,都是中国人从近代社会变迁和实践中体认出的道理,这也就意味着现代"中国经验"的产生。这种中国经验既关乎西方理论之变通运用，又关乎中国固有思想学术的重新阐发。那么，它能否成为新的"理论"呢？

一般而言，经验不是理论。经验指的是人们基于亲身经历所形成的知识和技能，这些知识与技能具有"直接现实性"的特点，其适用范围就是与人们经历大致相同的时空条件。人们在不同时空条件下产生不同的经验，所以，如果不顾条件的变化套用原有的经验，就会让经验越界而犯经验主义错误。理论则能够跨越不同的时空条件，具有普遍的涵盖性和解释力；因为理论与其说是各种经验的概括，不如说是基于人们的直觉和共同信念而建构起来的概念系统，它既是合理的假说或预设，又具有方法论功能，能够给予经验事实以分析论证，从而揭示事物本质之间的联系，这种假说或预设也便成为具有内在严密性和系统性的学说。所以，当人们为了从根本上说明某种有实际效果的经验时，往往还要给予理论上的研究和提升，以便内在地、深层次地说明其"所以然"的理由，这就是所谓寻找"理论根据"。有了理论的支持，人们行动起来才会感到心安理得。这也说明，经验不是理论却可以通向理论，如果人们从某种基本的理念和直觉出发，概括了大量经验，形成具有内在自洽性的系统的认识，并使其发挥某种方法论功能，则即使这种认识只对特定民族在特定时期的实践有效，也可以称之为理论。而上述中国的实践经验本来就密切地联系着中外的思想理论，当更有上升为理论的条件。那些继承了民族文化的担当意识和大同理想的仁人志士如康有为、梁启超、谭嗣同、孙中山，都有自己的理论研究和创作；以马克思列宁主义为指导的中国共产党人，在民主革命时期则通过陈独秀、李大钊、瞿秋白、毛泽东、刘少奇以及李达等一批杰出人物进行了理论探索和总结。这种既体现了马克思列宁主义"普遍真理"，在内容和形式两方面又赋有中国历史与现实之特性的理论，显然对中国问题的理解和解决更有针对性。而另一些主要从事"精神生产"学术研究的学者，如胡适、梁漱溟、熊十力、陈垣、冯友兰、金岳麟等，其理论的创造更具知识和学术的意义，同样不可或缺。

正如理论具有多样性，理论的普遍性也有程度之分。理论的普遍性不是抽象的普遍性,而是具体的普遍性。一般来说,普遍性程度较低的理论,即使学术上有深度,观点相当独到,但就方法论和思想的时代水准而言,往往要在更高的普遍性理论的统摄之下。而理论的普遍性既关乎思想的洞察力与前瞻性,又与历史发展即时代所给予人们的视域有关。这一点,陶醉于"落后民族也可以在理论上拉第一小提琴"的人们是难以充分理解的。"文化大革命"中,有所谓"毛泽东思想顶峰论"之说,而我们所经历的惨痛教训不仅否定了这种荒谬的说法,而且表明,我们对"什么是社会主义"以及"如何建设社会主义"等一系列基本的理论问题,过去其实很不清楚。为了重新确定中国前进和变革的方向,我们才有了重新研读马克思理论著作的迫切需要,并不无惊讶地发现马克思的理论中不止有关于"阶级斗争"、"社会革命"、"无产阶级专政"和"经济计划"的内容,更有对"世界历史及其普遍交往"、"资本的文明作用及其限度"、"商品与人的平等自由的权利"和"社会三形态"等等的论述,有对"地域性共产主义"的批判,这些论述和批判才使我们真正认识到中国所处的历史方位和所面临的社会转型的时代任务。

这再一次雄辩地说明,深刻而严谨的理论研究具有多么大的时空穿透力!而在很长的时间,我国只有张闻天、孙冶方、顾准等寥寥几位学者认识到中国必须发展商品经济和市场,却一直遭受主流意识形态的批判。邓小平坦然承认,就可比的方面而言,中国的社会科学研究也是落后于外国的。这种体现自我批判精神的实事求是的态度,才表明我们在思想认识上有了真实的进步。如果说,改革开放前的中国试图在现代性这一人类社会的大道之外另辟蹊径而陷入山穷水尽的话,那么,改革开放则将中国带入到柳暗花明的新境界。

改革开放之后,我们发现,中国在现代化进程中暴露出来或产生出来的大量问题,如社会的领域分化与整合问题、经济增长与文化发展问题、国家与公民社会的关系问题、执政党与宪法的关系问题、政府权威与政府功能问题、人民民主与政治体制改革问题、官员腐败与监督机制问题、开放情况下的国家认同问题、民族和宗教问题、文化的大众化与低俗化问题、环境污染与生态问题等等,在西方或其他发展中国家都曾不同程度地出现过，并且已展开大量的讨论，形成了各种理论。因而，要解答并预见中国社会发展中的问题，就要大量地参考西方的经验与理论。于是，发展理论、依附理论、增长极限理论、世界体系理论、全球化理论、帝国理论、市民社会理论、人权与国家主权理论、文化领导权理论、公共性理论、社群主义、结构主义与后结构主义、现象学、解释学、交往理论和后现代思潮，以及各种具体的社会科学学说，又一次潮水般地涌进中国。学者们在狼吞虎咽地吸取这些理论资源时，思维固然被大大地激发，眼界也得到极大拓展，却往往来不及吃透、消化，也没有与中国的传统资源和现实实践很好地结合起来。结果，中国人的大脑似乎完全成了别人思想的跑马场，许多中国学者都感到没有真正属于自己的立足之地，没有真正属于自己的思想和理论，不仅焦虑，甚至有"失魂落魄"之感。有人惊呼：中国学者连真正有学术价值的问题都提不出来了，"中国问题"变成了西方学者提供的问题！

毋庸讳言，这种情况的确一度严重存在，在一定时期也难以避免。因为我们在二三十年左右的时间里，要把西方在二三百年间酝酿和构造的思想理论，统统拿来，而我们又不可能把产生这种理论的社会和文化土壤一并"拿来"，这必定会导致误读、误解的问题，造成消化不良。中国的改革和发展，既要受现代化的普遍逻辑的支配，又必定具有中国自身的特点和逻辑，并表现为"中国道路"；因而，我们所需要的思想理论，就必定是也只能是中西结合的。如果支配着我们的思维方式的，还是简单的中西之争就是古今之别，我们就会轻视自己的思想传统与本土资源，失掉理论研究的主体性。在理论界，由于我们对自身的历史与现实缺乏应有的把握，未能充分考虑国情的特殊性，将西方的理论横移过来而发生"橘逾淮成枳"的现象，的确所在多有。作为对这一现象的反动，也出现了另一方面的问题，即以中国国情的特殊性，拒斥具有普遍性的西方理论，乃至无批判地迁就现实，结果对于许多重要的社会问题尤其是所谓的"敏感"问题取回避态度，或按照一种既定的意识形态口径"表态"，使理论研究的天职和理论批判的功能丧失。实践证明，我们只有既掌握现代西方的理论，又充分了解和借助本土的思想文化资源，并以批判性分析的态度，在实践经验的基础上,使之结合并获得创新,才能深入地透视在近代以来凸显出来并仍然处于变化中的"中国问题"的基本性质和复杂的内容,提出正确解决的途径和方法。

事实上,如同马克思所说,人的感觉通过实践变成理论家,中国的改革开放,很大程度上也依赖中国人解决自身生存问题的实践智慧。在20世纪70年代末,理论界提出的"实践是检验真理的唯一标准"之所以能够迅速发挥思想解放的伟大作用,首先凭借的是中国饱受十年浩劫的大教训与人心思变的大趋势,而实践标准的讨论也正是要人们从自己的实践经验出发考虑问题。我们不难发现当代中国变化的这样一个逻辑:首先是普通百姓为了自己的基本生存,在有限范围内对被教条化神圣化的一些清规戒律的突破和改变,那些体恤民情、也深知中国实际情况的党和国家领导人,则在思想和政策层面给予了支持;允许试验、允许失败,"摸着石头过河",从而在中国大地上形成从农村到城市、从农业到工业的"渐进"式改革的道路,并呈现出一定的"后发"优势。然而,当这一改革进展到一定的阶段,涉及体制等深层原因,矛盾积累得越来越多,原来的后发优势也逐渐发挥殆尽,社会发展本身需要在某些方面有大的突破和改变,这样,再坚持渐进式改革并将其模式化就会不合时宜。在渐进中突破,在突破中协调,同时兼顾改革、发展和稳定的关系;各种哲学社会科学的理论,则在这一过程中发挥着预见、分析和指导的作用,并通过与实践经验的互动而形成有中国特色的现代化理论,就大致反映了当代中国思想理论变化的基本逻辑。

经过长期的艰苦探索和总结,今天我们终于有了中国特色的社会主义道路的开辟和中国特色的社会主义理论的提出。虽然还是初步的、需要进一步的学理探讨和分析论证,但它毕竟是源自西方的社会主义理论和现代化理论与中国的现代化实践相结合的产物,同时传承、创新了中国固有的"小康"、"民本"、"和谐"等思想,体现了我们创造性的理性探索与思考。近年来,随着我国经济的发展、国力的强盛和民族自信心的提高,关于"中国经验"、"中国理论"的提法越来越频繁地出现在各种会议和大众传媒中。这些经验、理论及其影响力的大小,无疑直接关联着当代中国人的能力、愿望、情感和现实利益,但是,它的思想意义和学术价值,根本上在于它的思维触角伸展的深度与广度。那么,决定和影响我们理论思维性质和能力的因素又是什么? 这就要探讨我们的文化学术传统及其变革。

西方有人尝谓:中国的问题,与其说属于思想理论,不如说属于历史文化。言外之意是中国的问题太特殊了,不是普遍的理论所能说明和解决的,也暗示中国很难走出自己的传统文化。这种看法显然体现了一种特定的"西方视角":它把思想理论与历史文化做了简单的二分,而这样的二分是以西方传统的"理论观"即从亚里士多德一直到康德的理论观为尺度的,依据这种理论观,"理论理性"完全不同于"实践理性",后者涉及人们具体而特殊的道德与政治活动,前者则只关乎普遍与必然的规律,因而自然科学尤其数学、物理学是其典范;这种科学的普遍主义范式也渗透到了现代西方的人文社会科学的研究之中。但是,中国的问题即使是由西方文明的冲击和挑战引起、暴露和激化的,问题的性质及其解决之道也仍然基于中国的历史文化,不是西方的社会科学理论所能直接加以说明和改变的。

应当说,上述看法既有片面性,也不无一定道理。中国有 5000 年未曾中断的文化,有自己独特的象形、表意、指事的文字,而且地处东亚,广土众民,其大江大河的治理需动员全国的人力物力,而东西南北的发展又颇不平衡。这样的历史文化和人口地理条件,对于中国现代社会发展不可能没有巨大的制约作用。但由此就能得出"传统文化就是中国人的宿命"的结论吗? 也不能,因为包括"新文化运动"在内的近现代变迁,已证伪了这一论点。毋庸置疑,随着中国对外开放的扩大和市场经济的发展,中国的全球化或国际化程度将越来越高,中国固有的"水土"将得到越来越有力的改造,"国情"将不断地发生变化。然而,即使如此,中国的文化传统和地方性特色也仍将得到传承或重构,一些基本的条件如自然环境和庞大的人口等在很长时期内都不可能有多大变化;为了加快发展的步伐,所谓的"举国"体制也必定会继续得到不同程度的利用。

因此,凡是以中国为对象的思想理论研究,就不能只是在"人类"或

"世界"的一般尺度上展开,而必须充分考虑中国的历史与现实,这其实也是具体地考虑"人类"或"世界"内部的差异与互动关系,否则,所谓的"人类"与"世界"的一般尺度,要么成为极其抽象的公式,要么不过是某些民族或国家的特殊尺度的简单放大。这应当成为现代理论的方法论原则,基于这一原则形成的理论,才会达到具体的普遍性,既体现全人类的共性,也体现出各民族和各国家的文化传统、现实特点及独特的视角。没有对研究对象的"同情地了解",是不可能有比较到位的认识的。

事实上,中国传统的思想和学术作为中国社会与文化的有机构成,与西方的思想理论也有显著的差异。中华民族传统的思维方式和价值关怀的最大特点,是从现实的生产生活中生发出对"关系"和"整体"的重视。就其"小"者而言之,"关系"是基于血缘、姻缘和地缘的关系;"整体"是基于家庭、家族和邻里相望的共同体。就其"大"者而言之,"关系"是"天地人之间的关系","整体"是"天地人构成的整体"。而从社会角度看,这一"关系"主要是广大农民与各级权势者的关系。如果说商人在他们之间充当经济上的中介,那么,士人则是他们之间观念上的中介。由于作为最大权势者的君主在这一关系中处于主导地位,所以士人学者之所论多为君民关系。中国的君主以"天子"自命,在人间有形上信仰的意义;百姓则躬耕谋食于大地,是现实的经验性存在,也是江山社稷的基础。古书有将"君民"关系比喻为"舟"、"水"关系的论述,后为荀子所引征;孟子则给出"民本"的主张。孟子既谓"民为贵,社稷次之,君为轻",又谓"诸侯之宝三:土地,人民,政事"。他清楚地知道在君民关系中,君王毕竟是民众之主,所以他要求君主能够真正为民作主,行仁政、善政;并说:"善政,不如善教之得民也。善政,民畏之;善教,民爱之。善政得民财,善教得民心。"①历代统治者最为关心的当然是他们自己的利益,但高明的统治者为了长治久安,除了搞"神道设教",更重视利用讲仁义道德的儒家,将政治与文教结合起来,将血亲伦理的"孝"与政治道德的"忠"结合起来。再加上推行重农抑商的政策和抑制分化与兼并的改革,中国传统社

---

① 《孟子·尽心上》。

会的整体性因而被强力地维持着，这同时也强化了人们重和合、轻分化的致思取向。这一情况也反映到学术思想中。可以说，中国历朝历代，朝廷与民众特别是与农民的关系始终是个关键性问题，处理得当，整个社会就会较为和谐；处理失当，就会酿成社会的动荡和造反。这也是传统中国最重要的历史经验。

由此，我们发现，正如行政上的"统筹兼顾"和中医的"辩证施治"，中国人对于事情的处理和观念的界说，往往既是具体的、情境式或语境化的，又是在一个整体性的背景中展开的、考虑各方面关系并因而具有辩证性的。所以，即使做学问，人们一般也不做单纯的实证性认知和纯粹可能性世界的逻辑演绎，而是基于经验和直觉来阐发"做事"、"做人"的道理。在中国思想学术史上，即使有所谓"道问学"与"尊德性"、重事实考据的"汉学"与重心性义理的"宋学"之争，但原则上都是在"德性之知"统率"见闻之知"的前提下的论争，并且到头来不是各趋一端，而是相互融合，使生活、思想与学问密切地结合起来。

这里特别值得我们重视的是"经验"一词。众所周知，章太炎先生曾谓："国民常性，所察在政事日用，所务在工商耕稼；志尽于有生，语绝于无验。"①钱穆先生说得更直白："中国人所谓之经验，国家民族大群之盛衰治乱兴亡，人之贤奸邪正，祸福忧喜苦乐，鉴古知今，为法为戒，所谓通天人之际，明古今之变者是矣。"②"经验"几乎成了中国人全部思想观念的集合。所以，"经验"在中国不仅被理解得很宽泛，而且与学术理论并无明确的区分，乃至经验就是学术理论，所以便有"世事洞明皆学问，人情练达即文章"之说。对于读书读到只会按书本上讲的道理做事的人，人们往往嘲笑为不通世故的"书呆子"。这种中国特色的"经验论"，既有相当的道理，也有实践上的优势，但也存在着很大的局限性。任何经验都是人们在一定的时空条件下获得的，具有个体性和地方性，如果不能从历史中总结大量的经验，或即使总结出来却不给予概念化、逻辑化，不做分

---

① 《章太炎政论选集》（下），中华书局1977年版，第689页。

② 钱穆：《现代中国学术论衡》，生活·读书·新知三联书店2001年版，第169页。

析论证,那么,它就仍然是属于一定社会历史的"道理",而不是超越特定时空的普遍的科学理论,缺少普遍适用性和逻辑必然性。所以,传统的经验固然为"文史"做出大量的贡献,却未能推动包括几何学在内的自然科学理论的兴盛。

实际上,中国的"道理"一词也大有考究。道理既不是单纯的"道",因而不同于西方的"逻各斯",也不同于单纯的"理",即西方的知性或理论理性。作为对"道路"、"开导"和事物之"纹理"、"属性"的借喻,中国人讲的道理既富启发性和象征性,又有具体性和特指性,是"形上"之道与"形下"之理、"天下之通义"与"当下之情景"的结合,所谓"道在器中","体用不二","知行合一"。人们讲的"道理"是否充分,是可以通过普遍性与特殊性结合的程度即黑格尔说的"具体普遍性"来判断的,这当然并不容易,要靠丰富的经验和较强的直觉能力。由于中国的思想学问的目的和价值主要在于人的道德践履与现实生活,讲的是"运用之妙,存乎一心",因而,它所阐发的道理固然充满实践智慧,富有辩证性和弹性,却缺乏概念的明晰性和逻辑的必然性,难以作为客观知识加以传播、学习和掌握,特别需要师徒关系式的耳提面命乃至私授机宜,宋儒强调的所谓"十六字心传"就从一个侧面说明了这一点。至陆九渊,为了与朱熹重视"道问学"及"人心道心"说区别开来,更突出了"心即理",人"同此心同此理",心与理"合二为一,不容有二"。他说:"学者求理,当唯理之是从,岂可苟私门户?理乃天下之公理,心乃天下之同心,圣贤之所以为圣贤者,不容私而已。"①陆九渊这里所说的"公理",与他用的"正理、实理、常理"是同类概念,有真实、普遍、同一与公正之意。这与西方数学与科学所说的在一定条件下可推导出"定理"(theorem)的"公理"(axiom),既有相通之处,如都有"不证自明","共同遵从"的含义,然而又不相同,前者与"私"和"欲"相对,主要是指人的道德或价值性的"良心善性"或"良知良能";后者则泛指一种最简约、无冗余的命题,可做演绎或推导的起点。到明末清初的王夫之批评历史退化观点,主张历史进化观点,通过诠释传

---

① 《陆九渊集》卷 15,中华书局 1980 年版,第 196 页。

统的"理"、"势"概念并作为其方法论,重新解读典籍文献,重新评价历史事件,"理"的内涵得到拓展。从他的论述来看,"理"可分为物理、事理、道理、天理,究其根本可以说是事物自身内在的当然的(或必然的)法则、规律;"势"则涵盖气势、时势、趋势和形势,根本上指"不容违阻"的运动趋势。就两者关系而言,他认为"理"、"因乎势",是"势之所趋";而"势"、"因理成",是"理之当然",两者不可分割,"总将理势作一合说"。①汉语中有"势在必然"的成语,但人类历史上既有作为"必然性"贯彻的"势",也有各种起起落落的一时之"势"。直到作为现代哲学家的金岳霖先生提出并论证"理有固然,势无必至"的命题,"理"(共相的关联)与"势"(殊相的生灭)的关系,才得到一种理论上新的区分和阐释。②

故此,中国难得有纯粹的科学理论,也不去明确区分公理与定理、基础理论与应用理论;不仅自然科学不发达,社会科学方面也主要是历史经验的总结。中国古人所论传统的学术、道术,虽然也对"学"与"术"、"道"与"术"有所分疏,但往往语焉不详。只是到了近代,受西方学术思想的影响,学者才明确了"学"与"术"的区别。正如梁启超论"学与术"所言:"吾国向以学术二字相连属为一名辞,《礼记·乡饮酒义》云'古之学术道者',《庄子·天下》篇云'天下治方术者多矣',又云'古之所谓道术者恶乎在'。凡此所谓'术'者即学也。惟《汉书·霍光传赞》,称光'不学无术',学与术对举始此。近世泰西学问大盛,学者始将学与术之分野,厘然画出,各勤厥职以前民用。试语其概要,则学也者,观察事物而发明其真理者也;术也者,取所发明之真理而致诸用者也。"③严复则谓:"盖学与术异,学者考自然之理,立必然之例。术者据既知之理,求可成之功。学主知,术主行。"④他们无论是用中国传统的"体用"关系还是

---

①　王夫之:《读四书大全说》卷9,中华书局1975年版;《读通鉴论》卷1、卷19,中华书局2004年版。

②　金岳霖先生不仅提出并阐述了上述命题,还对"理"做出"纯理"与"实理","必然"与"固然"的区分。这已是学习西方逻辑学与分析哲学的结果。参见金岳霖:《知识论》,商务印书馆1983年版,第339、680—684页。

③　梁启超:《饮冰室合集》第3册,文集之二十五下,中华书局1989年版,第11、12页。

④　《严复集》第4册,中华书局1986年版,第885页。

"知行"关系解释学术,都力求区分出"学术"的学理方面与应用方面。王国维更是有感于中国学术研究的实用与功利态度,导致学术自身失去独立性和能动性,力倡"纯粹学术"、"纯粹哲学"的研究。在《论近年之学术界》一文中,他明确地说道:"学术之所争,只有是非、真伪之别耳。于是非、真伪之别外,而以国家、人种。宗教之见杂之,则以学术为一手段,而非以为一目的也。"①王国维在当时提出"学术"、"无古今中西之别",乃至"为学术而学术"的见解,既要"破中外之见",又警示"毋以为政论之手段",可谓针砭时弊,极为重要。当时与后世的经验也都证明,中国学术如果不能超越实用的功利的观念和态度,就难以达到思想和真理所需要的独立与自由,难以创造出超越有限经验的普遍性理论,就不可能发达起来,它当然也会阻碍社会的健康发展与发达。但笔者要补充说明一点:"学"只是在本质规定、思想指向和终极意义上,才无古今中西之分,而在学术形态、方式方法和阶段性认识上,又必定带有特定文化的印记,并受这种文化及其价值观的支持和制约。王国维依照当时的说法,也区分"西洋之学术"、"中国哲学",亦能说明问题。显然,就学术的"考据"如考察出某人的生卒年月、某事发生的时间地点而言,固与民族文化及其价值观念无涉,这种以知识论主导的学术甚至与自然科学无异;但就"义理"来说,因为涉及价值评价,事情就不那么简单了。由于人们看问题的立场不同、角度有别,所以其学术研究的结论也很难完全一致,"见仁见智"有其解释学的道理。

那么,这是否意味着"公说公有理、婆说婆有理",因而根本就没有人人都要服从的"统一"的"真理"?这值得分辨。事实上,"公"、"婆"的角色与责任不同,双方看问题——特别是涉及与双方都有关系的对象与事情——的角度就会有差异,其看法当然也不会完全一样。就此而言,"公说公有理、婆说婆有理",是有其道理的。但这一形象的概括,在我们一元化真理观的语境中,其合理性不见了,成了一个纯粹负面的成语。这是应当反思的。须知,人文社会科学的理论的确不同于自然科学的理论,作

---

① 《王国维文集》第 3 卷,中国文史出版社 1997 年版,第 36—39 页。

为对蕴含在人类生命活动及社会历史中的各种关系、矛盾及其可能性的概念性、命题性把握，它必定具有多维性和多向性；由于人们所处的位置和视角不同，与这多维性和多向性构成的关系不同，也必定各有所见。然而，这并非说人们"看到"的东西都同样重要，无分高下，或者不能概括到一个更具包容性和全面性的命题之中，那就等于否定人类活动及社会历史的有机性和整体性了。其实，只要人文社会科学的理论从某一"不证自明的基本事实"出发——无论它被理解为"假设"还是"直觉"，都能合乎逻辑地推导出具有学理性的系统，也都有不同于"意见"的"真理"性，即一定条件下或一定范围内的普遍性和必然性。对于它能够涵盖与解释的现象而言，也有像自然科学真理一样的客观强制性，无视或反对它就要受到惩罚。如马克思说的人类的"生产关系一定要适应生产力的发展"，就是人类走出原始状态之后，无论哪个民族都不能不遵循的一条社会真理。只不过社会真理以"普遍性"和"必然性"所表征的，一般指人类发展方向与道路的"趋势性"、"可能性"存在，而人们的活动赖以展开的自然地理环境和历史条件并不相同，他们又各有自己的利益并相互竞争，这样，人们所认识到的历史的趋势性和可能性，也往往有差异。人们所处的环境、立场和自身的利益，既支持又制约着他们的认知和判断，甚至构成他们认识的"天花板"。因而，人们要发现和承认具有普适性的社会真理并不容易。并且，由于社会历史事实本身的矛盾性和复杂性，加之人们立场与视角的差异，人们往往一开始就对"不证自明的基本事实"有不同看法，从而各自建立的学术理论也不同。由此导致人文社会科学难以有自然科学那样的"一元论"真理。

但是，笔者认为，上面所说的问题是在特定的条件和环境下发生的，因而并非不能解决和形成共识。随着人们实践活动在空间和时间上的推进，阅历的丰富、立场的转换和视野的扩大，人们的认知能力、想象力与判断力都会得到提升，思想认识也会变得更加深广，原来认识的"天花板"也会被突破。当然这种突破不是一劳永逸的，现实的人无论作为个体还是群体，都只能生存于一定的自然历史条件和社会文化环境中，总会受到这样那样的限制。因而，对于社会真理的认识，一个关键性的条件和机制就是人与人之间,特别是生活在不同条件和环境下的人们之间的交流、对话与思想切磋。较之自然科学的研究,人文社会科学的研究更应当被视为多元主体的探索和论辩的过程,方法论上采取"多视角主义",通过各种视角、观点之间的互相审视、争鸣与对话,相互启示、相互激发,推动他们的认识不断地走向深入和全面。即使学者独立进行个体性研究,也要设想一个思想论争的场景,将学者之间的相互驳难转换为自己思考的资源与语境,从而尽可能地达到一种辩证的全面的认识。从历史上看,儒家内部思孟学派和荀子一系的颉颃,儒、释、道之间的论辩,就构成了中国学术思想进步的内在推动力。

进而言之,人文社会科学的学术既要受其文化的影响而赋有个性——此个性往往体现为价值信念、学术旨趣、前提预设、方法选择和研究路径等方面的差异即各自的特点与偏好,从而形成不同类型、形态的学术,或不同的学术流派;而通过他们的交流和对话,切磋争鸣,在各展其长、各擅胜场的同时,相互发明、取长补短。事实上,各种思想理论与学派之间并非不可通约、不可比较。就论证的透彻、逻辑的自洽、知识的含量、思想的深度和对社会未来的预见来看,人文与社会科学的学术研究都有可比性,也能够分出优劣、深浅与广狭。因而,在我们充分注意到中国学术的个性或特点时,决不可认为它能够特殊到学术的基本规定性之外,那就从根本上否定了"学术乃天下之公器"的共识。

正是学术之间的可通约性与可比性,使中国传统的学问在与西方现代学术的碰撞、对话和交流中,自身发生变化并在许多方面向现代学术转换,特别是增强、扩展了理性的、批判的成分和能力。尤其是在帝制与科举制被废除,中国开始从传统农业社会向现代工业社会、从高度统一的整体性社会向领域分化的社会转变的过程中,一种既受西方思想文化强烈影响,又有本土经验支持的注重"分化"、"个体化"、"竞争"乃至"斗争"的思维和观念,也开始从我们注重关系和整体的传统思维中突现出来,并得到西方相关思想的启发与支持。在笔者看来,支配中国近现代史的"中西古今"的关系,其实就是中国内部以及中国与世界之间的"分化与整合"、"整体化与个体化"、"竞争与合作"、"斗争与团结"之间的关系,这些关系是引领着中国近代以来社会变迁的主导性矛盾关系，并成为许多学者思考学术理论问题的主导性思维方式，原来"不分家"的文史哲也区分开来，形成各自的概念与逻辑系统。凭借贯彻了这种新的思维方式的学术理论，中国与西方、传统与现代不再是要么二元对立，要么简单统一的关系，它对中国自身的传统和现实，甚至对整个人类的历史与当代状况都显示出更为深刻的反思性、理解性和批判性。

诚然，即使在中国走向由西方所主导的"世界历史"的过程中，中国的问题一方面越来越超出了中国传统的范畴而具有了世界性，故凡是具有世界视野的理论，不管来自西方还是其他地方，都会对中国问题发挥很大的解释力；然而，中国作为一个有着数千年文明传统的东方大国，又不可能简单地步西方发达国家或其他发展中国家的后尘，中国问题本身的特殊性、复杂性特别是一定意义上的普遍的世界性，决定了我们需要汲取尽可能多的思想理论资源，并通过与我们自己实践经验的结合形成多维度、多视角的思想理论，这样才能较为全面地透视中国的问题。过去提出的"双百方针"本来是服务于这一目的的，可惜由于主客观原因，"百家争鸣"最后成了所谓"无产阶级"和"资产阶级"两家的争鸣，并终结于前者对后者的彻底否定。随着改革开放，各种思想理论蜂拥而至，这才大大地开拓了我们的眼界和思维空间。但是，由于这些思想理论之间的争鸣与融通不够，尤其是缺乏公开、公允的学术评论，学界严重地存在着要么自说自话，要么"大一统"地考虑问题的缺陷，这也表现在学科之间要么壁垒森严，要么仍有以一种学科或学说包打天下的思维定式。

以中国的"三农"问题为例。有不少人将其仅仅视为一个有待完成的城市化问题，一个单纯的时间性问题，因而认定不再有理论研究的价值。这显然是对西方的发展理论的简单搬用。按照这种理论，既然西方领先于东方，中国自身则是沿海领先于内地、城市领先于农村，因而，后者只须亦步亦趋地跟随前者就行了，充其量考虑一下它们的特殊性并做些变通。这种看法的盲点在于，它没有意识到前者虽然对后者有很大的引领或示范作用，也在很大的程度上限制着后者的发展。后者在初始的自然条件和历史性的边界条件上，都不可能与前者完全相同。如中国地域广大、人口众多,情况复杂,自然地理环境和历史文化条件都有很大的差异,必须允许多样化的发展模式,在资本引导的产业化、专业化之外,家庭承包制、合作社组织等等,都有其存在的理由。在这个意义上,某些地区的"小农经济"也是消除不了的。这并不影响工商文明在中国整体上对农业文明的主导。因而,前者对后者固然有某种示范和引领作用,但后者以自身独特的规定和内在动力,也完全可以积极地作用于前者并在这种作用中开显历史的新的可能性。这样,也才会有理论上的突破与创新。

至于有人基于所谓中国"国情"的特殊性和某些后现代思想,主张让农民维持其传统的生产生活方式,包括传统的家族式关系和礼教,把这种生产生活方式描绘得如同田园牧歌,一片和谐,则既不符合历史事实,也是无视农民自己愿望的一厢情愿。像费孝通先生那样真正从中国的国情也是中国人的现代发展要求出发,所做的"乡土"研究和"小城镇、大问题"命题的提出,仍不多见。费孝通先生之所以能够卓然立一家之说,使理论与实践产生良性的互动关系,成为"中国理论"的典范,就在于他既透彻地研究掌握了西方的有关理论,又非常深入地了解中国的历史文化及现代命运,真正打通了中国与西方、传统与现代。对于抽象程度很高的哲学来说,固然有一个如何提炼现实问题的问题,但不容否认的是,我们还没有真正做到费孝通先生倡导"文化自觉"及"学术自觉"(学术的自主与自律)。① 有此学术自觉,我们才能从根本上改变中国的思想理论落后于中国现实实践的情况。

就此而论,说中国的问题及其解决,仅仅是"历史文化"的问题,而"思想与理论"似乎爱莫能助,显然是偏颇之言。因为它未能意识到人文社会科学的思想理论的普遍必然性,其不同于自然科学的普遍必然性之处,就在于它是历史地生成的,是包含具体的多样性的,而后者则是抽象的单一性的。人文社会科学的思想理论总要从特殊的历史文化中产生出来,而当它能够突破自身特殊的形式并通向其他特殊的存在时,它就从特

---

① 《费孝通在 2003》,中国社会科学出版社 2005 年版;又见费孝通:《论人类学与文化自觉》,华夏出版社 2004 年版。

殊转化、上升为普遍并达到了具体的普遍性,也就是能够使同类的特殊现象得以共生互补或相互贯通的普遍性。思想理论的普遍性与历史文化的特殊性并不是两立的,而是相互对待并相互蕴含的。

中国似乎注定了一种宿命,这就是从原来的"天下—国家",在近代走向"民族—国家",而又在重新融入世界的过程中,在被全球化所化的过程中,不仅重新认识到自身文化传统的基本价值,并且发现前现代、现代与后现代的东西集于一身,简直就是世界的缩影,经历了一个否定之否定。这样,中国传统的思想文化的许多内容和元素,又可以在一个更高的历史阶梯上和历史语境中得到新的阐发并显示出中国的也是世界的意义。如果说无产阶级只有解放全人类才能最后解放自己,那么,中国自身的发展至少也要通过与维护并促进整个世界的发展才能达到。

在中国有了巨大的变化和进步的今天,我们仍然认定中国属于发展中国家,处于社会主义"初级阶段",面临着全面建设"小康"社会的任务,这表明我们对自己的估计还是清醒的。中国面临的根本问题仍然是现代化或社会转型的问题,中国的经验与理论,仍然要通过大量地借鉴和消化西方的思想理论、通过从传统思想文化中寻找有利于现代化的资源来形成。但改革开放的中国越来越明确的发展取向就是世界性,就是全球化与地方性的相互转换。中国与世界的关系既是整体与部分的关系,又是特殊与普遍的关系。如果说中国的问题越来越成为当代世界问题的缩影,那么,中国的发展也是全世界发展的缩影。中国已走出过去在两极之间摇摆的怪圈,从整体上呈现为一种从两极到中介的"中道",这与西方学者提出的"第三条道路",虽然内容不同,思想却是相通的。即使发达国家与极不发展的国家由于处于两极而各自走着距离很大的道路,也必定两极相通,并实际地在其相互作用与制约的关系中,相互渗透与转化,虽然这是一个相当长的过程。因而,笔者认为,中国的学者已经获得做世界性学问的社会历史条件,中国的问题、经验与理论,也将越来越能够启发、影响世界。任何具有特殊性的历史文化都蕴含着超越自身的新的可能性,也是能够突破自身局限性从而通向所有其他特殊的历史文化的普遍道路。而从当代中国的实践经验中我们更容易发现这一普遍的道路了。

我们不妨先从现实情况即中国改革开放以来的发展道路说起。

不难发现。中国改革道路的选择,与其他国家的现代化道路既有相通或相似之处,如都要实行开放政策,发展市场经济,让开放和市场成为改革的动力;又有自己鲜明的特点,这就是在执政党的统一领导下,上下互动,沿着从农村到城市、从边缘到中心、从经济到政治,然后反转来展开变革的实践的逻辑。中国的改革以及在各领域、各方面发生的巨大变化,使中国自身越来越趋向现代文明的秩序,而且对世界文明秩序的维护和改善发挥出越来越重要的作用。中国作为一个巨大的政治经济实体,不再自外于世界市场经济体系,而主动地融入经济全球化的过程中,这本身就是对世界和平与发展的贡献;中国政府在前后两次金融风暴中负责任的表现,更是对世界经济趋向良性运行发挥了积极作用。如果我们的目光不是只盯着东方与西方,而是同时看到南北向度中的非洲和其他欠发达地区,看到真正整体性的全球,那么,我们就会意识到各种条件差异很大、发展很不平衡的中国,简直就是世界的缩影,中国自身就是多类别多层级的,既有现代与前现代的"历时态"的差别,更有自然地理环境和文化"共时态"的差异,呈现出复杂的关系。因而中国的发展经验及其模式对于世界特别是发展中国家也就有了一定的参照或示范作用。

以笔者之见,中国改革开放 30 年来的发展经验,至少表现在以下 3 个方面。

其一,从自己的历史条件和现实情况出发,面向世界、面向未来谋发展,强调经济与社会发展是"硬道理",发展是最大的政治;重视企业家的作用和利益,也重视广大的农民、工人和其他工薪阶层的生存权和发展权;改革首先在经济领域展开,目的是实现民富国强,这就从根本上避免了改革的浪漫主义和围绕改革的无谓之争。

其二,在国家和政府统一的宏观指导下,通过发展市场经济,让基层拥有自主权,让有条件、有能力的地区、单位和个人率先发展起来;并由此进一步推动社会的领域分化以及各领域之间的良性互动关系,从而使社会形成、增强自调节和自组织的能力,并反转来推动国家和政府的体制变革和管理方式。而在差距拉大、新的矛盾有可能造成社会离散、社会危机的情况下,通过政策的调整,使先发展起来的地区带动或回馈后发展地区,照顾和扶持弱势群体;努力实现发展与稳定之间、效率与公平之间、市场与政府之间、集中与分散之间的矛盾的合理解决;让"看不见的手"与"看得见的手"相互配合,都能合理地发挥其作用。

其三,树立改革开放的主体意识,从自己的历史条件和现实情况出发,通过他者,重塑并确证自身;利用传统,重构并再续传统,不断地形成并创新具体的实践模式;既不崇洋媚外、全盘西化,又不拒斥一切文明的健康的观念、理论和体制性因素;既不鼓动狭隘的民族主义,又重视民族的文化认同,并且为民族个体之间、世界各民族之间、人类与自然之间的更为合理而可持续的关系的建立,提供以和平协商、和谐共存为基调的理念与智慧。

笔者总结出的上述中国"经验",大都仍然在形成和完善之中,并且伴随着许多有待解决的矛盾和问题。如中国社会合理的分化仍不充分,然而,贫富悬殊这样的两极分化却率先出现;"行政权力决定一切"的情况已有一定改变,但由于国家集权可以"办大事"的观念仍很强盛,体制变革严重滞后,政府还没有完全走出自己投资、自己包办,自己消费、自己买单的模式,这不仅使各种腐败现象和潜规则难以消除,更阻碍了社会的发育成长。因而,事实上,中国经验不是完成而是生成意义上的,是首先针对我们自己而非针对别的国家的。但我们自己的这一经验,也不乏世界意义,因为它既肯定各民族历史地形成的差异性和特殊性,维护各民族独立自主的权力,又着眼于世界的整体性和未来的开放性,促进全人类的共生共存和对各方自愿制定的规则的遵守与改善。

在经济与科学技术的全球化过程中,东方与西方之间、各个民族国家之间越来越频繁的交往特别是跨国企业和各种合作组织的出现,正在突破原来以国家为本位的主权及其疆界概念,造成"你中有我,我中有你"的新状态。在这种情势下,一种"全球性"与"地方性"相互区分并相互转换的思维,越来越显示出主导意义。如果说支持"全球化"的力量主要是现代工商业和现代科技,那么,属于"地方性"的则是特殊的自然地理条件及民族传统。全球化与地方性的关系,同中国传统的"家、国、天下"和"天下、国、家"的辩证观是有相通之处的。历史地看,基于血缘关系又不乏形上意义的"家",作为文化和政治共同体的"国",是人类在解决自己的基本问题中形成的两种极其重要的组织形式,也是最能经受得住各种冲击,包括现代化和后现代思潮的冲击的;而另一方面,天下属于天下人,普天之下的人类的共生与共治,既是人类古老的理想,也越来越具有现实的必要性和可能性。而从思维方式说,人类对于由自身的活动所产生、所彰显的生存与发展的问题的理解与处理,也正是在天地人的关系和整体、在家国天下的关系和整体中进行的。我们传统的重关系、重整体的致思取向,在今天仍然有其意义,尤其是作为对西方的实体观与个体主义的。

诚然,我们传统的思维方式也存在着一定的不足甚至缺陷,即在重视关系统一性和整体性时,对关系双方各自的独立性、竞争性和离异性相对忽视。之所以如此,又因为中国传统思想文化总体上轻视"个体"的独立性。中国传统思想文化不是不讲个体,它讲的是基于生理学和伦理性的"男"、"女"个体,并且男女一旦结为"夫妇",就过渡到家庭,而在传统的夫权制家庭中是夫唱妇随;所以,它真正重视的个体是家长或族长式的个人,是这些个人的经验、能力、地位和权威,这当然是中国传统社会的自然历史条件特别是生产生活条件所造成的:聚族而居、自给自足、守望相助。而西方社会之所以很久以来就有个人本位的主流观念,既重视有权势的个体,也重视普通的个人(所谓"原子"或"单子"),根本上也缘于西方特有的自然历史条件。不同的思想文化既然都有其生成的"天时地利",都曾经引导并维护了各自群体或民族的生息繁衍,当然也难分高下。然而,众所周知,人类不是自然环境的单方面的产物,他在适应和改变环境的活动中自身也发生着变化和进化;而人们越是随着自己心智与能力的提升,越会追求个人的独立性,即使从任何一个群体或民族内部来看,也是如此。历史也向我们表明,由于传统中国社会客观上易合不易分,主观上又强调关系和整体("重农抑商"的政策与观念也属于此),这不能不严重限制社会合理地分化和个人的独立,宋代之后,社会的活力与创造力每况愈下,也是势所难免。因而,近代以来,中国要实现现代化,要进行思想文化的变革，汲取上述西方的思维方式并将其包容于自身，也就是题中应有之义了。

　　显然，现在的全球化，很大程度上是原来西方的"地方性"知识与价值观的全球化。在今天，不承认首先出现于西方的某些思想和价值具有普世意义，不是实事求是的态度，也等于把属于全人类的精神财富拱手让给西方了。其实，承认这一事实，我们才能正确地分析和揭示人的思想观念的特殊性与普遍性、地方性与全球性，从而看到包括西方和我们的思想观念其实都有这两重性，因而才谈得上相互影响、参照和补充。例如，西方突出事物的分化和个体固然极其重要，但个体毕竟是发生着相互关系并处于这种关系中的个体，事物于分化之中也必定有联系，有整合。人的个体自由也必定有其社会规定，必须通过自律和相互关系的协调，把握住自由的欲望与行为的后果，避免走向个体的或集团的自我中心，陷入相互的疏离、敌对甚至毁灭之中。

　　这个问题在今天已经变得更加重要。就中国而言，我们在全球化过程中不仅获得了巨大的利益，也蒙受了很大的痛苦。我们固然要在由西方主导的游戏中提升自己的能力，改变单纯地为西方提供廉价商品这样一种地位和角色，在国际社会获得越来越大的话语权和修改不合理规则的权力，但是要做到这一点，根本上还是做好自己的事情，提升现代化水平和全体公民的文明素养，建设一个富强、民主和法治的现代国家，并与各国人民和政府一道，推进世界的和平、发展与公正，将各民族之间利益的差异和对立、将人类消耗资源的活动保持在一个可控的、能够可持续发展的范围内。

　　西方某些政客一方面强调自己价值观的普世性，另一方面却基于自身利益搞双重标准，我们当然反对，因而就不应该效法这种做法。在当代，谁能够跳出以自己民族国家为尺度的狭隘的"民族主义"和自负的"中心主义"思维，即庄子所批评的"自贵而相贱"的"物"的立场，而走向"物无贵贱"的"以道观之"，确立符合全人类利益的尺度和标准，使全人类能够共享发展的成果，谁才能得现代社会之"道"，得现代人类之"心"。而"得道多助"、"得人心者得天下"。这就是现代最强大的文化"软实力",我们的话语权只有建筑在这一尺度或标准上面,才是合理的和可靠的。换言之,中国的经验与理论能够在多大程度上影响世界,我们在世界上能够获得多大的话语权,取决于我们"地方性"的经验、知识与理论能够在多大程度上成为"全球性"的经验、知识与理论。

故此,我们上面所说的普世之通则,既不是抽象的,也不是独断霸权的,而是基于现代人类越来越增强的互依性、整体性而形成的具体的普遍性理念。这种普遍性理念或普遍主义,既体现了一种全球的"公共性"意识和规则,也是中国古人所憧憬的文化道义意义上的"天下"观念的现代版,因而必将对世界显示出巨大的感召力和影响力。这同时也就意味着,虽然"中西古今"的矛盾仍未得到最后的解决,却已不能继续作为我们思考自身和世界问题的理论框架,新的理论框架应当是"全球化与地方性"的关系,是"个体、共同体、人类和大自然"的四位一体。中西古今的各种矛盾,也只能在这一框架下获得新的理解与解决。这是我们改革以来所形成的新经验,它也必将引导我们通向新的理论建构。

第三节 "话语理论"与"中国话语"

西方的"话语理论"(discourse theory)方兴未艾,对我们理解包括"中国话语"在内的各类各种话语,都有一定的启示意义。不难发现,西方话语理论与中国传统哲学思想的言说方式及所述道理有很大的相通性或亲缘性。如果说哲学的表现形式是"话语",那么,这种话语要表达和阐发的"道理"则呈现为一个生生不息的开放式进程;在这个进程中,原来的道说与人言、大道与事理、真理与意见、知识与权力的二元对立都会不复存在。从自然的神谕,到英雄的圣言,再到当代无数个人的发声和喧哗,构成了话语迄今为止变化的历史。而自然、社会和个人三者之间的相互区分、作用与转化,则既为哲学话语提供了可能的空间,也为它设定了界限。

我们知道,西方当代话语理论属于后结构主义,它旨在说明人类语言并非现成的意义自足的系统,而是依赖具体语境的生成性活动。这一关于语言的看法,对传统西方哲学产生了巨大冲击,因为西方传统的本体论哲学是由高度抽象的概念化语言和演绎式逻辑推理构成的,语言的能指即其所指,因而这样的哲学只能在思维和语言自身兜圈子,是自言自语的独白;并且,这种哲学语言的自我指称(self-reference)似乎意味着"自我"的唯一性和绝对性,所以它就避免不了形而上学的独断论性质。现代哲学的语言学转向和实践哲学的兴起,打破了西方哲学的这一自我幻想,将哲学思想引导到人们现实的生活活动即具体的感性的时空境遇中来,哲学的言说方式也发生了根本性的变化,由单一主体的独白变为主体间的对话。话语理论既是这一变化的反映,又是这一变化的构成。笔者认为,西方的话语理论与中国传统哲学的思想方式有着明显的相通之处,中国的思想家们思考和言说问题的方式大都是情景化的、对话式的,哲学的术语与论述更是充满了想象和隐喻的性质。于是,这就给了我们一个将西方的话语理论和我们自己的哲学传统结合起来,探讨现代社会生活问题的条件和契机。

话语(discourse)也译为言说、陈述、言谈、谈话,指交谈双方在特定语境中展开的对话,《西方哲学汉英对照辞典》给出这样的界说:话语是比单个句子更长的一个语言序列,以一些句子或陈述作为它的最小单位。交谈、对话、讲述和论证都被视为话语的形式。话语涉及交谈或对话的双方以及话语发生的时空所在。在当代欧陆哲学中,话语被看作是维护社会与政治实践的合法性基础,与传统的认为这种合法性基于理性或某种人性理论的观点相对立。话语伦理学旨在建立和维护这样一种共同体,它不建立在强制之上,而是建立在自由和平等的人们之间的同意之上①。——这种解释固然符合哈贝马斯的理论,却不太符合福柯的观点。在福柯那里,话语的研究旨在揭示社会权力的本性和作用方式,一个社会的话语的生产是由某种程序控制、选择、组织和分配的,也可以说是由权力所建构的;真理、知识不是价值中立的,不是对所有人都不偏不倚、一视

---

① [英]尼古拉斯·布宁、余纪元编著:《西方哲学汉英对照辞典》,人民出版社2001年版,第264—265页。

同仁的,作为话语它们都是权力的形式。福柯的看法其实是"意识形态"理论的扩展,它看到了话语这片天空不是像理性那样纯洁和平和,涉及利益,并相互冲突,而冲突才推动话语和人们思想达到新的深度和广度,这当然有其深刻之处。但这种本质上属于知识社会学的分析,把真理、知识的内容以及所体现的主客体关系归结为它得以产生的社会条件和某种社会功能,也有很大的片面性。

对西方话语理论影响比较大的其实是葛兰西的文化霸权理论,"文化霸权"(cultural hegemony)本来可以译为领导权或支配权,但由于要表达掌握文化及话语权的集团总是凭借其领导地位及经济政治力量,来实现对民众思想和精神的影响与控制,所以,话语权就有了"霸权"的属性或意味。专制社会只有统治者有话语权,其话语的权威性或"道理",往往不在于那话语本身,而在于他们的权威地位和身份,表现为祈使句的话语更是如此。但是,民主社会毕竟不同于专制社会,既然话语权得到相当的普及,统治者在说话的时候也要注意话语的内容和方式了,话语自身有无道理的问题突出出来,于是就有了一个判断话语的是非内容的标准问题。

在过去的传统社会,有"众言淆乱则折诸圣"之说,人们以圣人之是非为是非,不仅在于"圣人"最有文化和道德,还在于被尊奉为"圣人"者已成为社会的权威。但是,圣人只要不是帝王,他就仍然要凭借其,因为也为被后人从不可能什么都说到,且圣人也可能犯错误。因而,论辩越来越成为话语展开的方式。这说明,"话语权"这种"权力"本身毕竟不是经济政治权力,因为它的作用方式是言说、对话,作用的对象是人们的意识特别是分辨是非的理性思维和价值判断力,人们能够接受,甚至心悦诚服,关键在于讲出的道理。所以,话语权只能通过思想和道德的穿透性、前瞻性、逻辑性与感召力来达到。葛兰西提出的"文化霸权"(cultural hegemony)理论,翻译为文化的"领导权"更为合适,他虽然讲的主要是任何社会集团为了取得并保持统治地位,如何在思想文化上"领导"的问题,但民众要同意、认可你的领导,你还是要讲出一番"合理"的、"先进"的道理,或者说,要被人们"普遍认为"合理、先进,这当然会涉及社会的基本结构、矛盾与形势等方面。

例如,"人权"在现代高于"神权",于是人们会认为人权本身就比神权"合理"、"先进",其实,问题不是那么简单。在欧洲中世纪,神权高于人权是不言而喻的,只是到了神权随着教会权威的衰落,人道主义作为一种新的意识形态兴起,人们才普遍地觉得人权更有道理,谁再坚持神权优位就显得不合时宜了。话语作为一定社会秩序的有机组成和建构活动,说话者也有自己的立场和利益,话语当然会有某种权力的属性或功能,但这并不表明话语就是权力,更不等于强制性的政治经济权力,因为无论就话语的交往本性而言,还是在民主社会的功能而言,它都不应有外部强制性,人们说话的目的也不只是为了功利的谋取,而更在于人际关系的协调、改善,乃至于通过生活道理的开显,有效地组织社会生活,营建社会秩序,创造人生意义。

当我们将话语理解为产生某种预期行为效果和意义的建构性活动,要求它促成或创造一定的生活样式和秩序时,已经揭示出话语的机制或目的即在于"讲道理"或"说理"。话语权不同于其他社会权力之处就在于其作用方式的非外部强制性。诚然,在社会生活中,在公域和私域,都不乏"语言暴力"现象,这往往是一些人借助某种传统、地位、权力、形势或思潮,用粗暴的语言欺凌、攻击另一些人,而被语言施暴的那些人则多半处于弱势地位或不利的环境中,缺乏平等的话语权。这显然不符合话语平等交流和公民平等的原则,也从根本上违背了语言和话语的本性,本质上是恃强凌弱、以众暴寡。一般而言,话语权不是要"以力服人",而是要"以理服人"。说理的同时即使动之以情,"以情感人"也要与"以理服人"一致或互补,否则就会成为削弱人的理性思考能力的"煽情"。最能讲出"道理"从而让人茅塞顿开、心悦诚服的话语才是最有力量的话语。中国古人以"得道多助"、"得人心者得天下"的论断,道出了话语和道理的真谛及其目的性,这也是对文化"软实力"的说明。

中国传统思想的主流认为,语言并没有自足的生命,它是人的生命活动的产物与要素,既表达人们生活的要求与感受,也开显生活的道理与意义,而这种道理与意义既是具体的相对的,又由于从属于人的生生不息的历史进程,而赋有某种普适性与恒久性。话语既然通向道理,我们就要专门研究一下"道理"这个概念。

"道理"很难找到对应的外文词,中文的道理有真理、理由、合理、合逻辑、合道德、合规范等含义。从哲学层面上看,Logos,Rational 较为接近,但也不能画等号。作为一个复合词,"道理"可以解析为"道"与"理"两个层次,"道"是究极的、无对的、最高的,它先天地生,为天下母,是万物之所出,也是万物之所归;"理"则是物之理则、性质、规律,物各有其理,物异则理异。所以道高于理,统摄理,是理的根据,是最高的理。如庄子论"道":"自本自根,未有天地,自古以固存,神鬼神帝,生天生地。"又说:"行于万物者道也";"万物殊理,道不私"。① 韩非子则指出:"道者万物之所然也,万理之所稽也。理者成物之文也,道者万物之所以成也,故曰道理之者也。物有理不可以相薄,故理之为物之制。万物各异理。万物各异理,而道尽万物之理。"②所以在中国先秦,道与理是分开的,表达的内容大不相同。道理合一、以理为道是后来的事情,严格说是宋明理学的观点。宋代程颢、程颐以理为宇宙本根,理成为道的别名。自此,"道理"一词便在社会上流行开来,乃至于既是官方的书面的语言,又成为百姓日常生活词汇,如过去常讲的"大道理管小道理",还有后来的"发展是硬道理"等等。说明中国人对于世界和人生的理解有自己的特点。

我体会,道理作为"道"与"理"的组合,既包含不可言说的象征性的大道、本原,又包含事物的性质、规律、人的行为规范和理由,是西方所谓"价值理性"与"目的理性"的差异统一。同时也说明人们所讲的"道理"不是封闭有限的,而是开放的,多维度和多方面的,可以一直探讨下去。从分析的眼光看,我们可以揭示出"道理"五个层面的含义:一是属于思维逻辑的,包括形式逻辑、数学的公理定理等等,这个意义上的"有道理"与"有逻辑"往往相通;二是自然和人类社会的规律、法则和规则,这种意义上的道理属于基本道理或所谓"大道理";三是生活的伦理道德、规范,人们日常所说的道理往往指此;四是在一个社会中占据主导地位的意识

---

① 《庄子·大宗师》;《庄子·天地》;《庄子·则阳》。
② 《韩非子·解老篇》。

形态或被许多人所信奉的宗教教义，它们往往构成一个社会的"公理"；五是哲学的形上学的，如老子说的"道"，最难认识和把握，且不只是认识的事情，而是要通过人的直觉、想象、领悟、反思才能有所把捉的。中国人特别看重"悟道"、"体道"、"得道"、"行道"，说明道无往而不在，而又贯穿、体现在人的生活实践中，需要人们自觉地给予体会和践行。

"话不说不明，理不讲不透。"这里再说一下"理"。中国人讲的理或理性与西方的"理性"既有相通之处，又有明显的差异。

孟子较早说到"理"："心之所同然者何也？谓理也，义也。""理"在此指自然给予的规定或当然的准则，所谓"有物有则"；他还提到"条理"，说："始条理者，智之事也；终条理者，圣之事也。"①对"理"讲得较多的还有庄子、荀子和韩非子。他们关于理的论述基本有两意。一是物的形式、状态、属性，如《庄子》外篇有"物成生理谓之形"之说；《韩非子·解老篇》也有"短长大小方圆坚脆轻重白黑谓之理"的说法。二是指物的结构、常则或规律，如《庄子·养生主》讲"依乎天理"；《庄子·天下》有"判天地之美，析万物之理。"荀子则谓："凡人之患，蔽于一曲，而暗于大理。""凡以知，人之性也；可以知，物之理也"。②

到了程朱理学，一方面说一物须有一理，物物皆有理，但他们看重的则是"大理"，即"天理"，天理即事物自然而不易的常则，天理也就是天道，关涉着宇宙的本然状态，所以他们强调万物一理；天理还有伦理道德的含义，所谓"存天理，灭人欲"。在朱熹那里，理与气既相对，又更具有本原性或超越性，所谓"理在事先"乃至"理在气先"。到王船山，理与气又统一起来，即"理在气中"、"理气一源"。戴震突出"分理"即事物各有其则即理，其则必然不可易，即所谓当然之理。③ 中国人还有"人同此心，心同此理"之说。这里的"理"和前面所提到的"经验"一样，也是一个极为宽泛的概念，既指人的理性思维和认知能力，也包括各种自然的和社会的道理。

---

① 《孟子·告子上》；《孟子·万章下》。
② 《荀子·解蔽》。
③ 张岱年：《中国哲学大纲》，中国社会科学出版社 1982 年版，第 445—466 页。

形式逻辑和自然科学的理,与社会伦理的理,其实有很大的区别,因为前者基本上不涉及应当即价值的问题,后者的"理"则关乎人文价值,虽然儒家认为人都有良知,都有天理良心,却很难说它一开始就无差别地存在于人的意识之中。社会的道德的理关乎"应当",由于人们在社会关系中所处的地位不同、利益不同,他们关于应当、价值的看法,也会有差异。即使社会的道德的理,由于其普遍性而能够成为人们的共识,也必须通过说理、辩论的活动,因而,"道理"一词才密切地关联着"讲道理",道理是"讲"出来的。中国学术思想和语言,固然有"见闻之知"与"德性之知"的区分,"道问学"与"尊德性"的区分,但并不如亚里士多德区分"实践理性"和"理论理性"、韦伯区分"工具理性"和"价值理性"那么严格,我们的"理"或"道理"实则是信知情意的统一,有很大的模糊性与弹性,需要人们用心体悟。

近代以来,特别是20世纪初展开的"白话文运动"以来,中国的语言系统和话语方式已发生很大变化。伴随着社会的分工与分化,属于人们内在心智的信知情意,和通过文化符号开显的真善美圣,都越来越分化开来,各自获得了属于自己的规则和尺度;进而又经由人们交往实践的社会文化活动,相互关联、相互转化。这既削弱了国人不重普遍理论而重实践智慧的实用性倾向,也防止了从一个极端跳到另一个极端,完全撇开直觉与经验研究人文社会科学的偏差(一味追求社会科学的数学化或模型化,人类社会有别于自然界的特点就会被抹杀)。

结合西方话语理论,可以说,现代"中国话语"与传统中国话语,既有传承关系,又拉开了相当大的距离,它在陈述和表达着中国自身的经验与智慧的同时,也力求表达出对现代人类命运与使命的看法。

第四节　"话语"、"道理"与"秩序"

上面的概念解析已经说明话语开显的是道理,道理依据的是秩序,而人类社会的秩序又在人们的话语实践和道理的转换中生成和变化着。现在,我们进一步论述话语、道理和秩序在历史上的表现形式及其相互关系的变化。

前面说了,现代话语理论突出的是说话者的立场、背景和语境,话语要靠语境(context,language environment)来确定意义并让人领会其中的道理。从历史上看,说话者的立场、背景和语境本身就经历了一个从一元走向多元,又从多元走向差异互动的变化。在原始族群中,话语最初也许是人们情绪的表达,或具有特定意义的信号,语义简单。但话语一旦表现为文字符号,就由于其象征性和对流变的时间的超越,而变得不同寻常,甚至具有了神圣性。文字的产生被先民视为惊天动地的大事,中国就有仓颉造字,"天雨粟,鬼夜哭"之说。而以第一人称说出的话语,往往属于"神言"、"神谕"。以神的名义发布的命令、号召或禁忌,是原始共同体得以维系的重要条件、媒介。神言神谕是绝对的至高无上的,似乎不受任何语境限制,因为它是绝对真理,放之四海而皆准。但实际上,神言也是有一定适用范围的,这就是基于血缘、地缘和精神的文化共同体,信奉原始宗教的共同体,已经基于"显"、"隐"的区分机制,形成上下分明的价值等级,从处于最高位置的信仰的图腾,然后到萨满、巫师,再到家族长和家庭成员。神谕表明的是神或大自然的命令和人必须加以服从的关系,"言"与"听"是单向的,所以,维柯所说的"神的时代"的话语,多为命令句或祈使句,表明说话者具有绝对的权威,"谁"在说话这一点最重要。

但是,"神"的吊诡在于,它是一般人感觉不到的超验性存在,而又内在地通向人的经验性生活;作为人的图腾和崇拜的对象,它更是特定社会群体的祖先或保护者,与他们的生命相互隶属。正因为神的威力要靠人来实现和确证,所以神力与人力、神言与人言既不同而又内在贯通;并且,谁是神在世上的代言人或神意的解释者,成为一个要害问题。在中国原始社会末期曾出现过"民神杂糅"、"家有巫史"的情况,人人都可以与神相交通并以神的名义说话,这极其不利于向国家过渡中的氏族部落形成统一的社会秩序,于是五帝之一的颛顼这一事实上最有权势的人"绝地天通",由他和大巫重新垄断了对于神的解释权。人类普遍地经历过从多神教向一神教的转变,这与世俗社会的集权现象是互为因果的。

社会整体或共同体作为文化的重要维度,也能够成为文化秩序及其权力的匿名主体。与神及神权相通而又与之相颉颃的俗世与政权首先是共同体或社会整体。因为产生于特定自然条件中的共同体的整体力量既来自其保护神,也直接来自其成员的相互依赖和有组织的活动;而人们在经验范围内越是能够利用和支配自然力,能够借助道德、财富和暴力进行统治,超验的神灵就越是难以直接主导人们的世俗世界。

法国社会学家涂尔干就特别强调了社会整体的力量与权威。在他看来,神圣事物之所以在物质和道德的力量上都高于凡俗事物,就是因为它们表征着社会对其成员的道德优势。他指出:"道德规范是社会精心构造的规范;它们所标示的强制性质只是社会的权威"。具有整体性和主体性的社会"凌驾于我们之上,所以社会会迫使我们超越自身;我们必须强行遏止我们的某些最强烈的本能倾向"。① 他还认为一切文化"符号"都是社会整体的表征。由"社会整体"作为主导维度的文化所支持或建构着的人格及其权力主体,显然是类似于"家长"那样的共同体的保护者和领导者。所以,韦伯说家族共同体是"虔敬和权威的最原始的基础"。② 而这种自然形成的共同体及其权威必然要被破除,随着私有财产的出现和人们利害冲突的常规化而产生了把冲突保持在"秩序"范围内的国家权力,于是,"英雄"和"帝"、"王"成为新的权威,社会与个体、个体与个体之间的博弈也成为不可避免的现象。但尽管如此,在传统社会,表征整个社会秩序的价值观念仍然是文化的主导维度,而统治者愈是能够将其统治置于文化传统和社会整体利益之中,便愈是能够获得合法性并从而代表整个社会。因此,"圣言"、"圣谕"才成为那个社会最权威的话语,"官话"则是最标准的话语。

由神谕到圣言的变化,其实意味着权威话语的绝对性的弱化,因为正

---

① [法]涂尔干:《乱伦禁忌及其起源》,汲喆等译,上海人民出版社 2003 年版,第231—245 页。
② [德]马克斯·韦伯:《经济与社会》上卷,林荣远译,商务印书馆 1998 年版,第400—401、466—467 页。

如"圣"的繁体字所显示的,"王"之上是一个"耳",一个"口",即一边要听,一边才能说,这表明圣言不是至高无上的,而具有一定的主体间性,即所谓"圣上"与"臣工"之间话语的互动,看谁的主意更高明、见解更深远,更应该被采纳。逐渐地,人们开始从对说话者身份的关注到了对话语内容的关注,于是就有了一个真理的标准问题,而前述"众言淆乱则折诸圣"的"圣",也主要不是皇帝而是指孔子一类的圣人了。

近代以来,由人文主义、宗教改革和工业革命共同造成的社会的理性化和世俗化,从根本上消解了传统文化的神秘性和神圣性,以自由、平等、人权、科学、民主这些"关键词"构成的新的文化话语取代了原来的宗教和王权专制的话语,这同时意味着权威话语向文化精英的话语转变,而精英话语又进一步向平民、大众话语转变。到了现代,随着大众传媒特别是互联网所带来的话语权的普及,每个人都能够表达自己的愿望和观点,因而造成了"众声喧哗"的局面。而随着社会价值的多元化,道理本身也呈现多种面相,我们最明显地感觉到的不再是大道理管小道理,而是公说公理、婆说婆理,道理多元化。

上面的论述也间接地表明,道理及其变化的根据以及人们对于道理进行评论的尺度是社会秩序及其变化。大体说来,是从自然的秩序到社会的即人们群体性的生产生活的秩序,再到围绕每个人自己的利益与意志形成的秩序。人类首先从"大自然"(神)那里获得道理——"自然法"或"天理"。自然的秩序、自然的差别曾是人们论证、建构人世秩序的理所当然的根据,实然之理被直接作为应然之理。然而,自然本身以及人们对自然的看法总有差异和矛盾,同样是"从自然出发"或"从天出发",得出的结论却可能大不一样。随着人们各方面能力的提升,他们逐渐把自然现象与人为的社会的规定区别开来,并从社会秩序特别是可扩展、可持续的活动方式中,寻找道理、律法的依据。

我们且看西方"律法"观念的变化。由斯多亚派提出的自然法被认为既取法自然又是为理性"发现"而非"发明"的,具有普遍性与不变性,放之四海而皆准(fitness of things)。但他们承认,绝对的自然法只在人类原初的黄金时代实现过,随后出现人的情欲、统治欲和占有欲的制约,在专断和暴力行为的条件下,道德理性必须寻求某种顾及实际情况而又尽其可能确保理想的手段。为此就要建立一个有序的政权,确立财产制度和家庭秩序,公正地调节社会不平等。斯多亚派的西塞罗认为:"不仅要确定何者是最好的,也要确定何者是必然的。"他比柏拉图更清醒地认识到,绝对正义的制度在人类世界是不可能的,因为这与人和政治社会的"本性"不符;能够落实于社会的自然法,只能是它的弱化形式,即"低标准"的自然法。到了路德与加尔文,提出了"神圣法"、"自然法"和"实证法"这三种法。神圣法是上帝的律法,自然法在根本上就是神圣法;神圣的律法只是设定一些界限,政治家可以在其中制定适合具体条件与政治需要的法律即实证法或成文法,以维护社会生活所必需的风纪,但它不可与神圣法的原理相冲突。

其实,这不仅表明"天道"与"人道"、"天理"与"人理"既相区分又相互确证,中国古代的"天人合一"、"天人感应"和"顺天应人"一类文化政治观念,也说明了这一点,而且表明随着私有制的发展,必然是"道术为天下裂",不同的民族、阶级、集团各信奉对自身有利的道理,制订符合自己社会生活需要的规则和法律。但在西方传统社会,上帝还是至高无上的,上帝的律法仍然是根本大法,这就维护了"绝对"的尺度。

近代以来,"文化"和"社会"对于自然的优越性和自足性似乎成了定论,然而由于"是"与"应当"被彻底二分,价值被理解为个人自己的偏好,普遍的文化和价值标准难乎为继,每个人都有了自己的道理,如果说过去是强者的道理主导弱者的道理、大道理管小道理的话,那么,现代则是小道理平视大道理、弱者的道理也敢与强者的道理一争高下了。于是,传统的绝对尺度被多元、相对的价值所取代;现代人的自由平等的权利,也得到了现代法律的确认和维护。这无疑都是现代性意义上的进步。然而,现代的道理的最终依据的是什么?这却成了一个问题。

我们不难发现,在现代社会,每个人所表达的往往都是自己的利益、想法或意见,因而也就难有高下优劣之分。能够打动人的越来越不是言说的内容,而转变为说话者的态度和表达问题的能力了。于是,说话的方式和技艺变得重要起来。由于人们越来越被说话的方式和技巧所吸引,结果，人们不仅不再看重说话者的身份，甚至对言说内容的正确性即道理也有所忽视了。把上述话语的变化简略地概括一下，就是从人们重视说话者的身份，即"谁"在说，到重视所说的内容，即"说什么"，最后到了"怎样说"，用三个英文字表示就是从"who"，到"what"，再到"how"。那么，这种话语的变化是离现代文明的道理更远了，还是更近了？这确实值得认真地思考一番。

在解答这个问题之前，我们倒是应当明确这样的一个"道理"，即人世的道理都不是明摆在那里的，它要我们通过自己的生命活动去体悟、认识和表达。因而，道理和道理的认识与言说的确密切相关。中国的"道"，从词源上看，就既取法于道路、开导（疏导），也关联于言说。西方思想的道即"逻各斯"，也主要是尺度、理性和言说之意。西方修辞学和话语理论亦证明，任何事实的确立都是有关它的某一"表述"被广泛接受的结果。也就是说，要确认某一事实，我们首先必须对它的事实性（factuality）加以宣认（claim）、界定、陈述、答辩。只有在这些"事实宣认"或"事实表述"上得到普遍认可，起码没有遇到公开而严肃的异议，有关事实才算确立了。[1] 但人的认识和言说又是相对的、有限的，如荀子所言："凡万物异则莫不相为蔽，此心术之公患也。"对当时的"论道"之人，荀子无不批评其为"曲知"即"观于道之一隅而未之能识也"。[2] 但这实则是连荀子本人也难以避免的。语言在显现、敞开真理的同时也总有所遮蔽和限制。因而，如同解释学所讲的视界融合，这里需要的与其说是人的认识的"客观性"，不如说是人们在相互对话、论辩和倾听中达到的"交叉共识"（或重叠共识）。

就此而言，现代人对话语的修辞和技巧的注意，并非没有道理。因为它反映的是人们说话的态度、方式和分寸，这关乎人们的平等和彼此尊重。就像我们平时说的，有话好好说。同样一句话，有人说得让人听起来舒服，有人说得让人听起来反感。但是，如果人们过于关注说话的形式方

---

[1]　刘亚猛：《追求象征的力量——关于西方修辞思想的思考》，生活·读书·新知三联书店 2004 年版，第 59 页。

[2]　《荀子·解蔽》。

面,忽视话语的内容,就有些本末倒置了。言说毕竟是为了表意,可以得意忘言,却不可以辞害义。人不能被花言巧语所欺骗。孔子就告诫过:"巧言令色,鲜矣仁。"此外,忽视话语主体即言说者的身份、角色也是有问题的。对于科学的、知识性和创造性的话语来说,有一个知识产权的问题,即对说话者个体权利及其人格的承认和尊重问题;对于人文性的话语而言,则涉及由于说话者的社会阅历、身份和角色的差异而导致同样一句话,可以有不同的含义,黑格尔早就有此提示。按照现代话语理论,话语之所以具有包括话语权在内的"权力"属性,主要就在于说话者作为特定的社会职能、角色的代表,其话语体现着社会领域、界别、专业及其标准与尺度的不同,其可信度与权威性是很不一样的。这里不涉及人格的平等与否,而关乎他们社会关系的差异,特别关乎社会的规则与秩序。

我们试考虑这样两个例子。一是教师在课堂上讲课,他的话语权力大于学生,学生发言要举手并经过老师允许。那么,这是否说明师生是不平等的?如果说这里确有话语权的不平等,那这种"不平等"却是公正的,因为它旨在维护教学的正常秩序,而这是对全体同学都有益的事情。只有老师不允许学生提问题,或与学生交流时采取傲慢的或压制的态度,才是不妥当、不应该的。再如,一个成人说,人只有身心都比较成熟的成人才有从事政治活动的充分资格,有选举权与被选举权。这话当然与成人的利益一致,但能否因此说这只是维护成人的利益,剥夺了未成年人的权利,缺少公平性?显然是不能的,因为这是把成人才能够看清楚的问题与成人的利益画了等号,并且也忽略了成人对于社会责任的承担。

秩序是相对于无序、混乱而言的,指的是自然、社会或人的思想正常的或常规的运行状态,具有可持续、可预期性。没有社会秩序,一个社会就不可能正常运转。亨廷顿曾谓:处于转型阶段的社会,重要的不是自由,而是建立一个合法的公共秩序。人当然可以有秩序而无自由,但不能有自由而无秩序。[①] 亨廷顿在这里所说的"秩序"指的是社会秩序,特别

① [美]亨廷顿:《变化社会中的政治秩序》,王冠华译,生活·读书·新知三联书店1989年版,第7页。

是一个社会的政治秩序,而自由则是个人的自由。专制的社会秩序严重限制个人自由。但是,从哲学上看,秩序与自由并不是相互外在、非此即彼的关系。人类总是既向往自由,又希望有一定的秩序,特别是人人自由的社会秩序。当人类社会的秩序开始形成时,就有了人从自然规定中的某种超越,即有了一定的自由;自由既是对自在的自然秩序的突破或超越,它本身又意味着新的即人文社会秩序的形成。自由总有其秩序,但这不是外在而是内在的秩序,当人们的行为属于他们的自我决定,既符合自己的意愿又体现出自律性时,这就有了自由的秩序。

然而,自由与秩序又确实有一定的矛盾,这不仅在于任何社会秩序或规范都有对个人自由的一定的约束,一个爱好自由的人,也总是不愿意受社会秩序或规范的束缚;更在于社会是许多个人的相互作用关系,人们既相互竞争,又相互合作,既相互支持,又相互制约;自由就生成于这种矛盾关系中。因而,自由不是无条件的、绝对的,每个人的自由都有赖于对方采取的行动;只有每个人在采取行动时,都考虑到对方相应的行动,个人自由才能最大限度地实现。就此而言,自由其实是人们相互之间行为的博弈和协调性,它表现为由公正原则主导的各种规则的建立,公正是自由的保障,也是自由的界限。因而,自由的社会秩序也就是公正的社会秩序。社会历史的正常状态就是适时地通过调节和变革规则而理顺和改善秩序。如果人们感觉社会公正已荡然无存,要么人人失去自由,要么一些人的自由意味着另一些人的奴役,那么,打破旧秩序建立新秩序,就必定成为人们普遍的选项。

人类在长期自然选择中形成的生命节律与群体性生存,都有秩序。但是,人类走出自在的动物状态之后,由于本能需要的意识化而成为欲望,围绕食物与异性的争夺变得激烈而频繁,突破了原来相互关系的模式,恰恰受到无序化的困扰。与之构成对比的,是大自然的季节变化、日月星辰周而复始运动的和谐,这给予人类鲜明的秩序感。于是,面对他们自身如何正常生活的问题,这种天地的秩序成为人们效法的对象,即要求自身的行为和人际关系形成一定的次序、顺序和规则。古代中国和西方的哲人、政治家关心于社会的,往往首先是一种优良的秩序,善、公正、正义都是指的社会的"公序良俗",公序良俗既是道德意义上的,也是政治意义上的。从现代人的观点看,有两种社会秩序特别重要:一是传统的无个人自由的专制秩序,二是有个人自由的民主秩序。这都属于现实的社会秩序。而人们对社会秩序是否合理的判断表明,他们心目中存在着一种理想的价值秩序。

由此,笔者进一步提出这样的两种秩序:一是"社会组织秩序",二是"人文价值秩序";两者有区别乃至对立,也有一致之处。它们源于同一的自然—文化秩序,后来逐渐有了区分。从两者的形成来看,都基于人从自然中分化出来的整合的需要,只不过社会组织秩序的形成更多地基于外在压力包括自然选择和自身肉体需要的压力,"合群"是为了对付自然界和其他群体。而人文价值秩序则更多地基于人从自然本能状态中的超越和自由的追求。两者在原始社会基本上没有什么区分,但进入文明时代,它们的区别就越来越显著了。社会组织秩序的建构和变化越来越依赖人们的能力和利益关系,但只要人们走不出群体性的依赖关系,他们内部的竞争就必须控制在群体的整体利益即共同体之中,因而,文化价值秩序如宗教和伦理就在总体上控制着社会组织秩序。随着商业的发展,特别是进入近代市民社会,突破传统共同体的人们的社会联系方式,越来越取决于他们的财产和劳动能力、生产的分工与合作以及利益的博弈,因而,"从身份到契约"的变化也就势在必然了,而传统的文化价值如宗教、伦理也就不可能不失去主导地位,逐渐边缘化。

那么,这是否意味着现代社会不再需要人文价值秩序的引导?答案是否定的。一方面,社会组织及其制度要求有与自己一致的人文价值来维护,另一方面,人的精神需要天然具有对工具理性主导的社会秩序的超越取向,如文化上的保守或先锋文化都反映了这一点。德国思想家舍勒提出的"爱的秩序"颇有影响。爱的秩序即人的心灵的秩序。心有其理,"心"指各种不同的意向体验和感受的活动,"理"指意向感受之间的奠基关系和顺序。在舍勒看来,各种不同的价值处在一个客观的等级分明的体系之中,从舒适不舒适的感性价值、高尚庸俗的生命价值,到善恶美丑是非的精神价值,直到神圣价值这四种感受等级,亦即感性感受、生命感受、心灵感受和精神感受。舍勒所说的价值的感受与被感受的价值的关系,类似于胡塞尔的意向活动与意向对象之间的关系。在爱的秩序问题上,舍勒还认为,爱优先于恨:人们对某一实事感觉到的恨只是出于人们对另一实事怀有的爱;我恨疾病,只是因为我爱健康。我们的心灵以爱为第一规定,而不是以恨:恨只是我们的心灵和性情对破坏爱的秩序的反抗。① 孟子也说过与舍勒意思接近的一段话,即"可欲之谓善,求诸己之谓信,充实之为美,充实而有光辉之谓大,大而化之之谓圣,圣而不可知之之谓神"②。其由善至神的展开顺序很有意义,比较接近我们所说的人文价值秩序。

　　上述关于秩序的论述也说明,人们对话语表达方式和技巧的关注,只能是从属于话语内容和目的的次生现象,人们不可能停留于此。现代社会的道理的多元化也不是绝对的。在现代社会真正具有发言权并最引人关注的,固然是各级政府、有关领域的专家,但市场经济或显或隐的作用不可轻视。如马克思所说:在发达的交换制度中,货币把人的依赖纽带、血统差别、教育差别等等都打破了、粉碎了。货币不仅成为古代共同体的瓦解力量,它本身还试图成为新的最高的共同体。在这一"共同体"的平台上,人们"互相承认对方是所有者,是把自己的意志渗透到商品中去的人。因此,在这里第一次出现了人的法律因素以及其中包含的自由的因素"。人们以货币为媒介和尺度所发生的互相"给予"和"支配"的交换关系,促使并强化着个人权利意识的发展;货币的力量和个人的权利意识一道,又推动着法律、政治乃至整个社会发生相应的变化。"因此,家长制的,古代的(以及封建的)状态随着商业、奢侈、货币、交换价值的发展而没落下去,现代社会则随着这些东西一道发展起来。"③

　　随着大众教育和信息化时代的到来,在货币这一匿名的社会权力之外,知识、信息也越来越成为新的资本和权力。这些权力在提高和实现人

---

① ［德］舍勒:《爱的秩序》,林克等译,生活·读书·新知三联书店1995年版,第64—71页。
② 《孟子·尽心下》。
③ 《马克思恩格斯全集》第46卷上,人民出版社1979年版,第91—110、172—195页。

的能力的同时,也支配并强化着他们之间的竞争,制造着文化自身的分裂和龃龉——即科学文化与人文文化的对立。这无疑是人们感到权力在现代社会更具普遍性和压抑性的重要原因。然而,尽管经济权力和技术力量在现代社会主导着人们的大部分生活,但人却不能成为单纯的经济动物或没有情感的机器人。事实上,被经济和技术活动所排挤(有时也利用)的人文文化,却在人的心灵和情感世界显示出巨大的作用,甚至反转来影响并推动了经济、技术和政治的"人性化"。如果说人们追求科学文化的活动也隐藏着一种"权力意志"的话,那么,人文文化恰恰能够给予平衡和超越。

下面我们就来探讨现代社会科学与人文价值的关系问题。

第五节　社会科学与人文价值的
互动与结合

今天,我们在多大程度上需要社会科学,也就在多大程度上需要人文价值。如果说改革开放让我们认识到要推动现代化,建设现代社会,就必须高度重视社会科学,那么,越是随着现代社会的分化和理性化,我们也就越需要人文学科和文化艺术滋润人的心灵、提升人的精神。而人文学科与文化艺术,不仅早就包含在传统文化中,而且传统文化更能给人以亲切感并发挥民族认同的作用。但是,面对各种文化的竞争,传统文化自身需要时代性转换;而着眼于社会的进步和人的全面发展,人文学科与文化艺术也必须与社会科学分工合作,相互推动。

显然,当代中国的传统文化热,是在中国现代化有了很大的发展,政治、经济与文化有了相对区分的条件下兴起的。这大不同于20世纪二三十年代一些人的尊孔复古的社会背景。当代中国早就不再是过去的"天下帝国"、"中央之国",而成为有着自身文化特性的现代化国家,目前又与世界各国一道经历着全球化运动。

经过长达一个半世纪的社会变迁特别是改革开放以来自觉的社会转型，中国已经建立起市场经济，传统的那种基于家族和地缘关系的共同体整体，受到有力的冲击甚至遭遇解构，越来越深化的劳动分工与合作大大地提升了社会的自组织能力，并形成了以物为中介的关系和公开竞争与博弈的社会规则；原来"自给自足"的生产方式和"安土重迁"的地域性存在方式，已经在很大程度上改变；随着各种法权关系的明确，在独立的个人之间正在建立起广泛的契约性关系，维护自己权利的意识正在增强，人们的个体性也将随着社会化程度的提高而变得鲜明与丰富。显然，在中国的现代化进程中发挥了重要理论指导作用，为人们提供了现代社会生活所必需的思想、知识与技能的，主要是来自西方的各种现代社会科学，所以它才成为各种人文社会科学刊物和著述环绕着的主题，成为现代学校教育和职工培训的基本内容。随着市场经济的发展、开放的扩大和国际化程度的不断提高，中国人将从现代文明中获得更多的新的规定性，中国人已不可能完全作为传统意义上的中国人而存在。①

然而，另一方面，由于中国的农业和农民仍然占着一个很大的比重，由于中国文化特有的世俗性、实用性、常识性与"后形而上学"的当代思想文化趋势的某种符合，由于"象形、表意、指事"的方块字在循环往复的使用中对中国人的心理意识和行为方式持续地强化，中华民族的生命信念、思想意识、价值取向、性格特征、审美趣味等诸多方面，虽然不可能不发生重大变化，但仍然会有自己的特点，在一定程度上为民众生活提供情感、道德和信仰方面的需要。在数千年历史中积淀和传承下来的、富有民族气质与性格的中国传统思想文化，通过现代阐释，它的文学、哲理、审美和宗教性因素，仍然能够滋养人的心灵、慰藉人的情感，增益人文教养，帮助人们建立起心灵的价值秩序。从某种意义上说，人们对于传统文化的需要既表明现代经济与政治系统及其规则还未真正确立起来，又反映出

---

① 在今天，有些人认为中国根本没有什么文化传统的"断裂"，中国还是那个中国，另一些人则惊呼中国早就不复是中国了，中国已经"麦当劳化"（McDonaldization），哪里还有什么中华文明？这种观点上的对立，虽然都抓住了一些现象，但都属于以偏概全，且没有跳出现代与传统、中国与西方二元论的认知模式。

现代经济与政治体系的局限与不足,是对它的补充乃至超越。因而,再以一种简单一元论的观点看待现代社会的政治、经济与文化,并由此或者全盘否定传统文化的价值,或者无限抬高传统文化的作用,都是不成立的。

依据马克思的唯物史观,我们的确可以说孔子的儒学在原有形态上属于传统农业社会的思想文化系统,与现代社会的要求多有对立。如它重视上下等级式的社会关系并有保守的性格,这与现代社会所追求的自由平等,显然不合拍;它把家族伦理置于社会关系的中心,这会强化中国人的亲疏意识——拉帮结派、党同伐异无疑是其极端形式,而阻碍了公共精神的产生;它被统治阶级纳入"三纲"的体系之后,更是成为"封建"的意识形态。但是,我们还要看到,孔子及其后学所提出的思想和学说,既有关于做人做事的基本道理,有对历史变迁、朝代更替的经验总结,更有对"天地人"关系的终极性思考以及根据这一思考形成的"易"学、"仁"学。这是传统思想学问中最有活力和价值的东西,它构成了传统学术自身变化的内因,提示着生活中的人们去发现和解决人的活的生命与已僵化的社会文化形式的矛盾和对立,并引导国人不断地走向更高的精神境界。

英国社会学家吉登斯认为,现代社会已经属于"后传统"的社会,来自传统的经验不再有什么作用。显然,这主要还是从理性,特别是工具理性的角度观察现代社会的结果。问题在于我们如何看待这种经验的事实。我认为,人类社会之所以为人类社会,情感和道德的维度不可或缺。而情感和道德是构成人文的主要成分,并且主要体现在传统的形成和传承之中。

我们先来看一下德国现代哲学家迦达默尔的有关论述。在解释权威时,伽达默尔引出传统:"由于流传和风俗习惯而奉为神圣的东西具有一种无名称的权威,而且我们有限的历史存在是这样被规定的,即因袭的权威——不仅是有根据的见解——总是具有超过我们活动的行为的力量。""我们称之为传统的东西,正是在于没有证明而有效。事实上,我们是把这样一种对启蒙运动的更正归功于浪漫主义,即除了理性根据外,传统也保留了权利,并且在一个相当大的范围内规定了我们的制度和行为。

古代伦理学优越于近代道德哲学的特征在于：古代伦理学通过传统的不可或缺性证明了伦理学向'政治学'、即正确的立法艺术过渡的必然性。与此相比较，现代启蒙运动则是抽象的和革命的。"迦达默尔并不认同浪漫主义把传统视为理性自由的对立面，其有效性不需要任何合理的根据，也不认为浪漫主义对启蒙运动批判是传统的不言而喻的统治的例证，而是把它看作一种特别的批判态度，这种态度致力于传统的真理并试图更新传统，也就是人们称之为传统主义（Traditionalismus）的态度。"实际上，传统经常是自由和历史本身的一个要素。甚至最真实最坚固的传统也并不因为以前存在的东西的惰性就自然而然地实现自身，而是需要肯定、掌握和培养。传统按其本质就是保存（Bewahrung），尽管在历史的一切变迁中它一直是积极活动的。但是，保存是一种理性活动，当然也是这样一种难以觉察的不显眼的理性活动。……无论如何，保存与破坏和更新的行为一样，是一种自由的行动。这就是启蒙运动对传统的批判以及浪漫主义对传统的平反为什么都落后于它们的真正历史存在的原因。"他接着说："精神科学的研究不能认为自己是处于一种与我们作为历史存在对过去所采取的态度的绝对对立之中。在我们经常采取的对过去的态度中，真正的要求无论如何不是使我们远离和摆脱传统。我们其实是经常地处于传统之中，而且这种处于决不是什么对象化的（vergegenstand-lichend）行为，以致传统所告诉的东西被认为是某种另外的异己的东西——它一直是我们自己的东西，一种范例和借鉴，一种对自身的重新认识，在这种自我认识里，我们以后的历史判断几乎不被看作为认识，而被认为是对传统的最单纯的吸收或融化（Anverwandlung）。"①

当我们以社会科学的眼光看待人类的生活时，我们往往忽略民族传统的差异及其作用，因为我们注意到的必定是普遍的共性，是可以量化和可比的方面。如生产力和技术的发展水平，社会的分工与合作的形式等等。人的独立性、自由度、社会的政治法律制度的文明程度，也可以比较。

---

① ［德］加达默尔：《真理与方法》上卷，洪汉鼎译，上海译文出版社 2004 年版，第 362—364 页。

但是,人们的生存状态和相互关系,既决定于他们的生产能力和劳动分工,又关联着他们特殊的历史地理环境与文化传统,包括他们对于生命和生活的独特理解。对于各民族不同的文化类型、道德风俗、宗教信仰、文学艺术等,只是给予知识社会学的还原式解释,也是简单和片面的,因为这样一来,不同历史传统的人文维度,特别是价值观念与信仰的特殊性势必被弱化甚至消失于无。

的确,从西方文化中发展出来的现代社会显示出一种追求效率和利益的"强力"原则,非西方民族如果不想"落后挨打",也要按照这种原则组织自己的生产和生活。现代化由此成为整个人类的宿命,社会科学也因而成为现代社会思想领域的中心。各民族的人文传统和人文的学问则逐渐式微。然而,现代社会令人忧虑的道德状况和紧张的人际关系,既表明了现代人心灵的自私、空虚和偏狭,也说明了传统的人文维度应该转换,但不可消解。在现代社会的语境中,强调公正的制度和法治非常重要——在这方面,推崇人治的儒家思想有着很大的弱点,马克思主义也没有重视对于实质正义与程序正义关系的探讨与解答。但现代制度与法治都需要"一视同仁"的人文道德的支持;并且,社会的规则和制度安排只能解决人们的利益竞争和行为冲突问题,却满足不了人们对生活意义的寻求。经验证明,现代社会没有社会科学是不行的,但社会科学却不是万能的。如果社会科学不能与人文学科之间形成良性的互动关系,它就会在解决一个社会问题之后,引发更多的社会问题。

希尔斯在《论传统》一书的导论中,对社会科学有如下批评:"读一下当代社会科学家对特定情境中发生的事情所做的分析,我们就会发现,他们会提及参与者的金钱'利益'、非理性的恐惧和权力欲;他们用非理性认同或利害关系来解释群体内部的团结;他们还会提及群体领导的策略;但是,他们很少提到传统与重大事情的密切关系。现实主义的社会科学家不提传统。"还说,社会科学都想当然地坚持"现时现地"的研究,忽视时间的"历史向度"。"社会科学各分支在理论上越发达,就越不注意社会中的传统因素。"由于受启蒙运动的理性主义和进步主义的深刻影响,社会科学要么把传统等同于落后和停滞,要么等同于可以省略掉的时间。

例如,在韦伯那里,就只有两种社会,"一种是陷在传统的罗网之中的社会,而在另一种社会里,行为的选择标准是理性的计算,以达到最大限度的'利益'的满足"。"按照这个观点推论,现代社会正在走向无传统状态,在这种状态中,行动的主要根据是借助理性来追逐利益,而传统则是与这种现代社会的风格格格不入的残余之物。"①

社会科学的确有其优势,它的最大的优势是发现了人类与自然界的发生学关系,发现了人类生活对自己加以利用和改造的物质条件包括人的生产能力的依赖性,并按照因果观念或者由因求果地推断人类的生活方式和行为取向,或者由果溯因地追溯人们的各种思想观念得以形成的物质条件和环境。对人类社会生活的这种理解和研究方法,有很大的合理性。因为人在生理的、物理的方面和其他生物一样处于自然界的因果链条中,并且经历了一个从原始状态到文明的进化过程,而又永远要适应自然生态系统。然而,人一旦成为人,即有了内在的自我意识并创造出各种符号,有了情感、道德和信仰的维度,人就有了自觉的能动性、心灵世界的丰富性和对自由个性的追求,其行为在价值的意义上,就有了对因果关系的超越性。而社会科学所发现的毕竟是人类行为的生物学原因、外在的强制性方面和可以量化的力量,所重视于人的毕竟是普遍性而非特殊性、同质性而非异质性,这就难免忽视人的情感和精神世界的超越性和差异性,甚至将人性归结为物欲,从而也就容易忽视传统的人文维度及其意义。所以,社会科学不能替代以培育、教化人性,以追寻人生意义为目的的人文学科,虽然它们之间的界限是模糊的,可以过渡的。

马克思主义主要是作为社会科学和哲学在中国发挥作用的,马克思的唯物史观和历史辩证法认为生产力决定生产关系,经济基础决定上层建筑,并从生产的逻辑和资本的逻辑中发现了资本主义的盛极而衰。这似乎只是在"描述"客观的历史规律。其实,任何社会科学理论都是作者拿了一定的思想观念,选取一定的经验并给予重建的结果。马克思关于人的全面发展的理想和人类从一切异化或奴役关系中解放的观念,恰恰

① [美]希尔斯:《论传统》,傅铿、吕乐译,上海人民出版社 2009 年版,第 7—10 页。

是他能够创立唯物史观的先决条件。而马克思的上述观念，又是对希腊人的生活理念和基督教关于人的灵魂拯救的批判性继承，基督教所看重的人的灵魂的拯救，马克思将其革命性地转换为人类现实的解放。我们过去对马克思的思想与西方宗教传统的关系的理解就过于简单。宗教特别是基督教不能片面地归结为人们在能力低下时对超自然现象的崇拜和迷信。因为上帝这一人的终极的理想和信仰，同时体现着人的优点和弱点。优点是对真善美圣的追求，是向着无限和绝对的"超越"，而弱点也恰恰是希望一劳永逸地达到这一点。所以，人类才想象出上帝这一智慧和道德的化身。如费尔巴哈所言：上帝的概念是依靠公正、善良和智慧的概念的，善良、公正、智慧并不因上帝的存在是一种虚构而是虚构；无神论者也只是否定将上帝视为公正、善良、智慧这些神圣性质的主体，而决不否定这些性质本身。德国现代社会哲学家西美尔则指出，与其说上帝拥有善、正义和宽容，不如说他就是这些品质的化身，神是完美性的实际表现，他本身就是善、爱等。在神身上，作为人与人之间关系的绝对命令，道德可以说获得了永恒的形式。① 善良、公正、智慧等品质是具有普遍的肯定意义的人的本质，人们正是通过一定的形式将其确立为全社会都必须信奉、遵从的价值原则，而达到自我规范、自我提升的。而只有通过宗教活动将其对象化为具有客观独立性的人格形象和相应的文化形式，使其既具有直观性、可亲近性，而又具有崇高性和神圣性，才能让人既信且仰、既敬又畏，起到统摄人的精神，维系价值秩序，凝聚并支撑族群共同生活的目的。人类的这些品质因而也就具有了绝对的、永恒的意义，成为变化着的人类历史过程中似乎常住不变的、超时空的存在。所以，尽管基督教从而一切宗教都遭到马克思深刻的批判，不仅将天国还原为人世，还要揭示它的意识形态性质，但基督教的人类拯救的理想还是从正面影响了马克思的解放人类的人生抱负，只不过宗教超验的也是超历史的精神信仰，在马克思那里革命性地转变为人类自身发展和解放的"历史性"运动。许多西方学者都认为，马克思主义是基督教救世说的世俗化形式，这不能

---

① ［德］西美尔：《现代人与宗教》，曹卫东译，中国人民大学出版社 2003 年版，第 19 页。

说没有一定的道理。至于我们这些自奉为马克思"信徒"的东方"无神论"者听起来似乎是对马克思的"亵渎",却可能反映了我们自己思想认识的局限。

再联系马克思对古希腊文化的礼赞,可以说,马克思贡献于人类理论宝库的虽然主要是他的唯物史观和剩余价值学说,但他并不缺少人文价值的关怀,相反,马克思理论的批判精神和理想祈求正是其人文旨趣的表现。然而,这方面我们过去并未给予足够的重视并受到应有的启示。马克思无疑是一个批判的理性主义者和伟大的国际主义者,但他也是西方文化传统特别是文明批判传统的传人,因而在他的具有普遍向度的理论的背后,不难发现西方特殊的文化型态的作用。马克思看到了由科学技术和市场经济导致的全球化,在这种全球化的过程中,随着各民族传统文化的不断交流融合,一种"世界文学"即属于整个人类的新的文化将产生出来。但是,这种人类的文化不可能是"世界语"那样人工的、单面的文化符号,而只能是包含了许多民族文化元素的、丰富多彩的杂交文化。正在我们生活中出现的"你中有我、我中有你"的文化共生、交融现象,就是一个很好的例证。全球化和地方性的相互转化,将导致文化在走向统一性的同时,形成新的多向性和多样化。因而,"民族认同"、"文化认同"也不可能再是一成不变的、封闭内敛的,而是变化的、开放的并因而具有外向性和包容性的。

希尔斯说得对,没有一个社会中人们完全受传统支配,"生活的沉浮和意外事件使人们的行为和信仰从未完全受制于传统"。"现代社会和文化的出现进一步促使人们去挣脱传统的信仰和行为范型的束缚。"①西方人如此,我们中国人被西方"强行拖入"近代历史以来,更是处于传统与现代的严重对立之中,为了实现现代化,我们不惜对产生于农业社会的传统特别是"大传统"采取激进的批判和反对态度,为中国社会发生革命性变化发挥了很大作用。"从传统中解放出来的传统也属于我们文明的宝贵成就。它把奴隶和农奴改造成了公民;它解放了人类的想象和理智

---

① 　[美]希尔斯:《论传统》,傅铿、吕乐译,上海人民出版社 2009 年版,第 29—30 页。

能力;它使人类有可能得以实现美好的生活。人们也时而清醒,时而浑浑噩噩地追寻这种传统,其代价是牺牲了导向有秩序生活的实质性传统——而一种有秩序的生活是美好的,并且是美好生活的一部分。""在现代,人们提出了一种把传统当作社会进步累赘的学说,这是一种具有重大历史意义的错误。如此断言是对真理的一种歪曲,认为人类可以没有传统而生存,或只消仅仅按照眼前利益、一时冲动、即兴理智和最新的科学知识而生存,同样是对真理的歪曲"。①

然而,文化批判运动由于与"左"的政治相结合,所导致的负面问题就不止是实质性传统的中断,而是传统的严重扭曲,包括一些好的传统的流失和不好的传统的强化。反思"文化大革命"及其后遗症,我们发现,实事求是的思想传统、说真话的史学传统、做人老实做事认真的社会生活传统断裂了;集权的传统、结党营私的传统、"厚黑"的"势利"的世俗价值观念都强化了。人是属人的存在者,是有情感和精神追求的生命,但人性的弱点和阴暗的方面一旦被诱导、煽动起来,也会导致人性的异化,人们之间的相互迫害和糟践。所以,才需要一代代的人们,以戒慎恐惧、临深履薄的态度,努力地发现并呵护人类的良知良能,并给予扩充和褒扬,久而久之,才能使人养成优良的道德品质,培育出优良的人文传统。

中国的曾子说:"慎终追远,民德归厚。"②对父母丧尽其哀,对祖先祭尽其敬,民众才能有道德意识的觉醒和道德文明的萌生。因为这既意味人对自己生命的自觉,还意味着对父母祖先生育自己的恩情的感谢与敬重,并懂得以这感激和敬仰之情教育下一代。处于同一共同体的人们,于是在生死之间、古今之间,形成一种情意绵绵、思绪不断的人文纽带;而"推己及人"、"将心比心",整个共同体的成员由此相互同情、相互帮助,才能使心灵得到滋润,情感变得醇厚,道德人格也逐渐挺立起来。这就是自在自发的传统的形成,这也是为什么孔子及其儒学在2000多年间,能够被人们不断地解读、诠释、想象和演绎,从而"活"在中国的历史长河乃

---

① [美]希尔斯:《论传统》,傅铿、吕乐译,上海人民出版社2009年版,第348、355页。
② 《论语·学而》。

至多数中国人心底的原因。通过时间中的情感、意志、信念的生发与积累，传统可以像滚动的雪球一样，越滚越大，即通过一代又一代人的薪火相传，"生产"与"再生产"，存储巨量的文化成果和要素，从而成为一种强大的守成的力量。儒家所代表的中国文化传统就是立足于由夫妻关系和父子关系构成的"家"及其绵延之上的。

的确，传统的夫妻和父子关系有着显著的经济功利的规定性，"家"首先是人们基于性关系和繁衍的目的而形成的生产生活单位，自然地形成基于性别的"分工合作"和"养儿防老"的观念。儒家所推崇的家族伦理观，无疑反映并维护了由家长所主导的这一生物的和经济的职能，并因而会在一定程度上削弱、扭曲家庭成员之间的纯粹的亲情，限制他们特别是子女的个性与自由。进入现代之后，家庭发生的最大功能的改变，就是在有条件的地方特别是大城市，随着社会分工的推进和社会保障体系的建立，家庭已不再是生产单位，经济因素在夫妻、亲子之间的作用也越来越弱化。因而，儒家家族伦理思想中出于经济目的、生存保障而提出或强调的一些道德规范或要求，就势必会失效，父母和儿女都会从传统的家庭关系中得到某种解放。由于在家庭关系中不再需要工具性的考量，它基于亲情、人的身体的有限性和精神寄托，而一直存在的情感的、伦理的和终极关怀的向度，反而会以更加纯粹的形式凸显出来。① 这也无疑有益于人们摆脱功利的考量和利害的计较，将家庭的亲情与公共领域的理性统一起来，去看待和处理更普遍的社会关系，使人类社会共同体逐渐发展成为"俱乐部"和"大家庭"的统一。

可见，一方面，只要人是有"身"有"家"之人，儒学就不会丧失其价值，但另一方面，儒学又必须扬弃它的时代的局限性和有限性，即必须经过创造性转换，扬弃自私的、狭隘的和亲疏对立（不是一家人或朋友，就是路人甚至敌人）的思想观念，由此才能在现代社会发挥正面的、积极的作用。进而言之，无论是儒家还是整个中国传统思想文化，都已不能满足人们现代生活的需要，因而，我们必须充分吸收整个人类的文明成果，并

---

① 陈志武：《金融的逻辑》，国际文化出版公司2009年版，第201—221页。

给予新的创造。但是,我们却不应当因为自己在知识的掌握和眼界的开阔上超过前辈,就对前辈失去敬意和尊重,也不应当因为孔子、老子不懂现代科学技术,不懂社会从前现代到现代的"发展规律",而减少对孔子、老子的敬重。前辈和先贤作为历史文化的肇始者和开辟者,既是启示后人智慧的源泉,是后人感恩和回报的对象,还在一定意义上为后人提供了精神的家园即精神所追求的终极性,即使他们的伦理观念和具体主张存在着偏狭的问题而要后人给予纠正和超越,即使我们在智力上、事功上要超过他们。在这个意义上,马克思也好,列宁也好,都不能替代孔子、老子,当然,他们也替代不了苏格拉底、柏拉图。

说到底,文化传统是人的生活的传统,是人们生活共同体的传统,它对价值的保守是为了共同体的成员能够生存得更健康、更顺利。所以,传统决不是一成不变的。传统总是在一定的自然环境和人们应对环境的活动中形成的,它也应当随着人的能力和环境的变化而变化,包括原来形态的突破和转换。传统是由各种要素乃至一定的异质性的因素构成的有机系统,能够成为传统的文化系统本身就是多种要素的矛盾统一体,其矛盾的张力恰恰是传统的生命力所在,也是传统得以变革的机制所在。任何传统都"事出有因",却不等于说任何传统都"理所当然"。传统中有"好"的东西也有"坏"的东西,需要因革损益即改进;过去好的传统后来也可能成为巨大的堕性力量,特别是构成传统的系统的有机体失去了张力,既得利益者为了自身的利益而人为地把传统中的某种观念或要素给予教条化、绝对化,从而使传统固化、僵化。在中国农业社会所形成的传统,到了近现代,有些已成为人们生活的包袱甚至桎梏,并且无力更新自身,所以需要某种外力特别是来自西方的现代文明的冲击。这是两种生产生活方式的碰撞与较量,也是两种文化传统的碰撞和较量。那么,这种碰撞和较量会不会一方把另一方完全"吃掉",或完全取而代之呢? 实践证明不会,因为双方各有其不可替代的特点、优点,这些特点和优点能够互斥互补,并促使新的传统的形成。

如果说,西方文明充分地发展了人类与周围世界、与自身的"分化"、"竞争"的潜能,那么,中国文化则更为看重人类与周围世界及其自身的

"整合"与"和谐";如果说西方文化推崇的是理性及其同质化和普遍性,那么,中国文化则重视情理的交融以及差异互补。所以,中西文明之间的碰撞与较量只会撞碎传统的业已僵硬的外壳,而使它的内在的生命焕发出生机与活力。中国学者张东荪认为希腊理性传统在西方历史中发挥的是"推"的作用,基督教传统起到的是"挽"的作用;陈来教授据此进一步提出"吸收西方文化以推之,弘扬中国文化以挽之"[①]。我认为,这对理解当代中西文化的关系是很有意义的。当然,这还需要进一步的论证。

就此而言,在中国,"马克思"与"孔夫子"的共存、结盟并不等于他们之间差异的消除,我们既要发现其相通之处,又要正视其异质性,从而使其保持一定的张力、一定的批判性关系。更为重要的,马克思与孔夫子在今天成为当代中国两个最大的符号,象征着现代与传统、激进与保守的二元对立的扬弃,由此所表达的是兼容并包的精神,是在他们的旗帜下广泛地吸取一切有益于中华民族和人类可持续发展的思想理论的、制度性的资源,藉以建构有中国特色的社会主义、中国特色的现代性。所以,不能允许把他们当作两个只须顶礼膜拜的偶像并排除其他思想文化,特别是一些仍然发挥着文明引领作用的思想文化。那样的话,我们既违背了马克思主义思想解放的精神,又再次重蹈历史上尊孔复古的旧辙,与时代的要求必定是背道而驰的。

---

① 陈来:《传统与现代》,北京大学出版社 2006 年版,第 284 页。

第 五 章

现代化与改革开放的哲学论证

经过近两个世纪的充满血与火的艰难跋涉与探索,吸取大量的经验和教训,中华民族终于走出了一条有自己特色的现代化道路,并正在营造以"公正"、"和谐"为特点的现代文明秩序。在中国整体性的进步中,中国的学术理论也取得了较为显著的进步。其中,马克思主义哲学研究以其鲜明的现实性和批判性特点,显示出独特的思想价值,在积极回应当代中国和世界的现实问题时,从思想的高度对现代化和改革开放给予论证,对现代性问题给予批判性思考,它自身也实现了相当大的突破,并推动了现代中国哲学与思想理论的发展。本章主要就马克思主义哲学和哲学基础理论方面的研究加以述评。①

第一节　实践标准与思想的解冻

如果说,从中华人民共和国建立的 1949 年,到提出改革开放的 1978

---

① 　这里所要回顾和评论的"哲学研究"主要指马克思主义哲学和哲学基础理论方面的研究。这一章的内容由我与王虎学、毛剑平共同撰写。

年,社会主义基本制度和现代工业体系在中国初步奠定,然而,由于国际国内的客观与主观、历史与现实的各种原因,这近30年走向了社会封闭、行动褊狭与思想的虚妄,高度集中的政治经济体制变得越来越专断和僵化,意识形态更是陷入极左的热昏状态,严重偏离了现代文明的大道,结果导致十年浩劫的发生;中国的学术研究也严重萎缩。那么,通过改革开放,特别是市场经济的建立和加入经济全球化进程,中国大陆自觉地进入社会转型,社会发生多方面的分化并充满活力,各方面都取得了令人瞩目的成就。在这个过程中,马克思的思想理论和马克思主义哲学真正得到重视,在发挥指导实践的作用的同时,它自身也得到了很大的拓展和一定的创新。

中国马克思主义哲学30年来的研究,大体上可分为三大阶段。

第一个阶段是从真理标准即实践标准的讨论到实践唯物主义的提出,这一阶段主要是利用西方启蒙运动以来也包括马克思早期著作如《1844年经济学哲学手稿》的思想资源,反思"文化大革命"所造成的沉重灾难,特别是对人的蔑视和戕害,试图走出对马克思主义极左的意识形态化理解。

第二个阶段是自觉地全面地研读和重释马克思主义创始人的文本的阶段,即通过回到马克思和恩格斯的一系列著述,深入理解他们所实现的哲学的革命变革,从存在论和方法论两个方面把握马克思主义的思想实质,努力开显马克思哲学的各个方面和理论可能性。

第三个阶段则是所谓领域哲学或部门哲学的研究蓬勃开展的阶段。在解读、借鉴和吸收马克思本人、西方马克思主义和中国传统哲学等思想资源的基础上,努力探索马克思主义哲学的当代形态,实现马克思主义哲学在中国的创新和发展。

近些年来马克思主义哲学与中国传统哲学、西方现当代哲学的对话和比较,虽然不能构成一个独立的阶段,却是马克思主义哲学中国化在学理上的自觉开展,具有非常重要的意义。下面我们分别加以评述,并在评述的基础上做出简要的总结。

发生在30年前的真理标准的大讨论,既是中国思想解放和改革开放的理论先导,同时也带来了中国学界学术意识的觉醒和理论研究的长足发展。实践是检验真理的标准,本来是马克思主义哲学的一个常识,但是这个"常识"首先被胡福明、吴江等学者提出并以特约评论员的名义在国内几家大报发表,①当时却要克服重重阻力,引起举国上下的高度关注和热烈讨论,这一方面固然说明这个常识性论点在当时中国所承载的政治意义,另一方面,也说明马克思主义哲学的基本理论在极左时期遭到了多么严重的扭曲和阉割,以至于积非成是,所以真理标准问题的讨论才引起巨大的轰动效应,发挥了拨乱反正的作用。真理标准讨论的学术水平虽然有限,但在中国现代思想史上的作用却非常重大,它不仅成为中国大陆思想启蒙和理论发展的重要突破口,更是中国现代历史转向新时期的标志。

其实,在真理标准讨论之前,中国思想界已经在酝酿着对"文化大革命"和极左路线的强烈不满和质疑。在学术上值得一提的是李泽厚依照马克思的实践观点对康德哲学的评述和对"美"的问题的探讨,由于高扬了"人类的主体性",在当时的学界特别是青年学人中产生了很大影响。李泽厚在其《批判哲学的批判——康德述评》再版修订时,除继续强调初版时的基本观点即实践作为使用、创造和更新工具的基本意义,物质生产是社会的根本和精神文化的基础之外,特别指出研究人们的"文化—心理结构"、"精神世界"对于"精神建设"和"新人的塑造"的重要性,认为是今天马克思主义中国化的发展道路之一。② 朱光潜先生在 1980 年对《关于费尔巴哈的提纲》的重新翻译,特别是将"主观"重译为"主体"并做出新的阐释,在学界也引起不小反响。这一译文的订正,看似简单的文字更改,实质上却是对马克思主义哲学理解上的重大变化,通过人的实践的"主体性"这一维度,使马克思的哲学超越一般唯物主义和唯心主义的特质凸显出来。③ 申扬人及其实践的主体性,反映了 20 世纪 80 年代初

---

① 《实践是检验真理的唯一标准》,载《光明日报》1978 年 5 月 11 日;《马克思主义的一个最基本的原则》,载《解放军报》1978 年 6 月 24 日。

② 李泽厚:《"批判哲学的批判(康德述评)"修订再版后记》,载《读书》1984 年第 4 期。

③ 朱光潜:《对〈关于费尔巴哈的提纲〉译文的商榷》,载《社会科学战线》1980 年第 3 期。

中国社会改革的需要,有助于人们走出极左意识形态,让马克思主义哲学的思想意蕴和精神实质得到开显。

真理标准讨论不仅明确了实践的主体性,它的思想"解冻"意义更是直接激发了人们对于"文化大革命"十年浩劫的反思。这就是牵动着当时国人神经的人道主义与异化问题的讨论。"文化大革命"中的一个突出和普遍的现象,是对人道的蔑视、人性的否定和草菅人命。因而,对"文化大革命"的批判,首先表现为在人性、人道主义和人的异化问题上的禁区的突破。由此必然涉及的一个重要理论问题,就是马克思主义与人性、人道主义、人的价值、人的异化的关系,由于马克思在《1844年经济学哲学手稿》中大量论述人性、人道主义和人的异化问题,因而学界对马克思这一早期手稿的关注和由此展开的争论,迅速成为一个理论热点。

王若水在1979年第1期的《外国哲学史研究集刊》上发表了《关于"异化"的概念》一文,并随后在《谈谈异化问题》中为"异化"下了一个定义,通俗易懂,影响较大。围绕异化概念展开的争论主要表现为:有人认为异化是被马克思后来抛弃的抽象的概念;有人认为异化是贯穿于马克思一生的核心概念。事实上,尽管马克思后来确实较少使用这个术语,但这并不表明马克思抛弃了这个概念尤其是这个概念所蕴含的思想。王若水曾就此分析道:"1872年《资本论》第一卷法文本出版时,马克思把其中出现的四个'异化'这一术语改掉了三个。胡乔木曾经用这件事来说明马克思抛弃了异化概念。那么,马克思为何不把四个全改掉?又为何以后的德文版没有做相应的修改?其实,我认为马克思不过是担心法国读者对这个德国哲学的概念感到生僻而已。他在给法文出版商拉沙特尔的信上说,他担心法国人会一开始就读不下去而气馁。"①这一解释应当说是有道理的。

人道主义与异化问题紧密相关,围绕人道主义的论争同样呈现出两种截然相反的观点:一部分人认为,由于过去的马克思主义研究和宣传忽

---

① 王若水:《"异化"这个译名》,载《学术界》2000年第3期。

视了人道主义这一重要原则,特别是在"文化大革命"期间,人的尊严被蔑视,人的权利被剥夺,人的地位被贬低,人的价值被工具化,人已经走向了全面"异化"。而人道主义则突出人的地位、肯定人的价值、维护人的尊严、强调人的权利,因而应当用"人道主义"和马克思的"异化"理论反思和总结历史教训。

与此相反,另一部分人坚决反对"马克思主义的人道主义"这种提法,认为它混淆了马克思主义和人道主义属于两种根本对立的思想体系,两种根本对立的世界观。这场在当时具有相当的政治敏感性的讨论,由于政治权力的介入,从学术讨论演化升级成为一场全国性的"清污运动"。"《人民日报》头版头条,发表了号召'清污',积极地开展对人道主义、异化论等批评、斗争的消息。"[1]尽管如此,有责任心的理论家们对于伴随改革而来的这场讨论还是有比较明确的认识,正如王若水所说:"当前正在进行的这场改革,必定而且正在引起价值观念的变化;而适合社会主义现代化需要的新的价值观念,又必定而且正在促进改革的发展。在这种情况下,提出人的价值和社会主义人道主义的问题,是有现实意义的,是和改革的步伐合拍的。"[2]

马克思主义创始人对于资产阶级意识形态中抽象的人性论和人道主义无疑是反对的,但马克思主义本身却是对包括人道主义在内的人类思想文明的批判性继承,马克思关于人类解放的理论更是对人道主义和阶级斗争观点的辩证综合与扬弃。而国际共产主义运动和东方国家的实践都证明,把人道主义从马克思主义理论体系中剔除出去,用左的意识形态否定人道主义,片面强调阶级斗争,就会自觉不自觉地与前现代社会中的集权意识、等级意识和血统观念形成共谋,酿成草菅人命、泯灭人性的苦难和悲剧。

但是,人道主义的"高明"毕竟是相对于"不把人当人"的封建专制主义而言的,它在未经过资本主义充分洗礼而初步建立了社会主义的国度,

---

① 顾骧:《晚年周扬》,文汇出版社 2003 年版,第 97 页。
② 王若水:《为人道主义辩护》,生活·读书·新知三联书店 1986 年版,第 272—273 页。

的确能够发挥启蒙的作用,也完全应当包括到社会主义思想中来,但它能否成为现实社会主义发展的指导思想呢? 这的确是一个值得认真研究的问题。当时的许多中青年学者都积极地参与了这一问题的讨论。① 然而由于当时主流意识对马克思主义哲学"党性"原则的片面强调和理解,这个问题并没有在理论上得到充分探讨并形成共识。从当时一些人公开否定人道主义,到今天整个社会终于接受"以人为本"的理念,是中国的社会发展和现实实践本身确证了上述论题。

值得记取和思考的还有,邓小平在"文化大革命"结束后提出要全面准确地理解马克思主义,其用意就在于使马克思主义摆脱极左的意识形态教条的束缚,恢复马克思主义的本来面目,恢复它的自我批判功能和真正的思想指导作用,包括正确地认识马克思主义本身的意识形态功能。邓小平于1980年8月18日在《人民日报》发表《党和国家领导制度的改革》一文,提出的具有重大而深远意义的设想,也引起中国社会普遍的重视。但是,由于各种原因,这一重要文章的思想既未能在政治实践上及时得到落实,也未能在哲学上以政治哲学和法哲学的形式得到探讨和理论推进。事实上,在东方社会究竟如何搞马克思主义和社会主义? 这一更为根本和普遍的问题我们当时并不明确。但随着真理标准讨论所带来的思想解放运动,这个问题终于引起社会各界的严肃思考。

可以说,马克思本人在理论上所要解决的是资本主义社会形式上人的平等和经济领域的劳动异化,他通过对资本主义的生产和资本的逻辑的分析,揭示了在资本主义文明的基础上,人的异化得以克服、人的能力得以全面发展的现实道路。而中国要真正超越资本主义,就要补上资本主义生产力和商品经济的发展这一课,而这决不是短时期可以完成的。由此决定了中国现实的社会主义必定长期处于初期阶段。不管当时对"补课"论有何种歧义和批评,中国后来的改革开放和发展却给出了明确

---

①　如汝信、邢贲思、薛德震、王锐生、朱德生、张奎良、张尚仁、黄克剑、刘奔、李连科、李景源等积极参加了这场讨论,并发表了较有影响的文章。参见《关于人的学说的哲学探讨》,人民出版社1982年版;《人性、人道主义问题讨论集》,人民出版社1983年版。

无误的答案。

从哲学理论上来看，真理标准问题直接属于认识论范畴，真理标准的讨论因而推进了国内哲学认识论的研究，深化并拓展了马克思主义哲学认识论研究的理论空间，如联系"老三论"和"新三论"探讨认识论问题，①使认识论走进科学技术、社会学、文化学、语言学领域，以及借助皮亚杰的发生认识论成果，研究微观认识论等等。但是，认识论问题不是单纯的认识方法问题，这里面不仅有一个本体论的承诺，还有一个主体间性因而直接涉及人的情感和价值问题，所以，认识论的研究如果不能联系或转向本体论和价值论，这一研究就难以取得理论的突破，难以走出主客二分的传统认识论框架。而这一突破是必定要发生的。王若水在 1980 年5 月 12 日的《光明日报》上发表了《实践的目的是衡量实践成败的标准》一文，之后又在该报发表了《认识论不要忘掉了人》的文章，阐明了他对于"用什么标准去衡量实践的成功或失败"问题即实践的评价标准问题的基本看法，引起了学者广泛的关注和争论。综合来看，当时学界关于"检验实践的标准"问题的讨论提出了"六种标准"即目的标准、需要标准、真理标准、生产力标准、结果和双重或多重标准，并表现出"三种倾向"即主体性倾向、功利倾向和多元化倾向。② 随着讨论的深入和实质性问题的逐步敞开，事实性"认知"与价值性"评价"的提法及其关系进入了学者的视野。

作为中国价值论研究之启动的标志性论文，是杜汝楫在《学术月刊》1980 年第 10 期发表的《马克思主义论事实的认识和价值的认识及其联系》。这篇文章回顾和介绍了西方自休谟以来对于价值和事实关系的探讨，认为对社会事物的认识有事实性"认知"和价值性"评价"之分，后者较之前者是一个更深层次的认识。这篇文章一经发表就引起学界的广泛关注和高度评价，学者们普遍肯定这篇文章为解决当时正

---

① 老三论是指"系统论"、"控制论"、"信息论"；新三论则是指"协同学"、"混沌理论"和"耗散结构理论"。新老三论在我国 20 世纪八九十年代，对于我们知识的更新、框架的转换和思想的解放，都发挥了积极的作用。

② 温映瑞：《"检验实践标准"讨论综述》，载《哲学动态》1990 年第 2 期。

在讨论的"实践的目的是衡量实践成败的标准"的问题提供了一把钥匙。价值判断在认识中的作用及对其检验的问题,正是价值论研究的重要问题。

自此,马克思主义哲学界的研究重点,开始从认识论转向价值论,转向社会历史观。而这与中国人民正在推进的改革的实践,构成一种相互呼应和支持的关系。从20世纪80年代中期价值论研究在中国兴起,到80年代后期,价值论研究的问题域已包括价值的本质、价值的类型、人的价值、价值真理、价值观念、价值与认识的关系、评价与认识的关系、价值与人的历史的关系、价值论在马克思主义哲学中的地位等重要问题。价值和价值论研究取得的成果比较显著,值得提及的著作有李连科的《世界的意义——价值论》(人民出版社,1985年),这是国内第一本价值论研究专著,简明扼要地对价值论做了多方面的哲学论述;李德顺的《价值论———一种主体性的研究》(中国人民大学出版社,1987年)从价值论研究的方法论上进行反思,明确提出价值的主体性,为价值论研究提供了现代性思路;王玉梁的《价值哲学》(陕西人民出版社,1989年)结合中国改革开放的实践和社会生活,在理论上推动了从价值的角度思考中国社会发展、生产力发展与人的发展;袁贵仁的《价值学引论》(北京师范大学出版社,1991年)将价值和价值论研究中的一系列重要概念和问题置于多学科的理论视野中进行比较研究,对价值的本质和作用等做了哲学、社会学的思考;对人的价值以及价值观念等做了人类学、心理学的探讨。上述著作对中国当代价值理论的建立发挥了积极作用。

目前,价值论已成为哲学研究中的一门显学。但是,价值和价值论研究也存在着相当多的缺陷和不足。例如,对于我们习惯的经验性研究方法未能深入反思,尚未真正走出传统认识论的框架看待价值问题,因而导致经验实证性的价值定义与形上的价值信念和价值的本体论承诺之间的矛盾;对于当代社会极其重要的制度公正、价值秩序、个人自由与人生意义等问题,无法在价值论的现有框架中进行深入探讨,这也严重影响了在社会历史观中深入探讨"实然"与"应然"的关系问题。

第二节　马克思哲学的"返本开新"

随着由真理标准讨论启动的思想解放运动的深入,特别是随着改革开放的深化,在马克思主义哲学研究领域出现了将马克思本人的哲学与马克思主义哲学做适当区分,通过"回到马克思"即深入而完整地解读马克思主义创始人的著作,重新认识和厘清马克思主义发展的逻辑和思想学术传承的学术动向。这一动向被学者们称为马克思主义的"返本开新"。

"回到马克思"特别是回到青年马克思曾是西方马克思主义的热门话题,围绕这个话题开展的讨论,对于破除第二国际理论家和苏联对马克思主义的教条式理解,起到了相当大的作用,对于全面地认识和把握马克思思想的起源、进展和性质,也不无裨益。与此同时,它也带来了"人道主义"的马克思与"科学主义"的马克思、"青年"马克思与"老年"马克思、马克思与恩格斯的所谓"对立"和"分裂"问题。一方面,这说明我们对马克思的思想和马克思主义发展史研究的深入和具体化,但是另一方面,夸大并纠缠于这其中的差异,也有走向理论误区之虞。如前所述,我们对于马克思早期著作的解读是在 20 世纪 80 年代早期展开的;到 80 年代中后期,中国的学者对于"回到马克思"的提法尽管有不同理解,但大都承认要坚持和发展马克思主义,必须首先弄清马克思本人的文本,必须在追求真理的学术与作为价值观念的意识形态之间做必要区分。只有回到马克思,才能谈得上发展马克思。

随着思想解放的深化和对马克思论著的深入解读,越来越多的学者认识到,取自苏联的马克思主义哲学教科书体系在相当大的程度上偏离了马克思的文本及其真实思想,因而应当在马克思本人的哲学思想与后人理解的"马克思主义哲学"之间做适当区分;通过对马克思原著的重新研读和深度阐释,溯本求源,修正过去对马克思主义哲学的片面和错误理解,正确地把握马克思主义创始人的思想旨趣及精神实质,然后由此返本开新,推进马克思主义哲学的理论创新,并且让马克思主义的意识形态功能建筑在它的学术性和真理性之上。可以说,"回到马克思"的鲜明指向,就是对苏联将马克思主义变成为官僚特权阶层服务的教条以及中国的"文化大革命"将马克思主义纳入极左意识形态的偏谬进行彻底否定,从而为马克思主义哲学寻找真正的理论原点,恢复马克思哲学作为实践的历史的辩证法的精神实质,并在充分发挥其批判功能的同时开显或转换出它应有的建设功能。在这个过程中,黄楠森先生主编的8卷本的《马克思主义哲学史》,是迄今世界上规模最大、最完整的马克思主义哲学史。

前面已指出,"文化大革命"结束之后,马克思的《1844年经济学哲学手稿》(以下简称《手稿》)迅速受到理论界的重视。直到20世纪末,围绕着《手稿》的解读和思想旨趣的争论,仍一直未断。开始阶段,中国学界与国际上一样,对《手稿》也存在肯定与否定两种不同的评价。肯定一方认为《手稿》是马克思思想的"秘密和诞生地";否定一方认为《手稿》是马克思的"不成熟作品";也有依照法国的阿尔都塞用"认识论断裂"将马克思思想的发展判然二分的,即1845年以前的《手稿》属于"意识形态"阶段,1845年的《德意志意识形态》及以后的著作属于"科学阶段";与此不同的看法是《手稿》尤其是马克思关于人的对象性活动、类属性和类意识、劳动异化和异化的克服的思想是"哲学",而《德意志意识形态》和唯物史观则属于实证性的"科学"。只不过有人因此推崇前者而贬低后者,有人则因此肯定后者而否定前者。

《手稿》蕴含着丰富的思想萌芽,马克思借鉴"国民经济学家"关于"劳动是财富的主体本质"的思想,明确肯定劳动、生产在人及其生活中的基础性作用,并将其提炼为人的"对象性活动"的概念,以此破解人类"历史之谜"即人类历史的生成、异化及其克服的问题,原则上超出了费尔巴哈的人本学唯物主义,但仍然可以视为文艺复兴以来的"人道主义"思想的彻底发挥。《形态》则转换了思维框架,不再用人道主义的逻辑,而是以生产的逻辑特别是劳动分工及其发展来解释私有制,解释世界历史的形成和人类解放的途径,从而创立了唯物主义的历史观。较有理论创新意义的是孙伯鍨所指出的《手稿》中存在着"两条逻辑思路",即以抽象的人的本质为出发点的"思辨逻辑"和以现实的经济事实为出发点的"科学逻辑"。这两条逻辑当时虽有纠缠,但后来很快被马克思区别开来,而正是遵循科学的逻辑,马克思才得以创立历史唯物主义。这一观点不仅关系到对《手稿》的理论评价,还牵涉到如何看待马克思思想的连续性与间断性、如何理解马克思本人解放人类的"情怀"与他解放人类的"理论"之间的关系、如何认识人的社会性与个体性、外在规定与自由取向等问题。这也正是所谓"事实"与"价值"、"理性"与"情感"(信念)的关系问题在马克思思想中的表现。张一兵在冠以《回到马克思》之名的论著中,对于马克思经济学语境中的哲学思想给予深入的揭示和阐发,也在一定程度上推进了对上述问题的研究。

哲学及其研究似乎抽象,但它却以自己特有的方式深刻地表达着时代的变化和要求。改革开放以来,国内马克思主义哲学研究与中国社会的现实发展是较为紧密地联系着的。当中国人终于认识到"一大二公"的制度的虚妄性并给予废止,在实行了家庭联产承包制之后,又引入资本和市场经济,充分发挥其激励个人的生产积极性和发展经济的功能,也是推动社会分化并要求新的社会整合的功能时,人们一方面重新意识到人类历史的某种难以规避的"必然性",另一方面,又面临着过去的理论不能有效解释的现代文明秩序及其内在矛盾以及在中国的特殊表现问题,故不能不产生理想与现实、理性与道德之间矛盾的复杂心态。诸如《改革的哲学和哲学的改革》一类文章,表明哲学学者认识到哲学在参与改革的过程中必须实现自身的变革。但变革什么,如何变革,学者们并不十分清楚。这就像后来人们虽然提出了哲学的"个性化"的口号,但并不清楚什么才是个性化的哲学,这里面的矛盾和需要解决的问题是什么。

中国的问题与中国的学术,都具有不同于西方社会及学术的特殊性与复杂性,普遍性与特殊性相互纠缠。直到 20 世纪末,中国的改革开放和现代化的发展,原则上都未超越马克思的理论框架。这个"理论框架"主要是由马克思的下述观点构成的:关于"劳动"和"实践"的观点,关于

"生产关系一定要适应生产力"的观点,关于"世界市场"、"世界历史"和"世界普遍交往"的思想,关于"每个人的自由发展是一切人的自由发展的条件"的论点,关于"资本的伟大文明作用"及其"矛盾"和"限度"的论述,关于"三大社会形态"的理论。这些思想和理论为我们正确认识和定位中国社会的发展阶段,为发展社会主义市场经济提供了理论"根据",直接或间接地成为改革开放的指导思想。如景天魁、王东、巫继学等撰写的有关论著在当时都产生了良好的影响。[①]

然而,其中存在的深层理论问题虽然有所触及,但缺乏深入的研究。如在马克思看来,市场经济就是资本主义市场经济,所以社会主义对资本主义的超越,也就是对市场经济的超越;而废除了市场经济的社会主义应当实行计划经济。包括苏联和中国在内的现实社会主义国家,之所以长期实行计划经济,首先是实践马克思有关理论的结果。就此而言,当前中国的社会主义市场经济建设,如果能够在实践中将社会主义与市场经济真正有机地结合起来,并在理论上说明这一结合的可能与机制,无疑将成为马克思主义理论的重大突破。

20世纪80年代末90年代初以来,正确认识和把握马克思主义哲学的精神实质及其当代意义是学界真正关注的焦点。而围绕马克思主义哲学的实质、名称以及理论研究范式的转换问题,特别是围绕着马克思主义哲学是否是"实践唯物主义"的讨论和争鸣,是学者们在解读马克思文本的同时,必然要进入的理论探讨。

关于马克思主义哲学的称谓和实质问题,学界有三种代表性观点。第一种观点与传统教科书基本保持一致,坚持马克思主义哲学就是"辩证唯物主义加历史唯物主义"。持这种观点的人不同意把马克思主义哲学归结为"实践的唯物主义",他们认为马克思和恩格斯在《德意志意识形态》中只是表明自己是"实践的唯物主义者",并未在理论上把自己的

---

① 景天魁:《打开社会奥秘的钥匙》,山西人民出版社1981年版;王东:《社会主义建设中的哲学问题探索》,北京大学出版社1986年版;孙承叔、王东:《对〈资本论〉历史观的沉思——现代历史哲学构想》,上海学林出版社1988年版;巫继学:《自主劳动论要》,上海人民出版社1987年版。

哲学称为"实践唯物主义"。有学者指出,不能把辩证唯物主义与实践唯物主义对立起来,或以后者取代前者;就其内涵而言,实践唯物主义只能是历史唯物主义,历史唯物主义原则上属于辩证唯物主义。

第二种观点认为马克思主义哲学就是实践的唯物主义,实践的唯物主义是实践本体论而非物质本体论;即实践唯物主义不仅以实践命名,而且以实践立论。持这种观点的学者认为,不能把实践仅仅理解为认识论范畴,它首先是一个本体论范畴。以生产和交往为其基本形式的社会实践,是人类生命活动的最基本方式,是人的感性世界存在的基础,因而也是人的社会存在、社会生活的本质。所以必须从实践方面去看待人、自然和人生活于其中的世界。如果不首先在本体论上确立实践的意义,马克思的哲学也就不再是革命的实践批判的理论,而下降为从属于自在的物质运动的实证科学,这无疑是对马克思实现的哲学革命的否定。

"实践本体论"的提法也遭到了一些学者的质疑。他们认为,实践本体论难以解释马克思所自称的"新唯物主义",也难以回应已经出现并为学界关注的生态方面的问题,仍然盲目迷信人自身或人的主体性,无视大自然的客观实在性和优先地位。人类固然凭借自己的实践活动才能生存于世界,但人类却必须充分认识到自己的实践活动不能不受制于各种自然条件特别是生态系统整体,如果人类实践超越生态平衡所允许的界限,一味地强调自然的"人化",就会导致各种隐患,带来生态危机甚至生态系统的崩溃。他们据此指出,认为实践包容一切、统摄一切、根本不存在游离于实践统摄之外的自然这一说法是不符合事实的;客观物质世界才是"元",大自然才是"本体",而实践只是沟通人与自然、主体与客体的桥梁,无论如何是成不了"本体"的。

第三种观点同样认为马克思主义哲学是实践唯物主义,但不等于实践本体论。已故萧前教授是这种观点的代表。[①] 由于实践唯物主义从总体上代表着现时代的精神,是现时代人与世界基本关系结构的哲学升华,因而是马克思主义哲学的本质特征,它包含认识论、方法论、价值论等,并

---

① 《萧前文集》,中国人民大学出版社 2004 年版。

内在地通向本体论(包括自然本体论、社会存在本体论和人类学本体论),而又以实践为红线贯通起来,成为具有时代特征的哲学理论。实践唯物主义之所以不等于实践本体论,是因为实践的本体论属性与其方法论功能内在统一;实践对于人和人的世界的基础地位,是在实践是人与外部世界的桥梁与中介,即人通过对象性实践活动创造对象世界,从而表现、证明和实现自身的意义上而言的。而这个过程,也正是人们开显外部自然并确证其优先性的过程,因而,马克思哲学有自己的"本体论承诺"。我们由此认为,说马克思主义哲学只是方法而没有其本体论或体系是难以成立的,反过来以传统的"自然本体论"或"概念本体论"理解马克思哲学的本体论也是成问题的,马克思的哲学不是体系哲学,并不意味着这一哲学没有内在的逻辑与系统。本体总是预设了某种总体性或体系,而方法和本体不可分割,没有离开本体的方法,也不存在脱离方法的本体。

无论如何,后来学界至少已就"实践"是马克思主义的首要的基本的观点达成共识。而要真正弄清并继承马克思"实践优先"的原则,梳理出马克思的实践范畴与西方思想史上的实践概念、实践理性的因革关系,显然十分必要。在这方面,洪汉鼎等对于实践理性和实践智慧的哲学史的考察论文,徐长福对于源于古希腊的实践概念及其演变的梳理,都有较为重要的学术价值。以此为基础,学界才能突破对于"实践"的一般认识论和功利性理解,从实践的观点出发,真正深入人类生活活动的各种具体形式之中,深入多样性的文化样式和人们的精神世界之中,对当今世界的各种价值冲突和所谓"现代性问题"的解决做出建设性思考,对有中国特色的社会发展道路提出前瞻性预见,并反转来实现马克思主义哲学自身的理论突破与创新。

基于这一见解,学者们认为马克思主义哲学在当代中国,必须实现从过去重"革命"到重"建设"的转变。这个转变不止是马克思主义哲学理论功能的转变,还必定涉及内容、方法和形态。许多学者都认为,在和平发展时期,以突出斗争思维为特征的马克思主义哲学形态已经不能适应改革开放新形势的需要,超越两极对立的思维方式,确立共生双赢的思维方式,是时代对于世人与哲学的共同要求。因而,进入 21 世纪的马克思主义哲学要保持其主导地位,已不能再主要依靠国家行政的力量,而要靠它自身对于时代经验、对于各种资源的汲取和创新能力。

让人感到欣慰的是,中国马克思主义哲学研究与学界对西方马克思主义、马克思文献研究、现代西方哲学与后现代思想的译介和探讨,是紧密地联系在一起的。在改革初期,由于尚未摆脱左的意识形态的束缚,学界不少人对于西方马克思主义、现当代西方哲学这些"他者",还是习惯于以简单的"阶级观点"给予定性,以批判和否定为主要倾向;随着思想解放和开放的扩大,对西方社会和思想文化有了更多的了解,学界越来越明确地意识到西方的"他者",对于中国的思想理论研究和发展的重要借鉴意义。国内对于"西方马克思主义"以及"新马克思主义"、"后马克思主义"的研究,大体上可以概括为以下三方面。

第一是对西方马克思主义有关人物和著述的专题性研究。如卢卡奇的文本研究、葛兰西的文化"霸权"理论研究、阿尔杜塞的意识形态研究、布洛赫的"希望哲学"研究、鲍德里亚的消费社会和符号研究、列斐伏尔的日常生活理论研究等等。

第二是对西方马克思主义各流派进行了较深的挖掘。如对法兰克福学派的第一代和第二代领军人物霍克海姆、阿多诺、哈贝马斯的研究、法兰克福学派第三代代表人物韦默尔和霍奈特等著作的评述。学界对英国马克思主义,特别是文化学派的马克思主义给予了较多关注;对福斯特、奥康纳为代表的生态学马克思主义也有较为全面的把握;一些学者还对新葛兰西主义者米利班德等人的国家理论进行了有益的探索。

第三是对后马克思主义的思想、人物进行了梳理和评价,特别是对拉克劳和墨菲这两个重点人物的著作进行译介和研究;一些学者还对20世纪70年代之后那些从后现代主义或后结构主义角度来解读马克思的学者进行了个案研究,如对德波《景观社会》以及德里达《马克思的幽灵》的解读和评析。值得指出的是,在20世纪80年代,苏联、东欧国家在马克思主义哲学研究方面的一些新的见解(如南斯拉夫的"实践派")也对我们的研究给予不少启发。

此外,对存在主义特别是海德格尔哲学思想的探讨,对我们理解马克思主义哲学的现代性质也有不小启示,这种启示并不等于所谓的"以海解马",而是如俞吾金等学者所指出的帮助我们走出对马克思主义哲学的近代知识论理解,彰显出其现当代哲学的性质和意义。吴晓明、王德峰等进一步指出,在过去,马克思所实现的哲学革命并没有在存在论的层面得到充分理解,那些对于这一存在论变革具有决定性意义的"概念"——如"感性对象性"、"感性意识"、作为"感性活动"或"对象性活动"的"实践"、"劳动"、"人类社会"等等——也未曾得到具有原则高度的澄清和阐明。结果,对于马克思哲学发挥着拱心石一样作用的实践原则,或者只是被当作认识论的观点来强调,或者被限制在实证的社会历史理论中,甚至远未达到海德格尔的理解水平。我们认为,马克思哲学包括而不等于知识论路径,它首先体现的是生存论、存在论的视域。由于马克思从存在论上看待"人的感性活动"即实践原则,才第一次使得"历史性"真正成为哲学的枢轴。因而,要深入理解马克思哲学在思想上所达到的理论高度,海德格尔等人的生存论、存在论及其源于而又不同于胡塞尔的现象学方法就不无借鉴意义。而这种借鉴,其实是在马克思的文本、海德格尔等西方学者的思想和作为解释者的我们之间进行对话。[①]

　　应当特别指出的是,中国马克思主义文本研究方面也有了突破性进展。过去中国理论界研究马克思主义创始人的论著,除少数从事翻译工作的专家,基本上都是靠汉译著作,而由于文化、语言和意识形态的原因,这些汉译作品不可能不存在对原著的某些"误译"或"曲解"。为了尽可能正确地理解和掌握马克思主义创始人的真实思想,国内早就有老一辈学者重译马克思和恩格斯的某些作品,近些年来,一批中青年学者通过与国外学术界的联系与交流,搜集并认真研究国外最新编排的马恩著作、影印资料和某些相关研究成果,在此基础上推进对马克思主义创始人思想理论的再认识和理论创新。中国的"马克思学"正在显露端倪,也一定能够对马克思主义哲学研究谱系和学派的形成发挥积极作用。

---

　　① 这方面的研究资料可参见吴晓明、王德峰:《马克思的哲学革命及其当代意义》,人民出版社 2005 年版;邹诗鹏:《生存论研究》,上海人民出版社 2005 年版;阎孟伟:《马克思的感性世界理论与现象学运动》,载《哲学研究》2006 年第 6 期。

第三节　哲学理论的多样化展开

20世纪90年代初以来,马克思主义哲学的研究呈现出多样化态势。学界通过借助马克思本人与现代西方哲学的理论资源,致力于探究马克思主义哲学新的理论生长点,激发其思想活力,开启并研究了许多新领域和新问题,并形成了所谓的"领域哲学"或"部门哲学"。择其要者,有以下九个方面。

一、"实践哲学"的研究和推进

从对马克思实践观的重视到对马克思实践哲学的建构,是马克思主义哲学研究中的一大推进。

学者们普遍认为,马克思立足现代工业生产和世界性交往,突破了从亚里士多德到康德基于目的与手段二元的实践观,在现代人的生产和交往方式中将人的活动的目的性与手段性统一起来,并进而把实践看作是人类基本的存在方式,是人的生命的感性对象性活动,这样,从实践出发就必定能够全面地展开人的社会历史及人与自然界的关系。

一些学者结合时代的变化,还特别强调了从"生产实践"范式到"交往实践"范式的转换,认为所谓交往实践是指由多极主体通过中介客体而结成的主体际关系的活动,"交往实践观"就是对马克思主义当代主题的阐明。如当代社会的电脑网络就已成为现代人类的生存实践空间,成为新的普遍的交往方式。因此实践哲学应当超越主客二分模式,转向一种倡导交往与主体际的"交往实践观"。其中,任平等人依据马克思"世界普遍交往"的理论并借鉴哈贝马斯的"交往理论",提出交往实践的唯物主义命题,其主要论点有:其一,交往实践观反映了全球化趋势的内在逻辑,是当代哲学的主导范式;其二,世界哲学的主导性思维方式已由主客二元模式向"主体—客体—主体"三极关系结构即"主体际"关系转换，主体际的难题唯有交往实践观才能科学解答；其三，中国语境中的交往实践观是中国传统哲学、当代西方哲学和马克思主义哲学辩证综合的产物，是马克思主义哲学的当代理论范式。①

我们认为，从"交往"和"主体间"的角度看待实践的现代形态和人类历史发展，能够更好地实现理论理性向实践理性的转化，使意识、语言、文化符号及其精神生产的作用得到合理的开显，并通过与文化哲学相结合，揭示超越现代生产和资本的逻辑的可能前景。

但实践哲学的研究也明显存在着两种表面上看来相反但其实相通的问题：一是概念化，似乎只要重复实践的概念，强调这个概念的重要性，一切问题就找到了源头，至于实践作为对象性活动的现实性与超越性、实践的工具维度与价值维度的矛盾、实践与观念和理论的关系的辩证性、实践与人的感性生活的相互转化关系、实践的群体性与个体性、文化符号在人的实践中的作用和意义、实践的社会历史形式的多样性和变化性等等，人们往往缺乏深入的探究；二是实践哲学研究的经验主义、实用主义和功利主义问题，我们往往将实践哲学层面的问题，归结为当下具体实践中碰到经验性问题，而由于上述原因，我们对实践的理解很难超越日常生活的藩篱，并无力超越当时意识形态的导向。于是大量有关现实实践问题的论文，往往上不着天，下不着地；理论不深，现实不明。这种现象亟待扭转和消除。

二、"价值哲学"的研究和推进

国内的价值论研究在 20 世纪 80 年代中后期迅速兴起，对大陆哲学的推进和人们思想的解放，发挥了非常积极的作用。在这方面，李德顺教授从基于人的实践的主体性角度定义价值，在国内理论界有开创之功。②

---

① 任平：《迈向 21 世纪的人类中心视界：交往实践观》，载《江海学刊》1996 年第 2 期；《交往实践观的研究：对话历程与未来走向》，载《求是学刊》2000 年第 3 期。

② 李德顺：《价值论》，中国人民大学出版社 2007 年版。

按照马克思主义的观点，人类的实践特别是生产实践，是人积极地而不是消极地、建设性而不是破坏性地对待外部世界和人自身的关系，它把自在之物变成客体，把自己变成主体，即依据自己的需要、能力和外部自然的尺度来加以生产和创造，以满足自己的需要和愿望，并由此不断地建构出属于人的世界即生活世界，并获得成就感、满足感与意义感。这正是属人的"价值"与人的"价值感"形成的过程。而"价值"（value）的原初含义，无论中外，都是指的"重要"、"贵重"，经济学的商品价值论告诉我们的也正是这个道理：使用价值表明物的重要，交换价值则表明人的重要；且商品价值虽然离不开劳动产品即物的某种性质，却不属于物本身，而属于主体，是人的"主体性"的对象化，因为作为商品的物已不同于自在之物，它是由人"生产"出来，并由人给予使用、消费和评价，这当然是人在对象性活动中借助物而对自身的肯定。

质言之，"价值"作为由某种对象所承载的"属性"，既要附着在对象身上，又不同于对象本身的实然，即不同于物的物理和化学性质，而是指物符合人的要求或满足人需要的"功能"，这种功能当然离不开物本身的物理和化学性质，却一定要经过人的自主与自为的活动，最终表现为人的享有和感受，否则这种功能就无从发挥或呈现，如新康德主义者李凯尔特所述："价值决不是现实，既不是物理的现实，也不是心理的现实。价值的实质在于它的有效性，而不在于它的实际的事实性。但是，价值是与现实联系着的，而我们在此以前已知道其中的两种联系。首先，价值能够附着于对象之上，并由此使对象变为财富；其次，价值能够与主体的活动相联系，并由此使主体的活动变成评价。"①这样，对价值的指认便从对象客体方面转换到人的主体方面，人也从匮乏者成为自主自为者，人的主体性亦即自为自觉自主，于是成为价值的坐标或轴心。这对于那些由人的活动所生产或创造，对人来说是"必要"的或"重要"的，并被人们自己"看重"和"欣赏"的现象，的确是一个既有深度而又相对周全的说明。如果说，新康德主义率先提出了主体性价值说，那么，中国大陆的价值哲学研

---

① ［德］H.李凯尔特：《文化科学与自然科学》，涂纪亮译，商务印书馆2007年版，第78页。

究,既借助了康德与新康德主义的有关成果,又重点吸收马克思在经济学哲学手稿和《关于费尔巴哈的提纲》等著作中的思想,所建构的也是主体性价值论。

进入 20 世纪 90 年代后,价值理论的研究虽然有某些方面的展开和深化,但整体上趋于缓慢。这一方面是因为价值论不是孤立的,涉及社会生活的方方面面,它的研究也必须伴随社会的变化进入多元的价值论域;另一方面,则是因为价值论研究中存在的一个基本理论矛盾始终没有得到很好地解决,这个矛盾就是"价值"的经验性、工具性定义与价值的本体论承诺之间的理论矛盾,如由人的需要界说价值即囿于经验性认识界说价值的思想框架,价值论研究难以深化,难以真正进入社会历史和现代人的生活方式的矛盾之中,难以对人生意义和人自身的价值做出合理的解释和相关问题的解答,既有的主体性价值论并没有真正解答这一矛盾问题。这就是国内价值哲学的研究在取得长足发展的同时,所遇到的理论困境。

笔者认为,价值研究的问题,一方面在于我们未能进行必要的前提性批判,而是直接将休谟的"事实"与"价值"的二分作为不言而喻的前提,于是就有了一个主体性的"价值"。具体地说,则涉及对作为价值创造源泉的人类实践活动的理解。如果实践被视为人的功利性活动,那么,就必然要以人的需要的满足来界说价值;而如果首先将实践理解为人的基本的存在方式,理解为人的自成目的的生命意向活动,理解为人与大自然之间的联系方式,并且分别表现为生产、交往和人的自我作用(情感、理性和意志),那么,我们就可以突破价值研究中的认识论模式,从人的最基本的物质生活需要,到社会生活的文化价值秩序与规则,再到人的理想追求、艺术创造和精神信仰,给予价值上的贯通。人类总是生活在不圆满的现实与圆满的理想之间,从而其生命总是处于以理想为取向的"追求"活动和过程之中。只有有意识的生命活动才能使生命的真谛不断得到开显。因此,价值或价值观不等于人的"圆满"本身,也不属于无矛盾的静态,而是指向人生圆满、社会至善的活动和过程,并必定包含理想与现实之间难以最终消除的紧张关系。

众所周知,苏格拉底认为"知识即美德"。我们认为,知识不等于美德,但知识与美德有一定的关系,知识构成美德的认知条件和理性维度,而美德则让知识获得价值的社会的实践功能。有足够的理性和较多知识的人,做人做事都会尽量考虑这其中因果关系,着眼于长远来确定自己的人生目标,避免做出愚蠢的和不道德的决定。所以,人的理性及认知与其价值观是有联系的,包括道德、审美与宗教在内的价值现象,是有一定的知识论基础的。有些价值性命题也可以还原为事实性命题,但并非所有的价值命题都可以做这种还原,原因在于价值特别是信仰,对理性和知识都有超越性,不仅超越理性和知识的有限性,还指向异质于工具和技术的意义之域,意义自成目的,并不计较功利性的成败得失。康德重视道德价值的超越性是对的,但他因此将知识与道德截然二分,就有了问题,其问题在于他认定知识与道德各有其前提,不承认它们有共同的实践基础。即使我们也认为自然科学知识主要源于生产实践,道德主要源于交往实践和人的良知,但是社会科学与人文知识显然离不开人们的交往活动,人的生产活动与交往活动也有内在的交叉重合,并相互作用、影响甚至转化,因而在这个过程中形成的许多社会与人文"知识"以及许多"地方性知识",本身就具有道德的、宗教的或生存论存在论的价值意蕴。

马克思主义哲学从人的现实的生存实践活动出发,认为人的本质力量对象化活动是产生并解决理想与现实的基本矛盾,使人类获得生存价值和意义并达到理想境界的根本途径。以此观之,将价值视为一个历史范畴,或将价值理解为文化的核心,并无根本的对立。新康德主义所创立的以人的精神(心灵、情感、意志等)为核心和出发点的价值哲学,是对经济价值的扬弃与超越,是从康德的实践理性出发而依据价值的属人性评价性建立一般的普遍的价值世界的努力。马克思主义价值论应当合理地汲取其内容。近期,诸如个人自由、社会公平、民主政治、文化秩序、生态文明等价值形态和理念,已经得到学者们的关注。①

笔者认为,真正从哲学的高度研究价值问题,我们就应当深刻地反思一下中国大哲老子的观点,"大道废,有仁义;智慧出,有大伪";"失道而

---

① 廖申白主编:《公共伦理研究系列》,北京师范大学出版社 2007 年版。

后德,失德而后仁"。这不止是对儒家"仁义"思想的批判,而是通过对这一特定理论的批判,表明一种普遍的自然观和文明观,即自然生养万物而不自恃,始终维持着动态的平衡与和谐,而人类文明却制造着各种矛盾和冲突,因而"人道"应当效法"天道"。诚然,人类不可能回到文明之前的状态,但人类早期由于对事实与价值并未给予明确的区分,而是取"万物一体"观念(这在古代哲学中表现为"始因"说、"本原"说),"终极的实体"同时是"终极的价值",却是对大自然这一人类永恒母体的礼赞。老子、庄子的思想有利于我们反思各种"人道主义"或"人类中心主义"的问题,有利于矫正现代人利己主义或唯我论的价值取向,站在更高的历史阶梯上开显人与大自然的生存论存在论关系。

三、"文化哲学"的研究和推进

国内20世纪80年代中期出现的"文化热",被许多学者视为20世纪初的中西文化之争在新形势下的继续,具有文化启蒙的性质。后来虽然一度消沉,但在哲学上反而有了更为内在和深入的探讨,并形成文化哲学。1989年1月,中国社会科学院哲学所"哲学与文化"课题组发表文章,从马克思实践观点出发界定了文化的哲学含义,探讨了在实践基础上生发的文化与自然、交往、社会共同体的关系,寻求在世界交往时代做出正确的文化变革。文章认为,可以从人的规定界说文化,也可以从文化来规定人,但二者都需要借助实践概念做出最切近的规定。从实践活动的发生和结构—功能分析揭示文化的本质,是文化问题的哲学研究的基本方法论原则。[①] 李鹏程等学者不仅借鉴西方哲学资源研究当代文化哲学问题,还注意研究中国文化与毛泽东等人在中国文化继承和变革方面的得失,也很有价值。[②]

世纪之交,学者们不仅对文化哲学的定位、形态、研究状况等问题进行自觉的探讨和反思,还对全球化背景下的文化冲突、中国的文化转型与

---

① 陈筹泉、刘奔主编:《哲学与文化》,中国社会科学出版社1996年版。
② 李鹏程:《毛泽东与中国文化》,人民出版社1993年版;《当代文化哲学沉思》,人民出版社1994年版。

新文化精神生成等论题进行了深入研讨。许多学者倾向于把文化哲学界定为一种新的哲学范式。

在这方面,衣俊卿、丁立群等学者的研究有相当的代表性。他们认为,文化哲学是内在于众多现代哲学流派和学说中的哲学主流精神或哲学发展趋势,是一种真正回归生活世界、作为人类社会内在批判性的文化精神和自我意识的哲学范式。① 衣俊卿在 20 世纪 80 年代后期参考列斐伏尔和赫勒等西方学者的"日常生活批判理论"并结合中国的文化传统,为中国的文化哲学研究提供了日常生活批判这种新的视角,试图运用日常生活批判理论范式解析中国社会转型期社会文化的结构和图式。如果说,传统现代化理论突出的是社会发展的经济内涵或者政治内涵,那么,日常生活批判理论则依据生活世界的内在文化机理,以及日常生活世界和非日常生活世界相互交织相互作用的历史演化机制,提出了以文化转型为核心的人自身现代化的模式。他关于人的"自在自发、异化受动与自由自觉"这三种历史性存在方式区分以及将中国传统文化定位于自在自发层面的见解,有着相当的合理性与启发意义,但由于不尽符合中国的历史与现实,也引起了争议。

这里既涉及如何看待理论及其功能的问题,也涉及中国问题的特殊性与普遍性。我们认为,文化哲学研究应当从全球化与地方性的辩证关系出发,着眼于中国社会经济、政治与文化的相对区分,厘清多样的文化类型与统一的文明价值的关系,弄清文化的族群认同作用及其开放性,才能让中国优秀传统文化在发挥一般的思想文化影响力的同时,获得真正属于自己的安身之地,这就是以家庭、教育、娱乐和人们的日常交往所构成的生活世界。近年来,学者们借鉴西方文化批评和符号哲学的思想资源,注意分析大众文化、网络文化和亚文化现象,分析符号与图像对现代人的精神与心理越来越大的作用,是文化哲学进入人们具体的文化生活的表现,这种分析也将有助于文化哲学在理论上的推进。

---

① 衣俊卿:《现代化与日常生活批判》,黑龙江教育出版社 1994 年版;《回归生活世界的文化哲学》,黑龙江人民出版社 2000 年版;丁立群:《文化哲学的基本性质》,载《中国社会科学》(英文版)2008 年第 4 期;《全球化的文化选择》,载《哲学研究》2008 年第 11 期。

四、"社会哲学"的研究和推进

20 世纪 80 年代中期以来,许多学者都认为,历史唯物主义的基本原理属于社会哲学的基础性内容,社会哲学应当奠基于历史唯物主义之上。90 年代以来,伴随着中国社会的现代转型,社会哲学研究获得了较大的进展。王锐生等著的社会哲学著作、陈晏清等主编的社会哲学系列是这方面代表性的成果。

从社会哲学的视角看待从传统到现代的社会转型问题。一些学者借鉴西方社会学和社会理论的资源与观点,认为应当把从传统社会向现代社会、从非市场经济向市场经济的转变,视为一个从混沌整体到多元分化的过程,即经济、政治、文化三大活动领域各自独立和相互作用的结构,应当说把握住了现代社会"分化"、"分界"的结构性本质。王南湜提出从领域合一到领域分离的转变的观点:在非市场经济条件下,由于社会程序供应的稀缺性,主要承担社会秩序生产功能的政治活动不可避免地具有一种中心地位,要求其他领域活动也服从社会秩序的生产,这便造成了以政治为中心的领域合一状态。而在市场经济条件下,由于分工和交换的发展在人们之间造成的纽带关系本身就有生产社会秩序的功能,使得政治的中心地位不再必要,从而导致三大领域的相对分离。把社会转型把握为从领域合一到领域分离的转变过程,能够较好地说明社会转型过程中的种种现象,诸如社会的原子化、政治的民主化、道德价值的疏离化、精神文化生活的复调化等。①

我们认为,中国要走现代化的道路,实行市场经济,就必然会面临社会分化和整合的问题。劳动分工以及基于劳动分工的社会分化的伟大历史作用,不止是大大提高生产效率,促进经济发展,更为根本之处在于,正如事物的分化是大自然发展的形式,人类内部的分工与分化,是人类及其社会发育自身、丰富自身的形式;正是随着分化开来的各类要素、各个方

---

① 　王南湜:《从领域合一到领域分离》,山西教育出版社 1998 年版。

面、各种领域获得相对独立性并形成互动、转化的关系,它们才能够在推动社会整体发展的同时,实现它们自身的自主性及相互之间的动态平衡与和谐。所以,市场经济既会让原来从属于血缘家庭的个人独立出来,削弱甚至瓦解传统的共同体,在实现人们个人利益的同时,产生公共性问题和解决的需要,推动各行业和各阶层以不同的形式组织起来,形成市民社会。这也是学界越来越重视对黑格尔《法哲学原理》和马克思的《黑格尔法哲学批判》加以研究的原因。

中国社会的分化与发展当然有着自身的特殊性与复杂性。从目前的情况看,中国社会一方面仍然缺少应有的分化,如政治与经济、政治与文化的合理分化,公共领域与私人领域的分化也很不充分;政治决定一切、政府包揽一切依然被许多人视为"社会主义优越性"的表现,致使权力与资本相互勾结的问题难以解决,社会本身的发育和自组织机制的形成则严重受阻;另一方面,不应当高度分化的如贫富差别却达到了悬殊的地步,社会发展出现严重不协调、不均衡的现象,这不能不促使人们思考经济效率、个人自由与社会公平的关系问题,思考市场经济与民主政治的关系问题。只有将中国社会的金字塔结构转变为椭圆式结构,才有可能真正建成和谐的现代社会。

五、"历史哲学"的研究和推进

关于"历史哲学"的研究,可以上溯到 20 世纪 80 年代中期关于历史规律性与主体选择性关系的研究。在 20 世纪 70 年代末和 80 年代初,于光远就率先研究经济规律、社会规律的特性;80 年代中期,刘奔提出坚持社会规律的客观性,张曙光等学者则力求突出历史的辩证法,并从社会实践的角度探讨社会规律与人的活动及自觉性的关系,引起相当热烈的讨论和争鸣。[1]

---

[1] 张曙光:《论社会发展的规律性与社会发展中的自觉性》,载《哲学研究》1986 年第 3 期;《对社会规律与人类活动的关系的再思考》,载《哲学研究》1988 年第 6 期。

　　这一研究的理论焦点在于历史唯物主义本质上是否属于历史决定论，因而，如何理解决定论或历史决定论、非决定论与选择论及其关系，如何看待历史决定论与历史选择论的关系，就成为理论研究的焦点。有人认为，所谓马克思主义的历史决定论就是承认历史发展有内在的规律性和必然性。但是，过去的问题恰恰在于，这种认识似乎成了一种终极性的认识，好像只要我们知道一切事情最后都奠定于规律或必然性之上，问题就解决了。至于支配我们活动的现实的历史规律究竟具有什么样的内容和特点，我们则不甚了了。

　　由于我们未能意识到无论历史规律如何"客观"，也是人的认识成果并不得受制于人们认识的图式、能力和阶段，结果，我们往往把自己对规律一时的认识与客观规律本身混为一谈，导致一再地在实践上犯唯意志论的错误。中国的改革并不像某些人所说的那样是按照"历史规律"设计出来的，而是人民群众为了解决自己的生存和温饱问题，自发地实施的家庭承包活动，中央则肯定了群众的愿望和做法，并依据人民的利益、能力和愿望逐步扩大改革的范围。如果说，这里面确有某种不依人的意志为转移的规律的话，那么，最大最基本的规律恰恰就是人们必定依据自己的能力、愿望从事其生产和生活的活动，这种活动首先是体现人的生命的目的性活动即价值性活动，然后才是认识性活动；认识的目的就在于保障人们的价值选择和生命意志的顺利展开。我们对于马克思的"生产力决定生产关系"的论断也应当作如是观。

　　事实上，一方面，凡是人类历史的规律都不能不基于人类求生的意志和发展自身的愿望与能力，另一方面，凡是人所表达的历史规律与必然性都是人们的一种概括和抽象，或者是统计学意义上的所谓"大数定律"，它在现实上只能形成于各种具体条件和偶然性之中，表现为社会发展"趋势"。那么，宏观的社会规律得以形成的微观机制是什么？其实就是人们基于自己的能力、愿望以及在特定社会关系和制度下的日常活动。如果社会关系和制度一方面基于人们自身普遍的生产和交往能力，而又直接取决于人们之间的竞争与互动，那么，外在的决定论就更难以成立。这样，历史的决定论与非决定论作为各自描述人类历史活动一个面相的理论,就应当在历史选择论中实现其整合①。这个问题其实还涉及人的活动的能动与受动、自发与自觉、自然与社会,甚至西方哲学中长期研究和争论的自由意志与道德责任等问题。

20世纪末,通过对马克思实践观点与历史理论的关系的再认识,历史哲学研究取得了一定进展。如杨耕等提出"重建历史唯物主义"的命题。韩震等学者对于西方历史哲学和后现代历史理论的译介和研究,对于在新的时代背景下发展马克思的历史唯物主义起到了很好的作用。应当说,依据实践理解历史,而又以历史的视角看待现代人的实践方式及理论形态,是推进历史理论发展的基本途径。

笔者认为,历史哲学一直存在着两大问题,一是概念或理论上的经验性历史与哲学形上学的关系问题,二是历史中的"事实"与"价值"的关系问题,现实的是否都是合理的? 如何看待道德价值尺度的相对性与绝对性? 这个与马克斯·韦伯所说的社会理论研究的"价值中立"有关的问题,在目前突出地表现为研究者的"立场"和"方法"之争,即理性的实证是否为强势集团辩护? 如何实现事实的描述与价值批判的内在沟通和平衡? 要合理地解答这些问题,我们不但要重新解读包括马克思在内的三大古典社会学家的著作以及现代社会理论,还应当结合我们自己的实践经验,深入研究人的生命活动的对象性、丰富性及文明进步的矛盾性,研究人的交往实践及其"意识"和"语言"符号的产生,精神生产与物质性的生产与交往的辩证关系。这些研究,将不仅有助于全面地理解唯物史观,更有助于唯物史观的当代发展。

六、"人学"理论的研究和推进

所谓的"人学"研究也许不是一个恰当的称谓,但它却反映了"人"的问题在当代中国社会和理论研究中的核心地位。人学研究在中国的兴起

---

① 参见朱葆伟等:《论选择》,载《社会科学战线》1987 年第 1 期;《交往·主体间性·客观性》,载《哲学研究》1992 年第 2 期;王振武:《开放的选择》,生活·读书·新知三联书店 1990 年版。

有着深刻的社会历史背景,改革开放以来,人的问题一直是诸多学科关注的一个焦点,从人性、异化和人道主义问题的讨论,到对人的现代化、人的价值、人的主体性、人的全面发展问题的探讨,构成了人学在中国发展的历史轨迹。

20 世纪 80 年代就有学者提出马克思的历史唯物主义是"实践人学"。后来,学界围绕着人学研究的概念、对象、方法和理论框架进行了许多探讨。而从根本上说,人学的性质和学科定位问题就是人学与哲学的关系问题,这方面有三种代表性观点。

第一,哲学就是人学,哲学就是关于人的自我意识和自我理解的理论。与此有所不同的看法是,哲学虽然不等于人学,但人学是哲学的当代形态,是哲学在当代向人这一主题的自觉转向。高清海教授在马克思主义哲学观和基础理论研究方面,做出了突出贡献,他晚年又提出"类哲学"理论,认为哲学的发展方向是"类哲学"。① 他从现代性问题和时代要求出发,试图超越人的问题上的传统整体主义和现代个人主义,实现个人与人类的辩证统一,颇有新意,但也引起不少争论。

第二,人学是哲学的一个分支学科,是从哲学母体中分化发展出来的,它侧重于研究个体的人而不是人类整体,因为人类整体是整个人文社会科学甚至一些自然科学共同的研究对象。提出"能力本位论"的韩庆祥持这种观点并有许多论述。

第三,哲学不是人学,人学也不是哲学;对人的研究应当按照科学的方法,所谓科学的方法即综合的、系统的方法,或者说人学就是把从特定的角度研究人的那些学科,有机地关联起来,否则,人在自己的心目中,在思想理论上就不可能是完整的。

笔者认为,人学的上述争论恰恰反映了人学作为一个学科能否成立的问题性。如果说人学不是狭义的文化人类学、体质人类学,而是关于人的总体性研究,那它与各门人文学科和社会科学是什么关系? 人学有能力对它们做出高度的综合吗? 或者说这种综合可能或有必要吗? 如果人

---

① 《高清海哲学文存》,吉林人民出版社 1997 年版。

学是从反思的、矛盾的观点去把握人的存在方式和历史发展,那它与哲学又有什么区别? 且个体的人生活在相互关系中,既有个体性又有社会的整体性,侧重研究"个体的人"是否是萨特意义上的个人? 种种问题表明人学研究在大陆还处于"初期阶段"。

无可否认,要继续推进人学富有成效的研究,关键在于能否从现代人类生存方式、现代人的精神世界及其面临的问题出发,提出一种既不同于主客二元的认识论研究,又能够扬弃结构主义和个体主义于一身的新方法,真正进入现代人的生活世界和相互关系中去。在这一点上,如果中国的马克思主义哲学不能批判地继承中国传统人学思想,不能理解、借鉴和超越西方现代哲学的思想框架,特别是海德格尔、舍勒、梅洛-庞蒂等人的思想和观点,还有福柯关于"人不过是近一两个世纪的产物",并提出"人之死"即康德以来的人类学即将"死亡"的观点,就很难取得一流的学术成果,也不可能回应有关"人类中心主义"的诘难。

七、对"辩证法"的研究和推进

辩证法问题在中国近代以来的社会发展中特别重要。中国人在继承历史上传统的辩证思维的同时,主要接受的是黑格尔的否定的辩证法。而由于辩证法在过去深受当时两极性思维的影响,又在教科书中被纳入一般唯物主义及其认识论的框架,成为一个概念性的模式化的东西,因而往往不是流于折中主义,就是成为诡辩论。因而,以实践观点自身具有的辩证精神即革命的批判的精神反思辩证法理论本身,并结合时代的发展与科学技术的进步推进辩证法自身的发展,就成为辩证法研究的一条主线。这一研究主要集中在以下两个方面。

第一,辩证法研究重心的变化和内涵的拓展。"文化大革命"结束之后,人们开始自觉反思过去那种片面突出斗争和两极性思维的模式,越来越关注"度"、"关节点"和过去不曾被注意的"中介"概念。有学者认为,传统的唯物主义哲学和唯心主义哲学,分别从对立的两极去思考自然界和精神的关系问题,因而始终僵持于"本源"意义上的自然本体与精神本体的抽象对立,并以还原论的思维方式去说明二者的统一。马克思则扬弃了黑格尔的概念辩证法,把它当作实践辩证法的内在环节,用实践活动去解释概念的辩证发展。人的实践活动作为对象性活动是自为中介的,所以它能够把客观与主观、客体与主体、人的感性方面与精神活动具体地统一起来,在社会历史中实现人类的安身立命,这是与从两极存在出发的思维方式截然不同的变革。论者进而断言,现代哲学在扬弃两极对立的传统哲学思维的过程中,其视角越来越聚焦在沟通两极的中介环节上,并从中介出发思考事物的分化与整合、多样与统一,这是发展马克思实践辩证法理论的发义。在此过程中,庞朴、李醒民、孙正聿等学者提出并着力阐发"一分为三"、"在两极之间保持必要的张力"、"从两极到中介"等等命题,对国人思维方式的提升发挥了积极的影响。①

　　第二,辩证法存在论基础的研究。过去理论界一般把辩证法区分为"客观辩证法"与"主观辩证法"这两个方面,并认为主观辩证法是客观辩证法的自觉反映。但是,什么是客观辩证法的"客观性"则一直语焉不详,不是被归结为自然界本身的规律(自然辩证法),就是被归结为社会历史规律(历史辩证法)。结果,辩证法作为通过辩论以揭露人们思想和语言的矛盾这一根本性的规定却被放逐了,与马克思基于实践的辩证思维也相去甚远。由此导致辩证法不是成为一般的所谓"三大规律五对范畴",就是成为单纯的方法论,在实际运用中则往往演绎成折中主义或变戏法。通过对实践观点和生存论存在论的深入研究和辩证综合,一些学者探讨并揭示辩证法作为人的生命活动和现实生活的生成与展开,本身就具有生存论、存在论的性质。有论者认为,确立辩证法真实的理论基础,关键在于实现对现实生活世界的辩证觉解,由人的生命实践活动创造而成的现实生活世界就是一个禀赋辩证本性的存在,因此,只有根植于对人的现实生活世界的觉解,辩证法才能获得坚实的生存论根基并开拓其

---

　　① 庞朴:《一分为三——中国传统思想考释》,深圳海天出版社 1995 年版;李醒民:《善于在对立的两极保持必要的张力——一种卓有成效的科学认识论和方法论准则》,载《中国社会科学》1986 年第 4 期;孙正聿:《从两极到中介》,载《哲学研究》1988 年第 8 期。

独特的理论空间。①

　　无论在西方,还是在中国,辩证方法都是古老而常新的哲学基本方法存在方式,因为它体现了人自身自我相关和自我超越的性质。近代以来,中华民族的命运和中国社会的变迁更是体现出极其鲜明的辩证性,这种辩证性甚至以自我矛盾和悖论的形式展现出来,这不是普遍与特殊、共相与殊相的辩证关系所能完全涵盖和说明的。需要结合辩证法的存在论研究,给予进一步的揭示。

八、"现代化"问题的研究

　　在一定意义上,当代国内马克思主义哲学理论的研究,都可以统摄在"现代化"的主题之下。这里所说的现代化问题研究,主要指从马克思的现代社会理论出发,大量借鉴现代西方现代化的经验及其发展理论、现代化理论、社会理论以及后现代思潮,对现代化的一般逻辑和中国现代化进程所开展的学术研究。学界普遍认为,当代中国处于从传统农业文明向现代工业文明转型的历史阶段;要尽快实现中国的现代化而又不至于丢失优秀的传统文化,就要借鉴西方的经验和理论,特别是现代性问题的争论,并努力超越它们的思想局限尤其是近代以来主客对立的知性思维,辩证地看待传统、现代和后现代的关系。

　　由于我们与西方之间存在的时空差距,我们考虑现代化论题,首先是将现代化作为可欲的对象和社会发展的目标来看待的,因而,并未采取西方"后现代"对于"现代性"的批判甚至解构的话语。20世纪80年代中期以来的发展理论、发展哲学"热",就颇能说明问题。后来,一些学者特别重视研究中国现代化的动力、实现方式和价值尺度问题,并提出"人的现代化"的命题。如韩庆祥提出"能力本位"论,就是试图回答这一问题。能力本位论认为人的主体能力应当成为当代中国发展的"核心理念"。在走向现代性的过程中,中国人的确需要提高各方面的能力,特别是理论

---

① 贺来:《辩证法的生存论基础》,中国人民大学出版社2004年版。

的想象力和科学技术的创新能力。但是,把"能力"作为社会的"本位"可能是有问题的。且不论能力本位与权本位、钱本位其实是相通的,我们知道,与人的能力一样,人的道德文明素养与社会制度的公正同样极端重要。严复先生早在 20 世纪初就提出了一个"三位一体"的中国人的教育观,即"鼓民力,开民智,新民德",我们今天还要加上审美等方面的内容,全面看待人的发展和中国社会发展的关系,而不应将其简化到单一的维度上。

90 年代中期以来,受西方后现代思潮的影响,大陆学术界对于现代化问题的研究,已经呈现出多维的视角,如既重视现实的社会发展及其代价问题,又开始反省单纯的经济增长观。与此同时,学者们重新思考马克思的现代社会理论,发现马克思的哲学和马克思对资本主义现代社会的批判包含着后现代的维度。多数学者认为,马克思虽然没有直接使用"现代性"这个概念,但马克思首次阐述了现代资本主义及其文明对于人类历史具有的深远意义,他对现代资本主义的制度批判和文化批判,与现代性反思紧密相关。

针对后发展国家应对现代性难题的问题,衣俊卿等学者提出采取"多维整合"的研究视角,揭示现代性是怎样作为基本图式和机理无所不在、无孔不入地渗透到现代社会的各个层面,怎样作为基本的生存模式深刻影响现代人的生存和生活的。现代性自身就包含着相互关联的多重维度,在最广义的尺度上可划分为精神性维度和制度性维度,具体表现为个体的主体性与自我意识、理性化和契约化的公共文化精神、意识形态化的社会历史叙事的现代性,以及表现为经济运行的理性化、行政管理的科层化、公共领域的自律化、公共权力的民主化和契约化等等。从中国语境反思现代性批判理论,必须走出对现代性进行"取"与"舍"的表面化价值判断的误区,正视全球化的"现代性"本质给我们带来的巨大压力和挑战。[①]在现代社会的深层机制和根基上对现代性做更为耐心和细致的反思,是推进现代性问题研究深入的关键。

---

① 衣俊卿:《现代性的维度及其当代命运》,载《中国社会科学》2004 年第 4 期。

自 20 世纪 80 年代末期到 90 年代末期,西方解构现代性的后现代思潮在大陆学界也被炒得沸沸扬扬,但多数学者认为,在世界范围内,现代性远未终结,它虽然包含内在的冲突和风险性后果,但是,人类历史迄今为止的演进状况和发展趋势尚未展示出现代性完全终结的迹象;现代性依旧是人类社会运行的主要支撑力和前行的动力。中国社会的发展固然应当参考后现代思想对现代性的批评,在重视经济优先发展的同时,充分注意避免陷入严重的社会分化、道德迷失和生态方面的"现代性"难题。而这在中国就更应当关注器物、制度和精神观念三个层面的现代化的协调,在今天,应当特别关注政治的民主化。近年来,政治哲学已越来越受到学界的关注。

九、"经济哲学"的研究和推进

20 世纪 80 年代中后期以来,伴随着改革开放特别是市场经济的逐步确立,经济哲学研究在中国学界迅速兴起。作为哲学和经济学的"联姻",经济哲学直接继承了马克思的思想取向和治学路径,也确实能够更加具体和深入地探讨社会经济现象乃至整个社会的内在机理。由于现代社会变革的奥秘就蕴藏在顽强的经济事实之中,因而经济哲学研究特别有助于寻找哲学与社会生活具体领域变革的真正结合点和理论生长点。

总体上看,国内经济哲学研究大致经历了三个阶段。

第一个阶段是 20 世纪 80 年代中期哲学界特别是《哲学研究》编辑部发起的关于哲学与经济学关系的讨论,此间主要关注的是社会主义经济的性质、模式及其变革的哲学问题。

第二个阶段是 20 世纪 90 年代经济学和哲学两大学科共同参与的关于经济哲学学科建设的讨论,其中较有影响的是 1998 年 5 月由上海社科联与《中国社会科学》等单位联合召开的"现代经济哲学高级研讨会"。这次会议通过对经济哲学兴起的背景和意义、研究对象和主要内容,以及如何建构经济哲学等基础问题的讨论,提出了一些富有启发的命题和观

点,推动经济哲学研究进入学术快车道。有学者认为,经济哲学研究的主
要任务是开展对我国社会经济运动的哲学研究,揭示社会主义现代化的
规律,促进中国社会的转型。同时,重视对重大实际问题如公平与效率的
关系、可持续发展等问题的研究。张雄在《市场经济中的非理性世界》一
书中从哲学的角度对我国历史转折时期的重大实践问题即经济非理性现
象做了深入研究,颇有新意。他指出,贯穿于市场的生产、交换、消费和分
配过程中的欲望、本能、意志、激情、直觉、无意识、习俗等在特定的阶段可
以看作市场的最为本质的内生因素,这在一定程度上触及了市场行为者
的深层的心理和精神层面的因素。[①]

　　第三个阶段是经济哲学的专题研究,如对资本、货币以及现代消费问
题的探讨。其中,货币哲学研究不仅继承了马克思有关货币的论述,并且
借鉴西方学者如西美尔等人的相关成果,将经济哲学研究引向更为深入
的层面。鲁品越认为马克思的劳动价值论与剩余价值论是深入货币内部
本质的、关于货币的深层本体论,揭示了货币的价值本体的深层动力学;
通过对货币功能特别是现代社会货币化的哲学透视,进而指出了现代化
进程中的精神表现即事实世界的"祛魅"和价值世界的"祛魅"。[②] 总之,
关于货币哲学的讨论旨在表明货币既是显示人类社会历史进化与提升的
符号,也是人性异化和人性发展的历史见证。

　　从当前看,经济哲学的研究趋于缓慢,理论上要有新的突破,除了要
继续深入挖掘经济学家和经济哲学家的思想,更为深入地考察当代社会
的经济现象,理论上还须有一个更为宽阔的视野,即在人与自然、人与人
和人与自身的互为中介的关系中,把握作为社会和文化现象的经济现象
与问题,并由此透视当代人类的物化处境及超越的途径。从经济哲学的
高度研究经济问题,其宗旨正在于破解处于现代性困境中的人类命运,而
研究现代文明形态、价值秩序的问题特别是直接决定人的行为的制度、规

---

　　①　张雄等:《从历史哲学向经济哲学的跨越——访张雄教授》,载《哲学动态》1999 年第 6
期;余源培:《经济哲学在我国的缘起》,载《中国社会科学》1999 年第 2 期。
　　②　鲁品越:《货币力量的深层本体论》,载《学术月刊》2003 年第 8 期;《货币化与价值世
界的祛魅》,载《江海学刊》2005 年第 1 期。

则课题,显然具有极其重要的意义。①

此外,道德哲学、心灵或精神哲学、虚拟哲学、生态哲学、政治哲学方面的研究,也次第展开,尤其是道德哲学与政治哲学,由于切合中国社会及政治发展的要求,从事研究者和研究成果都较多,并产生了较大的思想影响。在这方面,赵汀阳的《论可能生活》与《坏世界研究》,都有不俗的理论创见。他提出的"天下体系"及其世界政治哲学观点,也广受中国学者和一些西方学者的关注。②。上述研究大都属于现代性和当代性问题的研究,因而,有的以马克思哲学为主要理论资源或接着马克思的思想往下讲,有的以现代西方哲学和中国传统哲学为主要资源。这既表明了发展马克思主义的紧迫性,同时也说明我们需要真正摒弃"宗派"意识,对马克思主义做出更为开放的理解,广泛吸取中外各种理论资源,真正做出属于我们自己的理论创新。

第四节　重思"实践论"与"矛盾论"

依笔者之见,所有上述哲学形态或领域哲学,既各有其对象或侧重,又并无明确的界限,其实都属于哲学形态、样式的多样化,反映的是哲学论域的广泛性和普遍性。迄今为止,似乎还没有一种哲学像西方的"语言哲学"那样,建构出独特而明确的思想范式和分析手段,并得到"学术共同体"一致认同。如果说,上述哲学形态或领域哲学的研究有某种"家族相似"的话,那就是它们都属于哈贝马斯所说的"实践哲学",并且关注

---

① 这方面,徐梦秋对规范、规则的研究,鲁鹏对制度的研究已取得一定的成果。参见徐梦秋在国内学术刊物上的相关论文和鲁鹏的《实践与理论:制度变迁主要流派》,山东人民出版社 2008 年版。

② 赵汀阳:《论可能生活》,中国人民大学出版社 2004 年版;《坏世界研究》,中国人民大学出版社 2009 年版;《天下体系:世界制度哲学导论》,江苏教育出版社 2005 年版。赵汀阳善于凭借自己的理论感觉借助现代西方哲学(特别是英美分析哲学的方法)和中国先秦儒道两家的思想,建立自己的思想框架,值得关注。

的都是现代人类实践方式的基本矛盾,因而,中国学者倒是亟待写出新的《实践论》和《矛盾论》。

2008 年是毛泽东的《实践论》、《矛盾论》发表 70 周年。从一定意义上说,中国"新民主主义"革命的成功是这两篇论文所体现的哲学思想指导的结果。在新中国成立之后,这两篇论文的思想仍然发挥了很大的作用。可以说,毛泽东的"两论"既是马克思主义中国化的范例,又是我们研究和总结中国近代以来的社会文化变化的极好素材,亦是 20 世纪 30 年代中国哲学的最高成果之一,堪称典籍。在当代中国新的语境中重温这两篇文章,我们会获得新的启发。

如果首先着眼于当前大陆马克思主义哲学的教学和研究状况,笔者有以下两点感想。

其一,正是随着"改革开放"这种新的实践形式的出现和展开,我国的哲学研究才和中国社会一样,走出了过去那种僵化的模式和套路,呈现出蓬蓬勃勃的生机;尤其是西方现代哲学、中国传统哲学和马克思本人的哲学思想等方面的研究,在过去几乎都谈不上,现在这些方面的研究则达到了相当的广度和深度。这从一个方面说明近 30 年来我们思想的解放和观念的变化程度的确是空前的。

其二,我们对于近代以来中国社会发展的哲学探讨和总结却又是非常不够的,尤其是大学的马克思主义哲学教学和研究的一个显著偏差,就是只注重马克思的文本和"西方"马克思主义,对于我们中国人自己在现代哲学方面所做的工作,对于"东方"马克思主义却缺乏应有的研究。由于中国正在走向世界,中国的问题在很大程度上成为世界问题的缩影,研究西方对于认识我们的处境和未来当然极有意义,但中国社会发展的道路也既有特殊性也有普遍意义,我们作为中国人重要的还是首先"认识自己",弄清楚我们自己从何处来,到何处去,当然,这必须有西方和世界作为参照和语境。

从哲学上研究、总结中国近代以来的社会和思想文化的变迁,显然是一个极其重要的角度和方面。"西方"应当作为一个中介,通过西方这个他者,我们的目的是重新回到自身,当然重新回到的"自身",已不是原来那个与西方相互外在的自身了。我们似乎还没有十分明确地在西方的思想文化与我们自身之间建立起这样一种"对象性"、"自返式"的认识关系，西方哲学的研究和中国哲学的研究往往相互分立，而"中国哲学"的含义似乎主要指中国古代哲学。真正打通古今中西的论著不多。诚然，在"马克思主义中国化"的研究方面是取得了较大成绩的，但与马克思主义中国化相关联的，不仅有中国的马克思主义化，还有一个研究的多样性问题，有一个真正批评式的深入的学术研究的问题；并且，不能因为马克思主义中国化的重要性，就取代其他从哲学上研究中国现代化进程的视角，而是要把这些不同的视角有机地关联起来。

就此而论，重温毛泽东的《实践论》和《矛盾论》很有意义。我们知道，毛泽东写"两论"，不是作为哲学学者写哲学教科书，而是作为中国共产党的领导人批评、纠正党内的教条主义和经验主义，并为共产党及其所领导的新民主主义革命提供思想理论的指导。我们且看《实践论》的如下注释：在中国共产党内，曾经有一部分教条主义的同志长期拒绝中国革命的经验，否认"马克思主义不是教条而是行动的指南"这个真理，而只生吞活剥马克思主义书籍中的只言片语，去吓唬人们。还有另一部分经验主义的同志长期拘守于自己的片面经验，不了解理论对于革命实践的重要性，看不见革命的全局，虽然也是辛苦地——但却是盲目地在工作。这两类同志的错误思想，特别是教条主义的思想，曾经在1931年至1934年使得中国革命受了极大的损失，而教条主义者却是披着马克思主义的外衣迷惑了广大的同志。毛泽东的《实践论》，就是为着用马克思主义的认识论观点去揭露党内的教条主义和经验主义——特别是教条主义这些主观主义的错误而写的。《矛盾论》的注释也说：这篇哲学论文，是毛泽东继《实践论》之后，为了同一目的，即为了克服存在于中国共产党内的严重的教条主义思想而写的。[①]

重温这两篇论文的注释，笔者联想到三个问题。

第一，为了一个实际的目的有针对性地写下的这两篇哲学论文，却把

---

① 《毛泽东选集》第1卷，人民出版社1991年版，第282、299页。

握住了马克思主义哲学的两大主题,即实践的观点和辩证法的矛盾法则,这说明了什么?

第二,在中国革命和战争年代,中国共产党内为什么容易出现教条主义和经验主义这两类错误?而毛泽东当时为什么能够立足于马克思主义的思想高度,超越这两种倾向,清醒地把握住中国共产党和中国革命的前进方向?

第三,新中国成立以后,随着毛泽东作为党的领袖的地位和威信的日益提升,"两论"几乎成为马克思主义哲学的主要经典乃至"顶峰",中国的"哲学研究"大部分都是关于"两论"的注释和学习体会,却为什么未能阻止"左"的意识形态的愈演愈烈?为什么未能阻止"文化大革命"的发生?为什么最后竟然出现了"唯心主义横行,形而上学猖獗"的局面?毛泽东本人也犯了严重的错误?①

我们曾就这些问题和其他相关问题进行过反思,形成过一些有价值的看法。但由于这些问题特别是第二个和第三个问题涉及面广,本身就是关于中国社会与文化的特点和演化逻辑的问题,或者说就是中国人的"实践"的社会性质和方式的问题,因而,我们的认识不可能一蹴而就,而必定呈现为一个随着我们实践本身的发展而逐步深入的过程。今天我们重新思考这些问题也理当有新的体会和认知。

先谈第一个问题。可以说,"两论"对于马克思主义哲学的两大主题的把握,首先说明实现了哲学革命变革的马克思主义哲学,就是关于人的生活实践特别是变革性实践的学问,亦即关于人的生活实践的开展及其矛盾的解决的学问。用马克思自己的话说,"人应该在实践中证明自己思维的真理性,即自己思维的现实性和力量,自己思维的此岸性"。"世俗基础使自己从自身中分离出去,并在云霄中固定为一个独立王国,这只能用这个世俗基础的自我分裂和自我矛盾来说明。因此,对于这个世俗基础本身应当在自身中、从它的矛盾中去理解,并在实践中使之革命

---

① 《中国共产党中央委员会关于建国以来党的若干历史问题的决议》,人民出版社1981年版。

化。""实际上,而且对实践的唯物主义者即共产主义者来说,全部问题都在于使现存世界革命化,实际地反对并改变现存的事物"。① 现存的世界、现存的事物本身就是矛盾的,充满问题的,对于具有自我意识的和主体能动性的人来说,这个矛盾和问题又是在他们的生活实践中发生,并且只有通过变革的实践才能现实地克服或排除的。因而,马克思关于矛盾的辩证法,也可以说是关于实践的矛盾的辩证法。

从方法论上说,马克思基于人类现代实践的哲学,就是让人们依靠自己的实践活动来认识并改变世界和人自身。但这种方法论紧密地联系着实践的存在论,即马克思说的"实践"并非人的一般的行动,而是以现代工业生产为范型的现代的主体性实践。毛泽东基于主体能动性得以充分发挥的中国工农的革命运动和战争,在理论上对于马克思的实践观点有较深刻的领会,他写《实践论》和《矛盾论》虽然有其具体用意,但他之所以能够从哲学的高度来批评党内的教条主义和经验主义,就在于他力图从世界观和方法论的层面上理解实践和矛盾问题,并以之作为自己思想的坐标,作为自己思考和处理中国革命问题的原则。

他这样写道:"马克思以前的唯物论,离开人的社会性,离开人的历史发展,去观察认识问题,因此不能了解认识对社会实践的依赖关系,即认识对生产和阶级斗争的依赖关系。"并说:"社会的发展到了今天的时代,正确地认识世界和改造世界的责任,已经历史地落在无产阶级及其政党的肩上。""无产阶级和革命人民改造世界的斗争,包括实现下述的任务:改造客观世界,也改造自己的主观世界——改造自己的认识能力,改造主观世界同客观世界的关系。"他还说:"在人类发展史上,从来就有关于宇宙发展法则的两种见解,一种是形而上学的见解,一种是辩证法的见解,形成了互相对立的两种宇宙观。""这个辩证法的宇宙观,主要地就是教导人们要善于去观察和分析各种事物的矛盾的运动,并根据这种分析,指出解决矛盾的方法"。② 这在当时来说是很有见地的论述,至今也有不

---

① 《马克思恩格斯选集》第 1 卷,人民出版社 1995 年版,第 55、75 页。
② 《毛泽东选集》第 1 卷,人民出版社 1991 年版,第 282、296、300、304 页。

可否定的意义。当然，无论是对于实践的观点还是矛盾的法则，我们今天都有了新的认识，这些新的认识对毛泽东的"两论"乃至马克思的哲学思想都有很大的发展。此不赘述。

再看第二个问题。我们发现，不止是革命年代，在和平时期，中国共产党内最容易发生的错误倾向也还是教条主义与经验主义。其实，党的土壤和基础是社会，中国共产党内的各种倾向不过是中国复杂的社会文化问题的投射和缩影。党内容易出现经验主义问题是不奇怪的，因为中国共产党的多数党员是农民或农村出身，而小农经济社会最重视的是亲身的经验，中国人甚至有所谓"耳听为虚，眼见为实"之说，有"行即知、知即行"之说，这都反映了中国人生存方式的自发性、直接性和日常性，从而也是现象性和有限性。经验主义夸大自己经验的重要性，轻视理性认识，不仅属于一个认识论问题，更有一个解释学所说的本体论问题，即由于"理解"属于人的存在方式，任何先见、理解都肯定性地表达着人自身存在的性状，因而，中国农民出身的革命者们之重视经验，这体现的仍然是他们世代相传的生存方式，难免有保守的成分乃至某种狭隘性。由于人的生存方式的亲身性、体验性是任何理论都无法替代的，因而，任何人多多少少都会有点经验主义，这既会让人自信，也容易使人受制于与自己的生存方式、天赋性格等相适应或相接近的一套语言、思维及其视界。只不过处于半自然生存状态的小农的"生活"、"实践"更容易产生经验主义并难以摆脱出来。

那么，党内容易出现教条主义错误又是什么原因呢？这原因比较复杂。

其一，当人们把自己有限的经验固定化甚至神圣化时，这本身已经通向教条主义，因为在特定时空条件下获得的经验，成了超越时空的一般教义，当然就被教条化了。

其二，小农对于来自"上级"尤其是"皇上"的最高指示一向都是敬畏的，当作圣旨看待的。因为"上级"特别是最高层既是小农的保护者，向他们洒下雨露阳光，又是他们的统治者，掌控着他们的命运。统治者高高在上，天也高高在上，所以小农天然地"唯上"；如果"书"被上面垄断，或者表征着天意,那么,他们自然也"唯书"。"上"和"书"虽然不同于他们的实际生活经验,但却从宏观上决定了他们会有什么样的生活,并作为意识形态给他们以理解自己生活的观念,所以便有"天不变,道亦不变"之说。所以,小农们微观上的经验主义往往与宏观上的教条主义相互依存。还有一个现象,我们中国人虽然重视经验、常识,但也有全民性地陷入狂热、走火入魔的时候。为什么? 因为一旦某些事情超出了我们有限的经验,而又不能给予理性的分析与透视,我们往往就会失去判断能力,而只好诉诸生命本能或幻想。党内的农民意识在没有得到根本改造之前,也是如此。

其三,中国近代历史给我们的经验和教训,似乎是西方各方面都优越于东方,只有从西方才能找到救国救民的真理。对于中国共产党来说,这个真理就是马克思列宁主义;加之一些作为"共产国际"代表的人,为了强化自己的权威,将共产国际奉为真理的化身。而"马克思列宁主义"、"共产国际"究竟是怎么一回事,广大普通党员——他们既未曾出过国门,也没有读过多少马列——并不是很清楚的;对于他们来说,"马克思"、"列宁"等领袖们及其"共产主义"学说的符号象征意义,远大于其实际内容。① 这样,党内就不仅有了产生"洋教条"的土壤,洋教条比土教条还显得更有魅力、神圣性和威慑力。这就是毛泽东说的,披着马克思主义外衣的教条主义者能"吓唬"人、"迷惑"人的原因。毛泽东当时之所以能够最大限度地摆脱经验主义并识破教条主义,则是因为他和党内的一些领导同志,既受到西方思想文化的洗礼和马克思主义理论的熏陶,有了先进的世界观和超越日常生活世界的视野,深知中国传统思想文化的问题和局限,又深知在中国做事,不能不顾中国的国情或特性,不能不从实际出发,要变革中国的传统就要利用中国的传统,既采取有中国特点的、在中国行得通的方式方法,也就是注意寻找马克思主义与中国革命经验的结合点,重视马克思主义与中国实践经验的互动。

---

① 一个有意思的现象是《国际歌》中的"英特奈雄奈尔"(international)即国际主义,我们音译却不给予意译,似乎有意识地制造一种崇高的想象,一种不无神秘的体验。但现在人们常用的"英特"网却使这种崇高和神圣变成现代的平常现象。

　　上面提出的第三个问题也许更值得我们不断地思考。"两论"是马克思主义中国化的很好的范例，但"两论"走向权威化和神圣化却是反对两论的真精神的；并且，正是随着"两论"的权威化和神圣化，"两论"的真精神及作为其体现的实践观点和矛盾法则却"失灵"、"失落"或"变异"了，这教训是非常深刻的。

　　我们认为，着眼于中国源远流长的历史文化传统，那么，可以肯定地说，中国人要从自己早已习惯了的靠天吃饭、自给自足的农业实践中形成普遍的现代主体性实践观念，非常不容易，它只能伴随着现代工业化生产和商品经济的发展才能逐渐确立，并且一定是一个不断地出现某种倒退或反复的过程。这一点，我们从毛泽东本人在新中国成立前后的变化可以看得比较清楚。应当说，毛泽东在革命和战争年代之所以成功地实现了马克思主义与中国实际的结合，除了毛泽东本人的主体方面的原因，从客观方面看，这与中国的革命和战争属于民主革命的范畴，在形式上则是农民革命这一"实践特点"分不开。但是在执政之后，要在中国这样一个经济与文化都很落后的大国搞"社会主义"这一超出民主革命范畴的实践，则不仅没有现成的经验可参考，还存在着一个有无相应的国际国内条件的问题。因为实践固然是创造性的活动，但它本身又必定依赖并受制于特定的自然历史条件，而一个民族生存的基本的自然地理和国际关系条件，往往从宏观上并且长时间地决定了这个民族的实践的性质和格局，甚至成为其历史性的"宿命"。

　　例如，对于超越资本主义阶段的"社会主义"的"世界市场"、"普遍交往"这一条件，已然处于"两大阵营"对垒（即"冷战"）时代的中国人当时既不了解，了解了也很难创造或加以利用。当时占据我们头脑的观念就是"一国可以建成社会主义"，乃至"进入共产主义"。于是，对西方资本主义文明的误解、拒斥就在所难免。我们当时认为，现实社会主义建设的主要障碍或对立面，就是现代资本主义；对于根深蒂固的小农的自给自足的经济意识、家长制帝王专制的政治文化意识和平均主义的社会价值观念，我们本来就缺少深刻的反思，后来就越来越不看重了。所以，我们长期感兴趣的是大搞所谓的"兴无灭资"，却不是破除"封建"的家长制和小农所向往的平均主义传统,这就势必走上虚妄的"无产阶级专政下继续革命"的极左道路,也为个人崇拜和造神运动准备了条件。结果,恰恰是在大反传统的"文化大革命"中,传统中最糟糕有害的东西倒泛滥成灾。改革开放和市场经济这一现代性实践方式确立的艰难,也说明了我们从传统的实践方式转向现代实践方式的艰难。

如果着眼于制度安排,那么,基于现代工业和市场经济的现代实践的主体性,不止是上级或领导层的主体性,更是每一个人的自主性的发挥和自由权利的实现,这相应地要求变人治为法治,在法律上保障每个人的政治权利,尽管"民主"、"人权"首先是形式上、程序上的。但包括毛泽东在内的我们过去党的领导,对此并无明确的、一贯的认识,因为法治和个人权利直接而言是市场经济的要求,而我们过去是反对市场经济这种实践形式的,虽然它从来没有在中国真正形成,但我们从自己过去的商品交换,从西方市场经济产生的负面问题以及马克思的某些论断中,却形成了一种对资本、对市场的恐惧和道德上的厌恶。我们认为只有计划经济才能避免市场的盲目性和由此带来的社会贫富差距,才能消除资产阶级"法权",充分实现社会发展的自觉性并保障每个社会成员的平等,于是中央集权和毛泽东本人的一元化领导权威也就势必被不断地强化了。

本来,"领导是自觉的、高明的,而群众是自发的、蒙昧的"这种观念,是毛泽东极其反感的传统观念,他也一再发动群众、鼓动小人物"造"领导层的"反","造"大权威的"反",甚至"造"科层化的体制的"反"。而不无吊诡的是,越是发动这样的运动,毛泽东本人越是成为最高明、最权威、最神圣的领导,而他始终未能解决高度集中的"社会主义体制"与人民群众的自主性的矛盾。随着他本人地位和影响的如日中天,他的思想和著作也被权威化和神圣化。然而,任何思想理论的权威化和神圣化,只能导致它的真精神被其表面的形式的东西所取代,它给予人们的也就不再是批判的理性和解放的力量,而必定是思想的封闭禁锢了。事实一再证明,任何真理性的认识,一旦被推上独尊的地位,成为唯一正确的东西,它就会走向自己的反面即僵化和教条化,扼杀掉包括自身生命在内的活的真理和思想。在这种情况下,即使"实事求是、解放思想"这样的原则,也会成为一句空话和套话。

综上所述,笔者认为,我们今天重读毛泽东的"两论"并认真思考"两论"的思想理论命运,就要把实践的观点和辩证法的矛盾法则,放到我们今天的社会历史发展及其要求之中,给予新的理解和阐释,并由此把我们的思想理论水平真正提升到时代的高度。业已取得巨大成就的改革开放,作为由中国人自己开展的改造中国传统社会的实践方式,既体现了现代化的要求,又是现实社会主义的自我革命、自我扬弃,特别值得我们反思和总结。

改革开放的启动与实施,固然是当时中国社会矛盾的产物,但就其理念而言,我认为它特别体现了一种现代视野的生活实践观念和要求:既尊重本国人民的自主的实践活动,而又重视并借鉴全人类的生活实践形式。如果说"改革"主要体现了对于我国人民自主地选择自己生活方式的愿望和能力的尊重的话,那么,"开放"所体现的就是借鉴、汲取全人类特别是走在时代前面的发达国家的实践经验与思想文化,并积极地与他们展开互动和公平的竞争。中国近代历史已经反复证明,中国人要走出自己过去半自然状态的生活实践方式,就必须打开国门,参与到普世的现代化运动中。事实上,任何民族的实践都受制于其特定的地理环境和历史形成的社会文化条件,从而形成特定的实践样式或格局。要突破这样式和格局的局限,就要向其他民族开放。改革与开放相互作用、互为因果,正如人们的"生产"与"交往"的相互作用与转化。毛泽东讲实践论、矛盾论,但他自己却未能真正走出中国传统的实践样式及其现代变形的矛盾,这不能够不说是一个具有悲剧色彩的沉重教训。当然,这不止是毛泽东本人的教训,而是我们整个民族的教训。这一沉重的教训从反面说明:仅仅突出变革的实践是不够的,对于处于社会转型期的社会来说,实践性质和格局的变革尤为重要,而实践在这里不仅包括生产活动,更包括交往活动;开放给当代中国带来的巨大冲击与变化,业已雄辩地证明,世界性的"普遍交往"已越来越成为现代人类实践的主导方面。

就改革开放的具体进程而言,在经济上,从农村到城市,从办经济特区到全面的改革开放,鼓励试验、探索而又允许失败,允许调整和纠错,力求稳步前进的渐进式改革形式,也是一种既符合中国人重视实践经验又符合现代理性的领导与工作方式。那么,我们可否在政治改革方面也借鉴这一成功经验呢?只要真正从国家的长治久安和人民的自由幸福考虑,我们认为就没有什么不可以的。在今天,我们必须有愈来愈广阔的心胸、视野和清醒的理性精神,因为我们今天面临的问题较之过去更为复杂和广阔,劳动分工社会分化及其所要求的合作与整合,已超越民族国家而达于全球,达于全人类。我们今天所需要的,既是实践地变革世界,更是调整乃至重构新的社会关系体系。毕竟,现代人类社会的危机、风险和生态日益严重的问题,很大程度上是人自己主客二分模式的认知性工具化的实践造成的,是传统民族中心、人类中心的价值观念长期影响的结果。

由此,反思马克思的实践的观点,我们就会意识到,它其实不止是让人们从自己活动出发看问题的方法论,同时也是突出现代主体性原则的存在论,体现的是现代人尤其是马克思心目中的"无产阶级"变革自然和社会、努力掌握自己命运的历史运动。但我们今天的时代与马克思已相去一个半世纪,一方面,越来越多的无产阶级成员以各种合法的方式成为有产者,形式的程序的公正作为现代文明的成果已被广泛接受;另一方面,人类内部的竞争越来越激烈,民族国家、地区和个人之间的差距甚至越拉越大了。人类能否形成既具生机活力又能带来人类内部和人与自然和谐的实践方式?这是我们应当花大气力研究的重大理论问题。相应地,在关于实践的理论上我们应当明确这样一个观点:变革世界的实践也要不断地实现自身的变革。就当代而言,这一变革不光是从传统的农业社会的实践变换为现代工业社会的实践,还应当是在此基础上向着后工业社会实践的变化,即向着"全人类都自觉地改造自己和改造世界",同时也自觉地实现自己的实践方式、生活方式的变换。而这里说的"自觉",也应当包括对人的"自发性"给予尊重及合理引导。这就是笔者在毛泽东的《实践论》、《矛盾论》发表 70 周年之际的原则性看法。

第五节　面向事情本身

从本章上述评论和分析可以看出,30 年来马克思主义哲学研究进步突出,成果显著,对中国的现代化和思想文化建设产生了积极的影响。但是,这一研究也存在着由于过分贴近实际适应政策,在一定程度上导致见树不见林、理论深度欠缺、思想水准不高,和研究论域过于宽泛,几乎无所不包等问题,影响了马克思主义哲学的理论洞察力和自身的学术建设。这一问题正在随着学界"中西马"这三大学术类型及传统的对话,得到一定的克服。西方著名学者沃勒斯坦通过对 19 世纪以来西方各种思潮和意识形态现象的总结,指出现代世界上的三大意识形态,即"保守主义"、"自由主义"与"社会主义",都是在回应现代性中形成的社会意识,其共通性远大于它们之间的对立。① 从一定意义上,可以把我们学界的"中西马"视为沃勒斯坦所说的世界上三大意识形态的"地方化"表现。

从历史上看,马克思主义进入中国并经历中国化的进程,主要体现在政治路线和指导思想的确定上。但马克思主义哲学在成为中国学术的重要组成之后,越来越渗透到中国的文化、教育和学术中,并与同样存在于中国文化、教育和学术中的中国传统哲学、现当代西方哲学发生互动关系。正因为这三种学术资源构成 20 世纪至今中国哲学的基本格局,并各呈优长、不可替代,"中西马"的对话和比较就成为中国哲学发展的内在动力和重要趋势,而马克思主义哲学在这一比较和对话中,既彰显出自身的特点,而又通过其他两种资源及其视角,不断发现并突破自身的局限,提升理论的解释力和包容性。"通过他者,重塑并确证自身";"利用传统,传承并再造传统"。这正是当代中国社会发展和文

---

① [美]沃勒斯坦:《保守主义、自由主义和社会主义:三种还是一种意识形态?》,杜丹英等译,载《马克思主义与现实》1999 年第 1 期。

化复兴的必由之路。

如所周知,马克思主义哲学奠基于马克思的哲学,马克思哲学是整个马克思思想理论的基础与灵魂,它既是对德国观念论哲学的创造性转换,又是对现代实践哲学的开启,其现实性、思想性和时代性特点极其鲜明。随着马克思的思想在东西方的传播并结合于各民族的实践,它也赋有了不同的民族形式并呈现为多样的形态。自20世纪初马克思、列宁的思想传入中国以来,就启动了马克思主义中国化的历程。长期以来,一批先进知识分子和中国共产党人在实践和理论两方面推进了马克思主义的中国化,并特别注意在实践和理论的结合上创造有中国特色的马克思主义,体现在中国共产党领导人和一批学者的论著之中。在当代中国社会转型和实行市场经济的全新历史阶段,中国的马克思主义要继续发挥指导作用,就必须与时俱进,一方面从宏观上关注并揭示中国由市场经济走向世界的逻辑及内在矛盾,合理地解答科学社会主义与当代民主主义、自由主义理论的关系问题;另一方面从微观上进入中国普通民众的生活世界、心灵世界,相应地实现马克思主义同以经典文本为表征、以日常生活习俗为内在机理的中国传统文化的良性互动与整合。

显然,按照现代化的标准,处于社会主义初级阶段的当代中国的社会总体进程还不具备世界的先进性。据有关专家研究,中国整体上处在工业现代化的前中期阶段,且内部差异很大,如有的行业的现代化水平已达到世界先进水平的百分之五十以上,有的接近这个比例,有些则未完成现代化进程的三分之一的路程。① 一方面,在内地的许多农村和山区,前现代的社会现象仍然大量存在,另一方面,在某些大城市、东部沿海地区以及社会生活的某些层面,"高"现代和"后现代"现象已经出现。这就是所谓在西方"历时"性的现象在中国"共时"地存在着。因而,中国当代实践的历史水平既有滞后于马克思思想体系的,也有突破和领先于马克思思想体系的。这就尤其需要中国的学者进行理论创新。这方面的突出表

---

① 陈佳贵、黄群慧:《中国实现工业现代化了吗》,载《中国社会科学文摘》2009年第9期。

现,就是学界不仅对有中国特色的社会主义理论做出了积极贡献,而且围绕中国的现代化这一主题,积极开展马克思主义哲学中国化历程的研究,开展马克思主义哲学与中国传统哲学和西方现当代哲学的对话和交流。在前一方面,许全兴、陶德麟、安启念等学者较有成就;在后一方面,一些大陆、港台和海外学者做出了富有成效的工作,其中,大陆学者郭齐勇、邓晓芒、欧阳康与台湾学者林安梧的持续多年的对话起到了很好的作用。

不难发现,在中国大陆展开的"中"、"西"、"马"的对话,既表明大陆的学术环境越来越宽松,更是当代中国社会的分化与整合在学术思想上的自觉体现。在市场经济的强力推动下,原来中国社会高度集中的局面已不复存在,企业自主经营、个体经营越来越具有独立性,市场竞争带来了社会的生机与活力,也使整个社会越来越多样化和多层次。现在,一方面,社会应有的分化如政治、经济与文化三个领域的分化仍然很不充分,另一方面,不应有的高度分化如贫富悬殊已到了严重影响社会和谐的地步,加重了社会整合的难度。

因而,当代中国社会特别需要从实践中产生既高屋建瓴又有现实针对性的理论。哲学当然不是实证的操作性理论,但它能够让人们从本体论和方法论的高度看待问题,找到根本的思维和价值坐标。中西马对话所要达到的目的,也正是为了敞开中国社会的深层次问题并给予思想上的解答。

中西马三种学术作为现代中国学术的三种主要成份和角色,直接表达并回应着中华民族在近代以来所遭遇的中西古今之争。在近代中国复杂的历史和文化语境中,作为中国一切有识之士的思想理论选择,一开始就表现出社会价值观上相通或相近的关怀:它们都程度不等地承认中国必须有一个大的变革,中国人再也不能按照"老样子"生存下去了;大都认同西方的"民主"和"科学"并受到其价值理性和知识理性的濡染;大都认为中国应当建立不同于君主专制的新的文化价值秩序和社会组织秩序。正是基于这种共通性,中国学术思想的现代取向才成为大趋势,而各家各派彼此的差异和矛盾才得以构成中华民族生存视界的内在张力。

　　而就其差异而言,中西马三种哲学及其从业者的思想视界分别是从"民族"、"个体"和"人类"这三个坐标观察问题的。中国哲学及其从业者在思想上主要依据的是"民族"共同体这一维度,在文化上表现为保守主义;西方哲学及其从业者在思想上主要依据"个体"这一维度,在文化上表现为自由主义;马克思主义哲学则首先在理论上立足于由"全世界的无产者"和"被压迫民族"所代表的"人类未来"。这些立足点及其理论视界虽然不同,但又相通和互补,因为在市场经济条件下,在全球化过程中,我们同时拥有了"民族"身份、"个体"自我和"人类"成员这三种角色:"民族"在这里首先指基于共同的历史和文化的传统民族共同体,也可泛指包括家庭、社区在内的利益和文化共同体;"个体"指获得或正在争取公民身份与权利的个人,这些个人直接依托现代市场经济;但他们既不是经济动物,也不是孤立的原子,除了经济关系之外,他们还处在包括政治、文化、心理等在内的各种社会关系中;"人类"指现存的全人类及其未来,并且,正是"人类"社会及其整体性的突出,人类与自然生态的关系问题才会引起人们越来越高度的重视;从人类整体利益出发,我们才必须承担起解决自然生态问题的责任。

　　当然,中西马的对话并不意味着中西马会在不长的时间中消除它们的差异而融为一体。

　　我们认为,中西马的分野特别是中西之间的分野,正如保守主义、自由主义和社会主义的分野一样,在某些方面既有融通,其分歧又将长期持续下去。其根本原因在于,处于转型过程中的当代中国人的上述三重角色之间存在着矛盾。中华民族历史悠久、广土众民,其主要以象形表意的语言文字为载体的文化在世界上更是独树一帜,每一个中国人都将给予继承和维护,而这种语言文字中内涵的价值观念、思维方式和历史文化信息,也就将在他们"日用不知"的生活中潜移默化为他们的文化心理结构。至于中国传统文化中的哪些方面或因素是具有人类通性而又价值独特的瑰宝,完全可以作为现代中国人安身立命的根基,哪些方面或因素具有工具性、手段性的价值,可以被我们放在包括西方文明在内的工具箱中继续使用,哪些方面或因素已属过时的陈规甚至陋习,这仍然要根据现代中国社会发展的要求和实践的检验,并通过中西马学术思想之间的相互批评、驳难来加以发现、甄别和取舍,中西马三方的对话也将逐渐产生对某些重要学术概念和命题的新的解释,乃至创造出为各方所认同的新的概念和命题。

由此可见,中国传统的思想文化既不可能全盘西化,也不可能像国粹主义所希望的那样悉数保存,而必定继续处于因革损益的过程中。中国与西方在社会和文化上都会越来越"你中有我、我中有你"。

诚然,着眼于全世界自然环境的巨大差异、历史文化的长久积淀、人种和文化的密切结合、现实利益的竞争和冲突等各种原因,人类现有的各种文化及其价值观念,都将长期保持他们的特点。并且,由于现实自身就有许多可能性,现代人更加注重独立性和个性,文化的多样性恰好能够为他们的选择提供保障,所以历史在趋同中也趋异,不用担心将来天下文化一统。但是须知,文化的多样性以及各民族的特殊生存方式并不等于各民族原有文化样式的简单的自然的保存或延续,因为任何多样性、特殊性都是相对于同一"普遍"的背景而言的,并且,它们也一定要在这一背景下经由相互作用而发生新的分化、变异与重组。①

应当指出的是,国内治中西学术和哲学的学者不仅在其专业研究方面体现了马克思主义基本思想的指导,一些主要治西方哲学的学者如邓晓芒、赵敦华、张汝伦等也直接参与了属于马克思主义哲学学术范畴的研究和争论,许多见解并不逊色于专业性的马克思主义哲学学者。还有些学者本身就是跨专业的。这既反映了马克思主义哲学及其研究的开放性,也说明了中西马三类学术的区分是相对的,在高明的学者那里并无人为造成的所谓学科"壁垒",何况哲学根本上属于思想而不属于学科。

着眼于未来,我们认为,中国的马克思主义哲学研究通过中西马的对话和自身理论的丰富与创新,应当进一步注意研究和解决好理论与现实的关系,提升发现重要问题的能力。无疑,"理论是灰色的,而生活之树常青"。理论归根到底来源于人的生活实践,并要回到人们现实的生活中

---

① 张曙光:《论当代中国学术研究的思想立足点》,载《哲学动态》2008 年第 3 期。

去。完全脱离现实的理论是缺乏生命力的。马克思主义理论更是以实践性和现实性著称。

但是,理论毕竟源于而又高于现实,并且呈现出不同的关注重心和不同的抽象层次,而不是只有一种模式。抽象程度最高的理论如哲学、神学,表面上远离现实甚至具有某种超验性,但恰恰是这些看来深奥难懂甚至不食"人间烟火"的理论,能够深刻地触及人类及其社会历史的内在矛盾,深刻地洞察并把握住人的内在精神世界,对人类生活发挥根本的和长远的作用。哲学对现实的关注不是为解决某个具体问题提供某种现成的技术性的策略和方法,而是通过对现存世界的反思,为理解和变革人的现有生存状态提供价值理念、思维方式和未来图景。显然,理论要卓有成效地指导、影响人们的现实活动,首先要从现实实践中脱颖而出,并深刻地把握住现实本质自身中的矛盾。而这是一个需要在理论和现实之间反复进行的过程,经过这个反复的过程,人们才能不断地提升创造理论和洞察现实的能力,即形成强烈的"问题意识"和发现真正重要"问题"的能力,而不至于发一些"上不着天、下不着地"的似是而非、大而无当的议论。

中国当前社会发展中的问题,很大程度上是由于理论滞后,或理论官样化、形式化,不能或不敢正视和解答真正重要的"现实问题"。问题当然是现实生活中的问题,但是,问题不是明摆在那里的,只有对于特定的理论预设和诉求来说,现实问题才不再是表面现象,而是被人们明确地加以认识并有待人们给予解答的事情的"真相"。就此而言,"问题"本身就是"理论"的原生形态。对于人而言,根本问题正是"人的问题",即人在自己生命的对象性活动中产生的矛盾、冲突和痛苦。就进入世界历史的中国社会来说,这个"人的问题"则作为整个中华民族的历史命运问题撕扯在中西古今的矛盾纠葛中。中国前进的道路的确没有什么模式可以遵循,马克思主义经典理论对建立中国特色的社会主义社会也没有完全充分的解释力。这也是中国在实践和理论上出现两难选择甚至出现从一极跳到另一极的"怪圈"现象的重要原因。只有通过自我否定,中华民族才能实现自我肯定,走出怪圈。

人们一度争论不休的中国改革开放的性质问题,说到底从属于中华民族从"天下"走向"世界"、从传统的"主奴"关系走向现代"自由平等"的大逻辑;这一通过中西之间和中国内部巨大的张力所展开的逻辑,具体地体现为中国人对"社会主义理想"的追求和中国"现实社会主义"社会的自我改革与开放。这就是当代中国的实情。因而,我们要特别提出"面向事情本身"即面向中华民族和整个人类在天地之间的生命活动,以及天性与文明本身,并且以他们的幸福为自己的幸福,以他们的痛苦为自己的痛苦,努力探讨中国必须建立也能够建立的有自己文化特色的现代文明秩序。由此,我们才会有强烈的"问题意识",才能形成足以发现和解答当代重大社会和思想文化问题的理论。这个理论将是符合马克思主义基本精神的,又是属于现代中国和现代世界的。

第 六 章

哲学反思与范式问题

　　哲学是反思性的学问，因而在指向对象的同时也指向自身。在当代这样一个技术当道、物欲横流的时代，哲学固然应当从人文的角度给予反思和批判，并更加关注人的文化心理和道德价值问题，但是，哲学却不能由此丢掉理性的维度，或者一味钟情于"形上境界"。那样的话，哲学不过成了工具理性和人的肉身欲望的简单对立物，是不可能真正有效地分析和批判现代社会的。我们的哲学在今天之所以难以提出关键性问题、切中现实的要害，最大限度地发挥"思想"的批判和建设作用，仍然是过于迷恋形上的终极的思维，因而对于迅速变化着的经验的、现实的世界，就显得抽象和迂阔。如果哲学对于现时代有着决定性意义的规则建设、制度安排的问题，要么置之度外，要么重复某些社会科学的结论，当然就不会受到重视。哲学必须突破自身。这就要深入思考并突破哲学传统范式的局限。

第一节　重思马克思的哲学观

　　我们知道，马克思以其"消灭哲学"和"问题在于改变世界"的革命性思想取向,颠覆了西方的形而上学,开启了一种对于社会特别是现代社会给予历史性批判的思考范式。但是,由于现代社会是并仍将是一个处于高度复杂的劳动分工、社会分化和利益竞争之中的社会,作为社会分工的一部分的哲学与理论也将持续下去,因而,如何看待哲学与生活的关系,看待理论与实践的关系,仍然是一个问题。大陆哲学界围绕马克思的"实践哲学"(或"实践的唯物主义")的争论,仍然要联系这一背景加以理解。

直接而言,这是一个什么样的称谓更能体现马克思"哲学"性质的问题,但深入地思考下去即可发现,问题并不是如此简单。因为在马克思的语境中,"哲学"是要被"消灭"和"终结"的对象,他也未把自己的"新世界观"称为"新哲学"。当然,即使对于马克思,我们也要本着实事求是的态度,但这恰恰要求我们在马克思的文本、思想自身的逻辑与我们的当代境遇和任务之间,反复进行解释学的对话,以便在这三者之间进行必要的区分和基于这区分的沟通。

事实上,在马克思提出"消灭哲学"并转向实践的历史的批判活动之后,一切"哲学"研究都面临着一个是否还有合法性与有效性的困难。而在海德格尔提出"哲学的终结与思的任务"的命题之后,这一困难就更加明显了。在他们身后仍在进行着"哲学"研究的学者们,是否在做着一些自以为重要实则无谓或完全属于重复性的事情? 更糟糕的是,是否在做着"理论"与"实践"、"知识"与"价值"、"为学"与"为人"两不相干的事情? 这成了一个令人焦虑的问题。学界已就上述难题展开过许多探讨,但是由于问题的某些方面仍然没有被完全敞开,这一探讨的效果就非常有限。事情的严重性迫使我们再一次深入地思考这个难题。我们不妨先从海德格尔的那篇著名论文说起。

在题为《哲学的终结和思的任务》的论文中,海德格尔写下了这样一些重要的并已为我们所熟悉的话语:

> 哲学即形而上学。形而上学着眼于存在,着眼于存在中的存在者之共属一体。纵观整个哲学史,柏拉图的思想以有所变化的形态始终起着决定性的作用。形而上学就是柏拉图主义。尼采把他自己

的哲学标示为颠倒了的柏拉图主义。随着这一已经由马克思完成了的对形而上学的颠倒,哲学达到了最极端的可能性。哲学进入其终结阶段了。至于说人们现在还在努力尝试哲学思维,那只不过是谋求获得一种模仿性的复兴及其变种而已。①

我们知道,海德格尔所说的哲学"终结"是"完成"的意思,由西方哲学所开启的诸科学不仅从哲学中分离出来而且获得了巨大的发展,这就标示着哲学的完成即哲学在社会地行动着的人类的科学方式中找到了它的位置。但他接着就质问:在哲学展开为诸科学这一意义上的哲学之终结,也必然是对哲学思维已经被置入其中的一切可能性的完全现实化吗?他并不认同。他猜度并期待着某种"预备性"的思想,这种思想既不同于作为形而上学的哲学,也不同于似乎理所当然的知性科学——因为它们恰恰共有着传统的"意识的主体性"(和"实体性");而应当是一种超出理性和非理性之分别的"清醒"的思想,能够对现在有所"道说",能够思入"澄明"的"无蔽"。而要达到这种"思的澄明"——海德格尔最后写道——"思想的任务就应该是:放弃对以往关于思的事情的规定的思。"②

对于海德格尔的这篇论文以及论文中提到的"马克思完成了对形而上学的颠倒"的观点,学界已有不少解说和论述,这些解说和论述也都有一定的启发性。但是,事情似乎并无多大改观。且看下面这些旨趣颇为不同的论题和问题吧:有学者在今天依然声言并坚持"哲学就是形而上学",这是否有意无意地继续了柏拉图主义,这种继续是合理的还是不合理的?而认为哲学的现代"转向"之后是与科学主义或实证知识对立的道德哲学或价值哲学,并且只有这种哲学才持守了哲学的本份并能够解答人生意义问题,难道真的开启了引领我们进入澄明之境的思吗?这种思与我们往往将其作为真理的良好"愿望"的区别何在?而当我们争论马克思的"哲学"是原来教科书模式的哲学还是"实践的唯物主义"时,是否澄清了这里的前提性问题,即马克思的"哲学"究竟何义?如果说马克

---

① 孙周兴选编:《海德格尔选集》(下),上海三联书店 1996 年版,第 1244 页。
② 孙周兴选编:《海德格尔选集》(下),上海三联书店 1996 年版,第 1261 页。

思之后也仍然需要哲学，那么，这是否"只不过是谋求获得一种模仿性的复兴及其变种"，因而谈不上什么创新和发展？最后，当我们一边在文字上反复论证着"实践"的重要，一边过着理论性的生活甚至心安理得地竞逐着名利时，这是否就是我们所声称的那种"实践"？

笔者认为，我们对上述问题并没有给出明确的、令人满意的回答。尤其是对于我们所认定的马克思的"实践哲学"及其"实践性"和"哲学性"的理解，更是充满了严重的问题性：一些人主张实践哲学是实践"本体"论，却纠缠于"实践本体"与"物质本体"的矛盾关系中不能自拔；另一些人断言实践哲学是实践"方法"论，但始终面临着由方法替代、吞没作为其根据的本体而终将流于主观任意、怎么都行的相对主义危险。如依照哈贝马斯的说法，实践哲学意味着由原来意识哲学的"意识优位"转向"实践优位"，那么，实践哲学所依据并要表达的是实践的"经验"还是实践的"精神"或"理念"？如是实践经验，那它就不再是哲学；如是实践的精神或理念，那它与意识哲学的"意识"又有什么区别？如此等等。

现在，我们必须从原则高度质问自己的是：当我们一方面肯定马克思实现了哲学的革命变革，一劳永逸地消解了哲学的"形而上学"性，同时又认定马克思创立了自己的"哲学"时，我们是否真正把握了马克思一再申明的"消灭哲学"、"实现哲学"的思想？弄清了他不再把自己的"新唯物主义"、"唯物主义历史观"称为"哲学"的用意？从而能够准确地说明"实践哲学"是马克思本人的旨趣之所在，还是思想理论自身的逻辑所使然，抑或属于我们处身于其中的历史运动的要求？如果说，从来的哲学家们都是非实践的，他们也只能解释世界，而实践者们是非哲学的，他们对世界的改造也难以做到自觉和彻底，那么，"实践哲学"能否充当使双方彼此过渡和扬弃的桥梁？这种哲学所要求于哲学家的又是什么？当马克思毕生努力消除的具有社会分裂功能的"社会分工"，在当代乃至未来仍将是一个顽强的社会事实的情势下，"实践哲学"及其"实践哲学家"们已然处于什么样的矛盾和困境之中？

在解答这些问题之前，还是让我们先回到马克思的文本，首先弄清楚他基于时代及其任务所形成的关于哲学的看法，或如海德格尔所说马克思是如何放弃对以往关于"思的事情"的"规定"的;至于我们在今天应当如何看待和选择马克思的哲学观,那就还要考虑马克思之后历史发展的真实情况与客观需要了。只有从马克思那里真正继承了最具真理性和最可宝贵的思想而又规避了其局限,我们作为生活在当代社会的马克思的后学们才能解答何以自处即"我们应当并能够做什么"的问题。

对于源于古希腊并一向处于西方文明核心地位的哲学,青少年时期的马克思与其他自幼就浸润于这哲学教育之中的西方人有着共同的感受和态度,那就是深深地被它吸引并喜爱着它。马克思从西方哲学特别是德国古典哲学中获取的思想教益和营养,超过了其他任何一门人文学科,并逐渐内化成为他的精神和人格的主导性因素。他终生所从事的思想理论和政治活动,都既是现实的又是超越的,理性与情感、人文价值关怀与科学的态度高度地结合在一起,体现着取自于黑格尔并被他改造了的辩证法精神。没人会否认马克思本人就是一个伟大的哲学家。然而,这只是事情的一个方面,我们还要注意事情的另一个面相,这另一个面相就是他对于"哲学"的社会历史属性和命运的批判性分析和论述。

我们知道,马克思生活于资本主义在欧洲迅速发展的现代性早期,在思想史上则处于这样一个转折时期:以黑格尔哲学为代表的西方理性主义哲学达到了它的极限状态;在理论的范围内,这种理性化的哲学做了它能够做的一切;并且,正是黑格尔充满辩证精神的哲学将德国民族的理论修养提高到一个前所未有的层次,乃至成为马克思主义的酵母。但黑格尔哲学在发挥对于民族的理论培育作用的同时,就在孕育着这样的现实可能性:属于"时代精神"的哲学必须也必定会突破理论形式(体系)的束缚,在非理论的现实世界真正地"终结"即"完成"自身。这其实就是哲学的生活实践取向。意识和理性既超越着感性实践,又有对感性实践的眷顾和回归,尤其是在它充分展开自身可能性的情况下,因而黑格尔自己就多次申说"行动"和"实践"的重要;费尔巴哈在激烈地批判了黑格尔的"理性"、"精神"哲学之后,更是提出建立"感性哲学"、"实践哲学"这样的新哲学,他说"从理想到实在的过渡,只有在实践哲学中才有它的地位";说"新哲学"、"本质上具有一种实践的倾向";而"理论所不能解决的疑难,实践会给你解决"。① 以实践为取向并最终完成于实践,德国古典哲学的这一命运将要表明的是哲学最终的命运呢,还是哲学在每一个时代或每代人那里都会重复出现的命运,即只有终结自己才能如凤凰涅槃般地再生? 无论如何,经过《莱茵报》时期的马克思最初关心的正是让这种哲学的功能发挥出来,即通过与现实世界的相互作用,实现哲学的世界化和世界的哲学化。

在《〈黑格尔法哲学批判〉导言》中,马克思首先指出,"对宗教的批判是其他一切批判的前提",因为宗教是"颠倒的世界"的"总理论"和"包罗万象的纲要",反宗教的斗争间接地就是反对以宗教为"精神抚慰"的那个世界的斗争。对于哲学与宗教的关系,马克思在当时更多地给出的是区别。作为思想的哲学是理性的,自由是它的根本宗旨,怀疑与批判则是它的主要功能,所以它"理应"是"解放"人的力量而不是对人的精神的"慰藉",是批判的"武器"而不是批判的"对象"。

但是,我们还须同时注意马克思的下述见解:其一,哲学既然是"武器"或"手段",那它的合理的存在方式与目的就不是它的观念或理论状态,而是自身的否定即现实化;其二,当时的"德国的哲学是德国历史在观念上的延续","是唯一与正式的当代现实保持在同等水平上的德国历史",那么,正是在"批判"这种"哲学"时,"我们的批判恰恰接触到了当代所谓的问题之所在[that is the question]的那些问题的中心"。马克思由此指出当时德国的实践政治派"要求对哲学的否定是正当的";但该派的错误在于没有也不可能实现它。"该派眼界的狭隘性就表现在没有把哲学归入德国的现实范围";起源于哲学的理论政治派也"犯了同样的错误","该派认为目前的斗争只是哲学同德国世界的批判性斗争,它没有想到迄今为止的哲学本身就属于这个世界,而且是这个世界的补充,虽然只是观念的补充。""该派的根本缺陷可以归结如下:它以为,不消灭哲学,就能够使哲学成为现实。"②这样,在马克思这里,哲学的问题性就凸

① 《费尔巴哈哲学著作选集》,商务印书馆1984年版,第108、186、248页。
② 《马克思恩格斯选集》第1卷,人民出版社1995年版,第1—9页。

显出来了。结合马克思在这前后关于哲学的论述,可以概括出哲学的如下"两重性"矛盾。

从思想的角度看,一方面,哲学是一种最为"接近"思想本性的活的思想,所以它"爱智慧"也"爱自由"——正如亚里士多德说哲学是自由的学问,它只为自己存在;它的思想的目光要达于一切存在者,究天人、通古今,却不会凝固在任何一个"存在者"上。这也是它不同于偶像崇拜的宗教而又在"终极"关怀这一点上与宗教信仰相通的原因。另一方面,哲学既然为"学",它就不是前概念、非理性的东西,而必定有一定的概念和理论形式,不是只能"悟"却不可说与学的神秘主义,而是思考透彻、说理充分且逻辑自洽的理论体系。但是,任何概念与理论都有确定性,都是有限的,这样它又会分割、限制活的思想,并由此使自身常常陷入"动态"与"静态"、"活的"与"死的"矛盾之中。中国大哲老子早就看出这一悖论,所以他说"道可道,非常道;名可名,非常名",并表达了有限的"语言"乃至"思想"之于"大道"的无奈:"吾不知其名,字之曰道,强为之名曰大。"①中国哲人也正是由于思与所思、思与言、能指与所指的矛盾,于是注重从语词的象征性、隐喻性来理解和把握具有终极指向性的思想及其对象。西方哲学家们则特别看重概念的明确规定和判断、推理、归纳、演绎等一整套合乎逻辑的运演。这样,西方哲学就势必要在理性的道路上一往无前,达到某种彻底性。而物极必反,再由理性走向非理性。

从社会的角度看,哲学作为人对于自己生活在其中的时代的反思与表达,是思想中的时代,是时代精神的精华,所以它能够走在历史的前面,充当现实的镜子和报晓的雄鸡,并发挥出对于时代和人们实际生活的质疑和批判性(苏格拉底就是这方面的典型)。但哲学既然是人自己的一种社会意识,它就不可能完全超越历史时代,而必定在一定程度上属于它产生于其中的世界;即使它表达的希望和理想,作为现实反向的投射和折光,也要打上现实世界的印记,直接或间接地反映这个世界的文化和社会秩序。

---

① 《老子·一章》;《老子·二十五章》。

当马克思说"迄今为止的哲学本身就属于这个世界",而且是这个世界"观念的补充"时,哲学与宗教就不再有本质区别了。就其产生而言,哲学与宗教都内在地赋有生活的本性和历史合理性,但在一定条件下,也都能变成生活的异化形式。当哲学和宗教不仅表征着人们生活的希望还垄断了生活中的"自觉自由",实际的生活却不成其为人的生活时,它们的区别就不过在于后者是情感的"抚慰",前者则是理性的自我"说服"而已。海德格尔关于形而上学的"存在—神—逻辑学机制"的观点,从另一侧面印证了这一点。不仅如此,哲学也会有意无意地反映哲学家们自己的社会地位和生活价值观。例如,当亚里士多德把哲学视为自由的学问时,固然表达了人们在思想上对于自由的普遍向往,但与他自己的自由人身份和他对于自由人与奴隶的等级式区分的维护,也不无密切联系。在哲学理性的普遍、抽象和超越性之中,总是隐藏着人们特殊的具体的现实的情感、意志和功利性考虑,虽然未必一定是一己之私利。而那些或明或暗地表达着文明时代的统治秩序合法性的哲学,又如何能够与这个文明世界展开"批判性斗争"呢?

于是,"发现"了"无产阶级"这一革命力量的马克思更为决断地确定了由"哲学"向"实践"的转变。实践在这里首先是指直接变革现实世界的活动即人民群众的物质性力量,因为物质力量只能用物质力量来摧毁;从而亦是指"哲学"必须重新奠基于现实的实践活动这一人的根本"机制"所在,以便获得"实践能力"和"革命"性质。而这就意味着它的身位、角色和态度的根本改变,即从过去一向高高在上的云端降到大地,降到"一个由于自己遭受普遍苦难而具有普遍性质的领域",即成为"无产阶级"这个"被带上彻底的锁链"的阶级的实践观念,并在共同摧毁一切奴役制的革命中走向自我的解放即终结:"这个解放的头脑是哲学,它的心脏是无产阶级。哲学不消灭无产阶级,就不能成为现实;无产阶级不把哲学变成现实,就不可能消灭自身。"①

在此,我们领会到马克思"消灭哲学"的多重含义,在其"哲学的现实

---

① 《马克思恩格斯选集》第 1 卷,人民出版社 1995 年版,第 14—16 页。

化"这一基本意义之上,既包括了对迄今为止的哲学的"消灭"即将其作为"批判对象"的解构和变革,还包括对能够充当解放"头脑"的哲学的"消灭"即使其在与无产阶级共同的革命中"成为现实"。哲学的所谓成为现实,就是世界亦即人类生活的合理化、理想化。因而,从根本的也是最终的意义上,把马克思的"消灭哲学"理解为哲学"从旧形态向新形态的转变",理解为既克服又保留的"扬弃",是未中肯綮的。在马克思的语境中,"消灭哲学"就是哲学自身的终结即实现为生活本身;哲学终结了,合乎人性的生活才能真正地开始。马克思"消灭哲学"的命题之所以包含着哲学变革的任务,则是由于他认为一切过去的哲学不想改变也无力改变这世界。"哲学家们只是用不同的方式解释世界,问题在于改变世界。"所以,他要提出一种已经很难用"哲学"命名的旨在改变世界的新的世界观方法论,这一世界观方法论是自觉其为生活本身的思想,能够直接地引导并转化为人的实践。因而,与其说马克思是"哲学家",不如说他更是以实践为取向的"思想家";如果说"哲学"属于学术,是理论性的,"思想"则属于人的生命活动,是生存性的;"哲学"必须符合特定的规范和学统,"思想"则是最为自由和充分的思考与探索。

事实上,哲学也首先萌发于思想并力求达到思想的最高目标,从而把握人的终极的理想性生存。历史上的许多哲人,都曾怀有让世界完全哲学化的梦想,但他们最后大都放弃了这一梦想,或许是因为他们毕竟没有生活在马克思的时代吧。当然重要的原因还在于,过去的哲人大都像亚里士多德一样,认为人只有解决了生计问题,才能问津哲学这门自由的学问,而自由是对必然性的彻底摆脱,是以自己为目的。

并且,即使哲学关心着人的现实生活,哲学之光要照射进的生活领地,也只能是哲人对这个世界的思考或洞观,其实践也往往指人的道德践履。而哲学思想尚未在人类生活的一切方面都彻底思考一番,并将这一切方面关联起来形成系统之前,它是不会中止自己的理论取向的——所谓"理论取向"即理性思维的普遍化和系统化取向。在近代之前的西方,社会对理论的重视必然优越于对现实的重视,哲学的任何现实化与世俗化,即使能够流行一时,却都会由于降低哲学的思想性而遭到思想自身的贬斥,并激起思想向着更高的理论层面挺进。历史上凡是思想深刻的哲学家,总是要在对人的感性世界的观照之后重新确立思想和理论的至上性,因为这意味着他们对于不完满的现实生活世界的否定性超越。

只是到了黑格尔,西方哲学才终于出现了恩格斯所说的这样的情况:"费希特和谢林开始了哲学的改造工作,黑格尔完成了新的体系。从人们有思维以来,还从未有过像黑格尔体系那样包罗万象的哲学体系。逻辑学、形而上学、自然哲学、精神哲学、法哲学、宗教哲学、历史哲学,——这一切都结合成为一个体系,归纳成为一个基本原则。"①于是,才有了黑格尔哲学的解体和西方哲学的新的"转向";从柏拉图直到黑格尔的哲学理念,即"精神、思维、观念是本质的东西,而现实世界只是观念的摹写"这样的一种理念,在现代社会无可挽回地衰落下去了。

马克思经过《1844年经济学哲学手稿》的极其活跃而深入的思想探索之后,不仅明确地提出了自己的实践观点,并且对过去的一切哲学尤其是当时的德国哲学给予了更为深刻的剖析和批判,与此同时,一种立足于人的感性对象性活动即生活实践的具体的、历史的思想,从他的新的文本中凸显出来。这也就是海德格尔所说的马克思完成了对形而上学的颠倒,乃至可以称之为正在"放弃对以往关于思的事情的规定的思"吧?

让我们再来回顾一遍《德意志意识形态》中这样的论述:思想、观念、意识的生产最初是直接与人们的物质生活和交往,与现实生活的语言交织在一起的。而当人们与自然界的关系还没有走出狭隘的动物性状态时,人的意识也是动物式的意识。随着人的生产能力的提高和分工的发展,人的意识也有了发展和提高。而具有关键意义的分工是"物质劳动"和"精神劳动"的分离。"从这时候起意识才能现实地想象:它是和现存实践的意识不同的某种东西;它不用想象某种现实的东西就能现实地想象某种东西。从这时候起,意识才能摆脱世界而去构造'纯粹的'理论、神学、哲学、道德等等。但是,如果这种理论、神学、哲学、道德等等和现存的关系发生矛盾,那么,这仅仅是因为现存的社会关系和现存的生产力发

---

① 《马克思恩格斯全集》第1卷,人民出版社1965年版,第588—589页。

生了矛盾。"①

这些属于历史发生学和知识社会学的分析、论述表明,马克思和恩格斯是基于人从自然中的分化和人类自身的分化理解人的精神生产和理论活动的。理论活动缘起于人的感性对象性活动及其反思性意识,它的出现表明人的对象性活动本身的重大分化、分立,即从人们的物质生活和交往活动中产生出来的意识和思想观念,不再与其"交织在一起",人的意识、精神不仅超越了"绵羊意识或部落意识",越来越走向自觉的自我意识和独立的生产,而且能够远远地走在人们实际生活的前面。这是人类进入文明时代并使文明发展起来的根本条件之一。但是,也正是伴随着文明的脚步,人类不仅有了"自我"与"他人"的亲疏之分,还有了"自由人"和"奴隶"的贵贱之别,社会分裂为阶级并产生了阶级对立和斗争,文明与由文明导致的新的野蛮相反相成地交织在一起,由此产生了文明社会的一系列悖论。

人的意识和精神也是如此,一方面,越来越发达的意识和精神使人不断地摆脱自然状态,确立并提升着人的自觉性和主体性;同时,高居于人的生活世界之上的意识和精神,要么以自己为圣域和中心,以为通过它人类的灵魂才能从罪恶中获得拯救;要么以自己为最高的真理和解放者,以为只要用此岸的意识代替彼岸的意识就能够除掉神学加之于人的枷锁。总之,普遍的观念、概念统治着现存世界;因而,对于德国哲学来说,只要同意识的这些幻想进行斗争就行了。显然,在观念、概念是人和世界的"根本"这一点上,德国哲学与它所批判的宗教并无二致。

马克思针对德国哲学的这种"从天国降到人间",针锋相对地指出:"和它完全相反,这里我们是从人间升到天国。"就是说,不是从人们所想象的人出发去理解有血有肉的人,相反,"我们的出发点是从事实际活动的人,而且从他们的现实生活过程中还可以描绘出这一生活过程在意识形态上的反射和反响的发展。甚至人们头脑中的模糊幻象也是他们的可以通过经验来确认的、与物质前提相联系的物质生活过程的必然升华物。

---

① 《马克思恩格斯选集》第 1 卷,人民出版社 1995 年版,第 72、81—82 页。

因此,道德、宗教、形而上学和其他意识形态,以及与它们相适应的意识形式便不再保留独立性的外观了。它们没有历史,没有发展,而发展着自己的物质生产和物质交往的人们,在改变自己的这个现实的同时也改变着自己的思维和思维的产物。不是意识决定生活,而是生活决定意识。"①正是这种"由下到上"的考察方法,使马克思找到了处于社会世界上层的精神及其产品的"形而下"的世俗性根源,从而给予了"从上到下"的"归结"或"还原"。这样,包括哲学在内的观念和理论,就被去神秘化、去神圣化了。它们不再有独立自足的性质,也不再有颠倒乾坤的能力了。而观念性的文化之所以处于社会的上层并有着显赫的地位,发挥着主导性作用,只不过因为它们代表着统治阶级的利益和意志罢了。马克思着眼于社会的阶级分裂和政治国家的统治,对包括哲学在内的观念性文化的历史社会性解析,使哲学二重性中特殊的、相对的、意识形态的因而也是异化的属性,进一步被呈现出来。

在马克思看来,这一属于社会分裂的情况随着资本主义时代的到来达到顶点,人类彻底分裂为两大对抗阶级,物质生产与精神生产也彻底分离开,处于社会上层的哲学、宗教、国家和处于基础地位的劳动,其异化和扭曲都达到了极端的地步,就如同人的肉身由于与心灵二分而被人自己感叹为"一半天使一半野兽"。"社会意识"不再是生活自身的要素或观念,"理论"更是成为超验的神秘主义的东西,成为掩饰和歪曲人的生活真相的虚假的意识形态。

马克思和恩格斯这样批评过去的"一切历史观":"这种历史观只能在历史上看到政治历史事件,看到宗教的和一般理论的斗争,而且在每次描述某一历史时代的时候,它都不得不赞同这一时代的幻想。"又说:"对于人民大众即无产阶级来说,这些理论观念并不存在,因而也不用去消灭它们。如果这些群众曾经有过某些理论观念,如宗教,那么现在这些观念也早已被环境消灭了。"②故此,他们明确地在讽刺和否定的意义上称呼

① 参见《马克思恩格斯选集》第1卷,人民出版社1995年版,第73页。
② 参见《马克思恩格斯选集》第1卷,人民出版社1995年版,第93—97页。

"理论家"和"哲学家"了。

在此语境中,在学界曾多有争论的以"实践的唯物主义"标示马克思"新哲学"的问题,就不单是一个称呼或命名的问题了。"实际上,而且对实践的唯物主义者即共产主义者来说,全部问题都在于使现存世界革命化,实际地反对并改变现存的事物。"①这明明是在说实践的唯物主义者即共产主义者要解决的全部问题都是实际地变革现存世界。"实践的"不是"理论的"或"哲学的",而是感性活动的。如果说实践的唯物主义者即共产主义者负有鼓动和带领无产阶级一起革命的任务,因而需要创立革命"理论"的话,那么,这理论根本上也必定可以归结为一种实践的——也是具体的历史的——原则和态度,即要人们一定从自己的生活条件和实践出发,通过对生活中矛盾的发现和排除而改变自己的生活方式和状况。而这已经不再是"哲学的世界化和世界的哲学化"了。

的确,在《德意志意识形态》一书中,"实践的唯物主义"并不是用来命名马克思"哲学"的;当然,就更不要说什么"辩证唯物主义和历史唯物主义"这种打上苏俄印记的"哲学"了。马克思自己说得明白:"在思辨终止的地方,在现实生活面前,正是描述人们实践活动和实际发展过程的真正的实证科学开始的地方。关于意识的空话将终止,它们一定会被真正的知识所代替。对现实的描述会使独立的哲学失去生存环境,能够取而代之的充其量不过是从对人类历史发展的考察中抽象出来的最一般的结果的概括。这些抽象本身离开了现实的历史就没有任何价值。它们只能对整理历史资料提供某些方便,指出历史资料的各个层次的顺序。但是这些抽象与哲学不同,它们绝不提供可以适用于各个历史时代的药方或公式。"②

马克思明确地在"哲学"与他的"历史抽象"之间做出了质的区分:历史抽象不属于"思辨"的哲学而属于"描述"性、"概括"性的知识或科学。这便从根本上避免了对人类历史做超历史超时空的形而上学武断,即普

① 《马克思恩格斯选集》第1卷,人民出版社1995年版,第75页。
② 《马克思恩格斯选集》第1卷,人民出版社1995年版,第73—74页。

遍主义、绝对主义的规定。

固然，马克思当时多少会受到孔德等人的"实证科学"的影响，然而，他在这里给出的难道只是理性的认知运用即科学方法吗？不，更主要的是立足于"人类社会和社会化人类"的"共产主义者"才会达到的对于"造物"观念（被决定的宿命观）和"单个人"的观念（分裂的市民社会的观念）的超越，是"对于他们来说"人基于自己的劳动而生成这一"显而易见"的事实及其与无产阶级一道在变革世界中获得自身解放的历史使命。什么是"事实本身"以及如何现象学地"面对"？马克思的回答是，真正的事实或现象就是在人的对象性活动中生成着的人类及其对象世界，而它只向那些摆脱了"狭隘"的"分裂"的眼界的人们充分"显现"和"敞开"。

这样，我们也就大致弄清了马克思的"哲学观"。着眼于人的现实的生活实践活动，马克思首先将哲学本质上视为人的生活实践的思想、观念要素，思想、观念都从属于生活实践。但思想既然是生活实践的自我意识，那么，它在体现生活实践的自我超越时就产生了相对地超越、摆脱感性的生活实践的取向及可能性。随着分工的发展和生活世界的分化，这种可能性变为现实性，即思想、观念开始成为"和现存实践的意识不同的某种东西；它不用想象某种现实的东西就能现实地想象某种东西"；乃至于"摆脱世界而去构造'纯粹的'理论、神学、哲学、道德等等"。于是，在这种社会分化和人的"主观""能动性"的"抽象地发展"中，"哲学"产生了，因而"观念至上"也是"理想至上"的历史"唯心主义"（idealism）也产生了。

可见，这里马克思将"哲学"完全放在二元对立式的劳动"分工"、社会"分化"中来看待了，而他对"哲学"的否定从属于他对"分工"、"劳动"、"宗教"还有"国家"的否定即"消灭"。尽管这些社会领域的具体内容不同，"消灭"的方式也有别，但在马克思看来，它们作为社会生产的异在形式和社会分裂的表现，都应当被给予革命性的对待。只有经过无产阶级革命——而这是最后的革命，人类才将告别史前史，人类社会才不再是有经济、等级和政治"差别"、"不平等"，不再有国家这一"赘瘤"，也不再有各种异在于生活的抽象理论的社会。显然,马克思对包括哲学理论在内的人的活动的异化的分析批判,基于他的人及其生活世界和谐统一的思想。马克思当然不否认事物的矛盾,并且比黑格尔更为肯定现实生产的矛盾在人类历史发展中的动力作用,但他认为矛盾到了分裂和全面对抗的地步,矛盾着的双方就都会走向其反面,危机和革命就要接踵而至了。他对当时的欧洲资本主义社会正是这样看的。

至此,笔者才可以说本文围绕马克思"哲学观"的解析不是在咬文嚼字地较劲的。它完全是为了澄清马克思文本的真相,梳理出他的思想的真实的变化,从而在马克思自己前后不同的观点之间,在马克思与我们之间做出一种必要的区分、划界与勾连。这样,也才能明确我们自己"发展"马克思主义的责任和任务,而不至于像我们过去经常做的那样,要么把马克思在某种语境下说的话当成普适的真理并藉以裁剪我们的生活实践,要么把我们在新的情况下需要并提出的思想观念统统按到马克思头上,断章取义甚至实用主义地对待马克思的论著。我们既是马克思的后学,我们也就与马克思互为对象,因而,我们就有权力和义务以马克思主义的真精神批判性地对待马克思和我们自己!

那么,我们应当如何看待马克思的上述哲学观并给予创造性的推进呢?

这里涉及两个问题:一是按照思想本身的逻辑,应当如何看待马克思创立的不再属于传统哲学但却具有世界观意义的"理论"? 二是我们根据马克思身后现代历史的实际变化和要求,应当如何发展马克思的哲学观同时也是批判性地继承古往今来的哲学传统?

就第一个问题而言,马克思由于确立了从生活实践看待思想观念的原则,所以,他得以跳出当时的意识形态,开启自由的精神活动的道路。他的实践观点及其运用所产生的历史性批判,消解了原来经验与超验的二元对立,打破了横亘在哲学与经验科学之间的界限,使得哲学的"形而上学"性质得到最大限度的"颠倒"和"消除"。但是,这并不表明在马克思那里哲学与科学已无任何区分,哲学与科学作为思想的两种维度、两类方式的相互作用、相互过渡,恰恰构成了马克思思想探索的历史性特点。

试看,当马克思将"有血有肉的实际的人"乃至"人类社会和社会化的人类"作为自己思想的"前提",即"立足点"和"出发点"时,这里的人或人类获得了某种形而上学的性质,具有了思想"本原"的意义。因为:

　　一方面,人只能从自己的活动出发来认识和改变世界,世上的任何问题也都是相对人而言才成为"问题"的,人的"自己"显然具有非对象性;另一方面,人或人类又是被自己确立为绝对价值之所在,确立为思想活动的最终目的的。这一很大程度上凭借"良知"、"直觉"所设定的思想前提和起点,相对于其他任何认识在逻辑上都有首要意义。但作为马克思思想前提的"人"或"人类",又决非费尔巴哈意义上的"感性对象"即现成的实体,而是自我生成自我塑造着的"感性活动"。人对于自己而言的非对象性恰恰要通过人的对象性活动建立起来。

当马克思肯定人通过在大地上展开的对象性活动——生产劳动——而自我生成和创造时,他关于人的"自我依赖"这一形上学或存在论的命题就有了一种内在的自我否定性,从而也是人的自我的绝对性的相对化和历史化,于是人的存在论内在地展开为历史过程论。正如马克思所说:"意识在任何时候都只能是被意识到了的存在,而人们的存在就是他们的现实生活过程。"①马克思先后赋予"个人"、"人类"、"生产实践"、"社会关系"、"历史"以存在论性质,而存在又被给予过程化理解,存在与历史的这种相互阐释正是人的生命活动所使然,因为人的生命活动既在感性时间中展开并受制于因果关系,又由于目的性的介入而有了为意义所主导的价值关系。生成于人的对象性活动中的人类"历史"并不等于时间之流,而是"过去"、"现在"与"未来"这三个既相互区分又相互依存的维度之间的游戏;有相对的、暂时的一面,也有人自己赋予的绝对的永恒的性质,是历史的经验主义、相对主义和历史决定论即形而上学的双向扬弃。

马克思的历史观及其关于商品和资本运动的论著表明,他的理论研

---

① 《马克思恩格斯选集》第1卷,人民出版社1995年版,第72页。

究始终兼有经验与先验、具体与抽象、现实与理想的双重特点,只不过这些特点不是外在对立的,而是人的对象性活动自身的双重性的表现。我们都熟悉马克思关于理论研究的两种方法的论述,即"在形式上,叙述方法必须与研究方法不同。研究必须充分地占有材料,分析它的各种发展形式,探寻这些形式的内在联系。只有这项工作完成以后,现实的运动才能适当地叙述出来。这点一旦做到,材料的生命一旦观念地反映出来,呈现在我们面前的就好像是一个先验的结构了"①。其实,任何研究的前提和起点都不无"先验性",作为研究的最后结果的"先验结构"就是它的展开和具体化。他还说:"不论我的著作有什么缺点,它们却有一个长处,即它们是一个艺术的整体。"②由概念构造的理论成为"艺术的整体",表明它达到了逻辑的自洽即达到了"多样性统一"的理性"具体",而这显然与理论的抽象及其"纯粹"的指向分不开。艺术的整体也是生命的整体,而生命的整体不正是"存在者之共属一体"吗?

但同时,我们也要看到,由于资本主义在其早期发展中带来的各种严重问题,马克思前期更多关注的是自发的分工造成的人的片面、异化和社会的分裂,对于分工和社会分化的积极作用以及相应的劳动合作社会整合这方面则未给予同样的重视和深入的把握,因而也导致了他对于许多问题看法上的二元对立和激进化,包括把观念性文化几乎完全归结为"意识形态",思想文化的普遍的人类性和理想的超越性被归入形而上学并受到否定。这主要不是马克思实践观的问题,而是他对当时的实践方式的"理解"问题。③ 而实践观点以及为马克思所继承并得到他大力发展了的西方的批判理性,却正是属于人类历史中具有形上意义和恒久价值的东西。

就第二个问题而言,马克思关于未来社会的预言与我们所经历的现

---

① 《马克思恩格斯选集》第 2 卷,人民出版社 1995 年版,第 111 页。

② 《马克思恩格斯全集》第 31 卷,人民出版社 1972 年版,第 135 页。

③ 因而笔者难以完全认同哈贝马斯对马克思所谓"实践哲学"的总体评价,尽管他的一些批评还是有道理的。参见[德]哈贝马斯:《现代性的哲学话语》,曹卫东译,译林出版社 2008 年版,第 68—78 页。

代历史的进程并不一样:当代资本主义与马克思所批判的资本主义已有很大区别,现实的社会主义也不等于马克思所设想的社会主义,我们还远未走到最终结束人类"史前史"的共产主义的大门前。因此,现实社会主义不可能总是处在马克思所说那样一个短暂的过渡期,即《法兰西内战》中所说的,从资本主义社会变为共产主义社会的"革命转变"时期和与之相适应的"政治过渡"时期。马克思和恩格斯都认为这个时期不是一个很长的历史阶段,因而有无产阶级革命专政的权威也就够了,无须乎讲法治和合法的程序。但正如革命转变时期不是常规性的社会形态,马克思的"新世界观"也不是传统意义上的哲学理论,而是可以迅速转变为现实生活的具体的实践观念。但我们生活在其中并能够预见到的社会仍将是一个处于高度复杂的劳动分工、社会分化和利益竞争中的社会,以市场为导向的社会分工已经真正达于全球。然而,一方面,社会的分工、分化具有积极的历史作用,并客观上要求相应的合作与整合;人类在经济、政治上原来的对立、不平等已有很大的变化和改善,越来越多的无产阶级成员也以符合或有别于马克思所设想的方式成为有产者;形式的程序的公正作为现代文明的成果已被广泛接受;另一方面,人类内部的竞争越来越激烈,他们在经济和社会地位上实际的差别和不平等并未得到根本的改变,民族国家、地区和个人之间的差距甚至越拉越大了;作为社会分工的一部分的哲学与理论也将持续下去,并有了哲学与哲学家在等级式的社会结构中何以自处的问题。以笔者之见,现代哲学是避免不了它的二重性即普遍的、抽象的、超越的维度与特殊的、具体的、现实的维度的矛盾的,哲学家也不能不具有作为思想者和国家公民的双重身份。但正如作为思想要素的哲学既在一切学科中而又能够突破这些学科的限制,哲学家也应当处身于体制内而又能够在思想上超越这体制的束缚,批判性、建设性地对待一切体制,积极寻找生活的新的可能性和新的合理秩序。

这或许卑之无甚高论,不过是重复先贤的思想。但这种"重复性"或海德格尔说的"模仿性",恰恰是思想本身的一种重要性质和要求,并在古往今来的各种哲学传统中体现:每代人之所以都要重复或模仿某些基本的思想和观念,是因为不同世代的人都要与对象世界建立一些基本的关系,并面临一些基本的问题,如生老病死、亲疏爱恨、得失祸福、善恶是非、理想现实的矛盾等等。这些思想观念不是单纯的实证知识,而是属于人生的基本经验和智慧,做人做事的基本道理,其中蕴含着与"实然"既顺又逆的"应然"之则即道德价值维度。用中国古人的话说,它们不属于"为人之学",而属于成己修己的"为己之学",最需要的是人们的理解、信服和践行,也就是人们的亲力亲为。但这些思想观念在每代人的重复中也完全可以有深化、扩展甚至创造性转换,因为每代人所处的历史条件和际遇都会有所不同甚至有很大区别,他们具体的人生问题及其体验和解决方式会很不一样,所以,每代人不仅要尽量理解和掌握前人已经理解和掌握了的东西,还要说也完全能够说出一些不同于前人的感受、认识和思想理念,从而不断地丰富人类思想文化的宝库。

明乎此,我们也就理解了"实践哲学"自身的矛盾及其出路。

实践哲学的矛盾首先在于,它既是根本上从属于生活实践的意识或精神要素,又是在观念中"超越"具体的生活实践并反转来给予把握的理性思维。实践哲学之于现实实践的这种既从属又超越的关系,其实反映了人的对象性生命活动自身的矛盾即对象性与非对象性、意向性与身体性、目的性与因果性、超越性与现实性的纠葛。人的一切思想和文化的矛盾,诸如感性与理性、现实与理想、自然与人文、知识与价值等等之间相互分化与对立的关系,其实就是人的对象性活动的矛盾的产物。实践哲学正是要自觉地反映并解答这些矛盾关系。但因此它本身就有了两种可能:一是实践的理念在其抽象和超越的过程中越升越高,重新走上自柏拉图到黑格尔"摆脱世界去构造纯粹的理论"的道路,然后让现实去适应这套纯粹的理论;二是与之相反地回到具体的实践活动,只是关注具体的实践经验或常识,使实践哲学成为一种空洞的"实践"口号或标签,人们囿于日常生活经验的樊篱,并最终受一种普遍的意识形态的支配。这两种可能看似相反,实则殊途同归。

要避开这两种危险的可能,就要依据人的对象性活动本身的实然与应然,合理地把握分化开来的矛盾各方面的关系,使之保持必要的张力。而在今天社会发展越来越呈现出某种中介性(即非极端)取向并要求新的秩序的情势下,尤其应当既反对无批判的实证主义,又一定要摆脱革命的道德的浪漫主义。而从正面说,这就是注意在社会生活的各方面同时也在思想理论上合理地划界并合法地越界,具体地历史地实现人文价值尺度与客观知识尺度的统一。如果说哲学要追究和解决的问题在根本上是人的自我认识、自我把握,即苏格拉底式的"应该怎样生活"的话,[①]那么,那些真正有志于"实践哲学"的人们,就应当把实践哲学既作为自己理论研究的任务,更作为自己做事做人的原则来落实。也许,进入文明时代之后的人类的"金字塔"组织很难被改造成为"橄榄球"式的自由运动的圆圈式社会,但是只要我们向着这个方向努力,我们就会使这个社会少一些不义和苦难,而多一些公正和幸福。这或许是我们从实践哲学的内在矛盾与自我批判中应当得出的重要结论之一。

第二节　哲学范式的反思

中国大陆的哲学界目前活跃着三大哲学范式,我分别称之为:"精神超越"、"实践批判"与"话语沟通",这三大范式分别维系、对应人的生命活动的三个基本要素或方面,即"意识"、"语言"和"实践"。随着人的活动的历史性展开,这三个范式在西方次第出现,呈现为替代性的关系。但是,无论从过去的历史还是当代世界来看,这三个范式其实都有自己独特的存在价值,并且,随着它们的相互作用与贯通,将重新建构为更具包容性与解释力的"生命—文化"范式。

如果说,哲学是人的存在方式的自我理解与批判,那么,哲学范式则以思想坐标的形式集中表达并反思着人的特定的存在方式。随着人的具体生存方式的改变,哲学范式也要发生相应的变化;但哲学范式也能产生

---

① ［美］理查德·舒斯特曼:《哲学实践》,彭锋等译,北京大学出版社 2002 年版,第 18—19 页。

于人们特定生活实践的前面并给予引导,因为它把握的是人的生活实践的矛盾运动及其内在逻辑。着眼于现代哲学的转向和发展,不难发现,从精神的超越,到实践的批判,再到交往话语的沟通,哲学范式经历了三次大的变化。但就中国现当代哲学而言,笔者认为,这三种范式固然在主导地位上呈现出替代性关系,但并不意味着一种范式可以完全排斥另一种范式,从学理上说,只有这三种范式相互依存,彼此渗透而又经历内在的转换,才能从最高的哲学思想层面体现并把握住当代中国和世界的"事情本身";而在笔者看来,这三种哲学范式的沟通与转换,将凸显"生命—文化"范式的重要意义。

哲学的精神超越,实践批判与话语沟通这三大范式,分别维系于人的生命活动的三个基本要素或方面——"意识"、"语言"、"实践"。意识、语言与实践既相互区分又互为中介。

如果外在直观地看,人在形体上与动物并无根本的差异,其明显区别在于活动方式,这就是人们常说的人制造并使用工具的活动,由此人在"衣食住行"生活各方面都有了自己"生产"出的文化形式。然而,许多动物都能利用自然物以求生,有些还能将自然物稍事加工,使之成为简单的工具。这样,把制造和使用工具作为人区别于动物的根本标志就有了问题。更为重要的,如果人之所以为人只是在于他能够利用自然条件改造自然,那么,人不过是一种超级动物,其生活方式也就无以表明其区别于乃至超越自在自然的人文价值属性和向度,因而也无以表明人类内部的情感和伦理关系。

事实上,即使人制造和使用工具的活动,也不仅仅关乎人的"智熵",还关乎人的"情熵",因为这是一种群体性的并为了群体的行为,这种行为让他们意识到工具可以利人也可以伤人甚至害人,因而至少在自己所属的群体中,工具和使用工具的行为都得到了某种"应然"的规定。这本身就意味着人类从自然状态向社会文化状态的过渡,这里不仅涉及人对外部自然的认知和利用,还有一个人对他们自身的行为和内部关系的"理解"和"范导";这当然也要借助认知,如认识他们赖以生存的自然条件和自己的能力,认识他们自己活动的各种可能的后果。但一种更为根本的认识是人的"自我认识"，而这是不同于人的对象性认识的，因为自我认识不仅使人进入自我呈现和作用的状态，还意味着人的自成目的和自觉自由，这样，人才有了超越本能的应然的生活，有了可以无限扩展的心理和精神世界。而人无论与外部自然界的关系，还是他们内部的关系，都必须通过这个内在的世界才能建立起来，并因而具有"属人"的方向性。

因此，如果内在地看，即人就自己的生命感受和自觉性而言，将人与动物区别开来的其实是人的"意识"尤其是"自我意识"，自我意识是人与一切非人的内在区别。事实上，"人"本身就意味着"人"的自我意识，因为这是人的自我命名或自我称谓。换言之，具有自我意识、能够自我命名的存在物就是人。所以，人之所以为人其实不在于其形体，而在于他是否有关于自己的意识。打个比方，倘若一条狗开口说话，说"我是一条狗"，我们就可以认定它是一个人了。就像童话中所描述的那些和我们一样有意识、语言、情感和意志的动物，都是人的"另类"一样。于是，便有了笛卡尔的"我思故我在"。

然而，事实上，童话毕竟是童话，在地球上只有一个物种即类人猿后来发展成为人；至于外星球的智慧生命也还是猜测。这样，我们就不能简单地把"自我意识"看作天赋观念，仿佛人从来就有一个现成的自我意识，有一个自觉的目的性一样，而必须考虑人的诞生或生成的过程，即那些使人成为人的具体条件与原因了。虽然这些条件与原因数不胜数，但我们今天至少知道，类人猿的相当发达的大脑、高度的灵活性、合群性，以及在特定自然环境压力下从树上下到地面，逐渐有了前后肢分工和使用天然工具的原始劳动，并且在有血亲关系的异性之间逐渐有了乱伦禁忌等等，是从猿到人转变、因而也是特定的自然存在向文化存在过渡的关键环节。工具的制造也好，意识和自我意识的出现也好，都既是这一转变过程的产物，而又反转来成为加入并促进这一过程的条件。如果说"劳动工具"主要体现了人与自然对象的关系的话，那么，人的"自我意识"则必须在人们的相互关系即交往中产生，因为"自我"总是相对于"你"（你们）或"他"（他们）而言的，这里必须有"我"（我们）与"你"（你们）或

"他"(他们)的关联与区分;并且,它还要借助名词和概念即语言符号的产生。

语言符号之不同于动物那里也有的记号,在于人所赋予它的象征性、公共性,而这又与人们思维的抽象性,和人们在交往中所形成的共性、普遍性有关。符号作为人们既具个体性又具社会性的活动的产物,是他们生活的对象、规则与意义的表征和阐释方式,兼有形象与抽象、特殊与普遍两方面特性,不仅联系着人的内在意识与感性的身体活动,还像货币一样在人们的个体生命经验与群体公共生活之间进行着流通和置换,直接作用并影响着每个社会成员的思想,发挥着以言行事的作用。并且,它还通过前代人对于后代人的言传身教,成为人类群体的社会遗传方式,从而成为族群历史及其传统得以形成的基因与纽带。马克思曾指出:思想、观念、意识的生产最初是直接与人们的物质生活,与人们的物质交往,与现实生活的语言交织在一起的。人们的想象、思维、精神交往在这里还是人们物质行动的直接产物。语言和意识具有同样长久和历史;语言是一种实践的、既为别人存在因而也为我自身而存在的、现实的意识。语言也和意识一样,只是由于需要,由于和他人交往的迫切需要才产生的。①

这样,当我们从人的生命活动与动物生存的异质性上发现人有"意识"、"语言"并探讨它们的形成时,我们就不能不从人的整个生命活动中特别注意到"生产"与"交往"这两大形式。马克思将这两大形式概括在"实践"之中。在与思想理论相对的意义上,实践指的是实现某一目的的手段性行动,但将其理解为人的基本的存在方式或活动方式,实践就内在地包含了意识与语言,并自成目的。这一本质上属于现代的认识,突破了西方思想史上主要从道德与政治活动方面理解实践的局限,不仅拓宽而且深化了实践的含义。而哲学作为人的生命活动的自我反思和理解活动,正是以思想意识为内容、以语言符号为形式,并具有一定的实践效能的。由于意识、语言和实践各自的相对独立性,于是哲学便有了直接生成于人的自我意识活动的"精神超越"、以实践活动为出发点的"实践批

---

① 《马克思恩格斯选集》第 1 卷,人民出版社 1995 年版,第 72、81 页。

判"，基于语言交往的"话语沟通"这三种哲学范式或形态。在中国学术界，由于文化传统和社会现实的作用与需要，这三种哲学都发挥着重要作用；并且，它们之间既有一种历史性的发生和替代关系，又共时地存在着，值得我们给予深入的思考和解析。通过这种思考和解析，我们也许能够对现代人的生存方式及其命运做出更为深入和准确的理解，在哲学上做出更具涵盖性和解释力的范式建构。

我们先来看直接生成于人的自我意识活动的"精神超越"。

纵观中国古代和西方古希腊的哲学思想，我们很容易发现，古代哲学虽然萌生于人们对于万物本原的探究，但进入到雅斯贝斯所说的标志着人类精神突破的"轴心时代"时，"精神超越"几乎成为东西方共同的思想追求与主题。如所周知，西方自苏格拉底、柏拉图直到黑格尔的哲学主流，其特点即在于对观念、精神的推崇，而其目的则在于通过意识和精神的超越取向，促使人们摆脱肉体的限制并走出人们直接感觉着的自然现象世界。笔者将这种哲学名之为"精神超越"的哲学范式。

这种哲学的出现首先意味着人类重大的历史性觉悟，即人们意识到要把自己从自然万物中分离出来，为自己的行为立法，从而过一种自为的社会文化生活，就要区分出并超越人自身及其感性世界的暂时性、偶然性和特殊性，发展自己的自我意识并藉以强化、提高自己的主观能动性，使人获得自我认同并实现自我决定。而人的生物性肉体直接属于自然万物，其感觉具有明显的相对性和流变性，肉体欲望则天然具有自利性和排他性，人的物质生产劳动也是"由必须和外在目的规定要做"的。所以，西方许多思想家都把自我意识或精神确定为人的本质，重视直接维系于人的价值意识和生活信念、张扬真善美圣而贬斥假恶丑俗的道德、宗教和政治活动。在他们看来，只有这种活动才体现着人的高贵优越，才能提升人的道德和精神境界，并建立起"天经地义"的社会价值秩序。因而，他们在思想理论上所做的工作就是力求让精神摆脱肉身的局限乃至反转来支配肉身，从而达到最高的超越性和最大的普遍性。

在西方传统的哲学形而上学和宗教神学那里，这种逻辑上在先和价值上优越的"精神"更是把自己确立为超验之域的绝对实体。值得注意的是,这种精神超越的哲学,在历史上不仅与人们的文化价值观直接联系,也往往通向其社会政治观。例如柏拉图的理念论就同时是一种社会政治哲学。柏拉图在其《理想国》中讲了一个关于洞穴的寓言故事:一些人从小就被捆绑在一个很深的洞穴中,全身都被锁住,头部不能转动,他们背对着火光,只能看到洞壁上物体投下的影子,他们以为这就是最真实的事物。一旦解除他们的束缚,让他们回过头来看到火光,便会因火光闪耀炫目而痛苦,并以为看到的实物还不如影子真实。他们只能逐步地适应,一步步地走出洞口,最后看到外面的太阳。这时他才认识到正是太阳主宰着世界上的一切,它是万物的原因。① 这个关于洞穴的寓言就是柏拉图整个学说的形象的说明:洞穴比喻由事物和意见构成的"可见世界",洞穴之外则比喻由理念和真知构成的"可知世界",在这一世界中,"善"的理念作为最高的理念又是包括、统治和实现所有其他理念的理念,而太阳就是最高的理念"善的理念",它是统治整个世界的真正独立的本体——按照现代哲学家文德尔班的说法,这种统治不是在逻辑上特殊从属于一般,而是在目的论上手段从属于目的。② 而人们直接感觉着的"可见世界",则不过是"分有"和"摹仿"了理念的"影像"。人们从被束缚着的黑暗的洞穴中艰难地走出来,最后看到太阳,正是人类的生存从无知走向有知,从黑暗走向光明,从束缚走向拯救与自由的写照。

柏拉图的这一世界图景的提出,为西方哲学后来长达 2500 年的发展确立了基本的框架和范式,这就是"形而上"的"本体界"与"形而下"的"现象界"的二分以及前者对后者的主导或统摄;这个模式也是后来宗教中的"天国"与"尘世"区分的思想基础。我们现在关心的是,柏拉图的哲学何以可能做到这一点? 这对于人类的生存来说又意味着什么?

我们不妨先来思考一下黑格尔的下述评论:

> 柏拉图的哲学从产生起直到以后各个时代,对于文化和精神的
> 发展,曾有过极为重要的影响;包含这一崇高原则于自身中的基督

---

① 汪子嵩等:《希腊哲学史》第 2 卷,人民出版社 1997 年版,第 798—799 页。
② [德]文德尔班:《哲学史教程》上卷,罗达仁译,商务印书馆 1987 年版,第 167 页。

教,曾凭借柏拉图早已作出的那个伟大的开端,进而成为这个理性的组织,成为这个超感性的国度。柏拉图哲学的特点就在于,把哲学的方向指向理智的、超感性的世界,把意识提高到精神的领域;于是,理智便获得了属于思维的超感性的精神的形式,意识也由此进入自觉阶段。基督教曾把人的天职这一原则当作圣洁的原则,或者它把人的内在精神本质乃是他的真正本质这一原则,以其特殊方式作为普遍原则。而正是柏拉图的哲学将这个原则组织成一个精神世界。①

黑格尔是个精神哲学家,人的理性精神在他那里获得了充分的展开,他也是从精神发展的角度评价柏拉图哲学的。可以说,西方哲学自巴门尼德所做的思想努力,经由苏格拉底校正定位,在柏拉图这里就进入了它的目的地,这就是自为的思想建立起属于它自己的王国,原来自我攀升的意向活动终于变成自我实现的精神境界。这一精神境界作为人的自由自在的家园,不正是人的生存能够达到的最高限度吗? 不正是人的使命的完成即自己掌握自己的命运吗? 我们或许会说,精神境界本身不等于人的现实生活世界,但是,人们祈望于现实生活世界的,不就是这一精神境界向人自己呈现出的自由和圆满吗? 何况,现实的生活世界总是残缺不全、变动不居,永远也达不到恒定的理想状态的,而人的精神世界经由柏拉图哲学,经由基督教或其他宗教,却可以达到这一状态,这不能不说是对满怀希望又生命有限的人类的极大的安慰,同时也是极大的鼓舞。

因而,我们不难发现,传统的哲学特别是西方哲学,其实质的目的就是一个,就是让人们认识到自己的肉身和世俗生活世界的有限、短暂、庸俗、混乱、污浊甚至虚假、丑恶,然后设法超越出来,走向自由的圣洁的精神世界。这种哲学与追求超验之域的宗教不可能不相通。当人们与自然界的关系还没有走出狭隘的动物性状态时,人的意识也是动物式的意识。随着人的生产能力的提高和分工的发展,人的意识也有了发展和提高。而具有关键意义的分工是"物质劳动"和"精神劳动"的分离。从这时候

---

① [德]黑格尔:《哲学史讲演录》第 2 卷,贺麟、王太庆译,商务印书馆 1983 年版,第 152—153 页。

起意识才能"现实地想象":它是和现存实践的意识不同的某种东西;它不用想象某种现实的东西就能现实地想象某种东西。"从这时候起,意识才能摆脱世界而去构造'纯粹的'理论、神学、哲学、道德等等。但是,如果这种理论、神学、哲学、道德等等和现存的关系发生矛盾,那么,这仅仅是因为现存的社会关系和现存的生产力发生了矛盾。"①

马克思主义创始人是基于人从自然中的分化和人类自身的分化理解人的理论活动的。理论活动缘起于人的感性对象性活动及其反思性意识,它的出现表明人的对象性活动本身的重大分化,即思想、观念、意识的生产与其物质的生活和交往活动不再"交织在一起",人的意识、精神超越了"绵羊意识或部落意识",越来越走向自觉的自我意识和独立的精神生产,而这是人类进入文明时代的标志和根本条件之一。有了自我意识即反思的向度,才谈得上自知的问题和真诚和虚伪之分;而有了独立的精神生产,才会有西方的苏格拉底、柏拉图、亚里士多德和中国的孔子、孟子、荀子等文化圣人及其著述的问世,才会有他们之后的思想史和文明史。然而,文明时代也是人类区分为"自由人"和"奴隶"的时代,是社会分裂为阶级并产生阶级斗争的时代。怀特海之所以说西方2000年的哲学不过是柏拉图哲学的注脚,就在于柏拉图的理念论哲学不仅反映了西方进入文明时代的二元分裂,而且给出了一元主导的价值序列。

柏拉图的理念论首先设定灵与肉、理念与现象的二元对立和灵对肉、理念对现象的绝对的一元主宰,随之他就以人的理性、情感与欲望三者自上而下的主导关系,得出国王、武士和工匠农夫之间"支配与被支配的天然联系"。② 文德尔班认为,在柏拉图的理念的王国中,其他理念从属于善的最高理念,这不是在逻辑上特殊从属于一般,而是在目的论上手段从属于目的。③ 这其实也是柏拉图关于社会政治秩序合理性的看法。可以说,柏拉图理念论一类关于精神超越的哲学,并非要所有的人都从肉体欲望中摆脱出来(但劳动者要懂得"节制"),进入超凡脱俗的精神世界,而

---

① 《马克思恩格斯选集》第1卷,人民出版社1995年版,第72,81—82页。
② 《柏拉图全集》第2卷,王晓朝译,人民出版社2003年版,第383—426页。
③ [德]文德尔班:《哲学史教程》上卷,罗达仁译,商务印书馆1987年版,第167页。

是要建立他心目中理想的社会等级关系。这也许才是"柏拉图主义"在西方经久不衰的最重要原因。

中国哲学并不像西方的柏拉图主义那样二元化和极端化。但在先秦儒家和后世的士人们那里,精神的超脱不仅同样构成其思想的主流,而且也直接或间接地为他们区分上下尊卑的社会等级关系辩护。儒家固然看重人的整个生命,主张积极入世,但人的生命整体的价值完全在于它异于禽兽的"几希"即善端,而"庶民去之,君子存之"(孟子),因而人们"入世"的前提就在于把自己修养为君子,"君子忧道不忧贫,谋道不谋食"(孔子);做到"内圣"就会自然成为"外王"。后世的儒家看重的也是人的存心养性即道德意识的确立,用董仲舒的话说就是"正其谊不谋其利,明其道不计其功"。这虽然不是只看重人的精神境界的提升或内在超越,但这种提升或超越却是人们成就王道事功的根本所在。老子主张道法自然,绝圣弃智,对人的主观意识的努力不以为然,但这是因为他发现这种努力恰恰服务于人的争权夺利,人越是"有为",竞争越激烈,世道越混乱。庄子也主张"心斋"、"坐忘",这同样因为他厌恶人们在社会中一切追名逐利的行为,到头来都只能"伤性殉身",他最为欣赏和憧憬的是精神的逍遥与自由,这也是对"物"的立场的超越和"道"的视域的获得。

然而,其一,精神活动毕竟不是人的感性对象性活动,一旦与人的感性活动分开,精神的超越就有流于虚妄的可能。在一些观念主义者那里,对精神的极度推崇的确导致了精神的抽象化和神化。其二,精神的超越固然有益于理想的文化价值秩序的形成,但如果理想的文化价值秩序维护的却是现实的社会等级秩序,那么,精神的超越就势必成为精神贵族轻视劳动者的特权和强化社会支配性关系的条件,这样,人们追求精神超越的旨趣也就完全异化了。这不能不让人们重新思考和看待人的生命活动的性质和功能,特别是在人们发现彼岸的信仰其实是此岸生活问题的投射之后,就有了对人的现实实践的新的重视,有了"实践批判"。

我们知道,当西方形而上学哲学在黑格尔那里达到了它的极限状态时,它也在孕育着生活实践的取向。意识和理性既受制于而又超越着人的肉身及感性实践,也不能不对人的肉身及感性实践有所眷顾和回归,尤其是在它充分展开自身可能性的情况下。因而黑格尔自己就多次申说"行动"和"实践"的重要;费尔巴哈在激烈地批判了黑格尔的"理性"、"精神"哲学之后,更是提出建立"感性哲学"、"实践哲学"这样的新哲学,如他所说"从理想到实在的过渡,只有在实践哲学中才有它的地位";说"新哲学""本质上具有一种实践的倾向";而"理论所不能解决的疑难,实践会给你解决"。① 随着哈贝马斯所说的"实践优位"取代"意识优位",原来一直处于主导地位的意识哲学终于让位于实践哲学。

马克思的实践的唯物主义是现代实践哲学的典范形式,它在终结传统哲学的同时,将理论引向实践的历史的批判,因而笔者将其称为"实践批判"范式。在对实践的理解上,马克思不仅大大地突破了前人的眼界,并且给予了重构:不是"高明"的道德与政治,也不是"超越"的精神活动,而是"世俗"性的生产劳动才是人类最重要的实践形式,劳动者才是历史的真正创造者。在马克思看来,在创造对象世界的同时确证着人是有意识的类存在物的意义上,生产劳动本然地具有自由自觉的性质;只不过人的活动的这种优点,也能够在一定条件下成为人的缺点,即把自己的生命活动当作维持自己生存手段的情况下。这样,马克思从人的物质生产出发,顺理成章地将人的需要的变化、人自身生命和他人生命的生产、生产中的自然关系和社会关系,再到一开始就被物质所纠缠着的意识和语言,以及精神生产与物质生产的分化,作为构成人类历史的矛盾运动的基本要素和环节——地展现在世人面前。

所以,"实践"作为打开人们社会生活和历史进程的钥匙,决不是一个单一的同质的光秃秃的概念,不是可以离开自然和社会条件的支持与约束的"纯粹的活动",而是对人类实际的、充斥着内在矛盾的生产生活的批判性指认和革命性的抉发。

哲学上的"实践批判"范式以实践为思想坐标,旨在让人们确立这样一个根本性的原则和态度:不要从观念和书本出发,而要从自己具体的生

---

① 《费尔巴哈哲学著作选集》上卷,商务印书馆 1984 年版,第 108、186、248 页。

活实践活动出发去揭示现实世界的矛盾,并根据这个矛盾来推动现存的社会条件和环境的变革。实践批判是以工业生产、市场经济为其主要形式的现代实践的内在性质与功能,是作为推动原则和创造原则的否定的辩证法的体现,因而既包括否定性、变革性,也包括肯定性和建设性。其"革命"和"批判"首先是广义的而非狭义的"革命"、"批判"概念——后者旨在打倒或推翻反动的、异化的社会制度及其人格代表。但是,在阶级分裂和对抗严重的时期,人们很容易把这两种概念的革命与批判混为一谈,由此也会带来许多问题,如认为"破字当头,立在其中",从而不断激进地实施革命大批判,其实是以革命替代建设;不讲程序的合法性,忽视新的社会秩序的建构;并且,由于对革命所做的主观片面的理解,导致一些"革命者"一味地单向度地批判、征服外部世界,而完全无视自身的文化修养和自我改造的必要性,由此导致这些"革命者"的内心世界的贫乏和虚妄,使得"革命"陷入盲目性并具有破坏性。

由于历史的和现实的原因,这种情况以及对马克思实践观点和"实践批判"的狭隘的功利性的解读,成为一个长期存在、至今也未能够很好解决的问题,而这是与现代文明的要求和人的全面发展的要求很不合拍的。因而,将前述"精神超越"扬弃于"实践批判"的范式之内,并将形式的程序的公正作为现代文明的成果给予接受,通过交往伦理即符合一定规范的话语沟通,为解决人类社会的各种矛盾和对立提供可行的思路与途径,就成为十分必要甚至极其重要的哲学思维形式。

在笔者看来,马克思的"实践批判"固然强调的是对于资本主义社会的"暴力革命",但这是有条件的;马克思特别是恩格斯后来都提出了资本主义"和平"地转向社会主义的可能性。并且,马克思的实践观点中本来就包含着"自由的精神生产"和利用资产阶级"议会民主"进行话语论辩的思想。在今天我们越来越充分地认识到现代文明秩序的合理性的情况下,我们更应当重视"话语沟通"的民主协商功能,而不是以天生的革命派自居,动辄就"推翻"、"打倒"。

话语沟通旨在发现、揭示并敞开现代人的生活的道理与秩序。传统哲学的语言是由高度抽象的概念和形式逻辑的推理构成的,哲学本体论的语言更是自我指涉的。因而,传统哲学形而上学所讲的道理和所开显的秩序,其实是一个超时空、超历史的"自我"或"绝对观念"在自身范围内的游戏,这里贯彻的无非是海德格尔所说的形而上学的"存在—神—逻辑"机制。

现代哲学的语言学转向突出的是语言在特定语境中的具体用法,即现代话语理论所说的"话语"(discourse),也译为言谈、交谈、陈述;对话、讲述和论证也都被视为话语的形式。话语涉及交谈或对话的双方和话语发生的时空条件。在当代欧陆哲学中,话语被看作是维护社会与政治实践的合法性基础,与传统的认为这种合法性基于理性或某种人性理论的观点相对立。话语伦理学旨在建立和维护这样一种共同体,它不是建立在强制之上,而是建立在自由和平等的人们之间的同意之上。① 在福柯那里,话语的研究旨在揭示社会权力的本性和作用方式,一个社会的话语的生产是由某种程序控制、选择、组织和分配的,也可以说是由权力所建构的;真理、知识不是价值中立的,不是对所有人都不偏不倚、一视同仁的,作为话语它们都是权力的形式。② 福柯看到了话语这片天空并非一片纯洁高尚,它蕴含着利益、携带着权力,并相互冲突,而冲突才能推动话语和人们思想不断地走向新的深度和广度。但这种本质上属于知识社会学的分析,把真理、知识的内容以及所体现的主客体关系归结为它得以产生的社会条件和某种社会功能,也有很大的片面性。

话语作为以言行事的社会文化活动,直接或间接地反映人们一定的价值立场和利益,能够对别人产生影响甚至支配作用,因而具有某种权力的属性或功能,这是不言而喻的。但这并不表明话语直接就是权力,更不等于强制性的政治、经济权力,在民主社会,能够支配、影响别人行动的言谈,必须言之成理,让人从内心认同,这就要讲道理、给说

① [英]尼古拉斯·布宁、余纪元编著:《西方哲学英汉对照辞典》,人民出版社 2001 年版,第 265 页。
② [法]米歇尔·福柯:《规训与惩罚》,刘北城等译,生活·读书·新知三联书店 1999 年版,第 29—30 页;《知识考古学》,谢强等译,生活·读书·新知三联书店 2003 年版,第 1—14、47—53 页。

法,或至少让别人感觉你说的有道理。话语的目的不只是要公平地实现每个人的利益,它在发挥思想和感情交流作用的同时,还承担着约定共同的游戏规则,组织社会生活和营建社会秩序的重任,其宽泛的文化作用大于单纯的政治作用。话语沟通范式原则上可以归属于哈贝马斯做出重要贡献的"交往行动理论",也部分地属于文化符号哲学。但是须注意的是,社会的实际差别特别是足以在政治、经济、文化上形成社会等级式差别,造成了社会的阶层区分、利益区分以及民族和文化的区分,将社会成员置于不同的社会地位和社会环境中,事实上将他们分离开来,产生隔膜甚至对立,使得他们的生活方式、情感方式都有了不小的差距。因而,处于不同社会地位和社会环境中的人们很难形成共同的价值立场和情感认同,即使通过对话能够使之相互理解,也不能直接实际消除由于等级差别导致的情感隔阂与利益对立。这无疑需要包括制度在内的社会条件的实际变革,同时也需要社会意识依据社会共同体的整体利益营造出具有最大的普遍性的价值观念,而这又牵涉到前述"精神超越"。

最后论述一下这三种范式的会通以及新的哲学范式的建构问题。

如果从西方哲学运动的轨迹来看,其思想有一个从地上升到天上,然后在 19 世纪又开始向地上回归的路线。用马克思的话说就是从有血有肉的人,到想象的、抽象的人,再回到现实的有血有肉的人。尤其是在 20 世纪,许多思想家都是以发现人的心灵和文明深处的本能和欲望为能事并名世的。这在表面上看来,似乎只是顺遂了人的肉身的欲望和弱点,但考虑到西方自柏拉图以来善恶优劣二元论所带来的问题,那么,我们的确应当承认,哲学思想从天上回到地上的取向,不仅是这种哲学的命运所在,也有利于人们重新认识包括理性和道德在内的人类文明的问题,有利于人的天性在文明压抑下的复苏和感性肉身的解放。

然而,人类总是生活在天地之间,其"上天"也好,"入地"也罢,都不可能是单向的或终结性的。对于人来说,舍勒所说的人的精神与生命的双向转化应当更有道理。值得注意的是,直到今天,许多人文学者特别是老一代学者普遍重视哲学在人的精神超越、人格修养和境界提升中的作用,仍然认为哲学就是形而上学或关于人的"精神境界之学"。① 值得我们认真思考,不可简单地视为重复儒家"极高明而道中庸"的信条,是疏阔、陈腐之论,或类似笛卡尔那样"只求改变自己"而不去变革世界的消极退避思想。如果这样看,倒是需要反思我们自己以及我们所推崇的"实践观"在多大程度上成了现代社会的世俗化甚至庸俗化的俘虏,"实践观"在多大程度上被给予了狭隘的功利化理解。

笔者认为,现代人对于人的"精神追求"和"精神家园"的重视,是"精神超越"哲学的积极性与合理性的现代发展,它至少可以从以下两个方面认识。

其一,这里既有对传统人文价值思想尤其是人的自我提升思想的继承,又有希望通过人们对现代化运动,对人的主体性活动及其后果的反省,批判人类中心主义的价值取向,消除人与自然和人与人的对立,实现"万物一体"、"天人和谐"的理想。这种理想或许永远难以完全实现,但却能够最大限度地让我们调整自己的行为,营建生态文明。

其二,现代人对精神的重视还包含着"知其不可而不为"和"知其不可而为之"的双重意识和人生态度。世界上有许多"事情"我们可以想象,但却"不可"即做不到,如让人类内部没有竞争和亲疏远近,我们做不到;完全消除世界上不公平、不合理的现象,我们也做不到。那么,是否"不可"的事情我们都"不为"、"不必为"? 这需要分辨。

首先,我们有必要区分两类"不可"。一类不可的事情我们既没有能力做,也不应当做,因为它不符合人生在世的基本性状和历史发展的内在逻辑。如希望任何竞争都没有,要求人们感情上没有亲疏远近,这既不可能,也未必有益于人。人生充满矛盾,文明内含悖论,我们既不能无视这矛盾和悖论,不去积极地寻求解决它所带来的负面问题,也不能由于其负面问题就想一劳永逸地消除这矛盾和悖论。我们的确可以想象一个没有矛盾和悖论的世界,在精神上给自己构筑一个完全自由和谐的"天国"。这是"知其不可而不为",知其不可而"安之若素"。

---

① 张世英:《哲学导论》,北京大学出版社 2002 年版,导言、第 7、8、9 章。

另一类事情也往往超出我们现实的能力,但却是我们应当努力的方向,如人类社会中永远会产生并存在假恶丑的东西,要彻底消除这些负面的现象几乎是不可能的,但是,我们却应当在精神上给予鄙视,在行动上加以抵御和反对,不与之同流合污。这样做即使暂时不起作用,也并非于事无补,只要越来越多的人们坚持自己的操守,无形中就会为社会树立起做人的原则。而这既是"知其不可而为之",又是"知其可而为之",因为人们都可以在道德上为自己做主。此即孟子所言"大丈夫"的主体性以及"达则兼善天下,穷则独善其身"的旨趣;康德的"实践理性"和近人所言"独立之人格,自由之思想"与之同调。

显然,人的精神在这里并不等于人的主观意识,更非虚幻不实之物,而是人的主体性的体现和人的社会文化生命之所在。因而,它非但不排斥倒是紧密地引导着人的生命取向、实践活动。就此而言,说过去的哲学家们只是"解释"世界而不去"改造"世界,也是不确当的。如柏拉图的哲学和影响西方2000年的"柏拉图主义"就有强烈的实践取向,后来笛卡尔、康德以及黑格尔等人的哲学也旨在让思想进入人类的生活世界和历史;法国的启蒙思想家、唯物主义者和德国的费希特、费尔巴哈等人的哲学,实践的意图尤为鲜明,都对人们的观念和社会发挥了不同程度的作用。只不过这些人大都过于看重"理性"的作用,其哲学思想本身还属于哈贝马斯所说的"意识哲学"的范畴,没有、也不可能像马克思那样诉诸一个处于社会底层、迫切希望改变自己社会命运的阶级。这样,那些离开人的现实生活需要而突出人的主观能动性和精神力量的哲学,就容易导向观念主义、意志主义和乌托邦,其实践旨趣越是强烈,造成的后果也越是难以预料。我们在今天的确应当警惕和防范将某个人的意志强加于人,或者忽悠煽情式的以言行事。

历史表明,社会的活力根本上在于它的劳动分工、社会分化所导致的社会行业和个人的独立性,以及这些分化开来的行业和个人之间公开公平的竞争。就个人而言,他对自由的向往,他对卓越的追求,也往往要通过竞争来实现。平等的竞争还会带来社会内部的相互制约与平衡,有利于消除专制政治、走向社会民主。没有社会的分化与竞争,社会只能处于混沌状态或靠专制所维持的平均主义状态,那样,人类非但不能走向理想的目标,还会消沉堕落下去。

当然,我们也要意识到,社会的分化和竞争的作用并非都是正面的,它也会带来人类内部差距的拉大和不平等的产生。分化与整合、竞争与合作、自由与平等之间的矛盾,是人类的基本境遇或命运,我们不可不给予理性的承认。理性的承认并不等于完全认可现实,更不等于认可由此带来的不公正、不合理的现象,而只是上面所说的防止其倒向根本不切实际的虚妄之举,我们应当做的是尽可能地消除它们之间的分裂和对抗,协调、平衡它们之间的关系,使之互斥互补。

事实上,理性如果不与道德和情感相互配合和结合,它表面上的价值中立恰恰意味着一种坏的价值取向,即对不公正的丑恶现象漠然置之。人的理性本身就包含着价值和工具双重维度,只有当它与人的道德情感紧密地联系起来,它才能够限制并战胜自己的利己主义取向。如亚当·斯密清楚地看到每个人身上的"利己心"与"同情心"及其矛盾,所以,他不仅特别重视人的道德情操,即使说到人的"利己"行为时,也相信市场这只"看不见的手"的力量,即每个人都在市场上追求自己的利益,客观上却同时实现了别人的利益。他并且认定:"人类相同的本性,对秩序的相同热爱,对条理美、艺术美和创造美的相同重视,常足以使人们喜欢那些有助于促进社会福利的制度。"[①]

因而,人类的命运也正是他自己的使命:人类永远要在一个产生差别和不平等的世界中寻求公正平等。在个人的独立性和个体性越来越突出的现代社会,一方面,利用越来越普及的话语权,将关乎公共利益的事情放在公共空间,让公民公开充分地讨论,沟通,从而取得某种共识,才能从程序上保障现代社会生活的健康开展。另一方面,重新反思何谓人的"优秀"与"卓越",从过去流俗价值观所推崇的能力大、地位高与声名显赫,转向能力强且富善心、境界高远而又具谦卑意识,扶持弱者、贡献社会、友爱自然,则是当代文化建设的题中应有之义。在笔者看来,对于众

---

① [英]亚当·斯密:《道德情操论》,蒋自强等译,商务印书馆1999年版,第230页。

多自幼就被教育"出人头地"、成为"人上人"的中国人来说,更应当正视并解决这个最为实际的"人生观"、"价值观"问题。遗憾的是,由于中国传统道德秩序的瓦解和思想资源遭到严重破坏,我们社会上一些学历高而教养低、智商高而德性差的人,其自私和对他人的冷漠,甚至超过常人。这恰恰说明现代教育的根本缺陷。

　　着眼于当今世界,不难发现,中国人面临的诸多问题正是世界性问题的缩影。中国社会中所谓"前现代"、"现代"与"后现代"现象的共存,反射出的正是世界上不同民族极不平衡的生存状态。而所不同者,在于我们以中国特色社会主义市场经济的道路,逐步地缩小这个差距。中国特色固然有其地域性规定,但中国以和谐主导分化的思维方式和价值取向,尤其是"和而不同"的智慧,却完全适合于当代全球性问题的解决。由此,笔者认为,在哲学上,上述三大哲学范式可以也应当在互动中产生一种具有融通性的新思想和新范式,如以"个体"、"共同体"、"人类社会"和"大自然"的"四重奏"为新的思想框架,这个框架的坐标则是人"自己"的生命活动,这个活动既在天地之间展开,又以自身的实现为目的,因而根本上是"自然"与"自由"、"现实"与"理想"之间的开放式循环。这一过程具体地表现为人与自然、人与他人和人与自身不断地分化与整合,在推动、促进自然环境的属人化、人性化的同时,也塑造出人的自然化、社会化与个体化,形成类、族群与个体的三重属性。人类的家园、文化符号系统、人性的丰富性及生命—精神取向,都是在这个过程中形成的,而人类的各种矛盾甚至人为的苦难、灾难也伴随其间。正是在人类不断制造并解决各种问题的过程中,人类的信、知、情、意不断得到拓展与提升,自身的自然与人为、天性与德性、优点与缺点、无限与有限、实然与应然,也通过体验与反省,进入人们自己的意识之中。当人们在思想意识的世界砥砺、凝练出"信仰"与"理性"这两大最具有终极指向和分析批判功能的精神能力时,就真正开启了智慧与觉悟的进程。人们就会既关心自己的自由和幸福,也关心所在族群和整个人类社会的公正与和谐,推动社会的金字塔结构向椭圆式结构转变;就会既珍视自己生命的健康与充实,又敬畏所有的生命及其共属的地球家园。圆融无碍、循环往复的"圆",

既是生命真正自由的形态,也是人类生存于其中的宇宙的象征。由单线的进步主义,转向由圆所表征的开放的循环论,我们就一定能够走出"现代性的困境",赢得一个美好的未来。

第三节　开显"天地之大德"

在中国,20世纪初,有东西方文化的比较;新世纪始,有中西马三方学术的对话。对外开放必定带来中外的对话、交流,哲学的对话也是题中应有之义。然而,与一般的对话不同的是,哲学对话不止是中外思想和文化最为深层次的对话,还是对所有对话的反思。对话意味着什么? 对话是否可能? 对话最后能够给我们带来什么? 这是我们试图解答的问题。

本来,人与人之间的交谈和对话,是人们的社会性交往和日常生活得以开展的条件,也是其内容。但是,交谈和对话又有所不同,"交谈"可以是较为认真的谈话,也可以是无明确目的的、随意的聊天;如同散步本身是目的,聊天本身也是目的,它构成了生活的一种样式、一个方面。"对话"则排除了随意的闲聊,有着明确的目的性,这个目的不是对话本身,而是某些重要的、悬而未决的问题。对话双方原本对这些问题有着各不相同的看法或态度,现在他们则要以对话为手段和途径,一起来探讨这些问题,以期让分歧及其原因明朗化,彼此达到对对方立场和观点的理解,最后则就这些问题取得一定的共识;而在这个过程中,对话双方可能又会发现原来不曾发现的新的问题,或者激发出新的歧见。于是,为进一步的对话提供了可能性和必要性。

可见,对话总要体现出一定的正式性和严肃性。这在涉及政治、经济、军事、外交和学术方面的话题时,上述特点会表现得更为鲜明。因而,对话可以是轻松的,但必须是认真的;可以相互试探,但应当彼此坦诚;可以坚持自己的观点,但不能否定别人有同样的权利;对话可能无果而终,但对话的大门却不应由此关闭。过去我们常说的"求同存异",是指对话所要达到的"共识"和对于不能共识的分歧的态度。进入多元化的现代社会,我们认识到,关于一定事物或一定范围内的歧见,是正常的,也是有益的;在某些领域,在某个时期,为了人们共同生活的秩序,必须在认识上或行为上达成共识;而在另一些领域,或另一个时期,就可能不再有共识的必要,或者歧见比共识还要重要,还要有意义。因而,我们进一步提出了"存同求异"的命题。

通过对话并在对话中,人们在某些方面趋同,又在另一些方面趋异,推动了社会向着分化与整合、多样与统一、差异与和谐,这样的一种可持续的、健康的局面发展。这同时意味着,对话固然是生活的手段,也正在成为生活的元素和目的。

这样,我们也就能够回答下面的提问:跨文化的"比较"可能吗? 中西马的"打通"是否在吹牛说大话?

如果说,比较或对话旨在消除差异实现同一,那无异于缘木求鱼;而如果比较或对话的目的在于相互理解、沟通,求同存异、存同求异,则为什么不可能? 思想文化的比较、对话不过是人们每天都在进行的交往活动的基本方式而已。只要人们有交往、有联系,他们就有比较或对话,就会有一定的相互理解和融通,虽然未必在思想观念上高度一致,未必能建立起亲密无间的关系,也会伴随误解、争论与竞争,但只要他们生活在同一个世界,有着利益的共同性和互依性,他们就会在交往和互动中有意无意地相互适应与磨合,逐渐形成某种秩序,即形成直接关乎双方或各方基本利益的行为规则并给予遵循,他们也会在这一过程中产生彼此接近的情感和一定的信任。这难道不是我们的日常生活中每天都在做着的事情吗?

或曰,这指的是拥有同一文化的人们的情况,不同文化的比较或对话就根本不一样了。我的回答是,它们当然会有很大的不同,但根本上仍然是一回事。

因为,其一,后来属于同一文化的民族原来在文化上也是各不相同的,如作为中国文化主流的儒家文化就是从原来地域性的鲁文化发展起来的,发展的过程充满坎坷,它自身也有因革损益,但最终主导了整个华夏民族。佛教自传入华夏之后,各宗派有亡有兴,禅宗之兴显然在于它所主张的那套最能适应中国传统思想与当时的社会需要。儒、佛、道在宋明以来的融合也多有矛盾与冲突,表面上它们各不相让、相互驳难,"各道其所道",但究其用心、观其成效,则多能通过他者、重建自身。被后世称为"新儒家"的"理学",一方面力辨三教之异同,另一方面则通过援佛入儒、援道入儒而在相当程度上实现了儒、佛、道的融通。

其二,即使拥有同一大传统的文化,构成人们具体生活的小文化也多种多样;任何文化都有内在矛盾,决非铁板一块。由于自然地理环境和生活条件的差异,相互之间又发生着各种各样的作用,人们生活的诸多方面都会既有相通和相似性,又保持或产生新的特点。中国许多地方"十里不同音,百里不同俗",就是自然地理环境的差异与历史际遇的不同这两方面原因造成的。更不必说由于人都有个体独立性与社会性这两个相反相成的向度,他们在观念和行为上往往既趋同又趋异,因而同一民族共同体内部也始终有一个需要经常对话、沟通的任务,否则他们也会随着社会的分工、分化而相互疏离甚至分裂。不同阶级、阶层在思想观念上的差异和现代社会中许多"亚文化"群体的出现都说明了这一问题。

跨地域和国别的民族比较与对话,虽然由于彼此的差异性很大,较容易产生误解和对立,但差异再大,也有一个共通之处,这就是大家都属于人类,并且都承认对方是人,不是禽兽。尽管也有因文化传统、自我中心和利益竞争而自视高贵、蔑视他人的现象,有"非我族类,其心必异"的猜度,甚至在极端情况下不共戴天、兵戎相见——这在今天也不是鲜见的事实;然而,人类过去和现代的实践经验和教训,反复告诉人类的是,只有放弃凭借暴力、武力的对抗和征服,去除相互仇恨甚至不惜将对方妖魔化的恶意,走向谈判、对话和协商,增进了解,相互承认,相互妥协,以文明的方式解决争端,才能不断地超越狭隘的、排他的利己主义取向,消除对抗和分裂,建立起对各方都有益的生活秩序。在今天,跨民族、跨文化的对话和交流变得愈来愈迫切,就是因为全球化使整个人类高度地互动、互依,不想共同毁灭,就要寻找共生双赢之道。

事实上,任何比较与对话,总是已经预设了相同的背景或承诺了共通的信念,而又要解决、打通许多障碍、阻隔。比较或对话的前提就是有同有异。正如学习和研究的前提是有所知又有所不知。东西方文化的比较,是人类内部的文化比较;中西马的对话,"中"自不待言,"西"是早就进入中国并为中国人所译介和理解着的学术,它不可能不受中国传统思想文化的影响;而"马"既是中国人所认同的马克思本人的学说,亦是马克思身后的各具民族文化特点的马克思主义;中国化的马克思主义本身就是中西思想文化碰撞交流、继承创新的产物,具有亦此亦彼的中介性。所以,即使中西文化有"民族性"和"时代性"双重重大的差异,也决非不能相互理解和融通。文化比较与对话的可能性与必要性使之不成其为克服不了的问题。

如果说对话和沟通"有无可能"本不是问题,"如何可能"才是问题的话,那么,这个事关具体方法的问题也不是单纯的方法论问题。没有纯粹的方法,即方法不是单纯的技术技巧,方法与价值与本体总是相互区分与转化的。解释学在一定程度上表明了这一点。正因为如此,文化的比较与对话,最后都要走向哲学。而哲学本来就是对人生宇宙、古往今来的各种矛盾的思考。哲学,既不同于实证的科学,也不同于诉诸信仰的宗教;相对于前者,它有明确的价值取向和对未来的理想与希冀;相对于后者,它主张理性的怀疑和反思。而说到底,哲学作为人的最高的自我意识或"觉解",它要调动并整合人的直觉、想象、反思与理解的各种能力,对人生在世的意义给予呈现和阐释。这在原则上也包括了文化比较与学术对话的矛盾关系的解答。

基于自身的直觉、体验和经验,我们已然断定,人类是赋有时间向度的自觉的存在物,是必须自行开显和实现的可能性,因而始终处于一种过渡的、超越的即海德格尔所谓"绽出"的状态。就此而言,直接属于共时态的各种思想文化的比较和对话,有赖于参与双方或多方对未来的希望与期许。这种希望与期许意味着人们对现状的不满和改变的愿望。人类文明的创举和进化都是着眼于理想的未来,而对既有生存样式的突破。文化对于动物并不存在,哲学对于尚未步入文明门槛的人也不存在。只是那些发展出自我意识,有了对自由的向往而又懂得自我限定的人,才会意识到"从来如此"的许多习惯和行为的问题所在。在没有路的地方开辟出路来,这才是人的自觉性和首创精神的体现。而路不仅在人的脚下,也早就作为可能存在于大地之上。由此可知,人对未来的理想和期许,人的自觉性和首创精神,其实就是对人类本来的、原初的潜在性、可能性与生成性的自觉开显与实现。

中国当前中西马的哲学对话,作为20世纪东西方文化比较的继续和提升,正在摆脱过去由于中华民族处于弱势地位而纠缠着自负与自卑的双重矛盾心态,走出功利性、情绪化和表面化的考量,它虽然主要是在中国大陆进行的,但却是全球性的跨文化、跨民族的比较和对话的一个缩影。因而,这一比较和对话所要揭示出来的,就不止是一个民族的真理,而是整个人类的真理。这个真理就是奠基于中国《易传》中所说的"天地之大德曰生"之基础上的真理:仁民爱物,天下为公。显然,有"生"就有"死",有"利生"就有"害生"的问题,所以,我们不仅要认识到天地生物生人的事实,要掌握理性的科学的精神与方法,还要把良好的愿望提升为扬善去恶的批判性价值态度,从而确立合理的价值观和正确的行为方式,推动人类的"生生不息"亦即个体存活与族类繁衍尤其是生命意义的充盈。

由于自然历史条件的差异,东西方文化的确从一开始就有明显的不同,这可以从他们的神话传说中看出,如希腊神话的创世说与犹太教、基督教神话的创世纪,就有显著区别,伊甸园和失乐园的故事更为后者所独有;而中国的神话有多个源头,往往与传说混合在一起,有天地分开、山河形成的"生成"、"化生"叙事,却没有典型的无中生有的创世情节。然而,东西方文化的根子又是相通的,因为东西方民族面临的生存的基本问题是相通或近似的。而其相通、近似中的差异甚至某些对立,又恰恰尤为促使它们相互作用,在竞长争高中取长补短,获得共同进步和发展的动力。中国儒、道、释三家思想文化的关系不就是这样吗?尽管它们历经千年的相互驳难,也未能融而为一,但各家都得到了充实和丰富,并且共同塑造了中国人的人格与性情,成就了中华文化和文明基本品性和精神。希腊的理性文化,希伯来的信仰文化,不仅各自追求着永恒的理想人生,其相摩相荡,也正是人生的理性与非理性这一基本矛盾的展开。而产生于现代社会的马克思主义也是为了克服现代社会的异化与苦难,为了人类的自由解放,让每个人的自由成为所有人自由的前提。

固然,目前仍然在很大程度上支配着东西方的文化,其差异性是很大的,自其异者而观之,甚至有霄壤之别,特别是一些基本观念和理念的不同。如近代以来人们常说的,西方重宗教信仰,中国重世俗关怀;西方讲身心二分,中国讲天人合一;还有西方文化是知识性的,中国文化是伦理性的云云。诚然,我们今天已经突破了这种简单化的认知,懂得东西方文化其实都很复杂并且处于历史变化中。就东西方文化各自产生的历史条件和起作用的语境而言,都有其合理性、普遍性和全面性,因为无论东西方,人的生存及其社会都有多向度和整体性的要求,他们不能不按此要求创造和发展自己的文化。而就人类所面对的现代全球性问题而言,东西方文化则都显示出某种局限性或片面性,因为全球性问题是全人类所要面对的新的共同的问题,它超出了东西方民族原来的那些传统的问题。东西方的民族文化虽然是这些问题的重要成因,却难以直接富有成效地给予解决。所以19世纪以来,才有西方文化内部的反叛与突破,如马克思主义创始人对西方文明的颠覆性批判和对"世界文学"即世界性文化产生的预言及共产主义理想;如尼采猛烈抨击似乎神圣不可侵犯的基督教道德,要重估一切价值并呼唤"超人"。而东方民族则在交织着强权与公理较量的东西方文化的碰撞和论争中,长期徘徊在对西方文化欲迎又拒,对自身传统爱恨交织的两难状态。这里面既有一定的融会贯通,又时常出现萨义德所说的"东方的更东方、西方的更西方"的现象。不难发现,所有这些文化批评和比较方面的问题,往往直接关乎人们具体的生活方式、文化样式及其价值评判和选择,反映着人们各不相同的立场、利益、信念甚至偏好,价值问题和方法问题纠缠在一起,导致众说纷纭,莫衷一是。

正是基于这一困局,"视角主义"受到人们的青睐。针对真理和本体问题上的绝对化或独断论,"视角主义"(perspectivism)并不认为因为人的眼睛不是神的眼睛,达不到全景式的"洞若观火"、"通晓一切",因而就是近视的、盲目的;也不认为一些人拥有高明于另一些人的认识特权;而肯定任何人都有其属于自身的境遇和独特的视角,从这一境遇和视角所达到的认识,都有其合法性与合理性。这构成了对认识论的绝对主义和独断论的巨大冲击,有非常积极的正面意义,可以说是认识论上的"民主"化或"平民化"。然而,视角主义也带来了相对主义问题,伽达默尔的解释学以其"视界融合"给予了一定的弥补,却没有根本解决。以笔者之见,"外视"而非"内观"、"自明"的视角主义还是从认识论的理路发展而来的,解释学也未能完全跳出这一窠臼,这是导致它主要从语言形式和技术性层面考虑问题的重要原因。就视角主义看重的"视角"而言,固然极其重要,但它作为人的外视即对象性认识不仅离不开人的内观即自我认识,离不开人的内省与直觉,而且可以看作是人的内在生命的外显,所以我们常说眼睛是人的心灵的窗户。

进而言之,人的视角的相对性、特殊性不仅能够通过多向度的转换而超越相对和特殊,还必定能够反转来充实人的心灵世界,丰富人的自我认识,强化人的直觉和内省的能力。视角主义的相对性不过是生命自觉的对象性展开,也必定在生命的对象性活动中得到扬弃。就解释学看重的"语言"而言,其重要性也自不待言,真理只能在语言中呈现,思想文化的交流更要通过语言或话语展开。但问题在于,语言作为人的生命活动对象化的形式和产物,其意义也只能在人的生命活动中发生和彰显。一方面,只有通过语言活动,人类才能展开其互动关系,实现自身的各种潜性,从动物性的存活变成有意义的生活;另一方面,语言毕竟是人的生命活动的要素,人的生命活动大于语言:

> 语言作为社会性符号,固然具有超越单个人的客观普遍性,却必定受到人们主体间或主体际的支持与制约。语言的主体间性和公共性,就是人们的社会性交往活动所赋予的性质,语言的规范性也正是这一交往活动及其生活规则和秩序所赋予的。因而,我们才要从人的生命活动走向语言符号,进而从语言符号的运用与流通,走向人类更为广阔的生活世界、意义世界。

重复地说,人生的况味从直接属于"五官感觉"的甜酸苦辣,到作为

"实践感觉"爱恨恩仇、善善恶恶,再到作为"精神感觉"的心灵之乐、终极关怀,都离不开语言符号的介入和参与,却不能简单地归之为语言符号本身,语言符号的活的形式在于其应用的过程,这一应用既有其语境,又构造着语境,这就是人们的社会性交往和各种娱乐活动。而这些活动都在开显、拓展并重塑着人生及其人性。如同我们只有知道人之所来,才能知道人之所往,我们也只有洞悉人生的底蕴和人性的丰富与复杂,才能对人生的具体样式给予合理的评判。

由此,我们对于东西方文化的比较和中西马的对话,最应当关注和追究的,不应当是它们现存的形态和表面的异同,而是在它们的深层活跃着的精神和跳动的脉搏,是它们得以孕育的土壤和生发的源头。把握住了这一点,我们自然就会发现,异不外于同,同不离于异;月映万川,殊途同归。那些看来似乎不可通约的差异与对立,不过是同一生命精神或信念在不同境遇下的表现而已。正如人们依据不同的制度安排采取不同的行动,并不说明他们人性不同一样。而"天命之谓性,率性之谓道"①。于是,我们才会明确地指出,当代文化比较和对话的大旨即在于开显"天地之大德曰生"。由"生"这一源头活水,顺流而下,我们才能梳理出各民族在不同境遇和历史阶段的具体生存样式,对各民族思想文化的差异做出合理的解释,并对其未来的命运给出某种预见和希望。孔夫子曰:"性相近,习相远。"但人类走到现代,已经"远必返",而"性相通、习相参"。我们不妨对此简略论之。

"天地之大德曰生。"作为天地之大德的"生",是最基本的事实,也是最根本的价值。它从空间上看是地球上生命的共生、人类的共生之道;从时间上看则是生生不息的长生久视之道。"道生之,德畜之,物形之,势成之。是以万物莫不尊道而贵德。"②我们所谓的"价值"不过是大自然的自行呈现、自动生发,亦是人类按照自然和自身之天性的自我外化、自我实现。

---

① 《中庸》。
② 《老子》第五十一章。

天地生物且生人。"天地氤氲,万物化醇,男女构精,万物化生。""有天地然后有万物,有万物然后有男女。有男女然后有夫妇,有夫妇然后有父子。"①物生然后有人生,而人生又高于物生。因为只有人才能自觉天地之大德,替天行道、生育教化;厚德载物、与天地参。时间性的自然生机主义与生存论的当下生命意识活动在此贯通。

有生就有死。生关联着死而又高于死;死是生的环节而生是死的目的。"死似乎是类对特定的个体的冷酷的胜利,并且似乎是同它们的统一相矛盾的;但是,特定的个体不过是一个特定的类存在物,而作为这样的存在物是迟早要死的。"②个体的生死成就了人类的生死嬗递、生生不息。而正是个人生命的短促与人类的生生不息,才使物理学的"时间"转变成人生和社会的"时机"。

利生就是仁,就是义,就是善;害生则为残,则为贼,则为恶。善相对于恶而又高于恶;恶是善的堕落而善是恶的拯救与出路。人类所谓的方向和超越,就是弃恶向善,也就是向着一切人的自由而和谐的生存。因此,人类相互之间才必须重人道,崇良善,禁侵害,黜恶行。然而,人类历史又正是一部充满内部争夺、倾轧、厮杀的历史;种族对抗,阶级压迫,贫富悬殊,不绝如缕。但是,归根到底,这不过说明从动物脱胎而来的人类,还远未成为真正的"人类",还没有走出"史前时期"。而只要他们还须以"恶"为生存竞争的杠杆,只要他们的文化还不足以将他们的价值取向引导到公平、互利的方向上,引导到精神、艺术的追求上来,他们就难以避免害人害己的结局,就难以达至"人类"这一高贵的称谓所意味着的价值与意义。全球化问题所昭示于人类自己的,是人类已经走到了前所未有的临界点,只有以"天地之大德曰生"的觉悟,走向共生共荣,人类才能真正实现生命的意义,实现"仁"道理念。虽然在现实世界中,只要有真善美,就会有假恶丑,这个世界永远不可能是完满的、纯粹的,但未来的人们完全可以做到,像中国的往圣前贤所期待的那样,树立"老吾老以及人之

---

① 《易传》。
② [德]马克思:《1844年经济学哲学手稿》,人民出版社2000年版,第84页。

老,幼吾幼以及人之幼"、"民吾同胞,物我与也"的精神,在关注自己的利益和幸福的同时,自觉地关注别人的利益和幸福,乃至以关爱、敬畏和悲悯之情,保护地球的生命和生态系统。从绿色和平组织与越来越多的环保人士的行为中,我们不是已经看到了这一希望和前景吗?

第四节　当代思想的立足点

哲学层面的中西马对话,源自中西思想文化的比较。由我们中国人自己所做的这个"比较"从 1840 年前后就开始了;后来,这个比较变得更为紧迫,并逐渐成为显学;但因而也就难免较强的应急性、实用性和简单化的问题。随着中国社会经历巨大的变迁与发展,中西思想文化的比较在今天已经从容得多,也越来越深入和全面了,从中我们可以发现中国与西方各自源远流长、博大精深的思想文化的特点和相通之处,以及作为其土壤的生活条件和生活方式的差异及其波澜壮阔的变革画卷。但是,只有"对话"才真正标志着这种比较发生了质的飞跃,不仅进入一个新的层次,而且意味着我们原来预设的思维和价值坐标正在发生根本性转换。

首先,从其产生来看,中西思想文化的比较是在中华民族处于被动挨打的历史境遇下被迫进行的,因而"比较"出的不仅是双方特点的鲜明对立,而且是价值上彼优我劣、彼高我下的评价;而中西马三方对话是在中国不仅获得了独立并且正在富强起来的历史阶段展开的,体现了对话者之间平等的要求和相互理解的旨趣,因而也不再是价值评价上简单的二元对立。

其次,过去的比较局限于中西两方,马克思主义的理论要么不提,要么被完全放在西方思想文化的范畴中,这既有一定的合理性,又有其局限和问题。说它有合理性是因为源远流长、充满张力的西方思想文化是马克思思想理论的源头或母体,就此而言,马克思的学说与西方学术思想传统并不是同一层次上的概念,而是后者的产物之一;说它有局限和问题则在于,马克思不仅因其超越市民社会的人类立场和"共产主义"的视野而有别于西方主流学术思想,更为重要的,随着马克思主义的世界性传播和影响,在世界范围内形成了与各民族文化和历史条件相适应的"马克思主义"的多种形态,它不再简单地属于西方学术思想的范畴。

中国人近代以来所面临的由中西古今交织而成的复杂局面,传统的中国学术和西方主流学术都不能单独解答。在回应现代性问题中产生并发展起来的马克思主义以及后起的列宁主义,却恰恰成为先进的中国人在中西"比较"中选择出来的指导思想;而通过马克思主义原理与中国实际长期的结合,最终形成了具有民族特点、民族风格的马克思主义学术谱系,它所具有的明显优势,既在于它的现实的批判性,亦在于它兼具中西两种思想文化的特点,能够在中西学术之间发挥某种中介和示范作用。这同时也意味着现有形态的马克思主义理论,并非凌驾于中西两种学术之上的绝对真理化身,一如它有自己的优长之处,它也有自己的限度和发展之需要。

最后,过去的比较主要基于中国自身的问题,其目的也是为中国寻找出路,而中西马的对话则既立足于中国,也放眼世界;不仅为了中华民族的福祉和社会发展,也旨在为人类新的文明秩序的形成做出贡献。因而,中西马对话所要实现的是当代中国学术的贯通和整体性推进。

当然,中西马的对话目前还主要是国内哲学界中西马这三个学科的学者的对话,他们各自代表着自己从事的学科的学术理论和思想资源。事实上,中国学术语境中的中西马本来就有一定的"同盟者"的关系,并且都面对一些共同的问题和对解答这些问题的共同的理论旨趣,那就是为中华民族谋出路、谋复兴。因而,在笔者看来,着眼于中华民族及其文化的复兴,着眼于人类新的多样而又统一的生活方式和文明样式的建构,作为对话主体的各方,首先应当树立起真正的主体意识和宽广的学术视野,最大限度地超越学科之间的界限(更不要说某些学科的划分和壁垒的形成带有很大的人为性),将各种学术思想都作为自己需要掌握和消化的资源,而不是反过来把自己变成某一学科或学术思想的人格化身,只充当特定学术的阐述者和辩护者。那既不符合学术的本性,也很难有高质量的对话。

　　诚然,对话之所以在中西马三方学者之间展开,是因为他们有着各不相同的学科背景和学术传承,这些背景和传承给予了他们不同的"先见"和"视界",而这恰恰构成了对话的必要性;按照解释学的观点,不同的先见与视界在彼此的相遇和向对方的敞开中,是能够达到相互理解与融通的。其实,国内有些学者由于少有门户之见,掌握多种学术资源,能够出入于各种学术理论之间,并不存在学术对话的严重障碍。作为当代中国学者,如果只知一种学术,倒是值得检讨的。毋庸讳言,学者们"偏食"的情况相当普遍,笔者也存在这方面问题,所以才造成许多理论上的偏差甚至盲点。

　　因而,中西马三方学者要真正具备对话的可靠前提和资质,都应当尽可能地了解和掌握这三种学术甚至更多的人文社会科学的资源,并在自己的思想中设定对话和论辩的场境,让各种学术理论展开比较、辨析和驳难,而学者自己则一身二任,既为其代言,又为之评判,使道理上的是非曲直得以澄清,理论上的融通创新得以实现。当然,要成功地达到这一目的,最好是在有不同学术背景的学者之间展开。

　　今天,讲中国文化及学术的主体性的多,而讲学者自身的主体性的却为数甚少,我认为,这是不应该的,是没有弄清楚双方关系的表现。一切已有的学术都是"过去时",都是"死"的,只有我们自己才是"现在时",才是"活"的。包括马克思主义在内的一切学术理论的生命,都在于我们能否以自己的生命活动和精神活动给予激发,使文字符号背后的前人的思想、情感、智慧得以复苏,并使之新陈代谢;而我们又是因为汲取了过去学术思想的营养才有了文化生命并反转来葆有生理生命的,因而,过去的学术就"活"在我们身上。这就是古人"薪火相传"的比喻,冯友兰先生依据《庄子》的"养生主",对此有一个很好的说明:

　　　　火的燃烧靠燃料,前边的燃料着完了,后边的燃料要赶紧续上去。这样火就可以继续传下去,不会熄灭。"火传也,不知其尽也"。人类几千年积累下来的智慧真是如山如海,像一团真火。这团真火要靠无穷无尽的燃料继续添上去,才能继续传下来。我感觉到,历来的哲学家、诗人、文学家、艺术家和学问家都是用他们的生命作为燃料以传这团真火。①

这段话说得非常之好，非常到位。

笔者认为，中西马的学术对话，说到底是中西马三大类学术及其学者背后的人类不同的生命维度与生存方式的对话，也是关于人类未来的生活理想或可能性的对话。

不难发现，作为对近代中国社会变迁之回应的中西马三种学术，其实一开始就既有社会价值观上相通或相近的关怀，而又有极其明显的差异甚至对立。那些主要接受和从事这三种学术之一的学者也大体如此。如果说中西马的价值立场——也是其思想的出发点——分别为"共同体"、"个体"和"人类"的话，那么，我们今天应当也能够寻找到的一个共同的思想立足点，就是由"个体、共同体、人类和大自然"共同构成的动态的有机系统。这个立足点既是对中西马过去各自思想立足点的超越，又是对这些立足点的整合与推展。下面试予论述。

中西马三种学术作为现代中国学术的三种主要成分和角色，直接体现并回应着中华民族在近代以来所遭遇的中西古今之争。在近代中国复杂的历史和文化语境中，作为中国一切有识之士的思想理论选择，它们一开始就表现出社会价值观上相通或相近的关怀：

中西马三种学术都程度不等地承认中国必须有一个大的变革，中国人再也不能按照"老样子"生存下去了。因此，它们大都认可近代维新人士所揭露和抨击的国民之种种"劣根性"与传统文化有关，并认为变革传统文化以振奋早已萎靡、困顿了的民族精神是首要任务；大都认同西方的"民主"和"科学"并受到其价值理性和知识理性的濡染；大都认为中国应当建立不同于君主专制的新的文化价值秩序和社会组织秩序。正是基于这种共通性，中国学术思想的现代取向才成为大趋势，而各家各派彼此的差异和矛盾才得以构成中华民族生存视界的内在张力。

但就其差异而言，笔者认为，中西马三种哲学及其从业者的思想视界

---

① 冯友兰:《三松堂全集》第1卷,河南人民出版社1986年版,第344页。

分别是从"共同体"、"个体"和"人类"这三个坐标观察问题的。中国哲学及其从业者在思想上主要依据的是民族"共同体"这一维度,在文化上表现为保守主义倾向;西方哲学及其从业者在思想上主要依据"个体"这一维度,在文化上表现为自由主义倾向;而马克思主义哲学则首先在理论上立足于由"全世界的无产者"和"被压迫民族"所代表的"人类未来",因而人类的立场更为显著。

我们先来看传统中国哲学的思想立足点与其文化倾向。

中国传统哲学的思想立足点首先基于民族"共同体"的历史和传统文化;其文化上的保守主义之所谓"保守",并非要对传统文化全部保有,他们懂得文化因革损益的道理,只是反对把现代与传统对立起来,坚信传统文化尤其优秀传统仍是中华民族安身立命的根基。他们认为,人既然是文化的人,为其文化所化之人不能亦不应抛弃其文化;相反,对传统文化应当给予同情的理解,分析其得失优劣并加以创造性转化,使之成为新文化。所以,所谓的"文化现代化"也不同于"社会现代化",它只能理解为以现代眼光去阐发民族文化中固有之精神并赋予新的形式、发挥新的功用。

面对强势的西方文化呼啸而来,眼看弱势的中国文化风雨飘摇,中国文化的保守主义者最为担心的是中国人对自己的民族文化丧失信心甚至流于虚无主义,那样的话,中国人就会彻底败落。而正是传统文化维系着民族的情感,培育着民族的自信和自尊,在民族命运多舛时更要为民族的奋起自救提供精神动力和信念。他们承认西方现代文化有优越于中国文化的一面,并赞成取人之长补己之短,但认为重要的是分清主客,以我为主,否则,从西方学习引进得越多,中国人就越要失去主体性,被西方文化所"殖民"。他们认为包括那些激烈反传统的西化派的救国救民的担当意识,正是中国文化传统中尚变求新、忧乐天下的精神的体证,关键只在于把这种长期遭受宗法和皇权荼毒因而萎缩了的精神加以复苏和弘扬。

作为保守主义主力的新儒家的领军人物大都特别看重中国传统文化的生命—精神方面,认为通过对中国文化精神的全幅打开,足以显发为一个新文化系统。同时,文化保守主义视文化的道德价值为人的文化生命,他们对"人"的看法承袭了孔子以"仁"释人的理路,把属于道德范畴的仁、善、德放在第一位,而将能、力、知放在第二位。这在中国人亟须打破传统的道德整体主义,重新建构价值理性和知识理性关系的情况下,固然不合时宜,也确有片面化问题,但其合理性亦不容抹杀。文化保守主义并不太清楚中华民族的现代文化只能在与西方文化的互动中生成并由此导致民族文化的变异,但其重视中国文化中以类相传的恒久性超越性内容,坚持民族文化的独立性、特殊性并视之为中华民族的"精神家园",却是极有意义的。

西方近代哲学所体现的主要是现代"个人"的生存视界,其个人基于笛卡尔以来的理性的"自我",学理上属于理性主义范畴,思想文化上主张自由主义。

许多研究西方哲学和文化的学者一致认定,西方现代学术所依据和推崇的个人本位与理性原则,是西方人据以为自然和社会立法,争取自己权益并从而推动历史进步,实现社会现代化的有力杠杆;西方的市场经济和民主政治则反转来为个人的自由和理性的运作提供了基础与保障,所以西方社会与个人两方面都充满生机和活力。

中西两相比照,中国最大的问题就在于长期滞留于小农自然经济和家族本位,没有形成独立平等的个人;产生于其中的宗法伦常和皇权专制,则经由对个人精神的束缚和行动的钳制,维护并强化着中华民族半自然的生产生活方式。个人无独立性、主体性,则由个人构成的民族何以强有力? 走不出半自然的历史循环,又哪里谈得上社会的进步发展? 于是,他们大都强调西方现代经济政治法律制度及科学民主观念的优越性,强调自由主义和个人主义的正面价值,并以之激烈地批判中国传统文化特别是儒家礼教文化对于个人自由平等的否定;而把传统与现代尖锐对立起来,正是为了造成对悠久而庞大的中国文化整体的有力冲击。

不仅如此,其理性主义和自由主义的生存视界还使他们看到中国人基于血亲情感的德性生存中缺乏知性维度,认知低于道德且止于见闻,崇德抑知、尚义轻力,导致中国人既无从凭借知识获得力量,亦不能超越特殊主义以普遍的态度为人处世,树立公共精神。治西方学术的学者将西方理性文化作为普遍主义文化加以倡导并以之启蒙国人，根本上正是为了使中国人像西方人一样成为有理性、有知识、有力量的自由平等的现代人。通过对这种普世之同一的现代个人的确认，中国具有自由主义倾向的学者在解答中国人的生存及其文化何以要现代化的同时，就否定了异于这种同一性和现代性的中国人传统的生存方式及其文化的合理性。如果说在中国沿袭小农经济或大搞"计划经济"的时代，西方近代哲学和自由主义理念显得不合中国"国情"的话，那么，随着市场经济在中国的建立和发展，它在学术上所包含的合理性已经昭然若揭，采取不承认主义是不行的。

中国的马克思主义哲学及其从业者是从批判资本主义现代社会、主张世界社会主义革命的马克思主义创始人那里取得思想理论资源的，这决定了它必须批判地汲取上述两种学术资源，其理论视界基于"社会化的人类"。但作为"中国的"马克思主义，它必定直接仰赖于寻求独立的中华民族尤其是工农大众，同时从世界无产阶级和所有被压迫民族那里获得精神上的支持。这一处于前现代与后现代之间的视界，显然具有多维度——世界与民族、理想与实践——构成的内在张力，并在不同的历史情势下表现出不同的倾向。

中国的马克思主义最为突出的现实政治属性和实践品格，不能不使它在兼顾群体的整体利益和个体的自由取向时更侧重群体一方，在兼顾文化的传承吸收和实践创造时更侧重实践活动。强调群众的实践，在实践中破旧立新，在改造客观世界的同时改造主观世界，这对中国的文化和社会变革来说的确极其重要。从文化变革的角度看，实践的重要性在于它是由理想与现实、传统与时代、群体与个体、主观与客观、理性与感性、德性与知性等相反相成的多重维度和多重张力构成的活动，并切实地实现着它们的转换，从而能够不断地推动文化实现自我否定和自我超越。而这恰恰说明，世上不存在无前提和条件的单纯的实践，任何现实的实践都只能是在一定的自然历史条件下展开，由一定的思想文化所引导的具体实践方式，无须任何观念指导、不受任何自然历史条件制约的实践是没有的。但我们过去的问题就在于由于迷信自己当下的"革命"实践而轻视前人的实践和全人类的文化成果,导致许多"盲动蛮干",而这恰是"左"的虚幻观念指导的结果。

在很长一段时期内,客观上由于两大阵营的"冷战"及其二元对立思维的影响,我们只能利用中国历史遗留下来并重塑于战争年代的道德和政治思想资源,利用掌握的国家政权推动社会生产特别是工业化。对于家长制的政治意识和平均主义的社会价值观念,我们本来就缺少深刻的反思,后来就越来越不重视了。这又反转来使我们更"需要"从马克思和列宁那里寻找有关"无产阶级专政"和"计划经济"的"理论根据",而不会去重视马克思对于"地域性共产主义"的否定性批判和关于国家"回归社会"的思想,我们也不知马克思还有关于人的三大社会形态的理论。由此,我们长期拒绝西方的现代实践方式特别是市场经济这种实践形式,大搞所谓"兴无灭资"的运动,以至于走上虚妄的"无产阶级专政下继续革命"的极左道路,陷入自我折腾和内乱,也就不难理解了。

改革开放使中国走出历史怪圈,以市场为取向的现代化实践不仅使中国的经济迅速增长,更重要的,它在为中国构造一个具有自组织能力的社会的同时,也使中华民族进入与世界普遍交往的实践之中。这既雄辩地说明实践观即文化观的巨大指导作用;又说明进入现时代的中国人的生存实践,不止是民族共同体的,还是个人的与人类的,退回历史或偏执一方,都将严重妨害中国人的生存与发展。

可以说,当代中国学术及其文化的上述三派的理论视界是不同的,但又是相通和互斥互补的,因为说到底这是传统中国人在实现自身新的可能性时的自我否定和自相缠绕,它们在相互批判中必然会加深对对方和自身的认识与理解,从而使外在的批判转化为内在的批判——而这是中国文化变革中最值得肯定的进步。

在改革开放之后的理论界和文化界,中西马之间开始有了良性的互动和视界的交融,每一派自身都产生了一定的弹性和张力,它们的外视和内省也更加自觉和辩证了。但这还不够。当今,经济全球化对我们越来越直接的作用和影响,是我们在更大规模和更深层次上走向并融入世界的契机。着眼于这一时代趋势,那么,上述视界就不仅需要彼此的交融,尤其需要自身坐标的放大和转换,亦即超越自己原来的立场,走向乃至包容对方,尤其是在文化观念上的理解和包容。这样,我们将不仅以民族成员的身份,还将以世界公民的身份同时建设中国的而又是人类的文化。

在经济全球化和文化多样性的时代语境中,"个体"、"共同体"、"人类社会"和"大自然"这四大维度,越来越清晰地突出出来。在这四大维度中,"个体"指获得或正在争取公民身份与权利的个人,这些个人直接依托现代市场经济;但他们既不是经济动物,也不是孤立的原子,除了经济关系之外,他们还处在包括政治、文化、心理等在内的各种社会关系中;"共同体"指在某些方面利益可以共享的不同个体的结合体,尤其指传统的民族共同体、家庭共同体,以及现在的社区共同体和各种基于共同爱好、兴趣的文化共同体;"人类社会"指现存的全人类及未来更高程度的社会化;"大自然"则主要指人类生存于其中的具有生物学和物理学双重属性的地球(包括大气层)生态。这四个概念及其相互关系,既具有实证性又有一定的规范性,它们不仅有助于我们理解当今世界及其发展趋势,并且应当成为我们的思想立足点和出发点。

下面,我们对上述四个维度及其思想理论意义做些分析。

先来看"个体"。笔者认为,作为近代哲学之标志的笛卡尔提出的"我思故我在",实际上是对"自我"的两个维度的敞开,一是人类("我是人"),二是个体("我是我"),这里既没有社会共同体的立足之处,也看不到大自然的身影。其实,笛卡尔的这个观念正是要消解原来束缚着个体的传统共同体及其历史文化,正是要超越并反转来支配自然万物。所以,它才成为推动西方现代化的重要观念力量,作为西方现代主流话语的自由主义或个人主义,才会唯名论地看待"社会"。

同时,现代性主流话语对个体的原子式抽象化理解也必定使"人类"的概念抽象化和离散化,人类被分解为无数彼此竞争的个体。这虽然反映了人类在现代社会的高度分化,却忽视了他们在分化中的合作和相互依赖。事实上,现代人走出传统共同体或身份社会而个体化,恰恰是因为他们借助契约建立了更为自主也更加普遍的联系,只不过人们在现代法理社会中所实现的主要是以商品为中介的经济性整合和法律性监控,而这种整合的"有机性"是极其有限的。人的真正的个体化并不外在于社会化,并不意味着他们彼此不再需要感情、共同信念及其共同体,而只是表明他们能够根据自己不同的需要结成各种类型的共同体。因而,个人"自我"这个现代性的核心概念能够最大限度地实现,也必定由于维系于共同体及其文化认同而相对化。

下面就来看"共同体"。作为个人与全人类之间的中介形式,作为个人直接结合和社会构成单位的各种"共同体",由于受到现代社会分化和整合的作用而处于变化之中,在直观上最具变动性最不确定。尤其是进入全球化时代,传统的共同体如家庭、村落、社区,由于受在场和不在场的各种因素的影响而更易变化甚至解体。但另一方面,在现代社会,除了滕尼斯所说的血缘、地缘和精神共同体以及现代企业之外,基于政治见解、文化认同、道德信念、科学和艺术创造以及兴趣爱好的共同体,已经并仍在雨后春笋般地出现。在历史上,"共同体"(community)与"社会"(society)的区别曾经是严格的甚至可以说是绝对的,①但在个人普遍获得独立与平等的现代市场经济社会,它们的区别具有了很大的相对性。但作为人们结合的方式,共同体至少在某一方面是个人的直接集合和利益的直接共享,因而最大限度地实现了公与私、个人与社会的统一。

人们生活的共同体是有其特定的存在论基础的,这就是人类肉身感性生活的亲在性和情感依赖,以及历史地形成的民族传统文化对于该民族成员的"家园"和"认同"意义,它是其他的东西所难以替代的。所以,由姻亲与血亲结合成的家庭,由民族及其文化作为直接基础的国家,②是在从前现代走向现代和高度现代化的过程中,最能经受得住现代性洗礼和全球化浪潮冲击的两类共同体,虽然它们也发生一定的变化。

在全球化过程中,国家相对于各种全球力量仍是一个不可替代的行为主体,它不仅便利了生产的重组,保障了各民族的安全和利益,而且满

---

① [德]斐迪南·滕尼斯:《共同体与社会》,林荣远译,商务印书馆1999年版,第1、2章。
② 欧洲现代民族国家是在罗马帝国崩溃之后先后形成的,但它们在文化上却有着共同的即希腊文化、希伯来文化和罗马文化的共同渊源。这显然是后来欧盟得以建立的重要基础。

足了人们文化身份认同的需要。在日益一体化的世界社会中,国家和国家间体系仍是一个极其重要的参考因素。① 而国家为了自身的稳定与凝聚力,也会重视作为其细胞的家庭的和谐与价值。因而,不难发现,正是由于世界上这两类共同体的各种差异和特殊之处,使现代性的全球化扩展呈现出极其不平衡的复杂的状态,并不得不"因地制宜"地采取多样甚至异质的形式。

现在来看民族国家共同体直接关涉着的"人类"或"人类社会"。人类社会既是人类个体和各民族按照一定规则交往或竞争的场所,而又正在通过"国际社会"及其组织维护着"全人类"的和平与发展。"人类"这个过去多半是抽象的概念,在今天的世界性交往中已越来越成为经验的事实。人类生存的互依性和利益的整体性,正在向民族国家的传统主权提出挑战:原来一直是最大的政治共同体的民族国家,由于地区利益和人类整体性问题的突出以及跨国大公司的出现,其主权也受到削弱,"欧盟"在这方面所做出的回应具有某种普世意义。

当今,经济全球化对我们越来越直接的作用和影响,是我们在更大规模和更深层次上走向并融入世界的契机。尽管在各民族之间仍然有利益的冲突,有时甚至发生严重对抗,各民族也都有一个维护自身利益的任务,民族文化也要为此服务,但日益加强着的相互依存和彼此交织的事实,毕竟使各民族的共生与双赢有了越来越大的必要性和可能性。

正是"人类社会"及其整体性的突出,人类与自然生态的关系问题才会引起人们越来越高度的重视。"人类社会"与"大自然"是否具有根本上的一致性? 其不容忽视的对立性是否第二位的? 这些问题大概已不必怀疑。因为人类作为生物只能在大自然的生态系统中生存,而由人类自己的活动所造成的生态环境的恶化已是一个不争的事实。如果说自然界的异动经常会给人类带来灾难,却不会毁灭整个人类的话,那么,现代人类却完全能够毁灭自己并毁灭自己生存于其中的生态系统。

---

① 　[美]詹姆斯·H.米特尔曼:《全球化综合症》,刘得手译,新华出版社2002年版,第50页。

因而,我们的确需要重新思考中国传统的"天人合一"、西方近代"主客二分"的思维方式的优点与缺点,重新看待"人类中心主义"不可超越的神话;同时,也更需要就包括人自身的生理自然在内的"大自然"对人类的活动方式和组织形式将会继续给予什么样的支持和什么样的制约,做出认真探讨,并据以提出更具洞察力和启发性的理念以及可操作的实践观念。

总之,以上四个维度及其相互关系,构成了包括中西马在内的中国学者思考问题的基本框架,因而也应当是其思想的立足点与出发点。

那么,明确以上四个维度之统一的思想坐标,是否意味着中西马就会取消它们之间的差异而融为一体? 并非如此。因为上述四个维度本身的区别已经表明其统一的相对性。

依笔者之见,中西马的分野特别是中西之间的分野,正如保守主义、自由主义和社会主义的分野一样,将长期存在下去。其根本原因在于,中华民族历史悠久、广土众民,其主要以象形表意的语言文字为载体的文化在世界上更是独树一帜,每一个中国人都将给予继承和维护,而这种语言文字中内含的价值观念、思维方式和历史文化信息,也就将在他们"日用不知"的生活中潜移默化为他们的文化心理结构。至于中国传统文化中的哪些方面或因素是真正具有人类通性的瑰宝,完全可以作为现代中国人安身立命的根基,哪些方面或因素仍然具有工具性的价值,可以被我们放在包括西方文明在内的工具箱中继续使用,哪些方面或因素已属过时的陈规甚至陋习,这仍然要根据现代中国社会发展的要求和实践的检验,并通过中西马学术思想之间的相互批评、驳难、理解来加以发现、甄别和取舍,中西马三方的对话也将逐渐产生对某些重要学术概念和命题的新的解释,乃至创造出为各方所认同的新的概念和命题。

所以,中国传统的思想文化既不可能全盘西化,也不可能像国粹主义所希望的那样悉数保存,而必定继续处于因革损益的过程中。就目前和今后一个相当长的时期看,中国的发展将有落后于马克思本人的理论框架的也有超越这一理论框架的,而超越将成为主要的趋势。这样,我们就必须努力发展马克思主义。

而在一个可以预见的阶段内,因应某种局面和社会需要,类似萨义德所说的"东方的更东方,西方的更西方"的现象仍将出现。而只要中西两类学术或从事两类学术的学者继续分庭抗礼而不能相互理解,或虽有某些理解而难以真正做到融通融合,则马克思主义的学术就有存在的必要性与合法性,因为中国与西方毕竟在社会和文化上都会越来越"你中有我、我中有你",而中国化的马克思主义在这方面恰是一个成功的范例。

着眼于全世界,人类现有的各种生存方式,由于自然环境的巨大差异、历史文化的长久积淀、人种和文化的密切结合、现实利益的竞争和冲突等各种原因,都将长期保持他们的特点。并且,由于现实自身就有许多可能性,历史在趋同中也趋异,加之现代人更加注重独立性和个性,文化的多样性恰好能够为他们的选择提供保障。但是须知,文化的多样性以及各民族的特殊生存方式并不等于各民族原有文化样式的简单自然的保存或延续,因为任何多样性、特殊性都是相对于同一"普遍"的背景或平台而言的,并且,它们也一定要在这一背景和平台下经由相互作用而发生新的分化、变异与重组。

既然如此,提出上述四个维度又有多大意义呢?

笔者认为,它的意义首先在于让各种学术得以理性地反思自己原来的立场的偏失或局限,中国学术界正在发生的变化业已证明,这已经不再是预期或希望。其次,即使一些学者继续固守自己原有的学术立场甚至更为极端,也不能不通过相互的对话和批评,强化自己理论的硬核,修补自己理论的保护带,使自己所持守的理论更有深度或合理性,而这必将推动中国学术品质的整体提高。而生活大于学术,形势比人强,我们提出的上述四个维度既然表征着中华民族同时也是人类发展的大趋势,那它就一定会引导中西马各自的研究取向。

这里不妨再分析一下我们经常重复的这样一个命题:在西方是历时性的现象到中国成了共时性的现象。这个命题的言外之意是,西方社会的发展是正常的合乎逻辑的,中国社会的发展则是异常的、不合逻辑的。依据这样的看法,则中国学术思想只能以西方社会和思想文化为尺度和取向。就这个看法反映了中国近代以来的历史变化的大趋势而言,是很有道理的。相对于西方现代性内在发生及其发展的逻辑,相对于中国1840 年以前历史运行的逻辑,它的确"不合逻辑"。然而,着眼于全世界,则人类发展的不平衡性和文化的多样性自古皆然,只不过由于缺少市场和资本的扩张性力量和现代交通与互联网的纽带,过去各民族不可能实现普遍的、频繁的交往,除了战争之外,他们相互之间的影响和交流并不具有决定性意义,因而也就容易把自己特殊的文化视为唯一的或最优越的文化。但是,由资本主义开创的世界历史从根本上改变了这样的局面,不管人们情愿与否,他们都不能关起门来过日子了,全人类发展的不平衡性和文化多样性于是展示在世人面前。

在这种情况下,也就有了一个如何看待历史"进步"的问题,有了一个主张文化普遍主义还是相对主义的问题。至少,我们可以明确以下两点。

其一,西方社会的进步包括思想文化的发展的"历时性",并非某些人所说的简单的"替代"或"断裂",它在总体上属于自身的扬弃即自身的可能性的实现。由于西方文明本身就由互斥互补的两个方面构成,有着内在的批判和超越的思想机制,所以,它也能够以现代的形式继续延续和发展。这也是在西方发达国家依然存在着作为前现代现象的"宗教"、"君主"的原因所在。虽然现代西方的"宗教"、"君主"都发生很大变化,但作为民族精神的象征和民族认同的纽带,它们在西方社会仍然发挥着极其重要的社会文化作用。

其二,就包括中国在内的东方国家而言,其社会异质的多层级性——前现代、现代与某些后现代因素的共存——固然密切地关联于西方文化的东渐和东方对西方文化的接受,但这种异质的多层级性,又何尝不是全人类发展的正常状态?好比是一个社会同时存在着少年、青年和老年?当然,社会性质和结构的多层级性不同于人们生理年龄上的多层级性。但是,就他们之间的循环往复来讲,就他们之间应当是互动互补的关系来讲,却是和社会的异质性现象相通的。这样说并不是要取消人的成长、发育和社会发展进步的内在目的性与方向性,而是认为这一向度只能从每个生命自身的活动中，从他们彼此良性的互动中产生出来。

从一定意义上说，中国社会的这一异质的多层级性是当今全世界的缩影。在全球化时代，包括西方社会在内的每个国家或民族社会的问题都既是它自身的问题，又反映着所有国家或民族社会的问题；而越是随着全球化的深入，世界上任何国家的问题的最后解决，都将取决于所有其他国家。因此，马克思当年所期待的那种作为"自由人联合体"的社会，以及"人类社会或社会化的人类"，既反映了现代性的全球化运动的本质，又是它的最终目标或永恒的理想。因而，笔者才主张，决心为中国文化的复兴，同时也决心为人类文明做出贡献的中国学者，更应当着眼于"个体、共同体、人类社会和大自然"这新的"四方域"、"四重奏"的关系来探讨中国自身的问题和当代人类社会共同的问题，并使之上升为哲学的理念，以哲学的方式推动人类文明向着更加合理的方向发展。

第五节 走出"学科"的壁垒

哲学是思想性的学问，不同于一般意义上的"学科"。作为"爱智"（philosophy）之学，哲学是最为活跃和自由的思想，它探索人们感兴趣的一切问题，从而成为各类学术或学问的酵母或推进器，既在一切学科之中，又超然于一切学科之外。诚然，在西方，自亚里士多德对各种知识给予分门别类以来，哲学这一爱智之学，总要由具体存在者的研究达到一般性的"存在"，因而就有了"形而上学"（metaphysics）即"物理学之后"的"归属"，形成了一套凭借概念和逻辑确立起本体论与方法论的研究方式，最大限度地保障了思想的自主性和普遍性，由此也成为一种最具有基础地位和生产能力的学问。所以，哲学不仅与逻辑、修辞、数学等一道成为西方通识教育（Liberal Education）的基础，而且直到今天西方一些大学的哲学博士学位，仍然被作为文科与理科共同的最高学位。显然，这里真正突出的不是哲学作为"形而上学"的学科专业性质，而是作为"爱智慧"

的旨趣与普遍的学术研究方法的训练。中国传统的思想文化并无"哲学"之学,而无论是天人之学,还是著文编史,其最高宗旨都在于"究天人之际,通古今之变",因而最后必定要上升到"一与万"、"久与暂"、"道与器"、"体与用"、"共相与殊相"等思想性问题的层面来探究。中国传统思想与西方哲学不同的是,它并不执着于"形上"与"形下"、"经验"与"超验"、"身"与"心"的二分,因而也不仅仅诉诸概念与逻辑,而是同时调动直觉、想象、体悟和理解,在一滴水中见太阳,在当下生存中悟永恒,让终极关怀寓于现实关切之中,可以说是"爱智慧"与"求觉悟"的统一。然而,中国国内现行的哲学学科设置,却与此大相径庭,严重地削弱了哲学的思想性质并严重影响了其思想的发挥。近年来,哲学界不少学者关注和质疑哲学的学科问题,是一件大好事。那么,我们应当如何看待这一问题呢?

现行的哲学学科是一级学科,下设 8 个二级学科。这种学科的划分是在"文化大革命"结束之后,虽然还能够看到苏联和改革之前的思想的影子,但主要反映的是改革以来我们对哲学性质与功能的看法。一方面,哲学已被视为一种学术门类,不再被等同于现实政治的工具,也不再被等同于马克思主义哲学,马克思主义哲学只是 8 个二级学科之一;另一方面,马克思主义哲学似乎不是一般的二级学科,不是"纯粹的"学术,作为"唯一正确"的世界观和方法论,它有着特定的阶级性或党性。因而,正如哲学高于并要指导整个社会科学,马克思主义哲学则高于并要指导其他哲学二级学科。这是改革初期的官方观点也是当时多数学者的观点,至今也仍然有人作如是观。

客观地讲,我们中国人所理解并要加以研究的马克思主义哲学,固然首先是马克思本人的哲学,但却并不限于此,而直接关涉马克思主义的谱系及其中国化,马克思主义的中国化是中西学术思想会通的重要表现,它已经超越了传统的民族文化的范畴而具有了一种普遍意义,既不能被"外国哲学"所涵盖,也不是"中国哲学"所能范围的。基于这样一种认识和历史缘由的哲学学科设置,对于改革以来中国大陆的哲学教育和研究还是发挥了很大的积极作用的。各二级学科的研究都获得了相对独立的进展,这也意味着它有一定的历史合理性。但我们知道,历史合理性不等于逻辑的合理性。历史的合理性是相对于特定历史条件而言的,时过境迁,它就会变得不合理。反思现行的哲学学科设置,我们不难发现它的下述问题。

依据学科的概念,我们首先会发现,哲学二级学科的设置标准不一,如"中国哲学"与"外国哲学"是按照地域即空间划分的;"伦理学"、"美学"、"宗教学"、"科学技术哲学"(原来叫"自然辩证法")是按照论域即研究对象区分,且很不周延,也无法周延,如近些年一直受到人们关注的历史哲学、社会哲学、文化哲学、政治哲学、价值哲学等就没有包括进去。所以,现在教育主管部门允许研究生招生单位自行设置若干与原有二级学科平行的学科(也有人称之为"三级学科"),但这同时带来了哲学学科越分越细、越来越多的问题,须知,像法哲学、语言哲学、生态哲学、心灵哲学也自有其重要性,且将来肯定还会有新的论域出现。"马克思主义哲学"的设置即使有上面笔者所说的贯通中西的意义,但是显然设置者首先考虑的是政治标准。问题在于,作为学术的分科,学术标准应当居第一位,马克思主义的政治功能是基于它的真理性而不是相反。并且,为了突出马克思主义哲学的重要性,未必非将其列为"学科"不可。将其列为学科的问题,一是犯了有学者所批评的"学科"与"学说"混淆的错误,二是研究与发展马克思主义哲学成了一个哲学二级学科的事情,那么,其他二级学科还要不要参与了? 至于"逻辑学"这个关于思维形式的学科,虽然原来属于哲学,黑格尔按照其辩证逻辑的理解,认为哲学就是逻辑学,但就现在逻辑学的论域、研究内容与方法来看,它其实应当从哲学中独立出去了。

现行哲学学科更严重的问题还不在这里。哲学的学科设置是形式,哲学的教学和研究是内容,只要形式能够较好地服务于内容,它就有存在的理由。现在的问题是由于上述形式方面的安排,内容上出了更大的问题:谁都不难发现,现行的哲学二级学科的界限简直成了不可逾越的壁垒。大多数哲学工作者终生囿于哲学的某一个二级学科之中,只能运用这一学科的资源教学或搞研究,相关考核与职称晋升,也只是联系他在这一学科的教学与科研的情况。于是,学界自觉不自觉地形成了这样的"潜规则",就是"不越界",例如,从事中国哲学研究的不搞西方哲学研究,反之亦然,即使有人做跨界研究,也很难得到鼓励和认可,因为这似乎是不务本业,是对别人的领地的侵入,尤其是当你对这个学科的学术资源掌握有限,你的研究方法或视角有别于这个学科的主流的情况下。西方学者所说的文化"权力"和学术"利益"的问题,在我们这里由于学科的原因更加严重,也更习以为常,不被反思。如果说,过去哲学二级学科之间的问题主要是"隔行如隔山"的话,那么,现在已经出现了一些学者将学科学说化,对自己的学科无批判地辩护,对其他学科要么不闻不问、要么不屑一顾,甚至从事不同学科的学者由于对某一问题的看法不同而相互攻讦的现象,远非正常的学术批评。这种现象产生的原因固然较为复杂,除了现实的权力和利益的考量之外,这里确实有各种学术所蕴含的文化思想和价值理念对学者们的潜移默化,有学者们对自己所从事的学术的感情投入与价值关怀。但问题在于,作为哲学学者,如果仅仅因为自己"碰巧"从事某一学科这种偶然原因就画地为牢甚至唯我独尊,如果因为"术"业有专攻而使"道"不相与闻,因为"情"有独钟而使"理"无用武之地,那么,这还称得上是"哲学"学者吗? 如果一个哲学学者能够跨越学科界限,出入于各种哲学思想和形态,经过深思熟虑,最后必然地"皈依"于某一学术或学说,那他一般不会有这种学术的自负。

笔者主要从事马克思主义哲学研究,感觉这个二级学科的问题可能更为严重。一些从事马克思主义哲学教学或研究的学者仅仅因为自己"从事"的这个专业,就莫明其妙地自视高明,而不知根据马克思主义的批判精神反躬自省,弄清自己的真实能力与水平,发现自己在知识结构上的不足与局限,结果,既无求知若渴的紧迫感,又无临深履薄的敬畏感,反而因学术的肤浅或思想的武断,而为其他学科的学者所瞧不起,尤其影响了马克思主义理论在中国的学术信誉,岂不悲哉! 除了个人的原因,显然是这个"学科"的"优越"地位所使然。例如,很长一段时间,只有这个学科才有权利研究和建构哲学原理、哲学基础理论,只有这个学科的论文才能居于报刊的最显著位置。此外,这个专业的学生的情况尤其不能令人乐观。近几年,哲学系在全国的大学普遍开花,地方社会科学院和党校也在积极申办哲学的硕士和博士授予权;重点大学哲学研究生的招生名额已多于哲学本科生。而随着整个社会生活越来越商业化和物质化,就业压力越来越大,致使以学术为抱负的考生越来越少,生员质量普遍下降。但是,由于马克思主义哲学的硕士点、博士点比其他二级学科多得多,比其他二级学科更容易考取,这个学科的生员情况就更加参差不齐了。笔者和其他许多学者一样担心,这些学生能够对马克思主义的发展起什么作用? 将来到社会上能够干什么? 而作为这个学科的从业者,笔者自己也只能感觉内疚。

上述问题,固然不能全然归咎于哲学的学科划分,但现行的学科划分显然助长了这一问题。那么,我们应当如何看待哲学这一学科? 答案只能是,依据哲学的本性,同时依据马克思主义的精神实质及其理论要求。

哲学的本性在于它的思想性。它是本原的、活生生的思想。而任何学术都是思想的产物,就此而论,哲学对于任何学科都有一种根本的、原初的意义。所以,它曾经是一切科学之母。当然,当今的情况又有所不同。哲学的思想性也是历史地展开的、变化的。但我们完全可以从作为哲学灵魂的"思想"的展开和变化中,发现哲学与各学科的内在关系。

我们知道,学术的分门别类正是人的思想分化、发展到一定阶段的结果。而"分化"是一切事物发展的必由之路,有了分化才谈得上事物的多样性和彼此之间的互动;事物的分化越充分,分化开来的各方面、各要素越是能够主动地进行相互作用,它们的整合就越富有内容和张力。人的思想、语言的发展也是如此。学术研究就是人的思想、语言分化整合到专门化、系统化时的表现。而随着学术领域的扩展和研究方法、概念的多样化,学术的分门别类即不同学科的区分也就自然形成;不同的学科又构成互动、互补的关系,导致学科群和交叉性学科、边缘性学科的出现,共同研究复杂的自然和社会现象。而如果没有学术的分化和学科的区分,或者以为学科的边界是不可逾越的"楚河汉界",学术的发展都无从谈起。

那么,哲学也是在这种学术分化中形成的一个学科吗? 是,又不是。说是,因为研究各种有限事物和确定对象的学科产生之后,哲学这一思想性的学问相对地有了不同于这些学科的"学科性",这就好比是中国绘画中的"烘云托月",画纸上本来没有勾出月亮的轮廓,但画云彩留出的空白就成了月亮。亚里士多德把哲学称为"物理学之后",恰恰说明了这一点。说它不是,因为哲学毕竟没有确定的、有限的研究对象,套用一句话说,哲学不是关于"存在者"的学问,而是关于"存在"的学问。而存在不是没有任何内容的抽象空洞的名词,那样的"存在"("有")就成了黑格尔《逻辑学》中所说的"非存在"即"无";存在一定要在空间和时间中显身为各种存在者,所以,一切感性现实的和观念的领域都可以成为哲学的研究对象。过去认为哲学只是关于普遍性、永恒性问题的研究,是囿于西方形而上学特别是近代哲学形态的结果,是以偏概全,需要纠正的,因为哲学要研究的是事物的普遍性与特殊性、永恒性与暂时性的关系。当然,哲学决不会使自己停滞在任何一个领域或对象中,或将思想终结于某一领域或对象。于是,哲学总是游弋于具象与抽象、有限与无限、确定与不确定之间,也就是游弋于各种学科之间,游弋于各学科与哲学自身之间。因此,哲学既在一切学科之中,又在一切学科之外。这也意味着任何一个学科的学者一旦深入思考自己学科的前提性、基础性问题,就会自觉不自觉地需要哲学、进入哲学。所以,哲学也并不为直接从事哲学研究的人所垄断。

这样,我们也就理解了哲学与上面所说的"分化"与"整合"的关系。如果说,各种学科的区分体现了学术的分化,而边缘性和交叉性学科的出现则体现了学术的整合,那么,哲学自身就同时思考并把握着事物"分化"与"整合"这两个方面,将它们的关系看作是相反相成的矛盾的辩证关系。因而,哲学的运动本身就是思想的自我分化与整合,并通过思想的自我分化与整合,把握各学科的分化与整合。从本体论上说,这是人作为思想者与包括人在内的世界万物的分化与整合,即对人生宇宙、古往今来的各种矛盾的思考。从方法论上说,这是包括归纳与演绎、分析与综合、具体与抽象、历史与逻辑在内的"直觉"、"想象"、"反思"与"理解"的辩证转换。因而,哲学既不同于实证的科学,也不同于诉诸信仰的宗教;相对于前者,它有明确的价值取向和对未来的理想与希冀;相对于后者,它主张理性的怀疑和反思。而说到底，哲学作为人的最高的自我意识或"觉解"，它要调动并整合人的直觉、想象、反思与理解的各种能力，对人生在世的性状和意义给予呈现和阐释。就此而论，正如黑格尔曾经说过的，哲学就是哲学。哲学既不是与其他学科一样的学科，它也不应当有什么二级学科。

当然，哲学不应当有二级学科，但哲学可以有各种形态，有各种学说，也可以发展出所谓的"领域哲学"或"部门哲学"。严格说来，连"中国哲学"、"外国哲学"这样的所谓二级学科，也不过是哲学的不同形态即在不同的历史文化语境中形成的不同形态。哲学的文化形态不同，思考问题的重心有别，但作为人的最高的自我意识即最活跃、最深刻的思想，又高度地相通。因而，任何哲学既是人类性、世界性的，又不无个体性和文化特点。这一点，我们只要比较一下中国的大哲老子、孔子的论述与苏格拉底、柏拉图的论述，就可以了然。显然，学者们给予高度关注的中西哲学的对话、比较，不是两个学科的对话与比较，而是两种哲学形态、思想类型的对话与比较。因而，对于学贯中西的哲学大家来说固然没有中国哲学与外国哲学的非此即彼，对于真正的哲学工作者来说，也不应当将自己封限在哲学的某一个二级学科之中，只是偏食一种资源，是很难思入哲学所要通达的大道之中的。事实上，中国近代以来思想学术的发展，无不是西学东渐和中西碰撞的结果，"通过他者，重新发现和建构自身"，这业已成为当今全球化时代各民族文化及其学术发展的必由之路。

而马克思和恩格斯基于现代生产实践和现代社会矛盾创立的思想理论，有着批判性和开放性的精神实质，它与整个人类的智慧与文明相通，而决不把自己混同于任何"教义"或"宗派"。就马克思的"新唯物主义"或"实践的唯物主义"哲学而言，我们首先应当如实地承认它是西方文化和哲学发展到一定阶段的产物，从哲学史的角度看，它是"流"而不是"源"。要真正懂得马克思的哲学，既要着眼于它所产生的时代的要求，还要从思想史的角度深入理解西方近代甚至古代的哲学，深入理解两希文化及其在启蒙运动之后的变化。而要真正弄懂马克思主义的中国化，也要深入理解中国传统文化及其近现代变迁。可以说，西方哲学史与中国哲学史是中国语境中的"马克思主义哲学"的"两条腿",没有这两条腿,它就站立不起来,更谈不上丰富和发展。但遗憾的是,多数马克思主义哲学的从业者要么缺少这两条腿,要么这两条腿都很短。现行的中西马三个"二级学科"的设定,表面上给了马克思主义哲学与中国哲学、外国哲学同等的地位,实际上将它封限在它的现有形态之中,让它无腿而立。所以,即使为发展马克思主义哲学计,我们也应当重新考虑哲学的二级学科建制的问题,恢复哲学的完整性,恢复哲学作为活的思想的本性。

第 七 章

走向思想理论的创新

　　思想理论的发展和创新,是迅速发展着的中国社会的迫切要求,也是学界共同的愿望。但是,真正的理论创新并不容易。就理论自身而言,它涉及理论继承与创新的关系;就理论与对象的关系而言,它涉及事物内在矛盾暴露和展开的程度;就理论研究的主体而言,则既直接取决于我们自身的学识、素养、态度和能力,还事关有无良性的讨论和研究环境、学术氛围与生态,特别是相应的制度安排。我们下面按照中国学术的现代转型与现代学术的形成的特点,重点论述相关的思想理论研究问题。

第一节　理论的"跟随"与"选择"

　　从一定意义上说,中国现代学术及其发展,源自对西学大量的译介、传播和研究。因为正是这项工作,使中国人在话语和思想观念上走出了"子曰诗云"、"天圆地方"和"君臣父子"的传统世界,为思想学术的现代转型提供了重要的参照物和思想资源,并让中国人越来越深入地理解、认识了西方文明和率先在西方发展起来的现代社会。改革开放以来,20世纪初极为活跃但后来严重萎缩的翻译事业,重新振兴,源源不断地将国外重要的哲学社会科学论著译介过来。现在,译事与国外原著的出版几乎达到同步。随着国人外语水平的普遍提高,大量的原版书干脆直接舶来。这一切,极大地开阔了中国人的思想视野,改善了国内的理论生态,为我们思考当今世界和中国的问题提供了重要的思想理论资源、视角和框架,厥功至伟。在这样的学术背景和学术竞争的刺激下,我们自己的理论探索和研究,也呈现出空前活跃的态势,中国现代化过程中的许多问题,就是通过我们对西方有关思想理论的掌握和运用,被及时地发现并得到解答的。

中国理论界的上述工作,与我们在经济活动,特别是科学技术和制造业方面的情况有某种类似性,即在原则上属于"跟随"的范畴,只不过后一方面表现为"仿制",前者则表现为"学习"。跟随战略对于后发国家是必需的选择和必经的阶段。即使在未来,一定领域或一定范围内的跟随性学习仍不可缺。但是,中国的问题毕竟有着独特的文化属性和地域特点,而中国要真正走出一条无论对于自己还是对于人类都有积极的建设意义的道路,就要尽快走出跟随状态,形成独立创造的能力。在思想理论的研究上,不止是要对西方的理论给予特殊的运用或变通,更要在充分汲取国内外思想资源的基础上,建构出新的理论。

近年来,思想理论的发展和创新,已经成为中国社会对于理论界的普遍期待。但从总体上看,国内真正称得上创新的思想理论成果还不多,大量的理论工作仍是按照当下"社会需要"重复性地强调经典论著的某些思想观点,或引证国外学者的相关见解与论述,基本上属于"照着讲"而不属于"接着讲",属于转述别人的话而不是讲自己的话。

造成这一局面的原因是多方面的。但是一个根本性的问题,则是我们的学术研究还没有获得应有的独立性和主体性(包括真正属于学术批评的主体间性),意识形态情结与市场的喧嚣共同营造了一种奇特的学术氛围,表现为大量的无思想的平庸之作、左倾意识与民族情绪相混合的"讨伐"性文章以及为了吸引人的眼球的追新猎奇。表面上学术似乎呈现出多样化态势,其实仍然缺乏应有的"学术自觉"。这有社会历史、文化传统和意识形态的多重原因,如由于近代以来备受列强欺凌和后来的冷战，我们至今仍然自觉不自觉地以一种弱者心态、受虐心理来看待西方对中国事态的反应，动辄将其归结为西方的"偏见"、"霸权"乃至"亡我之心"。事实上，"西方"社会也好，"西方"的思想文化也好，都不是一个单纯的实体，而是一个多元的、复杂的、充斥着各种现象、观念和声音的世界，有阴暗，也有光明；有傲慢与偏见，也有谦卑和自我批判；有"鹰派"分子，更有爱好和平、致力于人类平等的有识之士。否则，我们就不必也无法与西方众多国家建立"友好关系"了。某些西方政府、媒体所表现出的偏见、霸道，或许是其西方中心主义的反映，但又往往与文化和价值观的差异、与现实利益的纠葛有关。我们坚决反对西方继续冷战思维，搞双重标准，我们自己就要从中摆脱出来。

作为天下公器的学术研究，本来应当理性地、客观地反思、解答和克服上述褊狭的、消极的现象，但我们往往受制于上述长期形成的思想文化氛围，先入为主地以某种意识形态的武断代替有理有据的冷静思考与分析；这不仅无助于化解西方对我们的歧见和误会，还会弱化我们的反思意识和自我批判精神。

反思过去我们曾经要么与西方对着干，要么无批判地跟随西方这两种极端，尽管表现形式相反，思维方式却是高度一致的，即"非此即彼"，其实也都是失去真正的独立思考能力与理性的表现，因而也就难免陷入被动。如果说，改革开放之前，我们受制于"冷战"的大气候，意识形态替代学术，自己树起靶子搞大批判；改革开放之后，则受惑于西方在全球的学术"领先"地位，把思想和学术的借鉴，变成了简单的跟随，由此出现的文化现象是：当西方学术研究趋向热闹时，我们的译介和研究工作也随之兴旺；当西方的学术研究趋向平缓或缺少力作问世时，我们的理论界也渐趋平静，不少人甚至不知道自己应该研究什么问题了。这恰恰说明，我们忘掉了西方理论界的研究首先针对的是他们自己的问题，我们的问题有些在他们研究的理论或方法的范围内，有些并不在他们的范围内；而简单的"跟随"，加重了我们思想上的被动性和研究的表浅化，使我们不仅滋生了依赖性和惰性，更严重的是失掉了对自身问题的理论感觉能力与研究能力。

　　诚然,我们在学术理论上向西方学习,缘于我们自身的需要,也有我们主动的选择。但这一需要和选择,使我们的目光聚焦于西方发达国家的学术理论,其他国家几乎都不在我们的视野之内,已经反映出我们在价值取向上的急功近利。而任何功利性都具有表浅的、近视的特点。由于中国近代以来形势的严峻和实践的紧迫,我们首先从功利的、实用的层面看问题,并在一个阶段不得不跟随西方,这无可厚非。而近代变法运动经由器物、制度,然后到观念、思想,说明我们通过不断地回应西方的挑战,对自身以及与西方关系的认识,逐渐呈现出深化的态势。所以,中国近代以来的翻译事业,原则上说,属于我们对西方现代社会及其文明的深层认识。但是,这并不等于我们在思想理论上走出了功利性的境界。事实上,从原著的选择以及各种译著在中国引起的冷热不同的反响中,功利的考量是不难发现的。问题在于,我们从事的毕竟是思想理论的事业,思想理论的事业之所以不同于所有其他社会事业,就在于它发自人的内在生命和精神世界,具有反思、批判和自我超越的性质。因而,它不是指向并肯定外部对象的自在性,而是指向并确立人自身的自觉的主体性——这里的"主体性"不等于认识论意义上的主客二分,而是指人的自我意识、自我决定和自我负责,以及由此在人与外部世界之间建立起来的符合人性的关系。所以,如果面对思想理论的"事情本身",那么,即使译释和学习西方的理论,也不是简单地跟随别人,而是旨在通过西方人所讲的现代社会之为现代社会、现代人之为现代人的道理,重新唤醒并发展我们自身原来就有的自我意识、反省能力和实践的理论的智慧,自觉地拓展我们思想的道路、理论的道路,也是走向世界和未来的实践的道路。

　　既然思想和理论上的学习,目的在于确立我们学术的自觉性、主体性,那我们最为重视的,就应当是能够直接影响、塑造人的精神品格和思维方式的内容,这也就是蕴含在各种具体论述中的哲学思想,特别是其中的所谓"本体论"和"方法论"。我们只有真正从内在精神上挺立起来,作为独立的个人,也作为普遍的人类,看待我们与世界的关系,看待各种现实的和理论的问题,我们才能从根本上走出功利状态,扭转被动局面,由跟随和仿造转向自主"研发"和"创新"。

所以，问题不在于"跟随"，而在于我们的心态和意识，在于我们还缺乏应有的自觉性、主体性。下面我们进一步来讨论这个问题。

第二节 经典注释与理论创新

构成国内理论和学术工作的重要形式的，除了上述"跟随"活动，还有与之密切相关的"注经"活动。注释、阐述经典或名著，包括对西方名著的译介和解读，本来是我们做学问的基础性工作，但如果这项工作成了全部的理论和学术研究工作，或者被简单化、片面化为卡片式、语录式的背诵和引证，也会严重地阻碍学术研究的深入和创新。

众所周知，传统思想文化的经验、知识、思想性和理论性内容，主要体现和保留在各类文献典籍中，其传播和传承也主要通过后人对文献典籍的解读和重释。真正称得上"经典"（classics）的论著，具有学理与方法的原创性，是文献典籍中的典范，不仅代表一个时期——甚至一个时代——思想文化的最高成就，而且在历史上产生长远的影响。经典可分为原生态与次生态，原生态的经典即元典，是一个民族学术思想的源头和奠基性著述，直接道说着人生最为基本的境遇和性状，表现出人的理性从蒙昧中的觉醒；质朴而玄奥，言近而旨远，自可成为一代又一代人永远的精神食粮乃至精神家园。次生态的经典即后来人类思想史上具有里程碑意义的著述，这些著述得元典之要旨，立时代之新说；乃至突破往圣，重立规范，成为后人可"超"不可"越"的学术楷模。① 经典总能常讲常新，每次诠释都可阐发出新意。处于不同时代的人们带着自己的问题研读经典，也能够在理解经典原义、汲取前人智慧的同时，对自己的问题获得领悟和解答。故中国传统做学问的方式，主要就是对经典的注与疏，通过注解、疏

---

① 冯天瑜:《中华元典精神》，上海人民出版社 1994 年版；刘梦溪:《中国现代学术要略》，生活·读书·新知三联书店 2008 年版。

证,获得经典的义理或正义(即义之正者)。① 作者自己的思想和有别于前人的创见,就表达和蕴含在注疏之中,由此形成中国传统学术"我注六经"同时又"六经注我"这样一种解释学传统。因而,经典的学习与研究便成为每代人必修的功课。

但是,即使如此,笔者认为对于学术研究尤其是现代学术研究而言,这一必修的功课也不等于充分的条件。

首先,经典(或名著)的研读和阐释,需要我们带着自己的经验和问题,既向经典讨教,又与之对话交流,这也就是树立所谓"主体"意识。无此意识,只是被动地接受,则只能囫囵吞枣,莫知其味,更谈不上窥其堂奥、阐发幽微了。提出学习者要有主体性,并非说经典文本只有客体性,其实经典在形成之时就赋有主体性。包括元典在内的经典即便是集体的创作和历史的积淀,也不是僵死的条文和冷冰冰的逻辑,而是表达着特定群体的思想感情、价值观念和理性认识,有着浓厚的生活气息的"言说"。它向世人言说,既期待世人倾听,亦希望世人回应,由此开展出主体间的对话与交流。这样,经典作为中国古人所说的"三不朽"之一的名山事业,才会葆有活生生的精神生命。② 经典犹如从远方寄出的哲人信札,当你打开阅读时,你得到了一直期盼的信息,但你不要忘了回复:你有心得体会,可能还有不解的疑问,甚至认为值得商榷的观点。作为交往的一方和受益者,你也应当向对方提供有趣的见闻或独到的思考。

如此解读、探究经典文本,才会有伽达默尔所说的解释学的"视界融合"和"解释的循环"。从历史上看,正是这种回应式、问答式的学术思考和研究方式,构成了内容丰富、意味无穷的经典解释史和学术思想史,伽达默尔说人类历史是"效果史",正是着眼于此。在古代中国,前有五经,

① 中国传统学术的"注"是对古代经典的直接解释,其成果称传、笺,如《易》是经,《易传》是对《易》的注。"疏"则是对注或传的进一步的疏解、辨析,如后人撰写的关于《易传》的著作。注疏也叫"正义",如唐孔颖达的《五经正义》,清焦循的《孟子正义》等。
② 西方学者和中国学者一样认为人类渴望不朽,而真正能够使人不朽的,不是财富和权势,而是知识和学问。培根详述知识和学问对人的重要意义,而以增益人类福祉并在世代延续中获得永存不朽为最。参见培根:《学术的进展》,上海世纪出版集团2007年版,第52—53页。

后有对五经的注疏和争辩；前有先秦儒家和老庄思想，后有对他们作"解"、发"问"的篇章——如韩非子的《解老》、《喻老》、王充的《问孔》、《刺孟》；前有屈子的《天问》，后有柳宗元的《天对》；前有《礼记》之"大同"篇，后有康有为之《大同书》等等。西方的学术思想史，有着更为显著的寓批评、突破和创新于典籍解释之中的特点，西方近代学者伏尔泰的《哲学通信》中的 25 封信，固然是他对所处时代的宗教教派、政治体制、人物思想、文学艺术和风俗习惯的评析论说，但从中既可发现他所承接的前人的思想，更能够清楚地看到他关于人性、人类知识和社会历史等基本问题的见解。①

其次，经典虽属人类思想和学术的典范，却不等于真理大全，古人以"经天纬地"形容经典，极言其普遍而永恒的意义，而配得上这一赞誉的，其实只有极少数经典。事实上，多数被后人称作经典的著作，其思想和观点并非晶莹剔透，天衣无缝，而往往包含着复杂的思想因子和不同的致思倾向，甚至有含糊不清的地方、简单武断的论点。所以经典也有局限、盲区，乃至知识上的差错和价值上的偏颇，需要后人既抱着虔诚、虚心的态度，又带着一定的审视、怀疑的眼光加以研读和讨论。中外历史上对典籍名篇给予商榷、质询乃至纠错匡正的事例，俯拾即是。对于经典完全无批判的信从，是盲目的权威崇拜、书本崇拜，这就是历史和现实中的"教条主义"和较之更甚的"原教旨主义"。

再次，经典并非只有一类，只说一理；诸经之间，往往由于所本不同，旨趣各异，而形成互相争鸣、往复驳难的局面，彼此贬损的现象亦不鲜见。对于中国春秋战国时代的思想界，后世或不无夸张地称之为"诸子百家"，或较为准确地概括为"十家九流"，总之反映了"道术为天下裂"的思想形势。就各家内部而言，也非铁板一块，而是存在着各种思想、观点的分歧乃至不同的门户；即使基本理念或核心思想上有共识，但涉及对这理念和思想的具体理解，也会大相径庭。在各家各派的发展过程中，由于种种原因，更会产生内部分化乃至分裂的情况，如韩非子对战国时期"儒分

---

① ［法］伏尔泰：《哲学通信》，高达观译，上海世纪出版集团 2002 年版。

为八,墨离为三"的指认。后来儒家内部始终存在着思孟重视心性的一系,与重视外王事功的荀子一系的分野与论争。借助经典的解释和阐发而进行政争,这是中国传统社会政治运作的惯常方式。此外,即使某些经典能够包罗群言,融贯各家,可称为"集大成"之作,其思想的涵盖性、包容性也是有限的,且不可能在思想理论上完全做到不偏不倚、四平八稳,那样就恰恰失去思想锋芒和理论深度,成为各种观点的汇编。

从以上论述,我们还可以得出这样的结论:正是由于后人对原有经典的创造性解释、批评与突破,才有了新的经典名作的不断涌现。所以,由原生的经典和次生的经典所构成的思想史、学术史,本身就表明经典的诠释与理论创新,非但不互相排斥,而且属于同一个过程。

由此,我们也不可能因为经典的问题性,就得出经典不必崇敬,过去的经典已然"过时"或"无用"的结论。经典不是自封的,而是后人从比较中得出的评价。经典作为思想的宝藏和智慧的渊薮,主要不在于内容上包罗万象,而在于它作为思想种子的孕育力和理论假设所开启的可能性,使之"绵绵若存,用之不勤"。经典,特别是哲学经典的这种生发性、开放性,根本上在于人的生命及其意识和精神活动的自发自由、怀疑和超越,而其作者又往往以象征、隐喻乃至问题的形式展现这一自发、自由的本原,追寻智慧、开示道理。而经典的不足与缺失,则多半反映的是人类自身的弱点和有限性,是文化和文明"与生俱来"的矛盾与弊端,是语言和认识既"显"又"隐"的悖论式功能。由此导致经典在开显中也会"遮蔽",澄明中也有"晦暗"的问题。因而,如果读经典不善思考,不加辨识,尽"信"经典,则必定陷入莫知去向的自我矛盾状态。孟子当年说"尽信书,不如无书",他指的是作为经典的《尚书》。后人面对各有所本、宗旨不同的诸经、群经,更要在理解的基础上给予批判性的审视分析,进得去出得来。这就是古人做学问要求"辨章学术,考镜源流"的道理。否则,我们充其量只能匍匐于经典之下作书虫书袋。所以,关于古代经典的解释,有一个纵向的古今对话和辨析的问题,对于其他民族的经典,则有一个横向的中外对话和辨析的问题。

笔者之所以说研究解释经典是每代人必修的功课,却非做学问的充分条件,还特别在于,对经典的诠释有一个重要的,然而却容易被人们忽略的"限度问题"。如果我们旨在寻绎经典的永恒意义,发掘经典的思想可能性,藉以理解人类的基本境遇,获得智慧的启示,那么,这样的解读和阐发,从原则上说是不存在界限的。由此,我们还不难发现各学派甚至各民族的经典多有相通和一致之处。但是,如果我们旨在弄清各种经典的原义,包括它的"义理、考据、辞章"等不同层面,或者现代所谓"立场、观点和方法",那么,对经典的解释就会有一个限度,这个限度就是该经典本身特定的时代语境、前提预设、思维坐标、认识框架以及由此所给出的"意义域",此即经典的理论规定性。在这一意义域或规定性之内,对于经典的解读和阐释,用中国现代哲学家冯友兰先生的说法,就是"照着讲"。

而超出这一限度或规定性,又自以为是忠实于经典的解释,那就成了"过度诠释"。过度诠释的问题在于非法的超越文本的意义域或规定性,并势必造成消除各种经典之间——同时也是古今中外之间——的思想界限和理论差异的问题,将一切都归于无差别的混沌或同一状态。只要我们不赞成将儒家经典解释得如同道家或法家,不赞成从古代经典中直接引申出现代社会的政经制度,我们就必须承认所有经典自身的规定性,谨守解释的分际与限度。如果基于"疏可破注",就进而推出"注可破经",那么,这种"注解"就不再是"训诂"、"正义"意义上的原典之解释,而成了"借题发挥"或"重起炉灶"式的新的理论创作了。如康有为的《孔子改制考》,经由阐发今文经学的"微言大意",宣扬"通三统"、"张三世"之说,以"托古改制"为"维新变法"扫除思想障碍。其抑制王权、主张民权的思想,实则是对西方资产阶级政治理论与制度的直接借鉴,是对传统儒学的一大突破。所以,即使康有为认定他的主张就是孔子当年之所思所为,他从孔子"大同"理想和三代因革思想中找到的"根据"也并不充分。他对孔子思想的诠释,从正面说是重构再造,从负面说就成了"过度诠释",因而才遭到顽固派甚至同样主张"中体西用"的张之洞等人的攻击。

至于康有为的《大同书》和谭嗣同的《仁学》,更称得上思想理论的"综合创新",因为这两部著作不是简单地传承儒家仁道基因,而是以西方近代文明为主要资源和价值尺度,所构造出来的宣扬"自由平等"的理论体系,虽然有空想的成分,并有传统儒者"天地万物一体之仁"的道德理想主义的特点。后人曾称许康有为的思想创造"无所依傍",撇开具体事实的争议,这指的不是他必须利用的思想理论资源和各种论点,而是他自己提出的具有"范式"意义的本体性概念和理论框架,由此概念和框架,他才能重新整合各种资源和论点,系统地提出一种新的理论。正是从这里,我们看到借助经典进行理论创新,反过来又超越传统经典的必要性和可能性。原则上,这也就是冯友兰先生所说的"接着讲"。

冯友兰先生关于"照着讲"与"接着讲"的区分,非常有利于我们进一步弄清经典注解和理论创新的关系。下面,我们特予论述。

第三节 "照着讲"与"接着讲"

以冯友兰先生自己的哲学研究工作为例。"照着讲"表现为他所撰写的中国"哲学史"著作,"接着讲"则表现为他的"哲学"著作;前者为史,后者为论;由史到论,论从史出。

一般而言,"史"与"论"的区分是相对的,史是论的形成与嬗递,论是史的浓缩和提升,一重历史,一重逻辑。只不过这里所说的"史",是冯友兰先生按照新实在论的立场,对中国传统哲学的材料,由对象本身的时间即史的顺序所做的系统的梳理和解析,由此梳理和解析,力求呈现出中国哲学史自身的逻辑。显然,这种意义上的"照着讲",指的是要"复原"前人真实的思想,而不是将现代的观念强加于古人,但它又必须通过获得一种高明的眼光和框架,经由反思性的"研究"才能达到,所以,不可把属于学术研究的"照着讲",理解为"述而不作"、"照本宣科"。

冯先生之所"作"既在于他对大量史料的去伪存真、取精用宏,对各种论说和观点的探赜索隐、钩深致远,更在于他能够从中见前人所未见,发前人所未发,提出他本人独到的见解。这一点,我们读他的哲学史著作

时,都会有体会。"论"当然又有所不同。冯友兰先生的哲学创作主要为
"贞元六书"。①"贞元六书"是冯友兰作于 20 世纪 40 年代抗战时期的
《新理学》《新事论》《新世训》《新原人》《新原道》《新知言》。所谓
"贞元"即贞下起元,终而复始。冯友兰以之喻当时国家民族处于"绝续
之交"或"贞元之际",而抗战必胜,民族必定复兴。书名"贞元","以志
艰危,且鸣盛世"。这六本论著融贯了他对中西哲学思想的汲取、消化,
体现了他对于时代的忧患意识和民族信念,表达了他对现实世界"实际"
问题背后的"真际"("完满无缺的理")的把握。当这些新论所达到的深
刻性与普遍性,足以在思想和学术上开辟出新的局面,则其"一家之言"
就成了具有"公共"性的理论建树。

　　可见,作为理论突破和创新意义的"接着讲"之所以不同于"照着
讲",显然在于所讲的主要不是前人已经讲过的东西,而是研究者自己新
的"想法"。冯友兰夫子自道:"在我的《中国哲学史》完成以后,我的兴趣
就由研究哲学史转移到哲学创作。哲学方面的创作总是凭借于过去的思
想资料,研究哲学史和哲学创作是不能截然分开的。不过还是有不同。
哲学史的重点是要说明以前的人对于某一哲学问题是怎样说的;哲学创
作是要说明自己对于某一哲学问题怎么想的。自己怎么想,总要以前人
怎么说为思想资料,但也总要有所不同。这个不同,就是我在《新理学》
中所说的'照着讲'和'接着讲'的不同。"②这段话正可以移来作为我们
关于经典的"解释"与理论"创新"的区别之说明:如果说"照着讲"是"接
着讲"的前提条件或理论准备,那么,"接着讲"就是"照着讲"的突破方向
和理论高地。

　　我们知道,冯先生的贞元六书是接着"宋明理学"往下讲的,所以他
被后人归入"新儒家"。笔者认为,理论创新意义上的"接着讲",可以作
一个宽泛的理解,即凡是对原有理论的突破和创新都属于接着讲,它可以

---

　　① 冯友兰晚年所著的《中国现代哲学史》虽为"史",但却包含了他对哲学和中国社会发
展的许多深入思考,可作为"论"来看。参见冯友兰:《中国现代哲学史》,广东人民出版社 1999
年版。

　　② 冯友兰:《三松堂全集》第 1 卷,河南人民出版社 1986 年版,第 229—230 页。

出自一家一派,也可以采各家之长,兼收并蓄,实现综合创新;可以接着原来理论的核心观点往下讲,也可以接着原来的话题或未解决的难题往下讲。讲得好或不好,价值是大是小,固然在于承接的对象即所据之本,更在于能否深刻感受时代矛盾、充分透析实践经验,突破原来的理论观点乃至范式,创造出适应时代发展要求,包容性更大、解释力更强的学说或理论。

就此而言,接着讲非但不排斥某些方面的"对着讲"甚至"反着讲",还必须包含这样的内容,这就是对原有理论的修正与变革。如王阳明的心学之于程朱理学,西方费尔巴哈之于黑格尔,列宁之于马克思的《资本论》,①当属此列。完全超出原来的基本观点、在理论基础上具有变革意义的反着讲,是理论上的另辟蹊径、开宗立派。如古希腊的巴门尼德、苏格拉底与柏拉图,后来的笛卡尔、康德、马克思、尼采等等。

正是基于此,不少识者指出,如果只是接着儒家的内圣之学往下讲,那从"老内圣"是讲不出"新外王"的。如果说有人通过对儒家思想的"创造性转换",转换出了"民主"、"科学",那么,他其实是在西方现代性理论的观照下,发现了中国儒家思想根本性的"局限"与"问题",是经由对这一局限的突破和问题的解答来改造儒学,创造新学。至于这新学还能否称为儒学,是需要分析的。即使儒学自身蕴含着自我批评、自身更新的张力、动力,这张力、动力也不是无限的,即不能超越上面所说的任何理论都有的意义域和规定性。如果就儒学的形上意义而言,肯定它永远能够"与时偕行",那么,它与老庄哲学、禅宗思想乃至历史上一切伟大的哲学思想一样,当然有普遍的永恒的意义,也能够帮助我们批判性地看待现代社会,却不能直接演绎出现代社会的观念和制度。如果就儒学具体的伦理和社会观点而言,则与现代性的谋划或精神相距更远。

在20世纪60年代,冯友兰先生处于强调"阶级分析"的思想理论环境中,出于继承传统文化精华的目的,提出"抽象继承法",即将历史文献

---

① 葛兰西说,列宁领导的十月革命是"反《资本论》"的革命,因为苏俄的社会主义革命不是发生在资本主义生产力发达的国度,俄罗斯虽然经历了彼得大帝的改革和后来资产阶级领导的革命,但并未改变资本主义弱小而帝制奴隶制的传统深厚的现实。

的普遍意义与具体内容加以区分,摒弃后者而继承前者,旋即引起激烈的争论并遭到批判。事实上,一种理论的普遍的哲学意义与其具体的社会内容固然是结合在一起的,但并非不可给予相对区分与抽象,否则,历史上的一切学说或理论,都只能要么照单全收,要么全部放弃,是说不通的。因为这种"结合"就是"普遍性"与"特殊性"的联系,它们要么是某种普遍原则或原理在特定条件下的运用,要么是从特定实践经验中引出普遍性的理论。只不过这种区分和抽象并非简单的"一分为二",然后判定一方面"正确",另一方面"错误"。即使现在看来"陈旧落伍"甚至"反动"的社会规范和主张,从当时产生的历史条件来看,也事出有因,并往往有一定的历史合理性。事情发生的"原因"不等于事情应该发生的"理由"或"根据",但原因恰恰构成了"同情地理解"的条件。如果产生了某种严重历史后果的原因不属于个别的偶然,而是最容易实现的现实可能性,难以避免的社会趋势,我们就应当考虑它的"道理"所在,并分析它之所以能够成为气候的各种条件,特别是深层的历史矛盾,以及社会的文化与制度方面的问题。这样,我们对历史上发生的"野蛮"的、"罪恶"的思潮和事件,才不致于简单地给予道德上的斥责和否定,而是深入地认识它得以形成的土壤和条件,找出如何才能有效地加以规避或消除的经验教训。

因而,对真正优秀的思想或它的形上意义的继承,应当是基于历史辩证法的思想方法或精神实质的提取,即探索分析过去的思想理论之所以提出并在一定范围内有效的"根据"或"理由",这也是我们常说的"知其然,更知其所以然"。即使这种事关"所以然"的思想方法或框架在当时还有缺陷或不成熟,却瑕不掩瑜。如孔子"能近取譬"的解释方法,看待"仁"、"礼"关系的基本原则,尤其是他关于"仁"的论述中所体现的"自觉"、"反省"意识。这一类方法或原则固然在传统儒学中就有其"根据",但却需要后人用心体会和解读,特别是在新的思想影响下的批判性分析和开掘。例如,今天人们对于儒学意义的重释和局限性的发现,是离不开包括自由、平等、博爱、民主在内的现代理念的影响的。因而,一些学者所提出的"儒学的创造性转换",如果属于我们所说的普遍的哲学意义的继承和在此基础上的推陈出新,那么,它就走出了儒学的时代限度和理论规定,成为"后儒学"意义上的理论创造了。

此外,我们还要看到,即使是最具普遍性的哲学,也必定具有特定文化所赋予的特性或个性。如孔孟儒家和老庄道家的思想,作为东方文化都有"重和合"、"轻分化"的性质,与西方二元论色彩浓厚的"柏拉图主义"判然有别。儒家特别是思孟一系对于人的心性和修养的强调,目的是要人确立道德的主体性或圣贤的道德人格,使个人的善端、良知(仁)与群体生活所需要的道德规范(义)相互贯通,并成为社会的最高价值,而不是要个人为自己的利益、为自己的全面发展而努力。我们从孔孟的思想中是难以发现西方的"自由主义"与"个人主义"的。因而,如果只是接着孔孟的思想往下讲,它会有助于对极端个人主义,对过度分化的社会现象给予批评,却难以对个人权利的维护、对合理的社会分化起到积极的推动作用。当代所谓的儒学"第三期"、"第四期",①如果的确是在儒家基本思想的范畴内做文章,那么,它在现代社会,也只能作为一个"方面军"发挥作用,并且主要是张东荪所说的"挽"的作用,与此相反,西方近代以来的个体的主体性理论,发挥的则是"推"的作用。

第四节　理论的真诚与自觉

笔者近几年常常想到这样几句话,一是两句西谚:"太阳底下无新事","太阳每天都是新的"。的确,不止自然界周而复始地循环,人类一代又一代的生老病死在循环,人永远要面临一些基本的问题,如自然与文化、个体与社会、自我与他人、现实与理想的两重性纠葛,和这些纠葛演绎出的是非真假、善恶美丑、亲疏爱恨、得失祸福的问题,也可以说以类相

---

① 我赞成李泽厚的一个观点,即如果将先秦儒学称为第一期,那么,董仲舒的儒学就是第二期,宋儒突出思孟一系的心性之学则为第三期。一些现代学者为了替思孟一系的心性之学争正统,斥异己,完全否定汉儒在中国思想史上的重要地位,贬低荀子一系突出外王事功的重要性,认为宋明理学直承思孟,为儒学第二期,是难以自圆其说的。

传、循环往复。这些问题古人不仅说过了，说得比较透彻，还有普遍的方法论意义。但从中并不能得出真理穷尽的结论，因为人基于对象性活动及其心智、能力的发展，其生活方式在不断变换，每代人所处的历史条件和际遇都会有所不同甚至有很大区别。因而，人们实际的生存问题及其解决方式，也会很不一样。所以，每代人不仅要尽量理解前人已经理解了的东西，还要说也能够说出一些不同于前人的感受和认识。

二是中国唐代书法家李邕的一句话："似我者俗，学我者死。"这是他的书法经验之谈，师古而不泥古，方能"摆脱旧习，笔力一新"。所以，他告诫后人也不要墨守成规，而应当在继承的基础上创新。这里讲的是书法，是艺术，但无疑也有普遍的方法论意义，对于理论的发展也有借鉴意义。试想，如李邕身后有"李邕主义"，那么，是摹仿李邕且囿于其笔法结体的算"李邕主义"呢，还是虽出于李邕却大异于其形迹而别开生面者算"李邕主义"？在文学艺术创作上应当继承并且有价值的是"形似"还是"神似"，是早就有定论的。表现在思想理论上，这就是所谓"原教旨主义"和"修正主义"之争。我们过去曾站在"原教旨主义"立场上批判所谓的"修正主义"，到头来才发现是囿于"教条主义"，并有"唯我独革"的心态作怪，在丢掉了"实事求是"传统的同时，却刻舟求剑、画地为牢，结果当然是抱残守缺，被时代远远地甩在后面。

中国庄子关于"迹"、"履"的区分，直接论述的就是思想理论如何"传承"的问题，他借老子的口说："夫六经，先王之陈迹也，岂其所以迹哉！今子之所言，犹迹也。夫迹，履之所出，而迹岂履哉！"[①]思想理论上的追踪寻迹，重要的是追寻到前人"所以迹"或"履"之所出，即前人何以如此思考和实践，以作为后人在新的历史条件下思考与实践的借鉴与启示。不然，如东施效颦，效其貌不知效其心，则徒为天下笑。

天下的道理是相通的。恩格斯在谈到当时进入党内的许多大学生"都在搞马克思主义"时，说了这样一段话："然而他们属于10年前你（指保·拉法格）在法国就很熟悉的那一种马克思主义者，关于这种马克思

---

① 《庄子·天运》。

主义者,马克思曾经说过:'我只知道我自己不是马克思主义者。'马克思大概会把海涅对自己的模仿者说的话转送给这些先生们:'我播下的是龙种,而收获的却是跳蚤。'"①我们这些后学既然不想成为"跳蚤",就一定要弄清楚马克思自己的思想和"马克思主义"的真正含义,能够出于蓝而胜于蓝。如果说我们的一些"理论家"在思想理论上也落在了中国政治家的后面,那是否与前者拘泥于经典作家的某些论断而后者则摆脱了教条主义有关? 诚然,理论要把握的是更具根本性和普遍性的东西,提出或改变任何观点都要针对学术思想自身的问题,尽量利用已有的资源,并经过逻辑论证和批判。但理论毕竟不是完全自足的"神秘"的东西,作为人的生活的思想形式和精神层面,它既受制于人的生活方式,而又力图通过反思和把捉生活自身的矛盾运动的逻辑,而超越当下的生活形式,走在生活的前面。以笔者之见,我们之所以在理论研究上没有大的突破,与其说是我们认知上的偏差,倒不如说关乎理论"真诚"和由真诚才能达致的理论"自觉"问题,有了理论的真诚和自觉,才谈得上中国哲学社会科学的理论创新,才谈得上发现和正视马克思主义理论自身的问题并推动其发展。

较之所有其他的理论,以改变世界为宗旨的马克思主义理论,有着最为鲜明的实践性和现实批判性。而理论的创新,除了对先前理论的继承,很大程度上就在于能否充分把握和消化现实实践中的矛盾和经验。这就涉及如何看待理论与实践、理论与经验的关系。我们不妨回顾一下历史,寻找一下历史的"原因"。

近代以来,中国经历沧桑巨变。时局的险恶所要求的行动的紧迫,与潮水般涌入中国的西方思想和学术的旨趣若合符节,无论实用主义,还是意志哲学,抑或是其他现代理论,大都具有"实践优位"的性质。马克思主义鲜明的实践特性,更会引起中国先进分子的重视。

我们知道,早在 19 世纪末和 20 世纪初,就有人将马克思的唯物史观与社会主义思想介绍到中国;"马克思主义"、"社会主义"作为激进的社

_____

① 《马克思恩格斯选集》第 4 卷,人民出版社 1995 年版,第 695 页。

会变革主张,也有不少人宣传。但是,马克思主义被中国一批先进分子普遍接受并奉为指导思想,却直接缘自"十月革命一声炮响"为中国人送来的"马克思列宁主义"。俄国革命的成功极大地鼓舞了中国的革命者,让他们切实地认识到,马克思主义不是"书斋"里的理论,不是传统意义上的"学问",而是引导被压迫阶级和民族"改变世界"的强大思想武器,并且已经发展到"列宁主义阶段",与东方民族的命运更紧密地联系起来。因而,在中国先进知识分子的心目中,马克思主义理论的重要性,完全在于它对于现实生活实践的指导和推进作用,在于它能够分析和解决时代的问题,即振兴民族、变革社会。

对于马克思主义理论的这种实践性理解,直接影响了他们对于一切理论的理解和对教条主义的敏感与反对。毛泽东后来如是说:"真正的理论在世界上只有一种,就是从客观实际抽出来又在客观实际中得到了证明的理论,没有任何别的东西可以称得起我们所讲的理论。"①毛泽东作为革命家和政治家,对理论的这种看法是可以理解的。很长时期,解决中国紧迫的现实问题的要求,尤其是中国特殊的历史文化和社会条件对于理论应用和变通的要求,使我们特别反对迷信"本本",特别重视理论联系实际。这本来是正确的。正是因为中国大多数的马克思主义者,不迷信书本,善于总结实践的经验和教训,所以不断地提升了实践智慧,这是他们能够从中国社会的复杂矛盾和诸多可能性中,发现"可行"的途径和方案,并使其获得"成功"的根本原因。反之,那些虽然能够背诵马列经典,看起来很有学问的领导,只要不能成功地发动群众、领导革命,尤其当他们搬用书本上的理论指导实践遭遇失败时,就必定会遭到嘲笑和斥责:"从苏联背回来一麻袋教条。"

中国独特而悠久的历史文化传统和以家庭为本位的农耕社会的国情,决定了中国的革命、中国的现代化的特殊性,决定了任何普遍性的理论都要与这种特殊性相结合。凡是在中国能够成功地指导实践的理论,都要对中国自身的传统和实际加以"利用",在一定程度上或某些方面给

---

① 《毛泽东选集》第3卷,人民出版社1991年版,第817页。

予"适应"和"妥协",否则就会到处碰壁。然而,这种"可行"和"成功",又容易使人们滋生经验主义和功利主义,推崇甚至迷信那些可行的、成功的"实践方式",而忘掉这种"实践方式"作为利用传统、适应当时条件的结果,一方面有着对于作为出发点的"实际"和"传统"的改变或超越,另一方面,又不可能不受制于这种实际和传统,因而,它只能是一种暂时的、过渡性的形式,不可能一直可行和成功下去。认识不到这一点,将这种理论和实践的形式固定下来并视为神圣不可侵犯的东西,它就会成为严重影响中国社会进一步发展的新的障碍。

中国近代社会的一大严重问题就是"一种倾向掩盖另一种倾向","一个极端走向另一个极端"。对实践的极端重视,让我们忘掉了实践与理论的辩证关系,尤其是普遍理论对于具体实践的涵盖性、超越性和批判性。以至于在很长时期,我们很少谈实践的理论前提,严重轻视书本上的所谓"间接经验",并总是试图让当下的实践经验直接成为理论。这既否定了主要凭借逻辑推演的理论,也有对基础性理论的忽视。在新中国建立之后的很长时间里,我们往往根据当下"行得通"的有限经验,就每每放言高论,宣称把握了客观规律,洞察到了人类未来。其实,过去在大陆开展的许多群众运动,大都是在某些未作论证,更未经公开争论的所谓的"理论"的指导下,借助群众之手造成的"运动群众",体现的其实是领导者的个人意志和愿望,是带有浓厚的主观意志论和道德乌托邦色彩的"理论"。这倒从反面说明,不存在无需任何理论指导的实践,问题只在于实践受什么样的"理论"的指导。

因而,不无吊诡的是,与盲目推崇实践、无视学术传承相伴随的,却是对处于指导地位的"革命理论"的"注经"式解释。在阶级斗争为纲的年代里,为了全国上下"思想的统一"和"步调的一致",思想文化被高度意识形态化,哲学社会科学被高度党性化;有些社会科学门类如社会学、人类学等学科,则干脆被作为资产阶级学术封杀。所以,即使名义上在理论界还主张"百家争鸣",事实上已被简化为"无产阶级"和"资产阶级"两家争鸣,而这两家的是非正误早就确定,所以,凡被贴上"资产阶级"标记的思想和学术,就只有挨批的份。"无产阶级"的思想理论既是党和国家的指导思想,是所向披靡的批判武器,也是评判是非正误的理论根据。由于无产阶级思想理论是领袖创造的,或领袖从革命群众的实践经验中"总结"、"提炼"出来的,它的目的在于回到群众中去,改造世界,因而,在理论界就顺理成章地形成了新的"注经"模式,这就是对毛泽东著作当作经典的解释,这种"解释"已不属于一般的学术活动,而是具有高度政治性和垄断性的行为。于是,那些发自学者兴趣或责任、个体性很强的思想与学术创作,从此销声匿迹。

在这一背景下,"理论"与"学术"也被区分开来并有了褒贬之分:前者来自实践又服务于实践,是革命群众改造世界的战斗武器;后者则是远离实践的书斋里的事情,是一些"没有改造好"的资产阶级知识分子自我把玩、自我欣赏的游戏。因而,"联系实际"的"理论"取代了"脱离实际"的"学术"。

这种情况,直到真理标准讨论的开展才告终结。然而,它对国内学术理论研究严重的负面影响,却非短期可以消除。直到现在,从某种有限的经验和正在实行的政策出发,附会马列经典的词句,轻易地推论出普遍的结论;或者出于为现实辩护的目的,从马列经典的原则出发推演出某些经验或政策的合理性,还是相当一些论文的叙事方式。在国内大量的论著中所充斥的既无学术传承又无事实分析的论述,成为许多海内外学者所诟病的"无根游谈"。这是国内学术理论长期停滞不前,低水平重复,形不成学术传统的重要原因。同时也严重地损害了马克思主义的学术声誉。

就马克思主义的研究而论,我认为关键的问题在于,许多"马克思主义"的从业者严重失去了对马克思主义理论的敏感性、问题意识和创新能力。马克思主义本来是从非马克思主义思想理论中转化而来的,是汲取人类文明成果尤其是欧洲古代和近代学术思想的结果,而我们直接依赖马克思主义理论资源"做学问"的学者,是否有马克思那样的理论传承、视野和气度,将当代世界的思想理论尽收眼底并给予综合创新?还是有意无意地画地为牢,自说自话乃至以唯我独革的架势讨伐异己?当代中国学者要发展马克思主义,如果不能充分而合理地汲取、整合中国传统学术资源和西方思想资源,理论创新的目标能实现吗? 我们在原则上不断地强调马克思主义自我批评、自我超越的本性,但具体到有异议的理论观点就仍然以马克思文本中的某些论断为是非标准,这符合马克思主义的真精神吗? 对于许多普遍的重要的社会文化现象,为什么依据其他思想资源进行解析是正当的,也可以讲得较为合乎情理,而从马克思主义的视域进行论述却首先有了一个"标准说法"、"标准答案",这是谁定的? 这方面的理论发展也很难被认可,原因何在? 有人说,中国的政治家在许多重大现实问题上的思考和决断"领先"于理论家,如事实确实如此,又说明了什么?

回顾 20 世纪 70 年代末和 80 年代初的情况,我们知道,当代中国的马克思主义理论研究正是以恢复、回归理论的真诚作为开端的。这指的是,在那个时期,中国学者有了对长期被纳入左倾政治轨道中的理论的强烈的不满和问题意识,认清了加诸理论之上的"左"的意识形态和"两个凡是"一类教条的危害,就在于愚弄、闭塞人的思想,遮蔽、毁坏人的良知良能,使人们无法正视现实生活的矛盾,不仅失掉判断是非曲直的能力,甚至到了不敢说真相、不会说真话的地步。因而,重提实践是检验真理的最高标准,就是让人们将认识和评价的坐标,从假大空的意识形态转向他们自己真实的生命活动及其感受,转向他们健康的常识;而对于理论工作者来说,则意味着从现实的人的现实生活实践出发,以真诚反省的态度和追求真理的精神,看待包括马克思主义理论在内的一切思想理论,将其如实地理解为有着确定的学术要求和规范的理论建构,认清这些理论建构作为特定时代的产物,决非终极真理,而必定具有的历史规定性和局限性,需要后人给予批判性的解读、修正与超越。

随着眼界的扩大和对西方思想理论愈来愈多的了解,我们承认了在马克思去世之后,西方的思想理论也有新的发展。相比之下,当时我国哲学社会科学的研究工作,正如邓小平指出的,就可比的方面来说也"比外国落后"。① 显然,思想的深度、逻辑的自洽、研究的方法、知识的含量、理

---

① 《邓小平文选》第 2 卷,人民出版社 1994 年版,第 181 页。

论的预见性以及作为其重要条件的人们的思维能力,都具有可比性。自然科学是可比的,哲学社会科学也有可比性,这说明它们都有科学的、客观的和普遍性的一面,尽管当时人们对于哲学社会科学的这些性质的认识还相当简单甚至片面,但它却使哲学社会科学这一由于被划入"意识形态领域"因而禁区颇多也极为敏感的学科群获得了某种解放,排除各种外在干扰尤其是"长官意志",重新赢得独立存在的权利,回到学术自身的轨道上来。

理论的真诚其实就是我们一贯强调的"实事求是"的原则在理论中的体现,它要求我们正视理论研究的现状和问题,要求我们按照理论的本性和思想的逻辑进行思考、怀疑、论证和批判;一切唯真理是从,不向真理之外的任何力量妥协与屈服,包括不向自己的名利心、庸俗和惰性让步。只有如此,理论研究方能成为马克思所称道的不同于虚假意识形态的"自由的精神生产",不断地发现、揭示人类社会生活的矛盾和新的可能性,推动人的心智和社会文明的进步。当然,在社会等级依然存在、利益竞争极其激烈的现时代,要做到这种自由的精神生产是不容易的,它既关系到有无一个良好的外部环境,又直接取决于精神生产者的才识和人格操守。马克思说在理论的入口处正如在地狱的入口处,不能有任何的犹豫和怯懦;恩格斯赞赏科学的"毫无顾忌和大公无私",以及"伟大理论兴趣"即"那种不管所得成果在实践上是否能实现,不管它是否违反警章都照样致力于纯粹科学研究的兴趣"①,为理论的真诚做了最好的注解。中国学者所倡导的"独立之人格、自由之精神"则给出了理论真诚的主体品格。因而也可以说理论的真诚就是我们对于自己生活的真诚、做人的真诚。

"真诚"作为具有德性意义的心理取向和态度,当然直接发自人的内心,我们常有真心诚意或诚心实意之说。但它不是与生俱来的本能,甚至不等于人性的纯朴或质朴,而是出于纯朴而又能分辨真伪是非的良知之功能,包含着反思性和批判性,因而成为人们不断地提升其自觉性、自知

---

① 《马克思恩格斯选集》第4卷,人民出版社1995年版,第258页。

之明和问题意识的重要推动力。孟子谓"诚者,天之道也;思诚者,人之道也"①,正可以移来作为注脚。如果说理论的真诚主要指人们应有的学术态度,那么,理论自觉则是在此基础上所达到的理论研究的自知之明,它是指学者们对于自己与理论的关系、理论与现实生活的关系、理论自身的内部关系和理论演进的内在逻辑的真实性和规范性认识,以及根据这种认识所实现的理论的自主自为、自治自律和自我超越,包括对现有理论问题性的了解和解决思路的明确。

在 20 世纪末,随着思想解放带来的视野的扩大和探索的深入,国内多数学者认识到马克思思想理论的主旨和基本内容是实践的历史的唯物主义,是关于现实的人及其历史发展的学说;原来的教科书体系未能正确地体现马克思思想的精神实质和理论旨趣,因而必须加以突破;实践是检验真理的标准,而实践自身也有一个价值评判的标准问题等等,就在一定程度上体现了这种学术自觉。后来我们受知识社会学、知识政治学的启发而对思想理论赖以形成的社会条件和思想理论的价值倾向性的认识,则推进了这种理论自觉。在今天这样一个社会矛盾愈来愈错综复杂,尤其是人生和社会的道理不再是一个面相而呈现出多样甚至多元的情况下,为了追求和维护真理,为了人类自身更加自由和公平的生存,我们尤其需要持守理论的真诚并提升理论的自觉性。

关于"理论"这一人类进入文明时代特有的精神活动方式,马克思和恩格斯曾有这样的论述:思想、观念、意识的生产最初是直接与人们的物质生活,与人们的物质交往,与现实生活的语言交织在一起的。而当人们与自然界的关系还没有走出狭隘的动物性状态时,人的意识也是动物式的意识。随着人的生产能力的提高和分工的发展,人的意识也有了发展和提高。而具有关键意义的分工是"物质劳动"和"精神劳动"的分离。从这时候起意识才能"现实地想象":它是和现存实践的意识不同的某种东西;它不用想象某种现实的东西就能现实地想象某种东西。"从这时候起,意识才能摆脱世界而去构造'纯粹的'理论、神学、哲学、道德等等。

---

① 《孟子·离娄上》。

但是,如果这种理论、神学、哲学、道德等等和现存的关系发生矛盾,那么,这仅仅是因为现存的社会关系和现存的生产力发生了矛盾。"①马克思主义创始人是基于人从自然中的分化和人类自身的分化理解人的理论活动的。理论活动缘起于人的感性对象性活动及其反思性意识,它的出现表明人的对象性活动本身的重大分化,即思想、观念、意识的生产与其物质的生活和交往活动不再"交织在一起",人的意识、精神超越了"绵羊意识或部落意识",越来越走向自觉的自我意识和独立的精神生产,而这是人类进入文明时代的标志和根本条件之一。有了自我意识即反思的向度,才谈得上自知的问题和真诚与虚伪之分;而有了独立的精神生产,才会有西方的苏格拉底、柏拉图、亚里士多德和中国的孔子、孟子和荀子等文化圣人及其著述的问世,才会有他们之后的思想史和文明史。

然而,人类文明社会的开启也是人类开始区分为"自由人"和"奴隶"的时期,是社会分裂为等级、阶级并产生利益冲突的时期。马克思认为,到了资本主义时代,人类彻底分裂为两大对抗阶级,人类的物质生产与精神生产、社会生活与社会意识也完全分离,结果,它们双方都成了片面的抽象的异己之物,就如同人的肉身由于与心灵二分而被人自己感叹为"一半天使一半野兽"。其实,"天使"和"野兽"都是人的异在形态即人的两个极点。因而,文明社会产生的"理论"也就成了生活世界之外或之上的遐想,成了纯粹抽象化、形式化的思维的代名词,并遭到马克思深刻的揭露和尖锐的批判。他这样批评过去的"一切历史观":"这种历史观只能在历史上看到政治历史事件,看到宗教的和一般理论的斗争,而且在每次描述某一历史时代的时候,它都不得不赞同这一时代的幻想。"又说:"对于人民大众即无产阶级来说,这些理论观念并不存在,因而也不用去消灭它们。如果这些群众曾经有过某些理论观念,如宗教,那么现在这些观念也早已被环境消灭了。"故此,马克思也在讽刺和否定的意义上称呼"理论家"和"哲学家"。②

---

① 《马克思恩格斯选集》第1卷,人民出版社1995年版,第72、81—82页。
② 《马克思恩格斯选集》第1卷,人民出版社1995年版,第93—97页。

显然,马克思对包括观念和理论在内的人的活动异化的分析批判,基于他的人及其世界和谐统一的思想。马克思决不否认事物的矛盾,并且比黑格尔更为肯定矛盾在人类历史发展中的动力作用,但他认为矛盾到了分裂、冲突和全面对抗的地步,矛盾着的双方就都会走向其反面,社会危机和革命就要接踵而至了。这时,把握着社会矛盾也是人自身的矛盾的"思想"、"理论",就应当发挥出指导人们改变现存世界的革命性功能。按马克思早期的看法,理论、哲学都将因此回归到生活之中而消亡,也就是随着世界的哲学化和哲学的世界化而完成自己的使命。

但是,我们在今天分明意识到,理论与现实世界的作用将是我们难以预见其终结之日的长久过程,二者的相互融合能够阶段性地实现,却难以最终完成。因而,我们的理论研究特别是哲学研究就必须有这样的自觉:一方面,它在与现实的互动中仍然需要某种"纯粹的"向度,这不是为了要在远离现实的"理念世界"中得到思辨的乐趣或孤芳自赏,而是为了通过对不纯粹的经验表象的穿越或本质直观,更深刻地透视和把握人的现实生活世界的"理念"。马克思曾说:"不论我的著作有什么缺点,它们却有一个长处,即它们是一个艺术的整体。"①由概念构造的理论成为"艺术的整体",表明它达到了逻辑的自洽,即达到了"多样性统一"的理性"具体",而这显然与理论的抽象及其"纯粹"的指向分不开。但另一方面,它又要清醒地意识到自身的"先验"性其实是从演绎式"叙述"的角度而言的,并且,唯其是由感性具体上升而来的理性具体,它的普遍性也就不可能完全摆脱特殊性即特定的历史条件,它的生命就存在于普遍与特殊的张力之中,并表现为凭借这一张力所实现的自我否定与超越。

由此,我们也可以了解哈贝马斯等学者为什么特别看重马克思关于"交往"的概念而非"生产"的概念,并重新复兴自亚里士多德到康德的思想传统。我们知道,亚里士多德把人的现实活动区分为"生产"、技术性"创制",和作为伦理活动与政治活动的"实践"这三种类型,并认为"理论的"理性指向自然、指向必然王国,而"实践的"理性则指向人事、指向自

---

① 《马克思恩格斯全集》第31卷,人民出版社1972年版,第135页。

由王国,从而认定只有实践才体现了人的目的性。亚里士多德的这种认识和评价的确有历史的依据,也反映了文明社会的矛盾。他认为最好的生活是思辨的即沉思的生活,也是他作为"思想家"、"学问家"的真实感受。亚里士多德的思想局限和问题,不在于他认为生产和技术活动是人们从事自由的实践活动的先决条件,而在于他对生产与实践、手段与目的、理论与生活做了超历史的绝对化区分,正如他用一种自然合理的观点看待奴隶制和夫权制,从而对社会的分裂和压迫给予了辩护。中国孔老夫子关于"君子"与"小人"、"谋道"与"谋食"、"忧道"与"忧贫"、"义"与"利"的一系列区分,还有后来孟子等人的"劳心"与"劳力"、"君子"与"野人"的区分,同样也有中国先秦社会历史的"经验事实"作依据,但就其反映出的价值立场和思想态度而言,大体也能够作如是观。

这一状况,直到人类历史进入现代,社会生活出现了韦伯所说的"理性化"趋势才发生了改变,这就是人们世俗的经济活动重要性的突出和个人的社会独立性及其权利的确立。在这一划时代的转变中,马克思通过对"实践"含义的拓展、转换和"生产"的存在论、认识论界说,形成了以"生产的逻辑"和虽属次生但却成为主导的"资本的逻辑",探索和解答人类的现代命运和使命的理论,他以"劳动时间的节约"和"工作日的缩短"把属于"必然王国"的物质生产和属于"自由王国"的人的能力的自由发展联系起来,给出了人的超越和解放的现实可能性。但马克思并未因此认定必然王国有朝一日可以完全转化为自由王国。通过生产力的发展和生产关系的变革而不断地走向自由王国,却又永远难以完全摆脱必然王国,这就是马克思揭示出的人类的使命和命运。在现代社会,人的生产能力的发展,既给人们带来更多的自由,也由于人的需要的扩大而使必然性也在扩大,尤其是随着生产和科技的发展,工具理性和科层制得到不断强化;人的自由和受必然性控制这两方面仍在竞长争高。经验表明,"生产劳动"概念对于人类解放的理论可能性,的确已经很有限了。

正是基于此,笔者认为,阿伦特、哈贝马斯等现代学者重视汲取自亚里士多德到康德的思想资源,把人的生产劳动与人的交往实践活动区分开来,着重研究的人们的交往活动对于人自身全面发展的意义,是有道理的。① 这里须进一步思考的问题是,人的生产劳动和交往活动究竟是什么关系? 它们各自的独立性到底有多大? 人类的交往活动能否主导其生产活动或在什么条件下才能做到这一点? 从而交往理性能够在什么条件下或多大程度上独立于工具理性或给予统辖?

总之,我们需要的既不是理论上的相对主义、机会主义,又要能够切实避免绝对化、固定化的思维并保持对人的社会分化的批判性审视,为此我们就要确立清醒的界限意识或边界意识,又要能够对此界限给予合法的跨越。下面,我们结合学界对马克思理论的共识和马克思自己感到"困难"的问题,进一步讨论理论的发展和创新问题。

第五节　理论创新及生长点:符号、文化、生命与意义

对于马克思的思想理论,大家都有这样的体认:它的理论空间非常开阔、思想的张力很大。一方面,它有着极为高远的理论旨趣和目标,这就是人类的解放,每个人的自由个性的实现;另一方面,它又有着鲜明的现实考量,如马克思本人所说,在思辨哲学终止的地方,在现实生活面前,正是描述人们实践活动和实际发展过程的真正的实证科学开始的地方。因而,马克思的理论特别是他的社会历史理论也不能不具有经验的和科学的属性。马克思思想理论在具有终极意义的哲学目标和当下经验现实之间展开的这样一种性状和特点,不仅使它能够在原则上涵盖整个现代社会,甚至一直伸展到人类历史的过去与未来。我们也正是通过马克思的理论特别是唯物史观来认识现代资本主义社会,并藉以认识和理解整个

---

① [美]阿伦特:《人的条件》,竺乾威译,上海人民出版社 1999 年版;[澳]约翰·基恩:《公共生活与晚期资本主义》,马音等译,社会科学文献出版社 1999 年版,第 134—179 页。

人类社会形态的产生和嬗变的。但由此也给了我们马克思的理论似乎包容一切和无所不能的感觉。

而问题在于，当我们昨天从马克思的思想理论中"引申"出"无产阶级专政下的继续革命"、论证"阶级斗争为纲"的合理性，并用这个理论反对商品生产和交换、"割资本主义的尾巴"，今天我们则用它支持改革开放、建立社会主义市场经济，建构和谐社会时，难道就没有意识到这里面的自相矛盾吗？难道我们不知道对什么都能够解释的理论，对什么都没有解释力吗？我们曾经意识到这一问题并有了这样的一种觉悟，即任何理论都产生于一定的时代并受制于主体的处境，因而不能撇开特定的语境和问题引证马克思的论著。然而，当我们今天要么强调研究马克思理论的主要任务是批判"资本"，要么是肯定资本的"伟大文明"的作用；或者以之为经济建设这个"中心"辩护，或者以之为"人的自由全面发展"呼吁时，不仍然是在有意无意地继续着这种解释"模式"吗？这些不无矛盾的理论取向不仍然有一个合法性问题吗？并且，这就是我们对马克思主义理论的创新和发展吗？本着理论上的真诚，我们不能不再一次地质问：这究竟是我们对马克思的理论主观做出的取舍、是对马克思主义的实用主义态度呢？还是马克思理论本身给我们提供了两种甚至多种迥然不同的解释原则，因而属于马克思理论本身的矛盾？抑或表明我们仍然沿袭着历史上"注经"的传统而只能如此这般地"发展"理论？显然，对这些问题是容不得采取模棱两可的态度的。

应当说，马克思的理论特别是他的前、中期的论著，主要是早期现代资本主义社会的自我理解与自我批判，鲜明地反映了当时严重的社会分裂、阶级对抗和马克思对于这种社会现状的高度关注和强烈不满。诚然，马克思力求从人们的生产活动和劳动分工中找到造成社会分裂的原因和消除社会冲突的途径，他将现代工业生产突破自然时空创造人工世界的主体性和超越性，在理论上给予了充分的把握和展示；立足"人类社会和社会化的人类"，走出了对"市民社会"即单个人的直观，在思想理论上达到了时代的高度并有了极大的理论涵盖性。但是，即便是马克思受益于黑格尔的劳动的辩证法以及在他的理论中具有决定意义的现代工业生产的逻辑,对于人类生活世界的把握从而对于人类历史的解释力,虽然曾经并仍在发挥重要的作用,也是有一定限度的。我们且看马克思自己提出的一个"困难"的问题。

这个令马克思感到困难的问题就是文学艺术的超时代的意义问题。在《〈政治经济学批判〉导言》中谈到"艺术"时,马克思首先肯定了人们的一个共识,即"艺术""一定的繁盛时期决不是同社会的一般发展成比例的,因而也决不是同仿佛是社会组织的骨骼的物质基础的一般发展成比例的"。与我们通常的理解和做法不同,马克思没有用社会意识或精神生产的"相对独立性""解释"这一问题,而是以希腊艺术与现代科学技术的关系为例敞开了这其中的矛盾。他首先写道:"希腊神话不只是希腊艺术的武库,而且是它的土壤。成为希腊人的幻想的基础、从而成为希腊[艺术]的基础的那种对自然的观点和对社会关系的观点,能够同走锭精纺机、铁道、机车和电报并存吗?在罗伯茨公司面前,武尔坎又在哪里?在避雷针面前,丘比特又在哪里?在动产信用公司面前,海尔梅斯又在哪里?任何神话都是用想象和借助想象以征服自然力,支配自然力,把自然力加以形象化;因而,随着这些自然力实际上被支配,神话也就消失了。"①

显然,马克思对希腊神话的上述理解,依据的是生产和科学技术发展对于人的社会存在方式及观念的改变,包括去神秘化即"祛魅",有着很大的真理性。但这种现代性的理解就是事情的全部吗?希腊神话无疑是处于当时历史境遇下的古希腊人想象的产物,反映了古希腊人"征服自然力"的需要,但除了征服自然力,是否还有顺应自然力?是否还有对自然的某种敬畏、交感、契合与游戏之情?就像儿童对于自己的父母和兄妹?大自然对于人类固然是一种威力巨大、甚至具有毁灭性的力量,但它同时也是人类得以诞生的母体、成长的摇篮和生活的家园。这种矛盾的关系能够不反映到古人的神话中来吗?事实上,无论在荷马史诗《伊利亚特》《奥德赛》还是在赫西奥德的《神谱》中,远比人强大有力的永生之

---

① 《马克思恩格斯选集》第 2 卷,人民出版社 1995 年版,第 28—29 页。

神,大都具有人的形象和感情,甚至具有人的弱点和缺点,他们与人、与英雄有着各种交往与关系,并受制于不可抗拒的命运。这说明诸神并不只是表征着自然力以及人支配自然力的愿望。

有着超常的直觉和理解力的马克思,也深感神话的"现代性解读"并不能令人满意,因为希腊艺术离不开希腊神话,而希腊艺术在现代社会仍然散发着诱人的魅力! 所以他从希腊艺术得以产生的角度对"社会发展"做了这样的分辩:"决不是这样一种社会发展,这种发展排斥一切对自然的神话态度,一切把自然神话化的态度;因而要求艺术家具备一种与神话无关的幻想。"并真诚地承认:

> "困难不在于理解希腊艺术和史诗同一定社会发展形式结合在一起。困难的是,它们何以仍然能够给我们以艺术享受,而且就某方面说还是一种规范和高不可及的模板。"接着,他做了这样的自问自答:"一个成人不能再变成儿童,否则就变得稚气了。但是,儿童的天真不使成人感到愉快吗? 他自己不该努力在一个更高的阶梯上把儿童的真实再现出来吗? 在每一个时代,它固有的性格不是以其纯真性又活跃在儿童的天性中吗? 为什么历史上的人类童年时代,在它发展得最完美在地方,不该作为永不复返的阶段而显示出永久的魅力呢? 有粗野的儿童和早熟的儿童。古代民族中有许多是属于这一类的,希腊人是正常的儿童。"①

对于古人创造的文化艺术之于每一代人的心灵的意义,对于人类历史活动的超时空的永恒价值,马克思实际上在此给出了肯定的回答。那么,这是否表明马克思在由生产的分工与合作构成的"社会"的向度之外,还为"文化"向度留下了独立的地位和意义呢? 是否在意识形态理论之中和之外,还为科学的、自由的思想和精神创作留下了充分的空间呢? 笔者认为答案应当是肯定的。

马克思在理论上有自己的主要任务,这就是对现代资本主义生产方式和历史演变的研究,所以他说理解物质生产同艺术发展的"不平衡还

---

① 《马克思恩格斯选集》第2卷,人民出版社1995年版,第29页。

不像理解实际社会关系本身内部的不平衡那样重要和困难"。他在这篇导言的最后说:希腊"艺术对我们所产生的魅力,同这种艺术在其中生长的那个不发达的社会阶段并不矛盾。这种艺术倒是这个社会阶段的结果,并且是同这种艺术在其中产生而且只能在其中产生的那些未成熟的社会条件永远不能复返这一点分不开的"。① 特定文化在历史中的一次性导致了它的永恒价值,然而,这又是为什么? 须知,并非凡一次性的文化现象都有永恒的意义;并且,极其"成熟"的现代社会的发展,是否足以排斥一切把自然神话化的态度包括艺术家与神话有关的幻想呢? 马克思对此并未给出正面的解答,但我们却清楚地发现,现代人仍然渴望着诸如"超人"那样的神话。作为处于生老病死的循环中的个人,现代人与前现代人一样地脆弱、无奈,也同样有着对他人和群体的依赖感、皈依感。而这正是需要我们接着思考下去的理论线索,是理论的重要生长点,也是哲学重新思考自身的契机,例如,哲学能否失掉"形而上"的维度? 如何看待包括弗洛姆、詹姆逊在内的西方著名学者对于"乌托邦"的吁求? 然而,我们过去却以为靠"社会意识的相对独立性"就把问题解决了,实则是把问题打发掉了。其实,文学艺术就是一个时代的生活要素、形式和想象,不只是时代的反映,也不能统统纳入上层建筑的"意识形态"之中,它虽然会被意识形态加以利用或具有一定的意识形态倾向性,但它却属于整个民族的能够突破时代局限而以类相传的文化,因为它蕴含着属于整个人类之希望的人文价值,包括"乌托邦"憧憬。

法国的希腊学家皮埃尔·韦尔南认真地解答了这个"马克思的问题"。韦尔南认为,在人中间总有卡西尔所说的"象征思想"的事实,"就是说,一切人类精神、物质活动的形式总是意在制造作为人与世界之间的象征媒介的作品的世界。人不是直接身处世界,人为了生活在世界和他之间建立了一个中介者的世界,那就是各种符号体系、各种语言为中介的世界。不论是技术、科学,还是社会机制、宗教、语言、艺术或构成文明事件的一切,这些都是人与世界、人与其他人、人与自己之间的中介的结构

---

① 《马克思恩格斯选集》第2卷,人民出版社1995年版,第29—30页。

和种类"。如果说希腊诸神与人类同属一个世界,如果说他们以某种方式拥有同样的根源,那么,他们就构成了一个种族,"这个种族无视标志着否定性印记——软弱、劳累、痛苦、疾病、死亡——的种种造物的一切缺陷和不足,既不象征绝对,也不象征无限,而是体现了造成在这世界上的存在荣光的所有价值:美、力量、永远的青春、生活的永恒光辉"。正因为如此,希腊艺术尤其是希腊悲剧才能感动每一代人,才"是历史的,同时它具有超历史的意义"。①

正如我们中国人至今还留恋于孔孟老庄、楚辞汉赋、魏晋玄学、唐诗宋词,涵泳其间,与之共鸣;不仅在于它们可以使我们发思古之幽情,使情感得到触发并有所寄托,更在于它们表达、倾诉的是每一代人心灵深处的际遇与渴望,是人类生命所渴望的青春和永恒,而又经由充满坎坷不幸的现实境遇和人生的短暂所表现出某种悲剧性,使人们从中感到"他所做的与他想做的是完全不同的事情,更有甚者,他自己也与他想成为的样子迥然相异"②。

可见,这里涉及的问题已大大超出意识相对独立性的范畴,究其根本是人们如何更全面地理解自己的"社会"存在和"历史"的问题,亦即如何看待自己的"生命活动"及其成果的问题。着眼于人的生命活动的"对象性"理解人自身和人类社会,我们在充分地关注人的两重性的同时,更应当清楚地看到在人与自然、人与人和人与自身之间生成的由各种符号构成的中介系统即文化系统。这样,我们才能跳出传统的一元论和二元论之争。

古往今来的哲学理论为什么往往在"一元"论和"二元"论之间——从而也就是在绝对与相对、普遍与特殊、统一与对立、决定与非决定之间——徘徊或过渡? 显然是因为具有自我意识的人自身的存在,是既两重又统一、既分化又整合着的生命活动。对于世代更替的人类来说,这个

---

① 〔法〕让-皮埃尔·韦尔南:《古希腊的神话与宗教》,杜小真译,生活·读书·新知三联书店 2001 年版,第 9、98—99、128—129 页。

② 〔法〕让-皮埃尔·韦尔南:《古希腊的神话与宗教》,杜小真译,生活·读书·新知三联书店 2001 年版,第 127 页。

活动或运动永远不会完结,但它在不同的历史阶段却有不同的侧重、不同的表现形式。在理论上以设定某种二元区分(如身与心、感性与理性、是与应当的二分)为前提,固然能获得一种形式逻辑上的清晰,也能够体现人的两重性的分化态势,但却把人自身给分裂了、肢解了,不能完整地说明人的生命与生活。例如,说人在生理上和动物一样,也是吃喝拉撒、生老病死,在精神上则和天使一样,超凡脱俗,纯洁高贵,倒是一清二楚,但如果人真的"一半天使一半野兽",岂非人格的分裂、人性的变态?这又好比说,这世上是"恶产生恶","善产生善",其实是不懂"和实生物,同则不继"的道理,既无法解释人的需要乃至欲望的文化和审美属性,更是切断了舍勒所说的生命的精神化和精神的生命化。

事实上,人类生活的复杂性就在于善与恶的区分不仅是相对的,也相互转化、过渡。世人大概都属于混合着善与恶的人,而正是这些可以为恶的人,在遭遇恶的危害之后,努力地反躬自省,去恶扬善。西方哲学从柏拉图一直到康德,始终存在着这个二元论的问题。反之,对人的存在和生活做单纯的一元论理解,又会否定人与自然、人与人和人与自己之间永恒的差异与矛盾,特别是大自然之"事实"与人类之"价值"的不一致,从而忽视人类生存的竞争性和悲剧性。我们知道,德国观念论哲学发展到黑格尔,试图对世界上的各种矛盾对立来一个大整合,但他从设定的"绝对精神"出发,把"实体"等同于"主体",将本体论与认识论合二为一,即使一开始就诉诸矛盾的辩证法,这一辩证法也要被强行纳入"正反合"的公式,并最终通向整体主义和历史终结论。

只要从一个绝对的元点哪怕是一种活动形式出发,似乎可以产生"总体性"的解释力,却难免遇到马克思所说的"困难"。马克思基于人类的对象性实践活动,依据这一活动对世界既分化又整合的功能展开自己的思想,最大限度地超越了哲学史上的一元论与二元论、客观主义与主观主义、唯物主义与唯心主义之争,为哲学带来了一场革命性变革,为人类开辟了一条立足当下感性的对象性活动,让过去和未来、现实与理想、实然与应然不断转换的思想之路、行动之路,功莫大焉。然而,马克思为了说明资本主导的经济形态的运行规律和最终结局,将实践的观点具体化为"生产的逻辑",既深刻说明了作为现代社会经济基础的生产方式的矛盾及其解决途径,也存在着一定的局限,如"交往"成了生产的形式并从属于生产的逻辑。这也是我们今天要发展马克思的思想理论,就要突破唯物史观的传统形态,在重视生产的逻辑的同时,重视交往的逻辑、文化的逻辑、心灵的逻辑乃至生态的逻辑,并将其沟通、关联起来的理由之所在。

可见,我们对人类自身及生存于其中的世界,要在本体论与方法论上达到深刻而全面的理解和把握,决非易事。我们要理解,"实践"的重要不在于它是可以无批判看待的人类生存的"地基",而是体现着人类既顺应又改变着外部世界和自身的批判性"机制",是人类探索并通达一切可能性的"窗口"和"通道",也是发现人生的"不可能"、"不应该"并对自身设定红线或禁忌的"警示器"。对于后面这一点,我们有严重的忽略。

在今天,我们还要意识到,我们越来越生活在一个人们自己创造出来的中介系统即文化系统中,包括各类工具、各种规则制度和各式各样的符号。说它是中介系统,在于它体现了人与自然、人与人和人与自身两方面的性质与特点,不仅是人的生活的条件、手段,而且是人们给予自己的共同的规定性——如动物世界所不具有的文化的"族"性与普遍的"类"属性,并从而赋予自己的活动和生活以规范和意义。人的类属性或"社会性",都是既真实而又关联着人的"理解"与"想象"的,"人类"的概念、"社会"的概念,正像"国"、"家"、"世界"等等概念一样,并非描述一个有着确定外延的客观对象,而是和人们的理解与想象密切联系,具有规范性、理想性的概念甚至理念。所以,我们才会抱怨一个失序的社会"不成其为社会",而给予一个和谐的社会以"家"或"大家庭"的赞誉。海德格尔说,语言是人的存在的家;不是人在说某种语言,而是这种语言在说人。维特根斯坦说,我的语言的界限就是我的世界的界限。这些看法都有一定道理。我们要理解、进入一个民族的生活尤其是精神世界,就要熟悉那个民族的语言,体会寓于其语言和语言用法中的思维方式、价值观念、生活方式和实践智慧。

同样重要的是,文化符号系统还是人的超生理的社会遗传方式和历史传统得以形成的纽带。人的时间和历史观念的形成,固然直接依赖人的记忆力与对未来的想象力,但是,如果没有语言符号的发明和介入,我们的时间感和历史感就是极其简单和模糊的,如同维特根斯坦所说,我们说一只狗怕它的主人揍它,但不说它怕它的主人"明天"揍它。① 一只狗在每天下午的某一时间等候它的主人回家,却不懂得它的主人在"一星期"后的这个时间回家,因为它没有"明天"、"一星期"这类符号才能度量和规定的时间,也就是"时限"、"期限"。时限、期限属于人为自己立的法度,是人们为了有目的有秩序地生活,依据生命之生死、动静、作息的节律,依据对自然物象循环运动的分割,也依据有纪念、教育或警示意义的事变,在自己的生活中建立起可以区分、预期和把握的目标与界碑,如一天中的早、中、晚;一年中的星期、月份、季节,还有各种节日。由此,人类活动的目的、手段与结果之间,过去、现在与未来之间,得以区分与贯通,单纯的物理性的时间之流,变成了人类文化性的有意义的历史。

可以说,任何社会的发展,包括从传统到现代的转换,都与其历史文化传统的支持和规范分不开。文化通过价值观、思维方式和心理习惯,从深层上制约着人们的行为和社会的发展方向。一个民族一旦形成特定的文化符号系统,这种公共性的文化符号系统就如同既得的生产力,成为每代人生活的前提,它所指称与蕴含的知识、智慧与思维方式、情感方式、信仰方式,以及它所表征、象征的经验世界与超验世界的价值与意义,已经先天地"占有"了一代代的后人,这可以说是文化传统的"狡计",像生物的基因一样从前人传递到后人身上。因而,后人既受惠于前人所造之"福",也承担了前人所造之"孽"。这也是为什么第二次世界大战时可能还没有出生的现在的德国人、日本人要反省他们父辈发动的战争,对受害国人民心存愧疚的原因。一个民族的文化相对于这个民族的成员来说,已然是其历史"宿命",他们必须理解并承认这一点,然后才能凭借自己的生活实践,包括与其他民族文化的交流与吸收,改造自己的文化传统,用新的语言符号系统替代旧的语言符号系统,实现文化和自身

① [德]维特根斯坦:《哲学研究》,汤潮等译,商务印书馆1992年版,第227页。

精神的转型。

文化作为人们在特定的自然条件和历史环境中形成的应对方式和自我认同与发展的方式，决非一成不变，随着人们的能力、需要和所处环境的变化，无论是作为人们生活方式的广义的文化，还是作为人们生活信念与价值观的狭义的文化，都会发生变化，只不过这个变化往往较为缓慢而已。东方社会现代化的根本性问题，在于它是前面所说的后发外源型的现代化，它在很大程度上要靠外部世界的挑战与示范来推动，这也是必须向世界开放的道理所在。然而，如果东方传统的历史文化不能生成或转换出推动现代化的内部因素，其现代化过程不仅会始终处于被动状态，还一定会招致传统价值观的反对、销蚀或曲解。我们过去长期对传统主流文化大加扫荡，其实仍然利用了传统文化及其价值观的某些方面。如同任何社会都是各种矛盾关系的集合体，任何文化也都是多维的、丰富的并包含着内在张力，因而也就有了可拓展与可转换的可能性，即使它具有某种时代的规定性和相对稳定的总体性格或倾向。

这里其实预设了人类与自己创造的文化符号的基本关系。一方面，人是通过文化符号的创造而与动物渐行渐远，成为"人"即赋有自我意识并追求生活意义和理想目标的，所以，即使人的肉身也不等同于赤裸裸的肉体生命和本能，人的身体和感觉器官都有了社会的文化的属性，也可以说在一定程度上符号化了，这既表现为人的外在的装扮、举止和表情，还表现为人内在的信念与气质。但是，另一方面，人作为活的生命，不能也不应该完全符号化，这不仅在于人类在长期自然选择中形成的生物本能及其智慧，是任何文化都替代不了的，人的生命本能如同大自然一样，永远是人类社会和文化的基础和前提性条件，是人类生活的原动力，而且在于，人类所创造的文化，无非是人的生命潜能的开显、利用和人的生存的优化与美化，不理解或忘掉这一点，因为文化的属人性和对人的教化、提升功能，就把它与自然、与人的生命本能对立起来，非要人们的生活统统按照"科学理论"或所谓"自觉的计划"来安排，这种人工的、刻意的规定与举措，必定造成对人的活生生的有机生命的戕害、对人的天性的压抑，甚至导致人的根本性"异化"。我们不能赞成这种"文化决定论"。事实上,历史上的道德、宗教与社会制度,在成为严重束缚人性的桎梏的情况下,都遭到变革或革命。进入现代社会,科学技术、符号、图像与音响对人类的影响,特别是对人的精神与心理的作用越来越大,我们更要注意分辨这其中的利弊得失,防止对自然和人的本能的僭越与破坏。符号性的文化固然不是人类生活的单纯手段,而渗透到人类的身体甚至灵魂之中,成为人类生活世界的重要构成和人类进步的引导力量,但相对于人的活的生命,它仍然是派生的、服务性的。说到底,任何文化都是人类在适应与改变自然环境、调整或改善内部关系的过程中,创造出来藉以发展自身、实现自身的方式或形式。①

最后,笔者还要强调一点:人们在不同的自然历史条件下形成的文化总是特殊的、多样的,而寓于文化中的文明,则是普遍的、统一的,因为文明是文化样式中的"价值",即以器物、观念、规则与制度的形式存在的真善美、人道、自由、平等、正义与和谐等。所以,文明是可以比较的,我们也常常以"文明程度"的"高低"来评价人的言行举止。在今天全球化的背景下,我们既应当推动"文明"的"趋同",也应当重视"文化"的"趋异",轻视甚至泯灭文化的多样性、人们生活方式的差异性,人类的生活将变得单调和僵化,人类的思想和精神世界将失去动力、张力与生机,文明也会贫血而死亡。同理,现代人类如果一直滞留于世界的严重不平衡状态,达不到现代性的统一性(如政教分离、社会的理性化和教育的普及),不能形成基本的价值共识,那人类的冲突与动乱就不会结束;反之,如果长期被现代性的同一性所主导甚至主宰,人类生活高度同质化,那同样是一个悲剧。现代社会已经并仍在推动不同地域的民族进入统一的世界历史,但统一的世界历史不是世界的齐一化、同质化,而是各民族在新的平台上各显神通、竞长争高、争奇斗艳,创造出更加丰富多彩的文化和更富有情

---

① 从鲁迅先生当年为了拯救民族提出"立人"思想并为此批判传统文化,到费孝通先生基于"要保持的是人而不是文化",提出"从文化转型上求生路"的"文化自觉",都是从人的活的生命及其发展这一本体和目的出发,看待文化即人的生存方式问题,而不是相反。参见费孝通:《反思·对话·文化自觉》,载《北京大学学报》1997年第3期;另参见费孝通:《中华民族多元一体格局》,中央民族大学出版社2003年版。

理的文明。就此而言,我们要大力研究文化哲学及其范式的转换,却不应当陷入"文化决定论"。

当然,任何理论都是有限的、有边界的,没有万能的理论。理论有限、有边界,所以才有确定性和针对性;而所谓万能的理论,一定是失去规定性因而也失去时代针对性的理论。哥德尔定理也印证了这一点。那么,哲学呢? 哲学是有限的还是无限的? 是确定的还是普遍的? 哲学恰恰是要分析、论证这两方面的矛盾及其转化的可能。哲学之所以被人们视为能够"以不变应万变",是因为哲学的思想触角总是要努力深入世界的"自因"或"自为因果",也就是庄子说的"自本自根",它被中外哲学表达为"存在"、"逻各斯"、"我思",或"天"、"道",甚至神学的"上帝",可以说就是万事万物变化的总的"根据"、"机制"。但就具体的哲学诠释和语言表达而言,它所能通达的这个根据或机制又是有限的,因而也就有了哲学史上新旧哲学的转换,一种形态的哲学被另一形态的哲学所替代,这可以视为哲学自身的视角和坐标的转换。就此而言,哲学其实是以"变"来"应变",只不过哲学的"变",不是随着人们生活经验和社会现象变化的寻常之变,而是基于人类生存方式与社会结构的转型之变、范式之变,是人类思想观念的革命性变化。如此再来看"以不变应万变"的"不变",实则指的是哲学变化的基本方向和逻辑的不变,差可比拟为孔夫子所说的"一以贯之""之道"。

哲学的这种性质和命运,深刻地体现并反映着人类自身的性质和命运:人在全体的类的意义上、理想的意义上是无限的、万能的,现实的人类恰恰表现为无数个人生死的嬗递和世事的代谢。就任何一个时代的人来说,其能力都是有限的,无论是对自己还是对世界的认识与把握都是如此;只不过看谁能达到时代所允许达到的深度和广度而已。

为了中国的学术发展,为了马克思主义理论活力的再现,我们必须终止在自己所从属的"小圈子"里自说自话、自吹自擂;以追求真理、修正错误的精神和平等的心态,在各种不同的思想和理论观点之间展开对话,包括相互的批评与驳难,而这本来就是真理的生成与发展之道,也是以上所说的理论研究的真诚与自觉的题中应有之义。在今天,我们亟待真正做到费孝通先生倡导的包括"学术自觉"在内的"文化自觉"。有了充分的学术自觉,学术在无畏、理性地探索和解答社会发展的矛盾和问题的过程中,认真反思和切实消除自身的缺陷和弊病,开展公正、健康的学术批评与竞争,中国大陆的学术研究才能从根本上改变思想理论落后于现实实践的状况。

附录：在思想跋涉的途中

● 张曙光　○ 罗松涛

○ 张老师，您好！据我所知，您是我国改革开放后培养的第二届硕士研究生。首先，想请您谈谈您是如何走上哲学研究之路的。

● 就我们那一代人来说这比较正常。在"文化大革命"期间，除了中外一些文学方面的书，马恩的几本书是我们常读的，加之"改造世界"的意识比较强，所以就走上学习哲学的道路。由于中国革命和建设的需要，中国的领导人一向重视哲学，当然是马克思主义哲学，辩证法，认识论，这影响很多干部和青年。可以说，我们对哲学发生兴趣，大都不同于亚里士多德说的出于"有闲"和"惊讶"，我们既无闲，也没有对自然天体现象感到特别惊奇，虽然也有些想入非非，但又特别现实，对哲学感兴趣是认为它能够解答社会问题，预知社会未来。我读研究生之前，学术著作看得不多，上研究生之后这个情况才有所改变，与你们这一代比明显先天不足。不过，有一个情况倒是值得一说，就是和许多研究马哲的学者一样，我也有一个黑格尔哲学的背景。我于 1980 年和 1982 年先后两次参加由张世英先生主讲的《小逻辑》研读班，一次在湖北大学（当时的武汉师范学院），一次在中央党校，受益不小。现在回过头来看，从黑格尔出发理解马克思，好处是能够把握住德国近现代哲学的那种总体的辩证法，但问题可能也出在这里，当我们用马克思的"实践"替换掉黑格尔的"绝对精神"时，"实践"就成了万应灵药，结果形成了对实践的盲目崇拜，严重忽视了理论的相对独立性和学术的传承性。其实,实践一方面是人的生存方式,另一方面是人们从中获得经验教训的探索性活动,通过实践的成败得失,知道自己的思想有什么问题,能力和界限在什么地方,包括对具体的活动方式是否可行、正当与否的认识。当时学界主要从认识论或知识论的角度理解实践,还是有一定道理的,可惜长期局限于传统的认识论框架,未能深化。我当时是想做些推进和扩展,所以硕士论文写的是《论作为历史唯物主义基本范畴的实践概念》,突出的是人类实践活动的社会历史属性,后来将其中的一部分加以发挥,发表在 1982 年的《哲学研究》上。

○就您的这篇学术"处女作"而言,可否说您研究马克思主义哲学"一上手"关注的就是人的实践活动与社会历史的关系? 您能否结合您近 30 年的治学之路,谈谈对人(包括个体和人类)与历史的理解。

●好的。总体来看,我的学术研究大致经历了三个阶段:从 1979 年考取河南大学读研究生到 1989 年可以算作第一阶段,这个阶段我的所思所想大体上是为改革开放做理论上的论证。当时做学问有强烈的现实目的,这与那个时期"文化大革命"刚结束,"左"的东西很厉害,各种思潮的碰撞很激烈有关,加上我那几年在学校做党务宣传工作,意识形态又处在多事之秋,所以注意力就集中在推进和维护改革的政策与实践上。当然,一味地围绕着现实想问题、做学问,特别是做哲学,就会受制于形势和经验,思考问题的深度和广度就会受到很大限制,难以使思想自由地合乎逻辑地展开。

我在 80 年代前、中期发表的一些论文,多少都有这样的问题,论文写作之前结论原则上就有了。例如,为了突出人的自觉性的作用,我在论述人的自觉性与社会发展规律的文章中,先入为主地断言,人能够改变他自己的社会规律——结果犯了一个简单的逻辑错误。后来发现,有位老学者"大跃进"时就发表过这种观点,受到批评就赶快改正了。这倒引起我的思考:既然在唯意志论最严重的时候,理论上也还是坚持"尊重客观规律",那么,这种"坚持"有什么作用? 问题出在什么地方? 并且,为什么过去了二三十年,这个问题的研究还是没有进展? 于是考虑到一个方法论问题,即原来的认识论框架存在着主客二分的问题,恰恰把人的活动本身二元化了,不适用这个论题,因为社会规律一定是人自己活动的规律,一定与人自己的需要、能力和价值取向有关,不是可以"主客二分"的,虽然涉及人的意识与外部自然的关系,但人的实践活动恰恰是对这两方面的一个整合,一个扬弃。再如就当时的"改革"来说,就不是"遵循"什么"规律"设计出来的,无非是要让老百姓摆脱贫穷,还人民群众一个自主权,而这恰恰是决定中国当代发展规律的东西!

这里面显然存在着两个层次的问题:一方面,凡属人类历史的规律都不能不基于人类求生的意志和发展自身的愿望与能力;另一方面,凡是人所表达的历史规律与必然性都是人们的一种概括性的认识,都不可能达到所谓纯粹的"客观"。过去我们对这两点都不甚了解,结果把自己关于规律的认识——离开中国实际且大而化之的——当作规律本身了,所以空喊了多年"按客观规律办事",却不妨碍意志论照样盛行。

○不难发现,在您学术生涯的早期阶段,研究社会历史领域的问题是以人的实践活动为切入点的,并且考虑到了人的需要和目的这些因素。那么,您后来的思想有什么进展或变化?主要是围绕着什么问题展开的?在哪方面有推进?

●那就接着谈我走过的学术道路。1989年底到1999年这10年大致算我的"中期阶段"。90年代初,我潜心读书,一方面再次回到马克思从青年到中老年的一系列论著,另一方面,集中看了一些中国传统的典籍和西方的学术著作。那些年的阅读和思考为我后来进一步的治学做了较好的铺垫。

○您的两部著作《人的世界与世界的人——马克思的思想历程追踪》(1994)和《外王之学——荀子与中国文化》(1996)应该是这一时期的思想结晶吧?我的感觉,您通过对中西学术资源的汲取,似乎更容易把握住马克思哲学的源头活水了,比如您研究马克思思想历程的著作,光谈西方哲学史的部分就有40多页,在第一章的标题里强调了青年马克思的"自我意识",第一节的标题则是"在神的名义下",突出了马克思与基督教宗教文化和教育的关系,这在那时国内的同类著作中还不多见。此外,您刚才提到"安身立命",能不能说在您的学术思想的"中期"解决了这一人生的"大事"?

●怎么说呢,一定程度上吧。直接困扰着我的一些问题,我通过对马克思的思想和心路历程的梳理和解读,应当说解决了。在我最困难的一段时期,是马克思帮助我度过的,他的一句话成了我的座右铭。你看马克思的遭遇,你看他的理论态度,"在理论的入口处就如同在地狱的入口处",我那时初步有了这样的体会。有时写理论性很强的东西,竟然很激动,流下泪来,有我不下地狱谁下地狱的感觉……总之,我是用"心"来做学问。我们这一代的学者不用心做学问是耻辱!想想一百多年来我们这个民族是什么样的遭遇,死了多少人,流了多少血,我们还能浮飘?追名逐利?只有用心做学问才能探索到真理,才能敢于说出真理,哪怕许多人讨厌或者害怕这个真理。例如,当时的主流话语也是理论时髦是说马克思认为东方国家"可以跨越卡夫丁峡谷",我通过研究发现这些人简直是望风扑影。马克思在说到这种可能性时,有诸多"如果"的前提,而这些"如果"几乎不可能!我在这本书里依据事实写道:"被一些人极力渲染的所谓马克思关于'跨越'资本主义卡夫丁峡谷的理论,在马克思正式给查苏利奇的复信中,却大部分删掉了,包括'跨越资本主义卡夫丁峡谷'一类的话。"我后面质问道:从马克思的文本里,哪能里能够得出马克思无条件地主张东方世界可以不经过资本主义而走一条与西方完全不同的道路的结论?哪里能够说明马克思惮于社会发展中的灾难与罪恶而宁可让他的冷峻理性迁就他的人道情感?并且提出了一些深层次的问题。这本书也算我一个阶段的思想和心绪的总结吧。

至于困扰几代学者的民族文化身份问题,在我这里不那么强。我估计研究马克思和西方学术的学者,这个问题可能不那么严重。"焦虑感"是有的,或许就是人们说的"现代性焦虑"问题。进入近代,从学术理论上说,我们没有真正属于自己的理论,或者说很难创造出自己的理论。中西古今的矛盾把你向几个方向撕扯,你很难形成一个稳定的、不变的思想立足点,这样你当然会有焦虑感。即使借助马克思,马克思有世界眼光,有很大的普世性,到中国也还要结合中国的实际,"服"中国的"水土",所以还是有一个我们自己的立足点问题。我倒想反问你一个问题,你生于

1979 年,那一年我读研究生,我们可以说两代人,在求学与生活中,你有没有一种"无根"的感觉?

○正如您说,我是到 90 年代末才开始接受高等教育,和您是两代人,应该说西方文化与思想对我来说已经是一种"既成事实",这里面似乎并不存在取舍的问题,换句话说,我所扎根的土地已经是中西交融的产物了。但我想,这种文化认同的问题涉及你们这一代人靠什么安身立命。

●是的。刚才说过,我们这一代学者普遍有较强的民族使命感,一方面,80 年代到 90 年代的改革开放,社会总体上是迅速地向前走,大家有一种希望,有一种追求,所以,民族文化认同的危机感不是很大,不像一些海外华人学者那样惶惶不可终日;但另一方面,正在消退的农耕文明与现代化之间的紧张,的确严重地影响着我们。我就常常地焦虑于传统道德与现代理性之间的矛盾,我坚持做人做事的一些基本道理,听从内心的声音,但我发现,许多人的确没有什么原则,只要能够捞取名利,对自己升官发财有好处,什么事都可以干,并且比我顺利多了。我的言行反倒给人一种"书生"或"迂阔"的感觉,我觉得自己已经够随和中庸的了。所以,我好些年都想写小说,把社会生活中的悖论与荒谬形象地表现出来,可惜我不是这块料,瞎写了很多拿不出手的东西。我长期在这方面困惑,这是时代性的,也是个体性的,甚至有些"自恋"的情结。但经过许多磨难,精神上的磨难,逐渐摆脱了"小我"的纠缠。

事实上,生活中的悖论说到底反映了近代中国社会的悖论、时代的悖论,当然它会体现在每个人身上,敏感的人就表现得充分一些。我要感谢哲学,它毕竟是理性的,我的家人说如果我搞文学保不准就疯掉了。没有疯掉这要感谢哲学,也是哲学让我去思索整个民族的现代命运问题。过了 40 岁的"不惑"之后,一方面,我仍有许多困惑,但有些东西在思想中慢慢变得清晰起来。比如,我开始意识到中西文化的差异虽然很大,但并非没有相通之处;人类的文化在根子上是相通的,都是文明的产生和人性的某种自觉,其中就有能够突破族群的普遍的和超越的向度。孔子说得对,人是"性相近,习相远"。后天各不相同的自然和历史环境,慢慢地使人类不同的族群距离拉大了。中国人所处的东亚,适合发展农耕文明,现在要从农耕文明转向工商文明。中国这么大的一个地方,原来的生产生活方式又延续了几千年,让它转型谈何容易。尤其是中国近代以来天灾人祸接连不断,使许多人生活无着,一贫如洗,生存成为压倒一切的大事,也就顾不得讲什么"礼义廉耻"了。你说这属于社会转型的问题吗? 对,不属于。

讲个故事,我有个农村的亲戚到城里打工,下班之后就拿工地上的东西去卖钱换酒喝。我说你可不能这样做。他说大家都这样,不拿白不拿,拿了也白拿。有个好听的名词,不是叫利益"博弈"吗? 中国有多少这样不讲规则的博弈? 所以,中国社会的问题,特别是人的行为以及道德的问题,我认为,一方面与人们的物质生活水平有关,另一方面也与我们近代越来越强化的"为达目的可以不择手段"有关。弱者为了反抗往往如此。但我们的经济状况已有很大的改善,又要建立和谐社会,融入世界文明秩序,再这样如何得了? 我发现,相当一些官员和知识分子,搞起潜规则更厉害,那可不是偷些钢筋换酒喝的问题。他们这样做,哪里是由于没有解决温饱或没有达到小康? 这说明人的精神世界早就失序了。现实总是不纯粹的,任何社会都有假恶丑,那么我们怎么办? 同流合污? 从功利上说肯定对自己有益,却亏了自己的良知与人格。社会的假恶丑还不是人搞出来的? 现实不纯粹,人的精神世界或者信仰还是要纯粹一些。中国社会发展的逻辑是"仓廪实则知礼节,衣食足则知荣辱"。现在到了讲道德、讲礼义的时候了。这是一个问题。

至于时代性的问题,我认为还是要向前看,不忘历史是为了更好地开辟未来,继承传统是为了创造新的传统。改革以来可以说,我们每一代人相比前一代,都生活在一个更为开明、宽松,也更为多样化的语境中,这就是进步。进步就是让人更自主,更自由,整个社会也更文明,更和谐。体现在哲学理论上,其实恰恰把中西马的相通处突显出来了,因为它们关心的都是人类的命运,都是为了让人生活得既幸福又有德性。我们的改革不也是为了这两个方面吗?

○您上面所说的这些问题,我觉得仍然可以概括到历史唯物主义之中,或者说,历史唯物主义要有新的发展,就必须关注并回答以上这些问题;您同时又多次提到研究马克思主义哲学要大量借鉴、利用西方学术资源,强调治学需要"通过他者,重建自身",也就是所谓"他者视角"和不同学术"视界"的融合问题。那么,这对于马克思的历史唯物主义在中国的发展会有什么帮助?

●你说得很对,唯物史观在当代世界的发展,在中国的发展,都必须联系马克思逝世后出现的新的现象,新的问题,也必须注意西方学术的新进展。我的基本看法是,依据人的实践方式理解历史及其规律,又反过来从历史发展的视角看待人的实践方式及理论形态的变化,是推进历史理论发展的基本途径。其实,人的实践自身就是历史性的,人的实践活动的方式一直进化着。比如,国内学者较为注意现代科学技术的发展、信息的发展对于现代产业结构的调整,对于人的生活和行为方式的影响,对于全球化运动的推动作用以及带来的新问题,就很重要。我重点关注的是文化方面,马克思并没有专门论"文化","文化"在马克思那里有广义和狭义两种,广义的文化就是"社会"及其"文明";狭义的即观念性的文化,为统治阶级服务的那一部分是"意识形态";具有普遍性和超越性的,他将其概括到包括文学创作、理论创作的"自由的精神生产"概念中了,但他没有集中研究这个问题。马克思创建和后来扩展唯物史观时更为关注的是历史的经济因素,是物质资料的生产、交换、分配与消费之间的关系以及由此带来的阶级的划分和冲突。但是,在当今时代,观念和符号的作用越来越突出,经济活动本身就从实体经济中发展出虚拟经济,虚拟经济既要以实体经济为基础并受其制约,又发挥着引领和主导的作用,这次金融危机是否表明虚拟经济与实体经济太脱节了?值得我们思考。因此,在重视马克思所说的构成历史的四个要素的前提下,我们还应当重视意识、语言、符号等因素在历史中的作用,尤其是对于人的社会化、人类化,对于人的精神世界的扩展和境界的提升作用。我们知道,中国传统思想一直重视文化的作用,但偏于人文教化,对符号的作用缺乏哲学的思考。而现代化又意味着从教化到启蒙,后现代又批判启蒙本身的问题,我们要认真思考。这方面,当代西方思想界提供了许多资源,比如卡西尔的文化哲学、萨林斯的符号理论以及鲍德里亚(前期)的符号经济学思想等等,值得我们认真思考和借鉴,但要区分我们与西方时空的差异,面临问题的差异。

　　○这大概属于您的学术研究的第三个阶段了吧？我感觉您的思想一直很活跃,也很发散,不停地往前探索,就像向各方伸展的海葵一样,我觉得近几年你似乎更关心的还是中西马的对话,或者说,你自己想调动这几方面的资源,形成属于你自己的思想吧？

　　●就中西马的对话而言,有些学者早就开始这样做了。先说一下我自己的情况。你知道,马哲在我国学术界一直是处于中心位置的,有些研究马哲的人也就有了"中心"的心态,好像他总是比研究中西学问的学者更正确,也更有话语权。反过来,后者却瞧不上前者,认为你那不是学问,这其中也有偏见。我当然首先属于马哲界,但我长期处于"边缘"也安心于此。我想这有两个好处,一是可以与某些部门宣传的意识形态化的"马克思主义"保持一定的距离,有一种审视的反思的态度;二是可以沉下心来看书思考问题,少受名利的诱惑。这几年我虽然身处京城,但心态仍在边缘,正所谓"心远地自偏",这样就会少一些浮躁和虚骄之气。因为在学院负一些责任,为了学院的什么指标,有时也要去申报一两项课题或奖项,但我预料到有人会"枪毙",所以安之若素。"边缘"既是一种态度,又是一种视角。学界不能自律,所以也就不可能自治。另外,不同学术背景出身的学者之间,也存在不小的误解和偏见,有一些情绪性的东西,这有历史的原因,也有利益的问题。我认为,真正的学者不应当陷溺在这些世俗的是非和得失中。我发现有些主要研究中哲和西哲的,对马克思思想理解的深度,并不亚于许多专门搞马哲的,相反,还更为独到。不同学科各有优势,也各有其局限,都应当有一种学术的自觉,何况哲学本来不应当分什么"二级学科",严格说来哲学不是一个学科,它是思想,应当出入于各学科;所以,从学术上说,中西马的区分是相对的,都是我们必须汲取的思想资源。通过中西马的对话,我们要搞清楚它们的相通和相异之处,然后建立属于这个时代、属于自己的理论。

　　○与您交谈,强烈地感觉到您所说的学者应具有的责任感和使命感。我觉得,您刚才提到的一些问题,是否与人们的价值观念也有关？您好像在一篇文章中提到国内中西马代表了三种相通而又相异的生活态度,也是对中国人的几种可能的生存方式的理论表达。您过去研究并借鉴西方的生存论思想,又关注价值哲学问题;中国人的价值观念自近代以来发生巨大变化,当代社会又面临着一个价值多元化问题,咱们前面提到的民族的安身立命的问题,本身也蕴含了价值信念和价值评价。现在您能否谈谈对价值问题的理解?

●是的,人的行为的选择问题都涉及价值。价值问题越来越受到学界关注,是有时代变化的深层次原因的。近十几年算是我学术历程的第三个阶段吧,比较自觉地对此做了一些思考和探索。

我最初考虑价值问题,是通过对道德、理想、信仰还有艺术审美的研究。我提出了道德意识的"三要素"和"道德的三形态",解释传统道德模式的失范和新的道德形态的建立;寻找理想与信仰的区别,对信仰中的"信与知",对"信、知、情、意和直觉"的心理结构感兴趣;从生命来理解美与审美,提出青春本身就是美的,并发现生命与符号的关系等等,但由于各种原因,这一研究断断续续。后来,在思考文化中的价值这个核心时,认识到一个民族的价值观是从他们生活的环境和应对这一环境的活动方式中产生出来的,所以,不同民族的价值会有差异。但无论哪个民族,都是弘扬对本民族整体的生存有利的观念和行为,否定和贬斥有害于整个民族生存的观念和行为,人性就是在这个善善恶恶的过程中形成起来的。

与西方宗教性的民族不同的是,我们的价值观有很强的世俗性,现实的利益往往主导我们的价值取向,董仲舒说的"明其道不计其功,正其谊不谋其利"没有成为主导,"平时不烧香,临事抱佛脚"的格言就很能说明问题。过去中国人的思想是朴素的经验主义,加上"天地君亲师"那一套,对人的行为还有一定的约束。但现在不同了,信仰没有了,市场还要开发人的欲望,所谓的"后现代"又推波助澜,这样问题就变得复杂和严重了,许多人连道德底线都丧失了,善恶美丑不分,或者感觉无所谓了,一些高官、出名的学者也如此,让人叹息。制度的建设极其重要,制度对人的行为有强制的规范性,只有靠制度的公正合理,一视同仁,才能营造良好的社会秩序。邓小平当年就讲这个问题,可惜这方面很滞后。什么原因,首先涉及一些人的既得利益,还有一个传统观念的问题,中国文化一向重视人的修养和教育,这在过去很重要,现在也有它的作用,但制度才是硬约束。围绕利益博弈的世俗的现代人,既不相信神鬼报应,又缺少自律意识,不靠制度根本没辙。当然,制度还是形式性的东西,它必须有个支撑,有个灵魂,否则它就是死的、纸面上的。中国人常说的一句话是:"事是死的,人是活的,活人还能让尿憋死?"于是,大家都不把明文的制度、法律当回事或都去钻制度的空子,那制度就斗不过潜规则,当年荀子就说过,"法不能独行"。人必须认同它,维护它。那么,这个灵魂是什么?原则上我认为应当是中国人讲的"仁","仁"内而"礼"外,礼法或制度只要有这个"仁"来引导、支撑,就能被遵守。现在制度倒是制定了很多,为什么执行不力?恐怕不光是执法单位的问题,还有一个是否"一视同仁"的问题,有一个"仁政"的问题,是否从中央到地方,对自己,对老百姓都能做到公平正义?现在中国的许多农民与城里人还不平等,所以今天最需要"一视同仁",这就是仁道的现代体现,就是规则的普遍性。你那个东西听起来很好,就是不能普遍化,搞双重标准甚至多重标准,谁信你的!现在有些制度,有些政策人们不愿意遵守,就是因为它只对一部分人或一些部门有好处。今天还有人否定自由、民主是普遍价值,极其可笑。一是否定普遍,一是否定传统,还有衡量是非善恶的标准吗?先不说创造性的转换,传统社会要讲"与人为善",现代社会就应当"与人为恶"?过去讲要说实话、说真话,现代社会说假话才对?为什么现在到处说假话?反也反不掉?完全是咎由自取嘛。所以,说制度往往针对人的缺点设计,但它一视同仁,就体现了仁道。

所以,我认为我们在哲学上讲的"价值",不是说某物对人有用,而是指人对自己的生命、生活的自觉,是生命之爱,人类之爱。由于没有认识到这一根本点,国内的价值研究一直存在着一个矛盾,我称之为"价值的本体论承诺与价值的工具性定义"之间的矛盾。意思是说,现在困扰着我们的价值问题,本来是价值观、价值秩序包括伦理道德方面的问题,是关于人在今天"如何生存"的问题,即现代人的"应当"与"目的"的问题,这是我们研究"价值"问题所预先设定的一个根本的东西,它既与人的现实生活、功利活动有关,又要能够反思、批评和超越它。但是我们给价值下的定义,却完全基于人的现实需要,其实人的"需要"是一个社会历史概念,并与人的社会意识密切联系,在实际上表现为各种欲望,并非天然合理,我们恰恰应当批判地看待它,现在我们定义的"价值"概念却无法承担这个任务,比如,我们在今天这个多元化社会中是否还要有基本的价值信念? 我们将如何塑造我们自身的精神世界和意义世界? 等等。换言之,仅只在需要的、功利的层面上谈论价值,就无法进入现代人的生活方式的矛盾之中,更不要说对人生意义和人自身的价值做出合理的解释与解答了。

再往深处思考一步,这里的问题依然是如何理解人的实践的问题,因为正是人的对象性的活动成为价值的直接源泉。如果实践只是人的功利性活动,那么,就必定以人的需要的满足来界说价值;如果实践被理解为人的自成目的的生命意向活动,并且分别表现为生产、交往和人的自我意识及其功能——情感、理性、意志和信念,那么,我们就可以突破价值研究中的认识论模式,从人的最基本的物质生活需要,到社会生活的关系网络与文化习俗,再到人的理想追求与艺术创造,从价值的维度上加以贯通。如前所说,人类总是生活在不圆满的现实与圆满的理想之间,正所谓"人生天地间",离开大地,一切就变成了空中楼阁;但如果人只是匍匐于大地,不能仰望天空,那人就走不出动物界,更谈不上文明的创造与自由。所以,我觉得价值或价值观不是无矛盾的静态,而是指向人生圆满的活动和过程,是多维多向的,且必定包含着理想与现实、天空与大地之间的张力。马克思哲学的高明和深刻之处,就在于它从人的现实的生存实践活动出发,认为人的本质力量对象化活动是产生并解决着上述人生基本矛盾,使人类获得生存价值和意义并达到理想境界的根本途径。

○您对价值问题的上述见解,让我想到了您2006年在《中国社会科学》上发表的一篇文章,其中着重探讨了马克思主义哲学研究中的现实性与超越性问题,结合您之前关于"为人"与"为学"的阐述,值得深思。实际上,您于2007年出版的《个体生命与现代历史》一书,似乎可以看作对近十几年治学的一次"检阅"。该书对生存论哲学的理论建构所要解决的依然是人的个体性的生活意义与具有总体性的历史这两方面的关系,这种理解不知对否?

●可以。近些年,我大致形成了这样一些想法,我们思考当代问题的框架,应当是"个体(个人)—共同体(民族)—人类—大自然"这四者之间的相互关系,由此出发考虑当代的所有问题。我还尝试着将这一关系归结为"生命—文化"模式,并重新解读和吸纳中国传统的"仁"的概念。"仁"不是一个单纯的道德概念,作为人基于自我意识和反省的本真存在,"仁"直接关乎个人的身心、人们的相互关系,并且可以向未来无限地展开。它向下通向人的身体,人脚下的大地,向上通向人的精神、理想和天空,关乎天命与人道,所谓"天地之大德曰生",天地生育万物之"德"不就是"仁"吗?横向地看,仁指向人与人的情感关系、道德关系,"己欲立而立人,己欲达而达人";纵向地看,仁指向人的成人、成己,不断地自我提升,自我超越。我前面提到,中国人为什么在近代以来的变化中不知道怎么"做人"了,有些人简直是道德沦丧,就是丢掉了做人的良知,人的基本的道德。人的"一以贯之"之道,就是"仁道",这里面核心的东西是人的自觉自省,是人爱自己也要爱他人。当然,传统的仁道的许多内容要改造,不能再是"忠孝节义"那一套,也要与时俱进,与西方的个人自主自由、自我负责和公平正义的理念相沟通,并吸收进来。也不止是对自己负责,对自己所属的共同体负责,还应当对全人类,对人类赖以安身的地球负责,所以人还必须发展各方面的能力。孟子当年讲的"穷则独善其身,达则兼济天下",与我们这里讲的道理一脉相通。当然,这一思路有待进一步论证。我认为,构筑体系是次要的,关键是思想的坐标落在什么地方,思想的开放性、涵盖性、解释力或启发作用有多大。在研究问题的过程中,思路会变得清晰起来。

○看来,您到了研究的第三个阶段时,原来的许多困惑得到了解决,学理上也不再摇摆不定了,而是有了一个明确的方向,能否说这就是通过思考中华民族的现代命运,努力把握民族复兴的内在精神机制?

●我已经几次有了"一切譬如昨日死,一切譬如今日生"的体验。中国改革开放以来的社会发展太快了,往往几年的时间,人们的生活条件和

环境就会有一个很大的变化,就像电脑的更新换代。前几年人们常说
"80后"如何如何,现在"90后"又上来了,甚至10年也不再是一个变化
单位。往往对于年龄大一些的人还算严重问题的,对于年龄小一些的则
不算什么问题或不是原来的问题了。所以,我必须不断地超越自己。经
过20余年的探索,到了近10年逐渐有了真正属于自己的学术问题。从
某种程度上说,最近的这10年是我思想的突破时期。我在教学研究过程
中铺陈开一系列问题,发现许多问题都是相通的,在一定意义上也可以说
是"同一"问题的不同表现。

○这应该是您从方法论的层面对自己治学的一个总结,我感到人类
实践这一马克思主义哲学的核心问题贯穿了您近30年的运思历程。

●准确地说,就是"人的天命与历史的境遇"。人们现实的实践,生
产、交往构成了人类宏观的历史发展和文明的演进,而在这个进程中,在
人类与外部自然的关系的基础上,人与人的竞争与合作,每个人自身的知
情意的纠葛,生与死、灵与肉的纠缠,演绎出人与人的爱憎恩怨和个人的
祸福进退,于是人生的舞台上有了各种喜剧、悲剧与闹剧,文学艺术表现
它,哲学也思考它;永远在循环,又永远无尽头。每代人有每代人的具体
境遇,每代人都有属于自己的人生,前代人经历、体验过的许多东西,后代
人仍然要自己去经历、体验一番,并产生出新的感想和认识。这正应了
"太阳底下无新事"、"太阳每天都是新的"这两句西方格言。

○我在访谈中明显地感觉到您的思想和生命的活力,甚至觉得您已
经从过去思想探索的艰难跋涉,变成了思想上的舞蹈,显然还有许多新的
学术兴奋点在您的大脑中产生。

●说起舞蹈,我感性上最认同的艺术形式是绘画和音乐,但理性上觉
得舞蹈是最高级的艺术形式——这样说也许不对;我不会跳舞,但从别人
的手舞足蹈中照样能感受到人的情感的迸发和生命旋律的美妙。舞蹈是
人的活的生命与艺术符号最完美的结合,其他的艺术形式似乎都做不到
这一点。但我觉得自己思想的探索,还远没有达到舞蹈的境界。当思想
深入、问题变得清楚时,是有许多乐趣,但由于长期失眠,记忆力不好,在
有限的时间里思考学术问题、写作修改,常常搞得精疲力竭,大脑有时都

发木了。还是在"跋涉",但感觉值得。我常常想到辛弃疾所说的"时光过尽,功名未立;书生老去,机会方来",既感无奈,也有所庆幸,因为毕竟知识分子的"机会"来了,无衣食之忧,也基本上不用再担心政治上"打棍子"、"扣帽子",虽然有些人还是喜欢这一套。但我相信现在的中央政治上的开明与成熟,也相信中国各方面的进步。这种情况下,我们只有努力地思考、研究,把真正想说的、该说的道理写出来,这样才对得住自己,对得住我们这个多灾多难的民族和时代。刚才说,每代人有每代人的境遇,每代人也有每代人的任务。你们比我们的条件更好,希望青年学子能够珍惜这个时代给你们的一切,相信你们很快会超过我们,但你们同样任重而道远!

后　记

应约整理书稿已近两年。但由于杂事缠身，会议不断，更要授课带学生，加之一心多用，而能力和精力又十分有限，结果不仅顾此失彼，且常常把自己拖入头昏脑胀、疲惫不堪的状态，书稿整理也不得不一拖再拖。写这篇后记时，自然想到荀子所批评的"蟹六跪而二螯，非蛇鳝之穴而无可寄托者，用心躁也。是故无冥冥之志者，无昭昭之明；无惛惛之事者，无赫赫之功"。我一直反感当今社会人心浮躁，而自己却也成了这浮躁的一员，深感愧疚。联系中国当前的这个转型期，再次感到思考发展的目标和方式的必要，因为人们已普遍认识到其重要性的制度安排，也是由这个目标和方式决定的。我们早就是"多"、"快"而非"好"、"省"了；而"多"、"快"的目的又是什么？它是否导致了我们"自性"的再次迷失？至少对于学者来说，"淡泊明志、宁静致远"这一古训并未过时。只有心安、情真，能沉潜下来，才能发现真问题，产生真思想，也才能过一种真正充实的、有意义的生活，而不至于浮在社会的表层，制造学术的泡沫。

终于有了"机会"。2010 年春节看望父母期间，抽出较为完整的数天时间，把做了"半拉子的工程"重新启动，编排修订，补苴罅漏，书稿基本完工，回到北京后就是扫尾工作了。父母已届耄耋，离休前工作认真，清廉正派，但却命途多舛、半生坎坷。所幸晚年遇到改革开放，不再被政治运动所折腾。我漂泊在外，谈不上侍奉，谨将拙作献给他（她）们。

本书的大部分文字已在国内学术杂志上发表，由于发表时篇幅和其他的限制,许多话说得都不到位,现在刚好利用本书所要求的专题性和系统性,做一些补充和订正。我在此向这些杂志的编辑朋友们表示衷心的感谢,同时向武汉大学出版社的陶佳珞女士致谢,她非常耐心地等待我最后交稿。另外,我还想借这个后记向郝琳、裴建伟同学表示感谢和歉意,他(她)们在校期间曾为我主编的《民族信念与文化特征》一书核对注释,付出很多劳动,我在那本书的后记中却张冠李戴了——这也反映出我的忙乱状态;这种状态该结束了。

张曙光

记于 2010 年 2 月 28 日(农历虎年正月十五)

一片烟花爆竹声中

再 版 后 记

　　拙作 10 年前在武汉大学出版社出版。现在趁列入人民出版社"人民文库"的机会,简单地说明一下本书当时的写作意图。

　　在当代世界范围内,"现代性"可以称得上是最大的主题和论域之一。由于现代性率先出现于西方,并在西方得到较充分展开,因而给予较早和较多论述的,当然是西方学者。他们对现代性的认识和态度也很不相同,赞成、捍卫者有之,否定、反对者亦有之,还有持中间立场的。他们关于现代性的分析、认知与态度,对非西方学者有很大的启发意义。但是,这替代不了非西方学者从自身的境遇与视角所做的思考和判断。只有这些认识与观点的集合,大概才能"绘出"关于现代性和现代社会的比较完整的"地图"。

　　书名《现代性论域及其中国话语》,稍嫌啰嗦,就在于我们首先是通过对西方学者的论著和马克思思想理论的解读,来理解现代性的;在思想层面,中国传统思想资源也是我们必须借助的。而现代中国学者的许多看法和观点,体现了中西思想的合取或融通——这也正是本书试图达到的目的,因而也加以引用。故把书名改为《现代性论域的中国话语》,也未尝不可。关于"中国话语"这个提法,我所给出的是一种宽泛的理解,一层意思是指白话文运动以来中国人的语言表述,其中包括对西方思想文化大量的译介和阐发,这个译介与阐发体现了中国人自己的需要与选择,又是由现代汉语表达的,所以理应属于"中国话语";另一层意思是指中国学者与西方的现代性理论及价值立场有所不同，又能够进入国际理论界并与各国学者展开思想与学术的讨论和争鸣，有与人完全平等的话语权。而实事求是地讲，我们这方面的能力，总体上还比较弱，还需要长时间的历练和提升。因而，拙作不是围绕"中国话语"有何特点、有何谱系、有何结构、如何建构展开的，而是回答中国话语形成的前提性问题。所以，笔者力求从哲学思想的高度，论述我们已经掌握了哪些中外思想文化资源，对这些资源能否从学术上做出符合时代要求和学术发展要求的批判性整合与创造性转换，从而建构出新的学术理论。换言之，我们对现代性、现代社会究竟有哪些独到而深刻的认识与理解，足以在解答我们自己问题的同时，也贡献于世界？作为 10 年前出版的哲学著作，笔者那时首先要为现代性的中国话语明确其前提性条件，用哲学的话说，即回答"中国话语何以可能"的问题。10 年来，中国和世界的情况都发生不小的变化，包括中国话语在内的理论上的推进，是理所当然的。我自己的思想认识也有新的变化，这只能在其他论著中阐发了。

庚子将尽，辛丑将至，新冠病毒仍然在世界许多地区肆虐。在此时旧作新版，既给我以鼓舞，也让我不由地感叹。本着对读者负责的态度，我对原著做了一些修改，包括两章前后顺序的调整，主要涉及文字表述和逻辑的贯通，而不涉及基本观点。在中国从事理论研究，特别是关于现代性问题和社会现实问题的理论研究，是颇为不易的。这需要许多方面的条件，有些条件是短时间创造不出来或难以提供的，而唯有笔者在本书中所说的理论的"真诚与自觉"，完全取决于我们自己。笔者在研究问题时，总是以马克思的一段名言警示自己："在科学的入口处，正像在地狱的入口处一样，必须提出这样的要求：这里必须根除一切犹豫；这里任何怯懦都无济于事。"让我们以此共勉。

张曙光

2021 年 2 月 1 日

责任编辑：崔继新
装帧设计：肖　辉　王欢欢

图书在版编目（CIP）数据

现代性论域及其中国话语/张曙光 著. —北京：人民出版社，2022.3
（人民文库．第二辑）
ISBN 978－7－01－024301－6

Ⅰ．①现…　Ⅱ．①张…　Ⅲ．①现代化-理论研究　Ⅳ．①C91

中国版本图书馆 CIP 数据核字（2021）第 256410 号

现代性论域及其中国话语
XIANDAIXING LUNYU JIQI ZHONGGUO HUAYU

张曙光　著

人民出版社 出版发行
（100706　北京市东城区隆福寺街 99 号）

北京新华印刷有限公司印刷　新华书店经销

2022 年 3 月第 1 版　2022 年 3 月北京第 1 次印刷
开本：710 毫米×1000 毫米 1/16　印张：27.25
字数：387 千字

ISBN 978－7－01－024301－6　定价：118.00 元

邮购地址 100706　北京市东城区隆福寺街 99 号
人民东方图书销售中心　电话 （010）65250042　65289539